Traité de psychologie de la motivation

P S Y C H O   S U P

Traité de psychologie de la motivation

Sous la direction de

Philippe Carré
et Fabien Fenouillet

DUNOD

ISBN 978-2-10-051583-7

LISTE DES AUTEURS

Ouvrage réalisé sous la direction de :

Philippe CARRÉ	Professeur en sciences de l'éducation à l'université Paris Ouest-Nanterre La Défense.
Fabien FENOUILLET	Maître de conférences en sciences de l'éducation à l'université Paris Ouest-Nanterre La Défense.

Avec la collaboration de :

Jacques AUBRET	Professeur émérite de psychologie de l'orientation à l'Inetop (Cnam).
Albert BANDURA	Professeur de psychologie sociale, Stanford University (USA).
Serge BLANCHARD	Chercheur en psychologie de l'orientation à l'Inetop (Cnam).
Étienne BOURGEOIS	Professeur de sciences de l'éducation à l'université catholique de Louvain (Belgique).
Philippe BRUNEL	Maître de conférences HDR en sciences et techniques des activités physiques et sportives à l'université de Limoges.
Noémie CARBONNEAU	Doctorante, université du Québec à Montréal (Canada).
Yves CHANTAL	Maître de conférences à l'université de Limoges.
Laurent COSNEFROY	Maître de conférences en sciences de l'éducation à l'IUFM de Rouen.
Antonia CSILLIK	Maître de conférences en psychologie à l'université Paris Ouest-Nanterre La Défense.
Pierre-Henri FRANÇOIS	Maître de conférences en psychologie sociale à l'université de Poitiers.
Dominique GELPE	Chercheur, laboratoire SACO, université de Poitiers et AFPA.
Patrick GOSLING	Professeur en psychologie du travail à l'université Paris Ouest-Nanterre La Défense.
Marc-André K. LAFRENIERE	Doctorant, université du Québec à Montréal (Canada).

Jacques LECOMTE	Chargé de cours à l'université Paris Ouest-Nanterre La Défense.
Salvatore MAUGERI	Maître de conférences en sociologie à l'université d'Orléans.
Thierry MEYER	Professeur de psychologie sociale à l'université Paris Ouest-Nanterre La Défense.
Sandrine SCHIANO-LOMORIELLO	ATER à l'université de Limoges.
Robert VALLERAND	Professeur de psychologie sociale à l'université du Québec à Montréal (Canada).

SOMMAIRE

Deuxième partie

Enjeux pour les pratiques

Chapitre 1

DE LA MOTIVATION AU REGISTRE CONATIF[1]

1. Par Philippe Carré.

1 UNE PRÉOCCUPATION UNIVERSELLE

La question des motifs de nos actes et des processus qui mènent à la décision et à l'action est au cœur de la pensée humaine. Les essais d'explication du désir, de la volonté, du besoin, de la passion, bref de toutes les tendances humaines qui mènent à l'action, sont au cœur des plus grands systèmes philosophiques de l'histoire ; selon Épicure (341-270 av. J.-C.), par exemple, « à propos de chaque désir, il faut se poser cette question : "Quel avantage résultera-t-il si je ne le satisfais pas ?" ». La question du *pourquoi* de nos actes recouvre, aujourd'hui *a fortiori*, des enjeux universels pour la connaissance des faits humains et l'action quotidienne. On en trouve des exemples réguliers dans la plupart des domaines de la vie sociale. En éducation, bien sûr : un numéro récent du *Monde de l'éducation,* qui faisait état du thème arrivé largement en tête du débat national sur l'école affichait en couverture le titre suivant : « Motiver, motiver, comment motiver les élèves ? » Le monde professionnel est évidemment un autre lieu de questionnement récurrent sur la question : managers, responsables de ressources humaines et leaders cherchent depuis longtemps les « clés » de l'implication des salariés, supposée garante de la performance globale d'une entreprise. Le thème de l'engagement (au travail, dans la recherche d'emploi, l'insertion, le développement des compétences…) traverse de façon lancinante les préoccupations dominantes des spécialistes de l'orientation, de la formation, de l'emploi, de l'organisation. Tous les territoires de la vie sociale et privée sont quotidiennement investis par un questionnement prosaïque sur les raisons de nos actes, des motivations d'achat aux motifs du crime, en passant par l'interrogation sur les mobiles, les raisons, les explications du comportement du parent, du collègue, de l'amoureux ou de l'amie, voire encore du sien propre. La question de « pourquoi nous faisons ce que nous faisons » est une constante de la réflexion humaine, qu'elle soit quotidienne ou scientifique.

Au plan scientifique, la plus ancienne des notions forgées dans ce domaine foisonnant, la plus répandue empiriquement, la mieux établie théoriquement, mais aussi la plus contestée — et parfois la plus contestable — est bien sûr celle de *motivation,* définie comme un « construit hypothétique » censé décrire les facteurs internes et externes produisant « le déclenchement, la direction, l'intensité et la persistance du comportement » (Vallerand et Thill, 1993). On peut en retrouver les racines scientifiques dans la psychologie comportementaliste des débuts du XXe siècle. C'est sans doute cet héritage pesant (et pour d'aucuns, honteux) qui explique, en partie, le caractère « sulfureux » du terme aujourd'hui. Le concept de motivation est en effet très inégalement usité, son statut scientifique plus ou moins reconnu dans la psychologie et les sciences de l'éducation de langue française aujourd'hui. En sciences humaines, la notion de motivation est souvent ignorée, parfois méprisée, voire reléguée au rang de savoir de sens commun. Son évocation déclenche des attitudes diverses que l'on peut résumer comme suit :

- *la dénégation* : la motivation est alors conçue comme un concept créé de toutes pièces pour décrire des états que l'on n'arrive pas à expliquer ; construction à la fois inutile et artificielle, l'invoquer devient superflu, voire mystificateur. Il convient donc de l'éliminer du vocabulaire scientifique ;
- *l'indifférence* : tenant l'existence de ce « quelque chose qui fait agir » pour une évidence indiscutable, mais dans l'incapacité d'en tirer des apports dans l'intervention ou la compréhension des phénomènes humains, on passe la notion par « pertes et profits », en regrettant parfois de ne pouvoir mieux l'exploiter ;
- *la résignation* : c'est la posture « pessimiste » et par conséquent défaitiste du convaincu qu'« on est motivé ou on ne l'est pas », sous l'effet d'une loi du « tout ou rien », dont on pourrait sans doute retrouver les racines dans le terreau biologique, pavlovien de la notion ;
- *l'incantation :* cette figure représente une variante de la précédente en pratique, portée par une conception plus optimiste, mais sans doute aussi illusionnée, de la toute-puissance de cette « énergie », mystérieuse et évanescente, qui déterminerait de façon automatique l'investissement individuel dans l'action.

On peut trouver au relatif déni de statut scientifique de la motivation sur le champ intellectuel français un certain nombre de raisons, par-delà le manque de connaissance des ouvrages écrits en anglais sur le thème. On y perçoit les traces laissées par les interprétations de trois systèmes d'idées dominants qui se sont intéressés aux motifs du comportement dans la psychologie du XXe siècle : béhaviorisme, psychanalyse, humanisme. Si l'on interroge praticiens des ressources humaines, de la formation ou étudiants en psychologie ou sciences de l'éducation, quant aux grands auteurs sur la motivation, on obtient généralement une liste baroque de pédagogues, philosophes et psychologues parmi lesquels figurent en bonne place Freud, Skinner et Maslow. Or on sait à quel point les expériences de conditionnement, classique puis opérant, ont donné de la motivation une image réductrice et caricaturale ; et si avec Petot (in Vallerand et Thill, 1993) on admet que « la psychanalyse est, pour l'essentiel, une théorie de la motivation », alors on reconnaîtra que ces deux systèmes ont diffusé de cette thématique une image partielle, contestable et décourageante. Quant à Maslow, connu pour le schématisme de sa « pyramide des besoins », aujourd'hui largement contestée (si ce n'est pour sa valeur pragmatique, du moins quant à sa validité théorique), sa vision simplificatrice du fonctionnement de la motivation a sans doute contribué à décrédibiliser la notion.

De sorte qu'à l'orée des années 1990, hormis l'exception notable que représente l'ouvrage pionnier de Nuttin *Théorie de la motivation humaine* (1980), le champ scientifique francophone de la motivation est en friche. L'ouvrage fondateur de Vallerand et Thill (1993) a alors permis de désenclaver la notion de ses gangues caricaturales, de lui (re)donner statut de concept scientifique et a contribué à l'essor de la recherche francophone sur cette question. Les publications sur ce thème se sont en effet multipliées au cours des toutes dernières années, principalement dans le champ de l'éducation scolaire (Viau, 1994 ; Lieury et Fenouillet, 1996 ; Delannoy, 1999 ; Galand et Bourgeois, 2006), celui du travail (Michel, 1989 ; Francès, 1995 ; Feertchak, 1996 ; Lévy-Leboyer, 1998, 2007 ; Maugeri, 2004) de la formation (Carré, 1998 ; 2001) ou du sport (Cury et Sarrazin, 2001), allant jusqu'à entraîner le désenfouissement de la pensée des précurseurs[1]. Cette production s'inscrit dans le sillage d'une modification des paradigmes dominants de l'étude de la motivation humaine et témoigne de l'essor remarquable de ce thème de recherche qui ne fait que s'accroître en milieu anglo-saxon depuis les années quatre-vingt-dix (Weiner, 1992 ; Higgins et Kruglanski, 2000 ; Tesser, Stapel et Wood, 2002 ; Mc Inerney et Van Etten, 2004 ; Elliot et Dweck, 2005 ; Reeve, 2005 ; Shah et Gardner, 2008). Cet essor s'inscrivant sur un fond d'intérêt sensible aux États-Unis depuis plus d'un demi-siècle, ainsi qu'en attestent les centaines de productions de recherche présentées dans le cadre des Nebraska Symposia on Motivation réunis annuellement depuis 1953...

2 RENOUVEAU THÉORIQUE

Le paradigme nouveau de la motivation a ainsi pris son envol au tournant du XXIe siècle dans le cadre d'une périodisation socio-historique parfois qualifiée

1. Ainsi du récent ouvrage sur la psychologie de P. Diel (Bavelier, 1998).

de « post-moderne », pour illustrer la rupture sociétale avec la modernité industrielle et son dépassement vers des formes inédites de fonctionnement économique, social, technologique et culturel au plan mondial. Ce contexte s'accompagne au plan des idéologies de la chute des grands systèmes explicatifs « donneurs de sens » qui ont dominé la pensée du XXe siècle. Chacun de ces systèmes d'interprétation du monde est porteur d'une conception du sujet et se traduit dans les orientations théoriques dominantes des sciences sociales et humaines à une époque donnée. Ainsi, particulièrement en milieu francophone, du socio-structuralisme d'inspiration marxiste, puis bourdieusienne, caractérisé par la vision d'un *sujet-habitus* déterminé, voire aliéné, par ses conditions objectives d'existence, son appartenance de classe, sa position dans le champ économique et culturel. Ainsi également du *sujet-pulsion* de la psychanalyse aux prises avec les forces complexes de son univers inconscient, ou du *sujet-réponse* du béhaviorisme, réagissant aux stimulations de son environnement selon les lois du conditionnement. Ainsi enfin du *sujet-démiurge* des psychologies humanistes, tendu vers l'actualisation de soi dans la toute-puissance de sa liberté…

Par contraste, le XXIe siècle voit surgir et se développer de nouveaux systèmes explicatifs plus modestes, moins marqués du sceau de leurs idéologies fondatrices, mieux éprouvés à l'aune de démarches d'analyse rigoureuses et contrôlées, autour d'un paradigme sociocognitif. À travers celui-ci se dessine la figure d'un *sujet-arbitre*, ultime juge de la combinatoire évolutive de ses déterminations socio-familiales, de ses expériences de vie et de l'exercice de sa puissance personnelle d'agir (Ricœur), dans un retour à la formule sartrienne qui pose l'énigme de l'existence comme « ce que l'on fait de ce que la vie a fait de nous ».

Renouveau : il ne s'agit plus, en effet, ici, de concevoir la motivation comme il y a un quart de siècle, autour du concept initial, d'orientation béhavioriste, indissolublement lié aux théories du conditionnement animal. Ni comme l'expression d'un « désir » aux contours flous, porté par les logiques opaques de l'inconscient, ni, comme aujourd'hui encore, se plaît parfois à le dévoyer une certaine littérature managériale ou pédagogique, férue de schémas simples pour mettre au travail équipes démobilisées ou élèves apathiques. L'émergence et la domination graduelles du paradigme cognitiviste initial du dernier quart du XXe siècle n'ont pas immédiatement changé grand-chose à cette désaffection pour la recherche motivationnelle. Psychologie « froide », centrée sur les processus de traitement de l'information, longtemps dominée par la métaphore de l'ordinateur humain, la psychologie cognitive de l'apprentissage, tout en reconnaissant l'importance des aspects dynamiques, affectifs, motivationnels de l'action, les reléguait, précisément, au champ de l'émotion et de l'affectivité, « sous-traitant » parfois la question à la psychanalyse…

C'est dans ce cadre chaotique, donc propice aux remises en question et porté par l'essor d'une psychologie cognitive « chaude », aux confins de la pensée, de l'émotion et de l'intention, que réapparaît le concept de motivation, aux États-Unis d'abord, puis, via le Québec, sous nos latitudes. On y découvre un ensemble conceptuel en voie d'organisation (Weiner, 1992), riche de la vision ouverte, d'un sujet social actif, co-auteur de sa propre histoire, agissant à l'intérieur d'un réseau de contraintes et déterminations externes avec lesquelles il est en perpétuelle interaction.

Porté par les théories de l'expectation et de la valeur, de l'attribution, de l'auto-efficacité, des buts, de l'autodétermination et de la compétence, le nouveau courant de la psychologie des motivations fait une large place à l'analyse des représentations d'avenir, du contexte social et de la conception de soi. C'est dire qu'il croise à la fois les problématiques cognitives classiques des représentations, les théories psychosociales du « soi » et les psychologies matérialistes de la personnalité (Leontiev, Wallon, Sève). Ce courant s'inscrit dans la mouvance d'une psychologie sociocognitive « chaude », héritière de la psychologie sociale expérimentale, tournée vers l'étude rigoureuse et contrôlée des interactions entre facteurs dispositionnels, contextuels et comportementaux de la vie psychique. Dans le présent ouvrage, quinze auteurs basés dans quatre pays (France, Belgique, Canada, États-Unis), inscrits dans cette discipline ou des disciplines voisines des champs de l'éducation, de l'orientation, de la clinique, des activités sportives ou du travail font ici la démonstration de la puissance heuristique et de la surface théorique des « nouvelles » approches de la motivation et de la portée de leurs enjeux pour les pratiques sociales.

La première partie du présent ouvrage est dédiée à une présentation synthétique des courants théoriques dominants de la psychologie sociocognitive des motivations.

Cette section s'ouvrira avec la théorie sociocognitive de Bandura, théorie d'impact majeur en psychologie aujourd'hui. L'œuvre de cet auteur, débutée à Stanford il y a plus de cinquante ans et poursuivie avec ténacité par le psychologue vivant aujourd'hui le plus cité au monde (Carré, 2004), est basée sur une conception de l'agentivité humaine qui fait de nous les « co-constructeurs » de nos propres destinées (chapitre 2). Au cœur de cette conception globale du fonctionnement humain, la notion d'« auto-efficacité » fait figure d'organisateur des conduites, aux sources du comportement motivé.

Autre grande proposition théorique en développement permanent depuis une trentaine d'années, la théorie de l'autodétermination de Deci et Ryan convoque l'hypothèse du triple besoin de compétence, d'autodétermination et d'affiliation sociale pour nous conduire, via un ensemble de « mini-théories », vers une construction majeure et influente de la motivation intrinsèque et extrinsèque, applicable à différents niveaux de généralité : situationnel, contextuel et global (Vallerand et coll., chapitre 3).

Les théories de l'attribution mettent en relief diverses conceptions du sujet humain, « de la métaphore du scientifique naïf à celle de l'ordinateur qui se trompe, du juriste naïf au sujet socialement inséré, déterminé par des représentations sociales ou des normes » (Gosling). La façon dont nous expliquons nos actes, la fonction que remplissent ces explications et leur importance dans nos comportements sont les entrées choisies pour le chapitre 4.

Les théories « reposant sur le concept de but » font l'objet d'un chapitre qui passe en revue le rôle de ces organisateurs de l'action que sont les buts ou « représentations internes d'un résultat désiré » (Cosnefroy). Caractéristiques des buts, liens entre buts et performances, distinction entre buts de performance et buts d'apprentissage sont certains des thèmes examinés ici (chapitre 5).

Enfin, en clôture de cette partie à vocation plus théorique, le chapitre 6 (Lecomte) présente la théorie du « flux », ou expérience optimale, et examine cette situation d'extrême motivation intrinsèque au cours de laquelle l'individu s'engage « corps et âme » dans une activité pour elle-même, qu'il s'agisse du travail, des pratiques culturelles ou des loisirs, faisant émerger les conditions de cette mise en action hyper-motivée caractérisée par la convergence de buts clairs, d'une perception de contrôle, d'une concentration maximale et d'un sentiment de défi.

3 RICHESSE DES IMPLICATIONS POUR LES PRATIQUES SOCIALES

La seconde partie de l'ouvrage passe en revue un ensemble de pratiques sociales traversées par la notion de motivation et au cours desquelles la problématique du passage à l'action est déterminante.

Nous commencerons le périple avec, en toute logique, la question première de l'école et des apprentissages scolaires (Cosnefroy et Fenouillet). Conformément aux déclarations récurrentes des éducateurs et des responsables du système scolaire, le chapitre 7 met ainsi en lumière la pertinence des questions abordées par les différentes théories de la motivation. En dépit d'une impression de « puzzle conceptuel » que donne de prime abord la littérature dans ce domaine, la lecture du chapitre confirme l'impact essentiel que l'univers théorique sociocognitif de la motivation peut avoir sur l'amélioration des pratiques et la compréhension des dynamiques de l'apprentissage scolaire, au triple plan de son déclenchement, sa régulation et ses modes de mémorisation.

Passant de l'enfance à l'âge adulte, on abordera ensuite la question du développement de la vie entière, de la jeunesse au grand âge. Deux grandes questions sont ici traitées : comment observer les motivations au cours de la vie adulte ? comment les développer ? (Aubret, chapitre 8). On percevra l'importance de ces questions à l'heure où l'invitation, qui se fait souvent injonction, à devenir « agent de soi-même » devient de plus en plus universelle, qu'il s'agisse de rapport au travail, à la formation, aux choix de vie professionnels et privés…

La transition sera fluide avec le chapitre 9 sur l'orientation professionnelle. Dans ce domaine, l'étude scientifique de la motivation a de longue date été prise au sérieux, au plan empirique comme théorique, ce qui s'explique facilement compte tenu de l'évidence de la problématique du choix de nos actes dans le secteur de l'orientation. En particulier, la question des « représentations de soi » comme « schémas directeurs de la conduite », question prééminente dans le domaine, conduit directement vers les théories sociocognitives passées en revue dans la première partie de l'ouvrage. Les thèmes du sentiment d'efficacité personnelle, de l'autodétermination et des buts trouvent ici, peut-être encore plus qu'ailleurs, une évidente légitimité, dans le cadre d'une « conception d'un sujet actif, agent de ses conduites, qui construit sa réflexion dans le cadre de l'interaction sociale de la relation de conseil » (Blanchard).

Suite logique de notre progression à travers cet ouvrage, le thème de la motivation trouve un sens vif aujourd'hui dans le contexte du travail. Confirmant que « chaque théorie de la motivation porte la marque de son époque », Maugeri (chapitre 10) souligne le caractère stratégique, pour l'entreprise, de la question des motivations, qu'il s'agisse de l'engagement dans le travail, de l'orientation des efforts des salariés, de la force et de la persistance de leur implication dans la tâche. Le monde industriel et des services d'aujourd'hui est piloté par une individualisation des modes de gestion et une autonomisation des équipes qui, jointes à l'incertitude dominante qui pèse sur les économies capitalistes, implique un recours accru aux ressources des personnes, qu'elles soient cognitives ou affectives. Dans un tel contexte historique, économique et social, la thématique des motivations trouve d'évidence sa justification.

Le management est dès lors au cœur d'une éventuelle « gestion des motivations » des équipes et des individus. Responsable des résultats obtenus par le système humain dont il a la charge, le manager se voit contraint aujourd'hui de penser les leviers d'action qui pourront agir sur l'efficacité collective, d'où bien sûr la centralité du thème qui nous intéresse ici. Comme l'indique François, le domaine des sciences de gestion et, plus précisément, du management a, de longue date, exploré les ressources que les théories de la motivation pouvaient apporter à l'amélioration de l'efficience des organisations. Leadership, habilitation (*empowerment*) du personnel, contrat et démocratie organisationnelle sont certains des thèmes abordés dans cette perspective (chapitre 11).

De façon très liée aux chapitres précédents, la question de la formation des adultes fait l'objet du chapitre 12. Pour Bourgeois, « cette question est plus que jamais à l'ordre du jour » : la responsabilisation des salariés, mentionnée ci-dessus, mais également des demandeurs d'emploi en période de tensions sur le marché du travail, sans omettre la lancinante préoccupation de développement des compétences, voire celle du développement d'une « apprenance » citoyenne, sont autant de raisons de se pencher avec sérieux sur la thématique de la motivation. L'auteur du chapitre passe en revue les deux situations que forment l'entrée en formation et l'engagement dans les apprentissages, reliant les dimensions majeures que sont les représentations de la valeur de la formation et des chances de réussite que le sujet s'attribue dans le contexte de ses interactions avec son contexte pédagogique et organisationnel.

Dans le domaine du sport (chapitre 13), on constate que les études sur la motivation font partie de plein droit des références théoriques incontournables dans le traitement de problématiques essentielles, comme la performance et le *fair-play.* À partir des constructions théoriques du sentiment d'autodétermination, de l'auto-efficacité et des buts, Brunel et ses collaborateurs soulignent la pertinence des théories sociocognitives de la motivation dans la compréhension des comportements liés à la pratique sportive, qu'elle soit tournée vers l'amélioration des performances ou le souci de réalisation de soi.

Les deux derniers chapitres de cette seconde partie consacrée aux usages des théories de la motivation traitent de leur importance dans les domaines du changement d'attitudes et du conseil (thérapeutique ou autre). Meyer présente dans le chapitre 14 la perspective de la « cognition motivée » et illustre ce cadre de réflexion par l'exemple de la communication des risques. Il indique à quel point cette question s'applique « à tous les domaines dans lesquels l'incertitude et la décision sont impliquées » : c'est dire l'importance de ce chapitre. À sa suite est présentée une nouvelle approche de l'entretien, dit « motivationnel », grâce auquel les théories de la motivation trouvent une application directe dans le traitement par thérapies brèves de divers dysfonctionnements psychiques (Csillik, chapitre 15). Dans un croisement avec l'approche rogérienne du développement de la personne, on pourra lire ici à quel point la combinatoire d'un climat d'acceptation et de l'usage des concepts sociocognitifs de motivation peut mener à la résolution de troubles aussi divers que l'alcoolisme, les toxicomanies, les comportements à risque et les dérèglements alimentaires, permettant la mise en synergie des dimensions cognitives, émotionnelles et comportementales de l'engagement autodirigé dans le changement.

Enfin, en manière de clôture (provisoire) du dossier, Fenouillet nous livre une synthèse ambitieuse de soixante-quinze entrées conceptuelles dans l'univers en ébullition des théories de la motivation. Débouchant, après une analyse minutieuse de la littérature, principalement anglo-saxonne, du domaine, sur un modèle intégratif de la motivation, il nous permet de terminer l'ouvrage sur des perspectives de clarification du champ complexe, protéiforme et essentiel de l'analyse du comportement motivé. Élargissant la problématique à la volition, comme phase seconde du processus motivationnel, il ouvre avec le chapitre final de l'ouvrage la perspective d'une conception englobante des dimensions « conatives » du choix et de l'orientation des conduites, conception construite à partir de l'articulation des concepts motivationnels à proprement parler et de leurs contreparties volitionnelles, liant en une synthèse heuristique dimensions précomportementales et comportementales de l'action motivée.

4 DE LA MOTIVATION AU REGISTRE CONATIF

Et ainsi, de façon prospective, on pourra se demander si les années qui viennent ne seront pas celles de l'émergence, dans le cadre d'une psychologie générale en recomposition, d'un « tiers secteur » caractérisant, par-delà les champs cognitif et affectif (ou émotionnel), la spécificité des comportements volontaires, dépassement dialectique des représentations et des affects à travers l'anticipation de l'action, l'engagement, le projet, la construction de soi et de son propre devenir...

C'est sans doute le pari que font de nombreux auteurs quand ils introduisent, à la suite de M. Reuchlin (1990), le terme de *conation* pour réunir l'ensemble des observations, des concepts et des théories portant sur « le choix et l'orientation des conduites ». C'est un certain retour à l'étude des motivations, mais débarrassée de sa gangue de représentations aujourd'hui désuètes et transformée par les apports du raz-de-marée cognitif. Mécanismes d'anticipation et de représentation de l'avenir, logique des buts et du projet, d'une part, perception de compétence, auto-efficacité et auto-attributions d'autre part, processus d'autodétermination et de régulation enfin, forment alors les premiers jalons conceptuels d'une étude de la conation, qui vient combler les lacunes de la réflexion sur les facteurs dynamiques, non strictement cognitifs du rapport à l'action, de la construction de soi et du rapport aux autres et au monde. Dans cette conception, le sujet social est vu comme un agent de son propre développement, à la fois « producteur et produit de son existence » (Bandura, 2003), déployant son agentivité dans le jeu permanent des interactions entre perception de soi, régulation du comportement et événements du contexte de vie. Le « soi » ne se ramène plus alors à un ensemble de caractéristiques objectives et déterminées, mais devient le produit évolutif d'un « mélange toujours singulier de déterminations, de hasard et de choix, de mémoire, de rencontres et de projets » (Deschavanne et Tavoillot, 2007). Au cœur de cette combinatoire, la motivation agit comme un juge arbitre (Weiner, 1992) du comportement humain. On comprend dès lors l'importance nouvelle que ce champ de recherche prend en psychologie aujourd'hui.

Première partie

CONVERGENCES THÉORIQUES

Chapitre 2

LA THÉORIE SOCIALE COGNITIVE : UNE PERSPECTIVE AGENTIQUE[1]

1. Par Albert Bandura. Adaptation par S. Brewer et P. Carré de l'article : « Social cognitive theory : An agentic perspective », *Annual Review of Psychology,* 2001, *52*, 1-26.

Être un « agent » signifie faire en sorte que les choses arrivent par son action propre et de manière intentionnelle. L'agentivité englobe les capacités, les systèmes de croyance, les compétences autorégulatrices ainsi que les structures et les fonctions distribuées au travers desquelles s'exerce l'influence personnelle ; elle n'est pas une entité discrète localisable. Les traits fondamentaux de l'agentivité donnent à chacun la possibilité de jouer un rôle dans son développement personnel et dans sa capacité à s'adapter et à se renouveler avec le temps qui passe. Avant d'aborder la perspective agentique de la théorie sociale cognitive, il convient d'accorder aux changements de paradigme qui sont intervenus au cours de la brève histoire de la psychologie un moment d'attention. Si, dans le cadre de ces transformations théoriques, les métaphores centrales ont certes évolué, il n'en reste pas moins que, dans leur majorité, les théories accordent à l'homme peu ou pas de capacités d'agentivité.

1 LES CHANGEMENTS DE PARADIGME DANS LES THÉORIES PSYCHOLOGIQUES

Une majeure partie des premières théories psychologiques fut fondée sur des principes comportementalistes souscrivant à un modèle « entrée-sortie » (*input-output*) où le comportement est certes rendu possible par un conduit intérieur qui relie ces deux pôles, sans toutefois qu'il exerce une influence propre sur l'action. Selon cette vision, le comportement humain est formé et contrôlé par les stimuli environnementaux de manière automatique et mécanique. Cet axe de réflexion est peu à peu passé de mode avec l'avènement de l'ordinateur, qui amena à assimiler l'esprit à un calculateur biologique. Dans ce modèle, le conduit intérieur est devenu le lieu de nombreuses représentations et opérations de calcul générées par des penseurs intelligents et astucieux.

Si l'ordinateur est capable de réaliser des opérations cognitives de résolution de problèmes, l'homme ne peut plus être privé de pensée régulatrice. Aussi le modèle *input-output* a-t-il été supplanté par un modèle tripartite : *input – linear throughput – output*. L'esprit en tant que calculateur numérique est devenu le modèle conceptuel de l'époque. Si l'organisme « sans esprit » était devenu plus cognitif, il était toujours aussi privé de conscience et de capacités agentiques. Pendant des décennies, la métaphore informatique du fonctionnement humain qui régnait a véhiculé l'image d'un système informatique linéaire dans lequel l'information est digérée par un processeur central qui fabrique les solutions selon des règles prédéterminées. L'architecture de l'ordinateur linéaire de l'époque a dicté le modèle conceptuel du fonctionnement humain.

Le modèle linéaire a, à son tour, été remplacé par des modèles computationnels organisés de manière plus dynamique qui réalisent de multiples tâches simultanées et interactives pour tenter de mieux reproduire le fonctionnement du cerveau humain. Dans ce troisième modèle, l'*input* de l'environnement déclenche un processus intermédiaire dynamique, à multiples facettes, pour produire l'*output*. Ces modèles dynamiques comportent des réseaux neuraux multi-niveaux aptes à assurer des fonctions intentionnelles logées au sein d'un réseau exécutif subpersonnel, lequel fonctionne en l'absence de toute activité consciente par l'intermédiaire de sous-systèmes plus élémentaires. Les organes sensoriels transmettent des informations à un réseau neural qui assume le rôle de « machine mentale » capable, de manière non consciente, de réaliser les fonctions de conceptualisation, planification, motivation et régulation. Dans son analyse du computationnisme, Harre (1983) fait remarquer que ce ne sont pas les individus mais leurs composants subpersonnels qui orchestrent leurs conduites. Le niveau personnel suppose l'existence d'une conscience phénoménale et l'utilisation intentionnelle d'informations et de moyens d'autorégulation pour faire advenir des événements désirés.

La conscience est la substance même dont est faite la vie mentale ; elle rend non seulement possible la gestion de l'existence, mais la rend digne d'être vécue. La conscience fonctionnelle implique l'accès intentionnel et le traitement délibéré des informations en vue de la sélection, la construction, la régulation et l'évaluation des conduites. Ces opérations sont effectuées grâce à la mobilisation intentionnelle et à l'utilisation productive de représentations pragmatiques et sémantiques des activités, des buts et d'autres événements futurs. Dans son livre clairvoyant sur la cognition vécue (*experienced cognition*), Carlson (1997) souligne le rôle central joué par la conscience dans la régulation cognitive de l'action et le déroulement des événements mentaux. Il y a eu un certain nombre de tentatives visant à réduire la conscience soit à une sorte d'épiphénomène résiduel d'activités effectuées au niveau subpersonnel, soit à un sous-système exécutif intégré à la « machine » de traitement de l'information, soit encore à un aspect attentionnel du traitement de l'information. Comme le fameux éléphant imperceptible malgré sa taille, dans ces explications d'ordre subpersonnel de la conscience, l'individu qui conçoit des fins et agit intentionnellement pour les réaliser, est invisible. En outre, ces explications réductrices demeurent conceptuellement problématiques parce qu'elles écartent les caractéristiques essentielles de l'homme que sont la subjectivité, la délibération autodirigée et la réflexivité autoréactive. Pour des raisons sur lesquelles nous reviendrons d'ici peu, la conscience ne saurait être réduite à un sous-produit non fonctionnel de l'*output* d'un processus mental réalisé de façon mécanique à des niveaux inférieurs non-conscients. Pourquoi une telle conscience épiphénoménale, passive, aurait-elle évolué et perduré en tant qu'environnement psychique dominant dans la vie des gens ? Sans conscience phénoménale et fonctionnelle, les personnes ne sont que des automates supérieurs, qui subissent des actions, dépourvus de toute subjectivité ou de contrôle conscient. De la même façon, de tels êtres ne posséderaient aucune vie phénoménale significative, ni aucun sentiment d'identité stable enraciné dans leur manière de vivre leur vie et d'y réfléchir.

Green et Vervaeke (1996) ont observé qu'à l'origine, de nombreux adeptes du connexionnisme et du computationnisme ont tenu leurs modèles conceptuels pour des modèles approximatifs des activités cognitives. Or, plus récemment, certains d'entre eux sont devenus des matérialistes éliminatifs qui assimilent les facteurs cognitifs au phlogistique d'autrefois. Selon cette vision, les personnes n'agissent pas sur la base de leurs croyances, buts, aspirations ou attentes, mais c'est plutôt la mise en route de leur réseau neural au niveau subpersonnel qui les incite à agir. Dans sa critique de l'éliminativisme, Greenwood (1992) affirme que les cognitions sont des facteurs psychologiques pourvus de contenus sémantiques dont le sens ne dépend en rien des propositions explicatives dans lesquelles elles figurent. Le phlogistique n'avait ni fondement empirique ni valeur explicative ou prédictive. En revanche, les facteurs cognitifs excellent pour prédire le comportement humain et guider des interventions efficaces. Pour trouver leur chemin dans un monde complexe plein de défis et de risques, les individus doivent être capables de formuler de bons jugements à propos de leurs propres capacités, de prévoir les effets probables des divers événements et conduites possibles, de mesurer l'étendue des opportunités et des contraintes d'ordre socio-structurel qui se présentent à eux et de régler leur comportement en conséquence. Ces systèmes de croyances constituent un modèle opératoire du monde qui permet à chacun de produire des résultats souhaités et d'éviter ceux qui ne le sont pas. Des capacités en matière d'anticipation ainsi que des capacités génératives et réfléchies sont donc vitales pour la survie et les progrès humains. Les facteurs agentiques qui s'avèrent explicatifs, prédictifs et d'une valeur fonctionnelle démontrée peuvent être traduits et modélisés dans un autre langage théorique mais en aucun cas éliminés (Rottschaefer, 1985, 1991).

2 UNE THÉORIE PHYSICALISTE DE L'AGENTIVITÉ HUMAINE

Comme nous l'avons déjà affirmé, l'être humain n'est pas simplement l'hôte et spectateur de mécanismes internes orchestrés par des événements du monde extérieur. Il est l'agent plutôt que le simple exécutant de l'expérience. Les systèmes sensoriels, moteurs et cérébraux constituent les outils auxquels les personnes ont recours pour réaliser les tâches et atteindre les buts qui donnent sens, direction et satisfaction à leur vie (Bandura, 1997 ; Harre et Gillet, 1994).

Les recherches sur le développement cérébral mettent en évidence le rôle influent que joue l'agentivité dans l'évolution de la structure neuronale et fonctionnelle du cerveau (Diamond, 1988 ; Kolb et Whishaw, 1998). Ce n'est pas uniquement le fait d'être exposé à une stimulation qui apparaît déterminant, mais l'action agentique dans l'exploration, la manipulation et l'intervention *sur* l'environnement. En régulant leur motivation et leurs activités, les personnes produisent les expériences qui forment le substrat neurobiologique fonctionnel de compétences symboliques, sociales, psychomotrices et autres. Il est évident que la nature de ces expériences est fortement dépendante des types d'environnements sociaux et physiques que les personnes choisissent et construisent. Une perspective agentique favorise le développement de recherches susceptibles de fournir de nouvelles pistes par rapport à la construction sociale de la structure fonctionnelle du cerveau humain (Eisenberg, 1995). Il s'agit d'un espace d'investigation où la psychologie peut faire des contributions uniques et fondamentales à la compréhension biopsychosociale du développement, de l'adaptation et du changement humains.

La théorie sociale cognitive soutient un modèle d'agentivité émergente et interactive (Bandura, 1986, 1999*a*). La pensée n'est pas une entité désincarnée, immatérielle qui existerait indépendamment des événements neuraux qui la produisent. Les processus cognitifs sont des activités cérébrales émergentes qui exercent une influence déterminante. Les propriétés émergentes se distinguent qualitativement des éléments qui les constituent et n'y sont donc pas réductibles. Pour reprendre l'analogie de Bunge (1977), les propriétés uniques et émergentes de l'eau telles que la fluidité, la viscosité et la transparence ne sont pas simplement les propriétés agrégées de ses microcomposants, à savoir l'oxygène et l'hydrogène. À travers leurs effets interactifs, ces deux corps se transforment en phénomènes nouveaux.

Il est nécessaire de faire la distinction entre le substrat physique de la pensée, sa construction et son usage fonctionnel. L'esprit humain est générateur, créateur, proactif et réflexif, non pas seulement réactif. L'enterrement de Descartes et de sa vision dualiste du monde nous oblige à relever l'immense défi explicatif qui consiste à bâtir une théorie physicaliste de l'agentivité humaine et d'une théorie cognitive non dualiste. Comment font les personnes pour produire les pensées qui exercent une influence déterminante sur leurs actions ? Quels sont les circuits fonctionnels de l'anticipation, de la planification proactive, de l'aspiration, de l'auto-évaluation et de l'autoréflexion ? Plus important encore, comment ces capacités sont-elles intentionnellement mobilisées ?

Les agents cognitifs régulent leurs actes par le biais d'une causalité cognitive « descendante », tout en subissant la mise en activité de leur organisme par la stimulation sensorielle « ascendante » (Sperry, 1993). L'homme est capable de concevoir intentionnellement des événements uniques, d'imaginer des conduites inédites et de choisir de mettre ou non l'une de ces conduites à exécution. À condition d'être incité à réaliser une telle tâche, chacun d'entre nous est capable, spontanément et de manière tout à fait délibérée, de construire un scénario des plus farfelus, comme, par exemple, l'image d'un hippopotame rose en tenue de soirée en train de voler au-dessus de la lune en chantant la scène de folie de l'opéra *Lucia di Lammermoor*. Les notions d'intentionnalité et d'agentivité soulèvent la question fondamentale de savoir comment nous créons des activités sur lesquelles nous exerçons une forme de contrôle personnel, lequel déclenche les événements subpersonnels neurophysiologiques nécessaires à la réalisation de certaines intentions et aspirations. Ainsi, c'est en agissant sur la croyance bien-fondée que l'exercice est bénéfique pour la santé, que les individus s'engagent dans diverses activités physiques favorables au maintien de leur santé sans avoir la moindre idée de la manière dont ces événements surviennent au niveau subpersonnel. Le résultat en termes d'état de santé est le double produit d'une causalité agentique et d'une causalité liée au « simple » déroulement des événements, chaque type de causalité opérant à différents moments de la séquence.

La discipline psychologique évolue en suivant deux « chemins conceptuels » bien divergents. L'un des axes théoriques se donne comme objet de clarifier la nature des mécanismes fondamentaux qui gouvernent le fonctionnement humain. Les études allant en ce sens sont fortement centrées sur le fonctionnement interne de l'esprit dans le traitement, la représentation, le rappel et l'utilisation des informations codées en vue d'assurer la bonne gestion des exigences liées à la réalisation de tâches variées. Elles visent également à déterminer l'endroit dans le cerveau où ces nombreux événements se produisent. En règle générale, ces processus cognitifs sont étudiés sous une forme désincarnée, coupée de la vie interpersonnelle, sans tenir compte des démarches délibérées des personnes ni de leurs capacités autoréflexives. Or les gens sont des êtres capables de ressentir et de se fixer des buts. Face aux exigences prescrites par diverses tâches, les hommes agissent consciemment afin de produire les résultats qu'ils souhaitent, plutôt que de subir simplement des événements au cours desquels les forces situationnelles agissent sur leurs structures subpersonnelles pour produire des solutions. Dans des situations expérimentales, des participants s'efforcent de savoir ce qui est attendu d'eux ; ils construisent des hypothèses et mettent leurs compétences à l'épreuve en évaluant les résultats de leurs actions ; ils se fixent des buts d'ordre personnel et se mobilisent pour obtenir des performances qui plaisent aux autres, les impressionnent ou les satisfassent eux-mêmes ; lorsqu'ils rencontrent des difficultés, ils commencent à tenir une sorte de dialogue interne avec eux-mêmes, pour s'encourager ou se décourager face à l'action ; s'ils interprètent leurs échecs en se disant que les difficultés rencontrées peuvent être vaincues, ils redoublent leurs efforts, mais ils se démoralisent s'ils voient en leurs échecs des signes de faiblesses personnelles ; s'ils se croient exploités, contraints, insultés ou manipulés, ils répondent de manière apathique, peu coopérative, voire même avec hostilité. Dans les sciences cognitives, ces facteurs motivationnels — tout comme d'autres facteurs liés à l'autorégulation qui gouvernent non seulement le niveau mais encore la qualité de l'engagement personnel dans des activités prescrites — sont vus comme « allant de soi » au lieu d'être inclus explicitement dans des structures causales (Carlson, 1997).

Le second axe théorique est centré sur le fonctionnement de facteurs socialement situés et sur le rôle que ces facteurs macro-analytiques jouent dans le développement, l'adaptation et le changement humains. Dans ce cadre théorique, le fonctionnement humain est analysé comme un phénomène socialement interdépendant et richement contextualisé qui est orchestré de manière conditionnelle au travers des dynamiques de divers sous-systèmes sociétaux et de leurs interactions complexes. Or, dans cette approche macro-analytique, les mécanismes censés relier les facteurs d'ordre socio-structurel à l'action réelle demeurent en grande partie inexpliqués. Une théorie compréhensive doit dépasser ce genre de dualisme analytique en intégrant les dimensions causales personnelle et sociale dans une seule structure de causalité. En effet, les influences socio-structurelles opèrent nécessairement au travers de mécanismes psychologiques pour produire des effets comportementaux. Nous reviendrons plus tard à la question des rapports réciproques ou bidirectionnels qui caractérisent les interactions entre les structures sociales et l'agentivité personnelle.

3 LES TRAITS FONDAMENTAUX DE L'AGENTIVITÉ HUMAINE

Les traits fondamentaux de l'agentivité humaine soulèvent la question de ce que signifie le fait d'être humain. Nous allons les examiner dans les sections suivantes.

3.1 L'intentionnalité

L'agentivité désigne tout acte réalisé intentionnellement. Par exemple, l'individu qui brise un vase dans un magasin d'antiquités suite au croche-pied fait accidentellement par un autre client ne serait pas considéré comme l'agent de l'événement en question. Bien entendu, les transactions humaines impliquent des incitations circonstancielles, mais celles-ci ne jouent pas le rôle de forces déterminantes. Les individus peuvent choisir de se comporter en s'accommodant des autres personnes et des circonstances ou bien se comporter différemment, en exerçant une auto-influence. Une intention est une représentation d'une action future non encore réalisée. Elle ne se réduit pas à une simple attente ni à une prédiction de telles actions futures, mais constitue un engagement proactif qui tend vers leur réalisation. Les intentions et les actions sont deux aspects différents d'une même relation fonctionnelle articulée dans le temps. Dès lors il est important de parler des intentions comme étant enracinées dans des motivations personnelles qui affecteront la réalisation des actions à un moment ultérieur.

L'agentivité dite « de planification » (*planning agency*) peut produire divers résultats. Les résultats ne sont pas les caractéristiques d'actes agentiques, mais en sont bien les conséquences. Comme l'explique Davidson (1971), des actions conçues pour atteindre un but déterminé peuvent néanmoins occasionner des conséquences assez différentes. Il donne l'exemple du mélancolique Hamlet qui poignarde intentionnellement l'homme caché derrière une tapisserie, croyant qu'il s'agit du roi, seulement pour découvrir, à sa grande horreur, qu'il a assassiné Polonius. Le meurtre du roi était bien intentionnel, mais c'est une autre victime qui a été tuée. Quelques-unes de nos actions réalisées avec la conviction qu'elles vont engendrer des résultats souhaités, finissent en réalité par produire des conséquences qui ne sont ni envisagées ni voulues. Par exemple, il n'est pas rare que les individus contribuent à leur propre malheur en réalisant des transgressions intentionnelles suite à de graves erreurs de calcul quant à leurs conséquences. Certaines politiques et pratiques sociales conçues avec les meilleures intentions s'avèrent infructueuses, voire contre-productives, parce que leurs effets néfastes n'ont pu être prévus. En bref, le pouvoir d'être à l'origine d'actes visant des buts donnés constitue le trait distinctif de l'agentivité personnelle. Que l'exercice de cette agentivité ait des effets bénéfiques ou nuisibles, qu'il donne lieu à des conséquences non envisagées est une tout autre question.

Les intentions sont centrées sur des plans d'action. Les projets sont rarement élaborés dans le détail dès le début. Il faudrait être quasiment omniscient pour pouvoir anticiper chaque détail circonstanciel. De surcroît, transformer un futur imaginé en réalité exige des intentions orientées vers le présent ou le proche avenir qui servent à guider et encouragent à aller de l'avant (Bandura, 1991*b*). Dans l'approche fonctionnaliste de l'agentivité intentionnelle proposée par Bratman (1999), des intentions partielles initiales sont complétées et ajustées, révisées, affinées ou même reconsidérées à la lumière de nouvelles informations qui se présentent au cours de l'exécution d'une intention. Nous allons bientôt voir que la réalisation de projets d'avenir nécessite bien plus que des intentions parce qu'en termes de causalité, l'état intentionnel ne suffit pas à lui seul. D'autres aspects autorégulateurs de l'agentivité contribuent à la mise en œuvre réussie des intentions. Autre dimension fonctionnelle de l'intention à préciser, la plupart des activités humaines impliquent la participation d'autres agents. Ces activités conjointement réalisées requièrent un engagement à l'égard d'une intention partagée ainsi que la coordination de programmes d'action interdépendants. Le défi des activités collaboratives est de réussir l'intégration des divers intérêts personnels au service de buts communs et d'intentions collectives poursuivies de concert.

3.2 La pensée anticipatrice

L'étendue temporelle de l'agentivité va au-delà de la planification d'actions futures. La perspective d'avenir se manifeste de façons multiples et diverses. Les personnes se fixent des buts, anticipent les conséquences probables d'actions futures, sélectionnent et créent des séquences d'action susceptibles de produire des résultats souhaités et d'éviter des résultats fâcheux (Bandura, 1991*b* ; Feather, 1982 ; Locke et Latham, 1990). À travers l'exercice de la pensée anticipatrice, les personnes se motivent et guident leurs actions dans l'anticipation d'événements futurs. Quand elle se projette sur des objectifs valorisés à long terme, une perspective anticipatrice donne de la direction, de la cohérence et un sens à la vie. À mesure que les personnes évoluent tout au long de leur parcours de vie, elles continuent à prévoir l'avenir, réorganisent leurs priorités et structurent leur vie en conséquence.

Les événements futurs ne sauraient être les causes d'une motivation ou d'une action présente parce qu'ils n'ont pas d'existence propre. Cependant, en étant représentés cognitivement dans le présent, les événements futurs prévisibles se transforment en autant de « motivateurs » et de « régulateurs » du comportement. À travers cette forme d'autoguidance anticipatrice, le comportement est motivé et dirigé par des buts projetés et par des résultats anticipés au lieu d'être « causé » par un état futur virtuel.

Les personnes construisent des attentes de résultats à partir des relations conditionnelles qu'elles observent entre les événements qui surviennent dans le monde qui les entoure et les résultats que des actions données produisent (Bandura, 1986). La capacité à faire peser l'influence des résultats anticipés sur des activités en cours favorise l'adoption d'un comportement prévoyant. Cela donne aux individus la possibilité de transcender les contraintes de leur environnement immédiat, tout en leur permettant de façonner et de réguler leur présent de façon à ce qu'il corresponde à un futur souhaité. En régulant leur comportement par le biais des attentes de résultats, les personnes adoptent des conduites aptes à produire des résultats positifs et écartent celles qui risquent d'entraîner des résultats peu satisfaisants ou pénalisants. Cela dit, les résultats anticipés, que ceux-ci soient d'ordre matériel ou social, ne sont pas le seul type d'incitation susceptible d'influencer le comportement humain, comme le suggérerait une approche fonctionnaliste sommaire. Si les actions n'étaient accomplies que par rapport aux récompenses et punitions externes que les individus peuvent anticiper, ceux-ci se comporteraient comme des girouettes, changeant constamment de direction pour se conformer aux influences variées qui pèsent sur eux au hasard des circonstances. En réalité, les personnes manifestent un degré considérable d'autodirection face à la myriade d'influences concurrentes qui se présentent à eux en permanence. Une fois qu'elles adoptent des normes personnelles, les personnes régulent leur comportement par le biais de résultats dits « auto-évaluatifs » (*self-evaluative outcomes*), lesquels peuvent renforcer ou contrecarrer l'influence de résultats externes.

3.3 L'autoréactivité (*self-reactiveness*)

L'agent ne doit pas être seulement capable de planifier et de prévoir, mais aussi de se motiver et de s'autoréguler. Après avoir adopté une intention et un plan d'action, on ne peut pas simplement rester inactif à attendre que les performances appropriées apparaissent. L'agentivité implique ainsi non seulement la capacité à faire des choix délibérés et des projets d'action, mais aussi à former des cours d'action appropriés et à motiver et réguler leur mise à exécution. Cette autodirection à multiples facettes opère au travers des processus autorégulateurs reliant la pensée à l'action. L'autorégulation de la motivation, de l'affect et de l'action est gouvernée par un ensemble de sous-fonctions « autoréférentes ». Ces sous-fonctions comprennent l'auto-observation, l'autoguidance de la performance via les standards personnels et les autoréactions correctives (Bandura, 1986, 1991*b*).

Observer son comportement et les conditions à la fois cognitives et environnementales dans lesquelles celui-ci s'actualise constitue le premier pas pour l'améliorer. Toute action implique une influence autoréactive qui se forme à travers la mesure du résultat obtenu par rapport aux buts et standards personnels. Les buts, doublement enracinés dans un système de valeurs et un sentiment d'identité personnelle, donnent aux activités leur signification et leur orientation. Ils ne motivent pas tant directement que par l'engagement auto-évaluatif dans une activité donnée. En rendant leur auto-évaluation contingente à l'atteinte des standards personnels, les gens donnent à leurs activités une direction, tout en créant des auto-incitations pour soutenir leurs efforts en vue d'atteindre l'objectif. Ils font des choses qui leur procurent une satisfaction personnelle, un sentiment de fierté et de valeur de soi ; ils évitent d'adopter des conduites qui mènent à l'insatisfaction, à l'autodévalorisation et à l'autocensure.

Les buts ne mettent pas automatiquement en route les auto-influences qui gouvernent la motivation et l'action. L'auto-engagement, lié à l'évaluation des buts personnels, est affecté par les caractéristiques des buts en question, notamment par leur degré de spécificité, leur niveau de défi et la proximité temporelle. Les buts généraux sont trop flous et trop peu impliquants pour servir efficacement de guides et d'incitations à l'action. Des buts stimulants déclenchent un intérêt puissant et un engagement complet dans l'activité. L'efficacité des buts en termes d'autorégulation dépend fortement de la distance temporelle à laquelle ils sont projetés. Les sous-buts dits proximaux mobilisent des auto-influences et dirigent ce que l'on fait ici et maintenant. En revanche, les buts dits distaux servent à établir le cours général des conduites, mais sont, compte tenu des multiples influences concurrentes, trop éloignés dans le temps pour fournir à l'action présente des incitations et des guides efficaces. Les meilleurs progrès vers des avenirs valorisés sont observés lorsque des systèmes de buts structurés et hiérarchisés combinent aspirations à long terme et autorégulation à court terme. Les buts aux fortes propriétés auto-engageantes motivent l'action d'une manière particulièrement efficace (Bandura, 1991*b* ; Locke et Latham, 1990).

L'agentivité morale occupe une place importante dans l'autodirection. Les théories psychologiques de la moralité sont fortement centrées sur le raisonnement moral au détriment de la conduite morale. Une théorie complète de l'agentivité morale doit concilier les savoirs et le raisonnement sur la moralité avec les conduites. Ceci nécessite une théorie agentique de la moralité plutôt qu'une théorie réduite aux représentations de la moralité. Le raisonnement moral se traduit en actions au travers de mécanismes autorégulateurs comme le jugement moral du bien ou du mal inhérent à une conduite donnée au regard des standards personnels du sujet et des circonstances de cette conduite et les autosanctions à travers lesquelles l'agentivité morale s'exerce (Bandura, 1991*a*).

Dans le développement des compétences et des aspirations, les standards personnels concernant le mérite s'élèvent à mesure que les connaissances et les compétences sont acquises et les défis sont relevés. Dans le cadre des conduites sociales et morales, les standards autorégulateurs sont plus stables. Ce n'est pas toutes les semaines que les gens changent d'avis sur le juste ou l'injuste, le bien ou le mal. Une fois que les individus ont adopté un standard moral, les autosanctions négatives qu'ils s'infligent en réaction aux actes qui transgressent leurs standards personnels, tout comme les autosanctions positives qu'ils s'attribuent à la suite des conduites fidèles à leurs standards moraux, servent d'influences autorégulatrices (Bandura, 1991*b*). La capacité à s'autosanctionner donne un sens à la notion d'agentivité morale. Les autoréactions tant évaluatives qu'anticipatrices fournissent les régulateurs motivationnels et cognitifs des conduites morales. Les autosanctions garantissent un certain alignement entre les standards personnels et les conduites. Les individus porteurs d'une forte éthique communautaire agiront pour promouvoir le bien-être d'autrui même parfois au prix de leurs propres intérêts personnels. Poussées par la situation à se comporter de façon inhumaine, les personnes peuvent choisir de se comporter autrement en exerçant une auto-influence qui contrebalance les pressions extérieures. Il n'est pas rare que les individus investissent si fortement leur estime de soi dans certaines convictions, qu'ils accepteront de se soumettre à des formes de souffrance et de punition sévères plutôt que de céder à ce qu'ils considèrent comme injuste ou immoral.

L'exercice de l'agentivité morale se présente sous deux modes principaux : le mode inhibiteur et le mode proactif (Bandura, 1999*b*). La forme inhibitrice se manifeste dans le pouvoir d'éviter de se comporter de manière inhumaine. La forme proactive s'exprime dans le pouvoir de se conduire de manière humaine.

Cela étant, les standards moraux ne fonctionnent pas comme des régulateurs internes fixes des conduites. Les mécanismes autorégulateurs ne fonctionnent qu'à condition d'être mobilisés dans l'action. Il existe de nombreuses manœuvres psychosociales qui permettent aux individus, par le biais de leurs autoréactions morales, de se désengager de manière sélective à l'égard de conduites inhumaines (Bandura, 1991*b*). Plusieurs de ces mécanismes de désengagement moral prennent racine dans la reconstruction cognitive de la conduite elle-même. Ceci est possible en rendant personnellement et/ou socialement acceptable la conduite nocive, en la représentant comme si elle servait des fins socialement dignes ou morales, en la masquant sous un langage édulcoré, émaillé d'euphémismes et en proposant des comparaisons avec d'autres actes encore plus inhumains. D'autres mécanismes affaiblissent le sentiment d'agentivité personnelle dans les conduites néfastes en diluant et déplaçant les responsabilités. Les autosanctions morales peuvent également être affaiblies ou désengagées au terme du processus de contrôle dans la mesure où le sujet ignore, minimise ou discute les effets condamnables de sa conduite. Un dernier ensemble de pratiques désengage les autosanctions inhibitrices en déshumanisant les victimes, soit en leur attribuant des caractéristiques bestiales, soit en affirmant qu'elles sont responsables de leurs propres malheurs. Les individus présentant une forte tendance au désengagement moral se sentent peu coupables de leurs actes répréhensibles, sont moins prosociaux tout en étant plus enclins à des ruminations vengeresses (Bandura *et al.*, 1996*b*). Par le désengagement sélectif de leur agentivité morale, les personnes qui se conduisent par ailleurs moralement et vertueusement sont capables de perpétrer des transgressions et des actes d'inhumanité dans d'autres sphères de leur vie (Bandura, 1999*b* ; Zimbardo, 1995).

3.4 L'autoréflexion

L'être humain n'est pas seulement l'agent de son action mais également l'examinateur de son propre fonctionnement. La capacité métacognitive à réfléchir à soi-même ainsi qu'à la viabilité de ses pensées et de ses actions constitue encore un trait fondamental de l'agentivité humaine. Au travers de la conscience autoréflexive (*reflective self-consciousness*), chacun a la possibilité d'évaluer sa motivation, ses valeurs et le sens qu'il donne à ce qu'il entreprend dans la vie. C'est au niveau de l'autoréflexion que les individus abordent les conflits entre différentes incitations motivationnelles pour ensuite choisir d'agir en faveur de l'une ou de l'autre d'entre elles. La vérification de la justesse de ses pensées est aussi fortement dépendante de moyens dits « autoréflexifs » (*self-reflective means*) (Bandura, 1986). Dans l'exercice de cette capacité métacognitive, les personnes mesurent la justesse de leurs pensées prédictives et opératoires selon les résultats de leurs actions, les effets produits par les actions d'autrui, ce que les autres croient et diverses déductions dérivées de connaissances établies et de ce qui s'ensuit nécessairement.

Parmi les mécanismes d'agentivité personnelle, aucun n'est plus central ni omniprésent que la croyance personnelle dans sa capacité à exercer un certain degré de contrôle sur son propre fonctionnement et sur les événements de l'environnement (Bandura, 1997). Les croyances d'efficacité constituent le fondement de l'agentivité humaine. Si les personnes ne croient pas qu'ils peuvent, par leurs propres actions, produire les résultats souhaités tout en évitant que des événements fâcheux surviennent, ils ont peu de raisons d'agir ou de persévérer face aux difficultés. Si d'autres facteurs peuvent servir de guides ou de motivateurs, ils n'en sont pas moins enracinés dans la croyance centrale selon laquelle nous possédons la capacité de produire des effets par nos actions. Des méta-analyses confirment le rôle influent joué par les croyances d'efficacité dans le fonctionnement humain (Holden, 1991 ; Holden *et al.*, 1990 ; Multon *et al.*, 1991 ; Stajkovic et Luthans, 1998).

L'auto-efficacité perçue joue un rôle essentiel dans la structure causale de la théorie sociale cognitive parce que les croyances d'efficacité affectent l'adaptation et le changement non seulement directement, mais également à travers l'impact qu'elles exercent sur d'autres déterminants (Bandura, 1997 ; Maddux, 1995 ; Schwarzer, 1992). De telles croyances déterminent, par exemple, si les personnes pensent de manière pessimiste ou optimiste, si leurs pensées les aident à résoudre des problèmes ou entravent leur démarche. Les croyances d'efficacité occupent une place centrale dans l'autorégulation de la motivation par l'intermédiaire des défis liés aux buts que l'on se fixe et aux résultats que l'on attend. C'est en partie sur la base des croyances d'efficacité que les personnes choisissent les défis qu'elles vont relever, décident des efforts qu'elles vont déployer dans l'activité, de leur durée de persévérance face aux obstacles et aux échecs, et qu'elles perçoivent leurs échecs comme étant motivants ou démoralisants. La probabilité que les individus agiront selon les résultats qu'ils attendent de leurs performances futures dépend effectivement des croyances qu'ils ont développées quant à leur capacité, oui ou non, à produire ces mêmes performances. Un fort sentiment d'efficacité au « *coping* » (concernant sa capacité à faire face à d'éventuelles difficultés) réduit la vulnérabilité au stress et à la dépression dans des situations exigeantes, tout en renforçant la résilience face à l'adversité.

Les croyances d'efficacité jouent également un rôle dans les trajectoires de vie en exerçant une influence aussi bien sur les types d'activités que sur les environnements que les personnes choisissent. Tout facteur susceptible d'influencer les comportements de choix du sujet peut affecter profondément la direction de son développement. En effet, les influences sociales à l'œuvre dans les environnements choisis par le sujet continuent à développer certaines compétences, valeurs et centres d'intérêt bien longtemps après que le déterminant décisionnel a eu son effet initial. Ainsi, en choisissant, organisant et façonnant leurs environnements, les personnes participent activement à leur devenir.

La rapidité des changements informationnels, sociaux et technologiques donne toute son importance à l'efficacité perçue en matière de développement personnel et de capacité à se renouveler au cours de l'existence. Dans le passé, le développement académique des étudiants était en grande partie déterminé par les écoles d'où ils venaient. De nos jours, l'Internet donne aux étudiants des possibilités illimitées pour qu'ils apprennent à piloter leurs propres apprentissages. Aujourd'hui, sans restriction ni de temps ni d'espace, les étudiants ont à leur disposition les meilleures bibliothèques, les meilleurs musées, laboratoires et professeurs. Les autorégulateurs efficaces étendent leurs connaissances et leurs compétences cognitives, tandis que les autorégulateurs inefficaces prennent du retard (Zimmerman, 1990).

L'autorégulation devient aussi un facteur clé dans la vie professionnelle. Autrefois, les salariés apprenaient un métier donné pour ensuite l'exercer plus ou moins de la même manière et dans la même entité tout au long de leur carrière. Étant donné le rythme soutenu des changements, le savoir et les compétences techniques deviennent vite obsolètes à moins d'être mis à jour et adaptés aux nouvelles technologies. Dans l'organisation moderne, le salarié doit prendre en charge son évolution professionnelle en vue de tenir une variété de postes et de fonctions au cours de sa carrière. Il doit cultiver de multiples compétences pour satisfaire aux exigences et aux rôles professionnels qui ne cessent d'évoluer. L'adaptabilité agentique collective s'applique tant au niveau organisationnel qu'au niveau de la ressource humaine. Les organismes doivent apprendre vite et innover en permanence pour survivre et prospérer dans des conditions marquées par de rapides changements technologiques et des marchés mondialisés. Ils sont ainsi confrontés au paradoxe d'avoir à se préparer au changement au sommet de leur réussite. Ceux qui sont lents à changer perdront gros.

La santé est un exemple d'autorégulation dans une sphère importante de la vie. Ces dernières années il y a eu un changement majeur dans la conception de la santé, passant d'un modèle fondé sur le traitement à un modèle fondé sur le bien-être. La santé humaine est fortement influencée par les habitudes liées au style de vie de chacun ainsi que par les conditions environnementales. Cela permet aux individus d'exercer un certain degré de contrôle sur leur état de santé. En effet, à travers la gestion de leurs propres habitudes, les individus réduisent les risques majeurs pour la santé et mènent des vies plus saines et productives (Bandura, 1997). Si les immenses avantages de ces quelques habitudes de santé liées au style de vie étaient disponibles sous forme de comprimé, cette invention serait reconnue comme une percée historique dans le champ de la médecine.

4 LA GESTION AGENTIQUE DU HASARD

S'il y a beaucoup de choses que les gens font exprès afin d'exercer un certain degré de contrôle sur leur développement personnel et sur les circonstances de leur vie, il existe aussi beaucoup de hasard dans le cours que prend l'existence. En effet, certains des déterminants qui exercent la plus forte influence sur les directions que prend notre vie se produisent à travers les circonstances les plus triviales. C'est au travers de circonstances souvent tout à fait fortuites que les personnes empruntent de nouvelles trajectoires développementales, qu'il s'agisse de choix amoureux, professionnels ou d'affaires malencontreuses. Observez l'influence des événements fortuits qui président au choix d'un ou d'une conjoint(e). Un vol retardé par une tempête inattendue amène la rencontre de deux personnes qui, par hasard, se trouvent assises l'une à côté de l'autre à l'aéroport en attendant que le temps se lève. Cette rencontre aléatoire donne lieu par la suite à un mariage, un déménagement et un changement de trajectoire professionnelle. Aucun desdits événements ne se serait produit si, à ce moment-là, le pilote n'avait pas reçu l'ordre de ne pas décoller pour cause de mauvais temps (Krantz, 1998). Un éditeur entre dans une salle de conférence au moment où elle se remplit rapidement, pour assister à une conférence sur « la psychologie des rencontres fortuites et des trajectoires de vie ». Il prend une place libre près de l'entrée. Quelques mois plus tard, il épouse la femme à côté de qui il avait pris place ce jour-là. Si le futur mari était entré ne serait-ce que quelques secondes plus tard, la répartition des places assises aurait été différente et l'histoire de vie des deux époux aurait été incomparable. Une union conjugale s'est formée de manière tout à fait fortuite lors d'une conférence consacrée aux déterminants fortuits des existences humaines (Bandura, 1982) !

Un événement fortuit qui se produit dans des conditions incertaines, aussi socialement médiatisées soient-elles, est défini comme étant la rencontre non intentionnelle de personnes qui ne se connaissent pas. Quoique la succession d'événements de part et d'autre de la rencontre fortuite possède chacune ses propres déterminants, la convergence des deux trajectoires se produit inopinément plutôt que de manière prévue (Nagel, 1961). Ce n'est pas pour dire qu'un événement fortuit n'a pas de « cause », mais plutôt qu'il y a un degré élevé de hasard dans les conditions déterminantes de leur rencontre. Parmi les innombrables phénomènes fortuits qui caractérisent la vie quotidienne, bon nombre n'affectent la vie des personnes que superficiellement, alors que d'autres produisent des effets plus durables, ou d'autres encore propulsent les individus dans de nouveaux itinéraires de vie. La puissance de la plupart des influences fortuites ne réside pas tant dans les propriétés des événements eux-mêmes que dans la constellation complexe d'influences transactionnelles que ceux-ci déclenchent (Bandura, 1982, 1998). Du côté des personnes, leurs attributs, systèmes de croyances, centres d'intérêt et compétences déterminent si, oui ou non, une rencontre fortuite donnée se transformera en relation durable. Du côté socio-structurel, l'impact des rencontres fortuites dépendra en partie de la capacité des milieux sociaux où les individus se trouvent plongés à les retenir et les influencer.

Le hasard ne signifie pas l'incontrôlabilité de ses effets. On peut profiter du caractère fortuit de la vie. On peut faire en sorte que la chance sourie en poursuivant une vie active, ce qui augmente la qualité et le type de rencontres fortuites qu'on peut faire. Le hasard est favorable aux individus curieux et entreprenants, qui bougent, agissent et explorent de nouvelles activités (Austin, 1978). Les gens peuvent aussi mettre la chance de leur côté en cultivant leurs centres d'intérêt, leurs compétences et les croyances personnelles constructives. Ces ressources internes donnent à chacun la possibilité de tirer le meilleur parti des occasions qui se présentent de temps à autre de manière tout à fait inattendue. Pasteur (1854) l'a bien dit en affirmant que « la chance ne sourit qu'à l'esprit préparé ». L'autodéveloppement permet à chacun de participer plus activement à la construction de son destin dans le cours de sa vie. Ces diverses activités proactives illustrent la gestion agentique du hasard.

Dans les analyses causales de trajectoires développementales, on fait peu de cas des facteurs fortuits, alors qu'ils dominent les recommandations d'avenir, qu'il s'agisse d'atteindre le souhaitable ou d'éviter des inconvénients (Bandura, 1995, 1997 ; Hamburg, 1992 ; Masten *et al.*, 1990 ; Rutter, 1990). Quant au développement personnel, les efforts sont centrés sur le déploiement des ressources personnelles qui permettent de tirer avantage des aléas prometteurs. Pour ce qui est de la protection de soi, on aide les individus à développer les capacités autorégulatrices qui non seulement leur permettent d'éviter les pièges sociaux qui peuvent se présenter à eux de manière inattendue et les inciter, contre leur intérêt, à adopter des lignes de conduite potentiellement nuisibles, mais leur donnent également des outils pour pouvoir s'extirper de telles situations difficiles si jamais ils s'y trouvent coincés.

5 LES MODALITÉS DE L'AGENTIVITÉ HUMAINE

La recherche et l'élaboration théorique à propos de l'agentivité humaine se sont essentiellement limitées à l'exercice individuel de l'agentivité. Pourtant, ce n'est pas la seule manière dont les gens exercent une influence sur les événements affectant leur existence. La théorie sociale cognitive distingue trois modalités différentes de l'agentivité : personnelle, par procuration et collective.

Les analyses précédentes se sont centrées sur la nature de l'agentivité personnelle directe ainsi que sur les processus cognitifs, motivationnels, émotionnels et de sélection au travers desquels elle produit des effets donnés. Dans de nombreux domaines de fonctionnement, les individus n'exercent pas de contrôle direct sur les conditions sociales ni sur les pratiques institutionnelles qui affectent leur vie quotidienne. Dans ces circonstances, ils recherchent leur bien-être, leur sécurité et les résultats qu'ils valorisent par procuration. Dans ce mode d'agentivité par la médiation sociale, ils essaient de trouver des personnes ayant de l'influence et du pouvoir pour s'assurer d'obtenir les résultats qu'ils souhaitent. Personne n'a le temps, l'énergie, ni les ressources pour maîtriser tous les domaines de la vie quotidienne. Un fonctionnement réussi implique nécessairement un mélange d'efficacité par procuration dans certains domaines de fonctionnement pour libérer du temps et de l'énergie afin de gérer directement d'autres aspects de sa vie (Baltes, 1996 ; Brandtstädter, 1992). Par exemple, pour obtenir ce qu'ils désirent, les enfants s'appuient sur leurs parents, les conjoints s'appuient l'un sur l'autre tandis que les citoyens tentent d'influencer les actes de leurs représentants légaux. Le contrôle par procuration dépend d'une efficacité sociale perçue pour influencer les efforts de médiation des autres.

Les individus ont recours au contrôle par procuration dans des domaines où ils peuvent exercer de l'influence directe mais sans avoir développé les moyens pour le faire. Ils croient que les autres peuvent mieux faire qu'eux, ou bien ils ne veulent pas s'imposer le poids de certains aspects liés à l'exercice du contrôle direct. Le contrôle personnel n'est ni une pulsion innée ni un trait universel, comme certains le prétendent. Le contrôle personnel a des coûts qui peuvent en atténuer l'attractivité. L'exercice d'un contrôle efficace requiert la maîtrise de connaissances et de compétences accessibles uniquement par de longues heures de travail ardu. De plus, conserver des aptitudes dans un contexte marqué par des conditions de vie en perpétuel changement demande un investissement permanent en temps, en efforts et en ressources pour se renouveler tout le temps.

L'exercice du contrôle personnel impose non seulement un travail conséquent d'autodéveloppement continu, mais il génère fréquemment d'importants risques, responsabilités et sources potentielles de stress. Les gens ne sont pas particulièrement avides d'avoir à porter les fardeaux de la responsabilité. Bien trop souvent, ils renoncent au contrôle en le confiant aux autres alors qu'il s'agit de domaines où ils pourraient exercer une influence directe. Ils agissent ainsi pour se libérer des exigences de performance et des responsabilités lourdes que comporte le contrôle personnel. Le contrôle par procuration peut être utilisé d'une manière qui favorise l'autodéveloppement ou qui freine l'appropriation de compétences personnelles. Dans ce dernier cas, une partie du prix de l'agentivité par procuration est la vulnérabilité tributaire des compétences, du pouvoir et des faveurs d'autrui. Les gens ne vivent pas leur vie de façon isolée. Beaucoup de ce qu'ils recherchent ne saurait se réaliser que par des efforts socialement interdépendants. Par conséquent, ils doivent collaborer avec d'autres pour obtenir ce qu'ils ne peuvent avoir tout seuls.

La théorie sociale cognitive étend le concept d'agentivité humaine jusqu'à l'agentivité collective (Bandura, 1997). La croyance qu'ont les gens de pouvoir produire collectivement des résultats souhaités est une composante essentielle de l'agentivité collective. Les réussites des groupes ne sont pas seulement générées par le partage des intentions, du savoir et des compétences de ses membres, mais également par la synergie des dynamiques interactives et coordonnées qui caractérisent leurs transactions. Étant donné que la performance collective d'un système social implique des dynamiques transactionnelles, l'efficacité collective perçue est une propriété émergente au niveau du groupe ; elle n'est pas simplement la somme des croyances des individus en leur efficacité. Cela dit, il n'existe pas d'entité émergente qui opérerait indépendamment des croyances et des actions des individus qui composent le système social. Ce sont les personnes qui agissent conjointement à partir de croyances partagées, non pas un esprit de groupe désincarné qui réfléchit, vise des résultats, se motive et régule son action à cette fin. Les croyances d'efficacité collective servent des fonctions semblables à celles du sentiment d'efficacité personnelle et fonctionnent au travers de processus tout à fait analogues (Bandura, 1997).

Des études empiriques en provenance de divers champs de recherche confirment l'impact de l'efficacité collective perçue sur le fonctionnement du groupe (Bandura, 2000). Certaines de ces études ont évalué les effets de l'efficacité collective perçue quand elle est expérimentalement induite à des niveaux différenciés. D'autres études ont examiné les effets qu'exercent des croyances d'efficacité collective développées naturellement sur le fonctionnement de divers systèmes sociaux, y compris les systèmes éducatifs, les entreprises, les équipes sportives, les entités de combat, les communautés urbaines et des groupes d'action politique. Dans leur ensemble, les résultats montrent que plus l'efficacité collective perçue est forte, plus les aspirations d'un groupe et son investissement dans ses projets sont élevés, plus il résiste face aux obstacles et aux revers, meilleurs sont son moral, sa résilience face au stress et ses performances.

Les théories de l'agentivité humaine et collective sont émaillées de dualismes discutables que la théorie sociale cognitive rejette. Ces dualismes concernent l'agentivité personnelle contre les structures sociales, l'agentivité autocentrée contre le sens de communauté et l'individualisme contre le collectivisme. Le clivage entre agentivité et facteurs socio-structurels oppose les théories psychologiques aux théories sociologiques, suggérant qu'il s'agit de théories concurrentes du comportement humain, ou que chacune se réserve les droits exclusifs à l'égard de « son » niveau de causalité « propre ». Le fonctionnement humain est enraciné dans des systèmes sociaux. Ainsi l'agentivité personnelle opère-t-elle au sein d'un vaste réseau d'influences socio-structurelles. En grande partie, les structures sociales représentent des systèmes de règles autorisées, des pratiques sociales et des sanctions conçues pour réguler les affaires humaines. Ces fonctions socio-structurelles sont assurées par le biais d'êtres humains qui occupent ces rôles autorisés (Giddens, 1984).

Dans le cadre des règles structurelles des systèmes sociaux, on observe de fortes variations personnelles quant à leur interprétation, leur adoption, leur transgression, voire l'opposition active à leur égard (Burns et Dietz, 2000). Ces transactions n'impliquent pas une dualité entre une structure sociale réifiée et désarticulée d'avec les personnes et leur agentivité, mais bien une interaction dynamique entre les individus et ceux qui supervisent le fonctionnement institutionnel des systèmes sociaux. La théorie sociale cognitive explique le fonctionnement humain en termes de *causalité triadique réciproque* (Bandura, 1986). Dans ce modèle de causalité réciproque, les facteurs personnels internes, sous la forme d'événements cognitifs, affectifs et biologiques, le comportement et les influences environnementales fonctionnent tous comme des déterminants en interaction qui s'influencent bidirectionnellement. L'environnement n'est pas une entité monolithique. La théorie sociale cognitive distingue entre trois types de structures environnementales (Bandura, 1997). L'environnement peut ainsi être imposé, choisi ou construit. Ces différentes structures environnementales recouvrent des degrés de modifiabilité impliquant la mise en œuvre de formes différentes d'agentivité personnelle tant en termes de périmètre que de centration.

Dans la théorie sociale cognitive, les facteurs socio-structurels opèrent au travers des mécanismes psychologiques du soi pour produire des effets comportementaux. Ainsi, par exemple, les conditions économiques, le statut social et les structures éducatives et familiales affectent le comportement non pas directement, mais en grande partie au travers de leur impact sur les aspirations des individus, leur sentiment d'efficacité, leurs standards personnels, leurs états affectifs et autres influences autorégulatrices (Baldwin *et al.*, 1989 ; Bandura, 1993 ; Bandura *et al.*, 1996*a*, 2000*a* ; Elder et Ardelt, 1992). Les déterminants socio-structurels et psychologiques ne peuvent pas non plus faire l'objet d'une classification dichotomique parfaitement nette, répartis en influences proximales ou distales. La pauvreté, identifiée en tant que statut socio-économique bas, n'est pas une affaire de causalité à multiples niveaux ni de causalité distale. Manquer d'argent pour subvenir aux besoins de sa famille a d'importantes répercussions sur la vie quotidienne et ce, d'une manière très « proximale ». La multicausalité implique la codétermination du comportement par des sources d'influence différentes, non pas des dépendances causales entre niveaux distincts.

Le « système de soi » n'est pas seulement un conducteur des influences socio-structurelles. Bien que le soi soit socialement constitué, c'est en exerçant une auto-influence que les agents humains interviennent de façon proactive — et non seulement réactive — pour façonner les caractéristiques de leurs systèmes sociaux. Dans ces transactions agentiques, les gens sont autant les producteurs que les produits des systèmes sociaux. L'agentivité personnelle et la structure sociale opèrent de manière interdépendante. Les structures sociales sont créées par l'activité humaine et les pratiques socio-structurelles, à leur tour, imposent des contraintes et fournissent des ressources et des opportunités pour le développement et le fonctionnement personnels.

Un autre clivage discutable assimile incorrectement l'auto-efficacité à une forme d'individualisme autocentré imbué d'égoïsme, tout en l'opposant aux liens communautaires et à la responsabilité civique. Un sentiment d'efficacité n'exalte pas nécessairement le soi ni n'encourage un style de vie, une identité ou une morale ignorant bien-être collectif. À travers l'exercice inébranlable d'une auto-efficacité commandant le respect, Gandhi a mobilisé une force collective massive provoquant une vague de changements sociopolitiques majeurs. Il menait une vie ascétique, sans complaisance personnelle. Si la croyance dans le pouvoir de produire des résultats est mise au service de buts relationnels et de fins socialement bénéfiques, elle favorise la vie de la communauté au lieu de l'affaiblir. En effet, les études développementales montrent qu'un sentiment élevé d'efficacité promeut une orientation prosociale caractérisée par la coopération, l'entraide et le partage ainsi qu'un intérêt particulier pour le bien-être des uns et des autres (Bandura *et al.*, 1996*a*, 1999, 2000*b*).

Une autre antithèse dualiste assimile incorrectement l'auto-efficacité à l'individualisme et l'oppose au collectivisme au niveau culturel (Schooler, 1990). Les cultures ne sont pas des entités monolithiques comme des descriptions stéréotypiques laissent entendre. Ces classifications culturelles générales masquent la diversité intraculturelle ainsi que les points communs partagés par des personnes d'horizons culturels différents. Les systèmes socioculturels tant individualistes que collectivistes se présentent sous une variété de formes (Kim *et al.*, 1994). L'hétérogénéité générationnelle et socio-économique est courante parmi les individus issus de systèmes culturels différents, et l'on observe encore plus de variations intra-individuelles au sein des rapports sociaux entre membres de famille, amis et collègues (Matsumoto *et al.*, 1996). En outre, les gens expriment leurs orientations culturelles de manière conditionnelle plutôt qu'invariante, en se conduisant de façon sociable dans certaines structures incitatives et individualistes en dans d'autres (Yamagishi, 1988). Les comparaisons biculturelles, dans lesquelles les individus issus d'un seul milieu collectiviste sont comparés sur la base d'indices globaux avec des individus issus d'un milieu individualiste, peuvent faire naître de nombreuses généralisations trompeuses.

Pour que les gens puissent mettre en commun leurs ressources et collaborer avec succès, il faut que les membres d'un groupe jouent leurs rôles et coordonnent leurs actions avec un sentiment d'efficacité élevé. Une collectivité ne peut être efficace avec des membres qui abordent les problèmes de la vie rongés par le doute sur leur capacité à réussir, ou à persévérer en face des difficultés. Si l'on valorise l'efficacité personnelle, ce n'est pas pour honorer l'individualisme, mais parce qu'un fort sentiment d'efficacité est vital pour un fonctionnement efficace, qu'il s'agisse de celui d'un individu ou de membres d'un groupe qui collaborent. En effet, un sentiment d'efficacité personnelle robuste dans la gestion de ses circonstances de vie et la participation à la mise en place de changements sociétaux durables, contribue substantiellement à l'efficacité collective perçue (Fernandez-Ballesteros *et al.*, 2000).

Les recherches interculturelles mettent en évidence la valeur fonctionnelle générale des croyances d'efficacité. L'efficacité personnelle perçue contribue au fonctionnement productif d'individus issus de cultures collectivistes, de même qu'à celui de personnes élevées dans des cultures individualistes (Barley, 1993, 1994). Cela dit, l'enracinement culturel façonne la manière dont les croyances d'efficacité se développent, les fins qu'elles servent et les dispositifs socio-structurels au travers desquels elles sont mises en œuvre. Les gens issus de cultures individualistes se sentent plus efficaces et obtiennent de meilleures performances dans un système orienté vers l'individu, tandis que ceux issus de cultures collectivistes s'estiment efficaces et travaillent plus productivement dans un système orienté vers le groupe. Un faible sentiment d'efficacité en matière de *coping* rend vulnérable au stress autant dans des cultures collectivistes qu'individualistes (Matsui et Onglatco, 1991).

Il existe des personnes de sensibilité collectiviste qui vivent dans des cultures individualistes et vice versa. Quelle que soit leur culture d'origine, les gens atteignent leur degré d'efficacité et de productivité le plus élevé lorsque leur orientation psychologique coïncide avec la structure du système social (Barley, 1994). Tant au niveau d'analyse sociétal qu'individuel, une forte efficacité perçue favorise l'effort collectif et le niveau de performance.

Les cultures ne sont plus insulaires. Les interdépendances transnationales et les forces économiques mondiales affaiblissent les systèmes normatifs sociaux et culturels, restructurent les économies nationales et façonnent la vie politique et sociale des sociétés (Keohane, 1993 ; Keohane et Nye, 1977). Les liens sociaux et les engagements communautaires éloignés des lois du commerce sont particulièrement vulnérables à l'érosion par les forces d'un marché mondial qui se dégage de toute obligation sociale. L'interconnectivité mondiale généralisée fait que ce qui se produit sur le plan économique ou politique dans une région peut affecter le bien-être de vastes populations à l'autre bout du globe. En outre, les technologies de télécommunication avancées diffusent des idées, des valeurs et des styles de comportement à travers les nations à un rythme sans précédent. L'environnement symbolique alimenté par les satellites de communication transforme les cultures nationales tout en homogénéisant notre conscience collective. Avec le développement accru du cybermonde, les gens seront encore plus fortement enveloppés dans des environnements symboliques mondialisés. De plus, les migrations de masse sont en train de modifier les paysages culturels. La diversité ethnique croissante donne une fonctionnalité à l'efficacité biculturelle pour « naviguer » à travers les doubles exigences de sa subculture ethnique et de la société dans son ensemble.

Ces nouvelles réalités impliquent d'élargir le cadre des analyses interculturelles, en passant de l'étude des forces sociales opérant au sein de sociétés données, à celle des forces extérieures qui agissent sur elles. Étant donné l'enracinement international croissant, l'interdépendance des sociétés ainsi que l'adhésion toujours plus forte à la culture symbolique de l'Internet, les questions d'intérêt portent sur la manière dont les forces nationales et mondiales interagissent et façonnent la nature de la vie culturelle. À mesure que la mondialisation affecte de plus en plus profondément la vie des individus, un fort sentiment d'efficacité collective apte à créer des systèmes transnationaux qui fonctionnent dans l'intérêt des citoyens devient indispensable à l'amélioration de l'intérêt commun.

6 LES INFLUENCES QUI MINENT L'EFFICACITÉ COLLECTIVE DANS DES SOCIÉTÉS EN MUTATION

Les progrès révolutionnaires des technologies électroniques ont transformé la nature, l'étendue et les lieux de l'influence humaine. Ces nouvelles réalités sociales donnent aux gens des possibilités immenses d'exercer des formes d'influence sur leur développement personnel et de façonner leur avenir social. Or, bien des conditions de la vie contemporaine minent le développement et le maintien de l'efficacité collective. Des influences transnationales lointaines ont des effets massifs à l'échelle locale sur la vie des individus. Ces forces transnationales ne sont pas faciles à démêler et encore moins à contrôler. Elles posent des défis aux systèmes gouvernementaux quant à leur capacité à exercer des influences déterminantes sur la vie économique et nationale du pays. Alors que le besoin d'actions citoyennes efficaces et collectives s'accentue, le sentiment d'impuissance collective augmente. Dans un contexte où le contrôle transnational ne cesse de prendre de l'ampleur, les États-nations augmentent leur influence et leur capacité de contrôle en fusionnant pour créer des unités régionales plus importantes telles que l'Union européenne. Ceci étant, ces unions régionales coûtent cher. Paradoxalement, pour gagner en contrôle international, les nations sont obligées de négocier des accords réciproques qui entraînent une certaine perte de leur autonomie nationale et des changements dans leurs modes de vie traditionnels (Keohane, 1993).

La vie quotidienne est de plus en plus régulée par des technologies complexes que la plupart des individus ne comprennent pas et ne pensent pas pouvoir beaucoup influencer. Ces mêmes technologies qu'ils créent pour gérer leur environnement de vie peuvent, paradoxalement, devenir une force contraignante qui, à son tour, contrôle la manière dont ils pensent et se comportent. Les mécanismes sociaux de chaque société posent des défis non moins importants. Les bénéficiaires des pratiques socio-structurelles existantes usent de leur influence pour préserver leurs intérêts propres. De longs délais entre l'action et l'atteinte de résultats concrets découragent les efforts de changement social significatif. Selon la métaphore de John Gardner, « amener le changement social n'est pas un sport pour qui manque de souffle ».

Les efforts sociaux pour améliorer la vie impliquent la fusion d'intérêts personnels variés en faveur de valeurs et de buts fondamentaux partagés. Ces dernières années nous avons assisté à une fragmentation sociale accrue dans des groupes d'intérêt séparés, chacun faisant état de sa propre efficacité factionnelle. Le pluralisme prend la forme d'un factionnalisme militant. Par conséquent, les individus exercent certes une plus grande influence factionnelle, mais réalisent moins au niveau collectif en se neutralisant mutuellement. De surcroît, les migrations de masse contribuent à la fragmentation sociale. Les sociétés se révèlent plus diverses et plus difficiles à fédérer autour d'une vision unie et d'un projet au niveau du pays.

L'ampleur des problèmes humains sape également l'efficacité perçue pour y trouver des solutions viables. Des problèmes mondiaux d'ampleur croissante insufflent le sentiment paralysant que les gens ne peuvent pas faire grand-chose pour les réduire. Les effets à l'échelle mondiale sont les produits d'actions locales. La stratégie qui consiste à « penser globalement » tout en « agissant localement » constitue un effort pour rendre aux gens le sentiment de leur efficacité à faire la différence. Les applications macro-sociales des principes sociocognitifs à travers les médias électroniques illustrent à quel point des efforts collectifs modestes peuvent avoir un impact considérable sur des problèmes mondiaux majeurs tels que la croissance démographique fulgurante (Bandura, 1997 ; Singhal et Rogers, 1999).

7 LA PRIMAUTÉ ÉMERGENTE DE L'AGENTIVITÉ HUMAINE DANS LA CO-ÉVOLUTION BIOSOCIALE

Il existe un malaise grandissant face au détournement progressif de différents aspects de la psychologie vers la biologie. On proclame partout l'existence de déterminants biologiques du comportement humain, tandis que les dynamiques psychosociales sont déclassées en faveur des neurodynamiques. Il est à craindre qu'à mesure que nous confions des parts toujours plus importantes de la psychologie aux disciplines placées plus bas dans la chaîne alimentaire, il ne reste plus de cœur constitutif à la discipline psychologique. La fragmentation disciplinaire, la dispersion et l'assimilation aux neurosciences seraient le destin de notre discipline. Contrairement aux proclamations des oracles de dépossession, la psychologie est l'unique discipline qui englobe de façon privilégiée l'interaction complexe entre les déterminants intrapersonnels, biologiques, interpersonnels et socio-structurels du fonctionnement humain. La psychologie est donc la discipline la mieux armée pour faire avancer une compréhension de la nature biopsychosociale et intégrative des hommes et de la manière dont ils gèrent et façonnent le monde quotidien autour d'eux. Il est ironique qu'une discipline fondamentale et intégratrice dont l'objet est toute la personne qui agit dans — et sur — le monde, envisage de se fractionner et de répartir des parties subpersonnelles à d'autres disciplines. La science psychologique doit formuler et articuler une vision large de l'homme, non pas une vision réductrice et fragmentaire.

Le raisonnement sous-jacent à ces tendances est alimenté par le réductionnisme conceptuel, par le dualisme analytique de l'inné et de l'acquis et par l'évolutionnisme unilatéral. Comme nous l'avons noté, les événements mentaux sont des activités cérébrales, mais cela n'implique pas la réduction de la psychologie à la biologie. Savoir comment fonctionnent les mécanismes biologiques renseigne peu sur la manière dont s'orchestrent ces mécanismes à des fins variées. Par analogie, le « *software* psychosocial » n'est pas réductible au « *hardware* biologique ». Chacun est gouverné par ses propres principes qui se doivent d'être étudiés indépendamment.

Une préoccupation majeure de la psychologie concerne la découverte de principes pour la structuration d'environnements visant des changements psychosociaux et des niveaux de fonctionnement donnés. Ce thème exogène n'a pas d'équivalent dans la théorie neurobiologique et l'on ne peut donc tirer de celle-ci des lois psychologiques. Par exemple, la connaissance des circuits cérébraux impliqués dans l'apprentissage ne nous dit pas grand-chose sur la manière d'imaginer les meilleures conditions d'apprentissage en termes de niveau d'abstraction, de nouveauté et de défi ; ni sur la façon d'inciter les gens à prêter attention aux informations pertinentes, à les traiter et à les organiser ; ni encore sur la manière de présenter l'information ; et pas plus sur le fait de savoir si l'individu apprend mieux en situation solitaire, coopérative ou compétitive. Ce sont les principes psychologiques qui permettent de préciser les conditions optimales.

Étudier l'activation du circuit neuronal sous-jacente au discours « *I Have a Dream* » de Martin Luther King ne nous livrerait que d'infimes renseignements sur la nature puissante et socialement édifiante du discours, sur l'effort agentique et délibéré qui a permis sa conception, ou encore sur la passion civique qui a impulsé sa création et sa présentation publique. Les analyses moléculaire, cellulaire et biochimique ne sauraient pas plus expliquer ces activités agentiques. Il y a peu au niveau neuronal qui puisse nous éclairer sur la manière dont nous pouvons former des parents, des enseignants, des dirigeants ou des réformateurs sociaux efficaces.

Les principes psychologiques ne peuvent pas transgresser les capacités neurophysiologiques des systèmes qui les sous-tendent. Cependant, les principes psychologiques doivent être étudiés indépendamment. Si l'on empruntait la piste glissante du réductionnisme, le voyage traverserait la biologie et la chimie pour se terminer dans le domaine des particules subatomiques. Puisque certaines propriétés émergent à travers différents niveaux de complexité, ni les lieux intermédiaires ni la destination finale en termes de particules subatomiques ne sont en mesure de découvrir les lois psychologiques du comportement humain.

La biologisation de la psychologie, qui est depuis peu devenue à la mode, bénéficie aussi de la promotion sans critique de l'évolutionnisme unilatéral. Refusant de s'avouer vaincue, la généticisation du comportement humain est promue plus ardemment par les évolutionnistes psychologues que biologistes (Buss et Schmitt, 1993 ; Bussey et Bandura, 1999). Dans leurs analyses, le comportement humain est facilement attribué à une programmation ancestrale déterministe et à des traits universels. Les biologistes évolutionnistes soulignent la diversification des pressions de sélection pour l'adaptabilité aux différents types de milieux écologiques (Dobzhansky, 1972 ; Fausto-Sterling, 1992 ; Gould, 1987). Des milieux socialement construits se différencient nettement de telle sorte qu'aucun mode d'adaptation sociale unique convienne à toutes les situations.

L'origine ancestrale des structures corporelles et des potentialités biologiques d'une part, et les déterminants régissant les comportements d'aujourd'hui et les pratiques sociales d'autre part, sont deux choses tout à fait différentes. Puisque des potentialités évoluées peuvent favoriser diverses fins, l'origine ancestrale ne dicte ni le fonctionnement social actuel ni un dispositif socio-structurel unique. Trop souvent, la multicausalité du comportement humain est expliquée de façon trompeuse en termes d'une ventilation aléatoire en pourcentages d'« inné » et d'« acquis ». Ce dualisme analytique est erroné pour plusieurs raisons : il ignore l'intrication interdépendante de l'inné et de l'acquis. De plus, l'acquis socialement construit joue un rôle dans le façonnage de la nature humaine.

Si la théorie sociale cognitive reconnaît le rôle influent de facteurs d'évolution dans l'adaptation et le changement humains, elle rejette l'évolutionnisme unilatéral d'après lequel la biologie évoluée façonne le comportement, mais où sont négligées les pressions de sélection inhérentes aux innovations sociales et technologiques qui agissent sur l'évolution biologique. Dans la vision bidirectionnelle des processus d'évolution, les pressions environnementales ont favorisé non seulement des changements dans les structures biologiques, mais aussi, par exemple, la locomotion debout qui a contribué au développement des outils et leur utilisation. Ces capacités ont permis à un organisme de manipuler, d'altérer et de construire de nouvelles conditions environnementales. Les innovations environnementales de plus en plus complexes ont créé, à leur tour, de nouvelles pressions de sélection qui ont joué un rôle dans l'évolution de capacités cognitives et de systèmes biologiques spécialisés dans la conscience fonctionnelle, la pensée, le langage et la communication symbolique.

L'évolution humaine fournit les structures corporelles et les potentialités biologiques, non pas des préceptes comportementaux. Les influences psychosociales agissent au travers de ces ressources biologiques afin de façonner des formes de comportement adaptatives. Fortes de leur évolution, les capacités biologiques avancées peuvent être utilisées pour créer des cultures diverses, à caractère agressif, pacifiste, égalitaire ou autocratique. Gould (1987) explique bien que la biologie fixe des contraintes qui varient en nature, degré et force dans divers domaines d'activité, mais que dans la plupart des sphères du fonctionnement humain, la biologie autorise une large gamme de possibilités culturelles. Il soutient de façon convaincante que les preuves encouragent une vision potentialiste plutôt que déterministe. Dans cette analyse pénétrante, il s'avère que la bataille explicative majeure n'est pas entre l'inné et l'acquis comme on le maintient souvent, mais celle de savoir si l'inné opère de façon déterministe ou potentialiste. Par exemple, les individus de grande taille ont le potentiel pour devenir de bons joueurs de basket-ball, mais la taille ne décrète pas la réussite en basket. Je doute que la constitution génétique des Allemands nazis qui ont commis des actes de barbarie sans précédent soit réellement différente de la celle des Suisses paisibles des cantons germanophones de ce pays. Les gens ont un potentiel biologique d'agression, mais la réponse à la variation culturelle des comportements agressifs réside davantage dans l'idéologie que dans la biologie.

Gould poursuit en faisant remarquer que le déterminisme biologique est souvent enveloppé d'un langage interactionniste afin de le rendre plus acceptable. La co-évolution bidirectionnelle biologie-culture est alors reconnue, mais c'est la biologie évoluée qui est présentée comme la force dominante. Le côté *culturel* de cette causalité bidirectionnelle passe relativement inaperçu, lorsque la constitution génétique est façonnée par les pressions adaptatives d'environnements socialement construits. Le déterminisme biologique est aussi souvent habillé d'un langage qui souligne la modifiabilité : on reconnaît alors la malléabilité des dispositions évoluées, mais un pouvoir déterminant leur est attribué en même temps qu'on énonce des réserves face aux efforts visant à changer des pratiques et des dispositifs socio-structurels existants, prétendument régis par les dispositions évoluées. De tels efforts sont considérés non seulement comme voués à l'échec, mais socialement nuisibles parce qu'ils vont à l'encontre des lois de la nature (Wilson, 1998).

Selon la vision de Gould (1987), la biologie laisse à la culture la bride sur le cou, tandis que Wilson maintient que la biologie tient la culture en laisse. Notre façon de conceptualiser la nature humaine détermine dans quelle mesure les obstacles aux changements sociaux sont recherchés dans la disparité génétique ou bien dans la mêlée qui oppose divers intérêts inflexibles. Le déterminisme biologique plaide pour la loi de la nature, alors que le potentialisme biologique, qui considère que la nature humaine permet une gamme de possibilités, donne plus de poids à la loi des opportunités, des privilèges et du pouvoir. Ainsi, la vision du déterminisme biologique souligne les contraintes et les limites inhérentes à notre nature ; celle du potentialisme biologique met l'accent sur les possibilités humaines.

S'il y a beaucoup d'homogénéité génétique à travers les cultures, il existe une diversité énorme dans les systèmes de croyances et les conduites. Étant donné cette variabilité, le codage génétique qui caractérise l'homme met en évidence le pouvoir de l'environnement orchestré par l'action agentique. L'agression, supposée génétiquement programmée comme un universel biologique, est un bon exemple. La grande diversité interculturelle contredit la vision selon laquelle les gens sont intrinsèquement agressifs. Il existe des cultures belliqueuses qui engendrent l'agression en la modelant de toutes parts, en y attachant prestige et valeur fonctionnelle pour en tirer statut social, avantages matériels et de contrôle social. Il existe également des cultures pacifiques où l'agression interpersonnelle est rare parce qu'elle est dévalorisée, rarement modelée et n'a pas de valeur fonctionnelle (Alland, 1972 ; Bandura, 1973 ; Sanday, 1981).

La diversité intraculturelle remet aussi en question l'idée que l'agression serait une caractéristique innée de la nature humaine. Les États-Unis sont une société relativement violente, mais les Quakers américains, qui sont entièrement immergés dans cette culture, adoptent le pacifisme comme mode de vie. La troisième forme de variabilité concerne la transformation rapide de sociétés guerrières en sociétés paisibles. Les Suisses ont été les principaux fournisseurs de soldats mercenaires en Europe, mais au fur et à mesure qu'ils se transformaient en peuple pacifique, la seule trace de leur passé militariste est le plumage des gardes du Vatican. Pendant des siècles, les Vikings ont pillé d'autres nations. Après une guerre prolongée avec la Russie qui a épuisé les ressources de la Suède, le peuple s'est soulevé et a imposé un changement constitutionnel qui interdit aux rois de déclarer la guerre (Moerk, 1995). Cet acte politique a rapidement transformé une société belliqueuse en une société paisible qui a servi de médiateur de la paix entre des nations en guerre. Cette métamorphose culturelle rapide souligne le pouvoir de l'acquis. Dans les comparaisons transculturelles, la Suède compte parmi les pays les moins violents du monde.

Une vision biologiquement déterministe rencontre des problèmes encore plus épineux face au rythme auquel s'effectuent des changements sociaux. Les individus ont peu évolué génétiquement au cours des dernières décennies, mais ils ont changé considérablement à travers les transformations rapides tant culturelles que technologiques qui ont marqué leurs croyances, leurs mœurs, les rôles sociaux qu'ils occupent et leurs styles de comportement. Les systèmes sociaux et les styles de vie sont modifiés par les moyens sociaux plutôt que par une dépendance sur le processus à la fois lent et très long de sélection biologique. Comme le dit avec concision Dobzhansky (1972), l'espèce humaine a été sélectionnée non grâce à sa rigidité comportementale, mais grâce à sa capacité d'apprendre et de modifier son comportement afin de s'adapter à des milieux remarquablement variés. La rapidité des changements sociaux témoigne du fait qu'effectivement, la biologie permet une gamme de possibilités.

Affirmer qu'un trait distinctif des hommes est leur modifiabilité ne revient pas à dire qu'ils n'ont pas de nature (Midgley, 1978), ou qu'ils viennent au monde sans structure et limites biologiques. La plasticité, intrinsèque à la nature humaine, dépend des structures et des mécanismes neurophysiologiques spécialisés qui ont évolué au cours du temps. Ces systèmes neuraux avancés sont spécialisés pour canaliser l'attention, détecter la structure causale du monde extérieur, transformer ces informations en représentations abstraites, intégrer et exploiter celles-ci à des fins adaptatives. Ces systèmes de traitement de l'information évolués autorisent précisément les caractéristiques agentiques spécifiquement humaines : symbolisation générative, pensée anticipatrice, autorégulation évaluative, autoréflexion et communication symbolique.

Les systèmes neurophysiologiques ont été façonnés par les pressions de l'évolution, mais les gens ne sont pas simplement des produits réactifs de ces pressions de sélection. D'autres espèces sont fortement programmées dès la naissance pour la survie stéréotypique dans un habitat particulier. En revanche, au lieu d'être « prêts à l'usage », les styles de vie humains sont largement façonnés dans et par l'expérience, à l'intérieur de limites biologiques. L'exercice de capacités agentiques joue un rôle primordial dans les processus de co-évolution humains. Les hommes ne font pas que réagir aux pressions de sélection : ce sont les agents qui produisent de nouvelles pressions à une allure de plus en plus vertigineuse.

À travers l'action agentique, les gens imaginent des façons de s'adapter de façon flexible à des environnements géographiques, climatiques et sociaux remarquablement divers. Ils découvrent des manières de contourner les contraintes physiques et environnementales, de concevoir et reconstruire des environnements à leur goût, d'inventer des styles comportementaux qui les mènent aux résultats qu'ils souhaitent et de transmettre ces styles à autrui par le biais du modelage social et d'autres modes d'influence expérientiels. Par ces moyens astucieux, les personnes améliorent leurs chances de réussir dans la lutte pour la vie. Le développement des connaissances ne cesse d'améliorer le pouvoir humain pour contrôler, transformer et créer des environnements d'une complexité et d'une portée croissantes. Nous construisons des technologies physiques qui modifient radicalement la manière dont nous vivons notre vie quotidienne. Nous créons des appareils et des engins qui compensent extraordinairement nos limites sensorielles et physiques. Nous développons des méthodes médicales et psychologiques qui nous permettent d'exercer une part de pouvoir sur notre vie physique et psychosociale. À travers l'ingéniosité de nos méthodes contraceptives qui ont découplé les pratiques sexuelles de la procréation, les humains ont déjoué et contrôlé leur système de reproduction évolué. Carl Djerassi, inventeur de la pilule contraceptive, prédit que de futurs développements dans le domaine des technologies de reproduction vont permettre de séparer le sexe de la fécondation en entreposant des ovules et en injectant du sperme *in vitro* avant la réinsertion dans l'utérus et la mise au monde de l'enfant à un moment choisi (Levy, 2000).

Les hommes ont créé des biotechnologies leur permettant de remplacer des gènes défectueux par des gènes modifiés et de changer la constitution génétique de certaines plantes et de certains animaux en y implantant des gènes de provenances diverses. Dans le cadre d'une biotechnologie florissante qui prend de vitesse les processus génétiques de l'évolution, nous sommes aujourd'hui en mesure de cloner des clones et d'explorer des méthodes susceptibles d'altérer les codes génétiques de notre espèce. À mesure que les scientifiques élaborent des technologies toujours plus performantes leur permettant de reconfigurer certains aspects de la nature humaine, le côté psychosocial de la co-évolution gagne du terrain. Ainsi, du fait de l'agentivité de l'ingénierie génétique, les êtres humains sont en passe de devenir des agents majeurs de leur propre évolution, pour le meilleur ou pour le pire.

Avec la poursuite des développements en biotechnologie, nous sommes confrontés à la perspective d'une construction sociale plus directe de la nature humaine, via le design génétique des êtres humains selon certains souhaits, ce qui mobilisera toujours davantage notre vigilance et notre engagement éthique.

Toute possibilité technologique trouve à terme son application pratique. Comme nous l'avons noté plus haut, les facteurs génétiques ne sauraient fournir que des potentialités, et non des attributs psychosociaux définitifs. Pourtant, il ne manque pas d'individus dotés de ressources et de croyances dans le déterminisme génétique pour mener des tentatives d'ingénierie génétique de la nature humaine. Les valeurs auxquelles nous adhérons et les systèmes sociaux que nous élaborons pour surveiller les usages de nos puissantes technologies joueront un rôle essentiel dans ce que nous deviendrons et dans notre manière d'orienter notre destin.

Chapitre 3

LA THÉORIE DE L'AUTODÉTERMINATION ET LE MODÈLE HIÉRARCHIQUE DE LA MOTIVATION INTRINSÈQUE ET EXTRINSÈQUE : PERSPECTIVES INTÉGRATIVES[1]

1. Par Robert J. Vallerand, Noémie Carbonneau et Marc-André K. Lafrenière.

Le concept de la motivation peut être défini comme un construit hypothétique utilisé pour décrire les forces intérieures et/ou extérieures qui engendrent l'initiation, la direction, l'intensité et la persistance du comportement (Vallerand et Thill, 1993). L'accent mis sur les forces internes et externes est cohérent avec la présence de deux grands types de motivation, à savoir la motivation intrinsèque et extrinsèque. La motivation intrinsèque (consistant à faire une activité pour le plaisir inhérent à celle-ci) et la motivation extrinsèque (consistant à faire quelque chose pour atteindre un but détaché de l'action) permettent de donner un sens à plusieurs phénomènes d'importance en ce qui a trait au fonctionnement humain.

Au cours des trente dernières années, un grand intérêt a été porté à l'étude de la motivation intrinsèque et extrinsèque. L'objectif de ce chapitre est de brosser un tableau sommaire de deux modèles permettant de mieux comprendre ces deux types de motivation. Dans un premier temps, nous présentons un bref aperçu de la Théorie de l'Autodétermination (TAD ; Deci et Ryan, 2000). Cette théorie propose une conception organismique de la motivation intrinsèque et extrinsèque axée sur la dialectique entre l'environnement et la personne dans sa quête de satisfaction de besoins psychologiques. Cette conception conduit à une analyse des éléments clés menant aux antécédents et conséquences des deux types de motivation. Au fil des années, les recherches menées sur la motivation intrinsèque et extrinsèque ont démontré que la personnalité, la motivation au quotidien et la motivation envers des domaines de vie plus généraux étaient influencées par une multitude de facteurs et aboutissaient à plusieurs conséquences distinctes. S'appuyant sur ces recherches et en particulier sur la TAD, le modèle hiérarchique de la motivation intrinsèque et extrinsèque (Vallerand, 1997 ; Vallerand et Ratelle, 2002) a été proposé afin d'examiner la complexité de la dynamique motivationnelle. Ce modèle est présenté dans la seconde moitié du chapitre. Finalement, ce chapitre conclut en soulignant certaines pistes de recherches futures.

1 LA THÉORIE DE L'AUTODÉTERMINATION

Dans une vision classique, aristotélicienne, du développement humain, les individus possèdent une tendance naturelle vers l'actualisation de soi et l'intégration. Cette conception se retrouve dans plusieurs théories humanistes de la personnalité (par exemple, Maslow, 1955 ; Rogers, 1963), ainsi que dans certaines approches cognitives du développement (par exemple, Piaget, 1971 ; Werner, 1948). Néanmoins, en dépit de sa longévité et de sa popularité, ce postulat n'est pas sans critiques. Parmi les plus ardents opposants de cette perspective, plusieurs théories issues du béhaviorisme postulent qu'il n'y a pas de direction innée au développement, mais plutôt que celui-ci est déterminé par les apprentissages passés et les contingences présentes (par exemple, Skinner, 1953).

La TAD (Deci et Ryan, 2000) assimile ces deux points de vue apparemment divergents en reconnaissant que l'être humain possède une tendance naturelle vers l'actualisation de soi, mais en ne négligeant pas l'influence de l'environnement dans le développement de celui-ci. Ainsi, la TAD postule que tous les individus ont une tendance innée et naturelle à développer un soi de plus en plus élaboré et unifié (Sheldon et Kasser, 2001). Néanmoins, la théorie postule qu'il y a des facteurs sociaux spécifiques qui peuvent soutenir ou entraver cette tendance. En d'autres mots, le contexte dans lequel l'individu évolue peut soutenir ou restreindre celui-ci lors de sa tentative de maîtriser et d'intégrer ses expériences dans un soi cohérent.

Un mouvement s'est amplifié, à la fin des années 1950 et au début des années 1960, proposant que les besoins innés de compétence (White, 1959), d'autonomie (Angyal, 1941 ; deCharms, 1968) et d'appartenance sociale (Harlow, 1958) étaient indispensables à l'engagement proactif de l'individu dans son environnement. Ce mouvement, appelé approche organismique, postule que les individus s'engagent activement dans l'environnement parce qu'ils sont fondamentalement motivés à satisfaire leurs besoins psychologiques.

La TAD s'inscrit dans cette perspective théorique en proposant la présence d'une dialectique entre l'environnement et la personne dans sa recherche de satisfaction des besoins de compétence, d'autonomie et d'appartenance sociale. L'autonomie réfère à la perception d'être la source de nos agissements (Deci et Ryan, 1985*a* ; Ryan et Connell, 1989). L'autonomie est valorisée lorsque nous agissons par intérêt et en cohérence avec nos valeurs (Deci et Ryan, 2002). La compétence est le sentiment d'interagir effectivement avec notre environnement et l'expérience d'exercer nos capacités (Deci, 1975). Finalement, l'appartenance sociale réfère à un sentiment de connexions réciproques avec les autres et à une perception d'unité sécurisante avec d'autres individus (Baumeister et Leary, 1995 ; Ryan, 1995). Ainsi, l'environnement social, qui permet la satisfaction des trois besoins psychologiques, soutient la croissance psychologique de l'individu, alors que l'environnement qui entrave cette satisfaction compromet le développement optimal de celui-ci. De plus, la TAD propose que les trois besoins psychologiques sont universels. Ainsi, ils ne sont pas acquis mais plutôt innés. Bien que la façon de satisfaire les besoins psychologiques puisse varier selon la culture, la TAD propose que la nature même de ceux-ci est culturellement invariante.

Au fil des ans, la TAD s'est développée sous la forme de plusieurs sous-théories, chacune étant associée à un processus motivationnel distinct. Collectivement, les mini-théories constituent la TAD. Celles-ci sont présentées dans les sections suivantes.

1.1 La théorie de l'évaluation cognitive

La théorie de l'évaluation cognitive a été formulée afin de décrire les effets du contexte social sur la motivation intrinsèque des individus (Deci, 1975 ; Deci et Ryan, 1980). La motivation intrinsèque est le prototype de l'autodétermination et représente un engagement par intérêt et plaisir (Ryan et Deci, 2000). Donc, un comportement intrinsèquement motivé est émis pour la satisfaction inhérente du comportement, contrairement à la motivation extrinsèque qui est incitée et soutenue par des contingences et des renforcements qui sont dissociés de l'action.

La distinction intrinsèque-extrinsèque a mené aux premières études dans le domaine. Plus spécifiquement, les premières recherches se sont interrogées sur les effets des récompenses extrinsèques sur la motivation intrinsèque envers une activité intéressante. Les études initiales (Deci, 1971, 1972*a*, 1972*b* ; Kruglanski, Friedman et Zeevi, 1971 ; Lepper, Greene et Nisbett, 1973) ont toutes démontré que les récompenses, concrètes (par exemple, de l'argent) ou symboliques (par exemple, un trophée), diminuaient la motivation intrinsèque. Cette découverte a été un sujet très controversé (voir Eisenberger et Cameron, 1996) puisqu'elle était en contradiction avec les théories comportementalistes de l'époque. En dépit de cette controverse, une méta-analyse de cent vingt-huit expérimentations a confirmé que les récompenses extrinsèques diminuent bel et bien la motivation intrinsèque (Deci, Koestner et Ryan, 1999). De plus, les études initiales de Deci (1971, 1972*a*, 1972*b*) ont également démontré que les rétroactions et les commentaires positifs en lien avec la compétence de la personne dans le cadre de l'activité avaient comme effet d'augmenter plutôt que de réduire la motivation intrinsèque.

La théorie de l'évaluation cognitive permet d'expliquer les deux types d'effets opposés des récompenses et du feedback de compétence de la façon suivante. La TAD propose que les besoins de compétence et d'autonomie font partie intégrante de la motivation intrinsèque et que les événements contextuels (par exemple, une récompense) devraient influencer la motivation intrinsèque dans la mesure où ceux-ci sont vécus comme étant favorables ou nuisibles à la satisfaction des besoins psychologiques. Ainsi, une récompense monétaire suite à l'exécution d'une tâche diminue la motivation intrinsèque, puisque les raisons pour faire l'activité sont alors attribuées à un facteur externe (*i.e.*, l'argent) et non pas à la tâche en soi. Il y a alors une diminution du sentiment d'autonomie perçue et cela entraîne une réduction de la motivation intrinsèque. De plus, une rétroaction positive suite à une performance augmente la motivation intrinsèque puisque le sentiment de compétence est alors satisfait.

En plus des études sur la motivation intrinsèque, d'autres études ont démontré que les menaces de punitions (Deci et Casio, 1972), les buts imposés (Mossholder, 1980), la surveillance (Lepper, Greene et Nisbett, 1975 ; Plant et Ryan, 1985) et la compétition (Deci, Betley, Kahle, Abrams et Porac, 1981) diminuaient tous la motivation intrinsèque, car ces facteurs sont typiquement perçus comme étant contrôlants. Ils ont donc comme effet de brimer le besoin d'autonomie de la personne et, par conséquent, sa motivation intrinsèque envers l'activité en question. Peu d'études ont porté sur les facteurs pouvant rehausser la motivation intrinsèque par le biais du locus de causalité plus interne. Néanmoins, Zuckerman, Porac, Lathin, Smith et Deci (1978) ont démontré que le fait de laisser de la liberté, lors de l'exécution d'une tâche, amplifiait la motivation intrinsèque envers celle-ci (voir Vallerand, 1997, 2007*a*, 2007*b* pour des recensions).

1.2 La théorie de l'intégration organismique

Alors que la théorie de l'évaluation cognitive porte sur les effets des variables socio-contextuelles sur le comportement intrinsèquement motivé, la théorie de l'intégration organismique propose une taxonomie des types de régulations pour la motivation extrinsèque pouvant varier selon le degré d'intériorisation dans le soi (Deci et Ryan, 2002). La motivation extrinsèque par régulation externe représente une motivation afin d'obtenir une récompense ou d'éviter une punition. Il y a alors absence d'intériorisation dans le soi. La régulation introjectée réfère à des contingences externes qui ont été partiellement intériorisées dans le soi. Elle représente des comportements émis pour éviter la honte ou rehausser l'estime de soi. La régulation identifiée caractérise un comportement émis par choix permettant d'atteindre des buts valorisés. La régulation intégrée résulte d'une forte identification et d'une intégration congruente avec les valeurs et les buts de l'individu. Enfin, notons qu'il est aussi proposé que la personne puisse démontrer une absence relative de motivation, appelée amotivation. L'amotivation est donc un état d'absence d'intention d'émettre un comportement. Ainsi, l'individu ne perçoit pas de raison de faire le comportement (Vallerand, 1997).

Il est à noter que le continuum d'autodétermination (*i.e.*, la catégorisation des différents types de régulations selon le degré d'internalisation dans le soi) ne représente pas des stades de développement. Ainsi, les individus peuvent se situer à n'importe quel point sur le continuum, en fonction des expériences passées et du contexte social immédiat (voir figure 3.1).

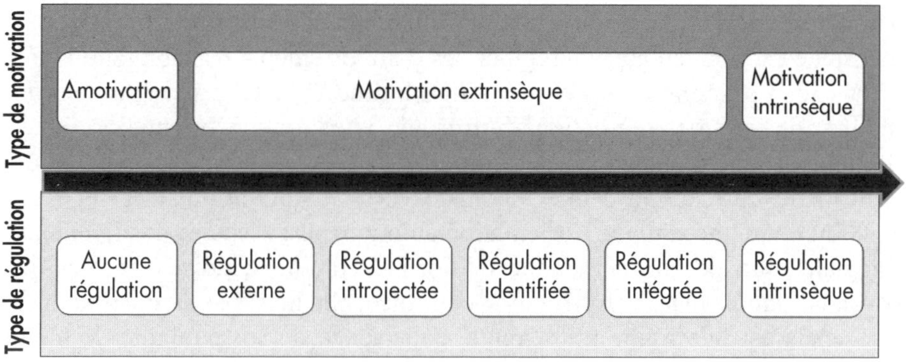

Figure 3.1
Le continuum d'autodétermination.

Puisque les différents types de motivation représentent des degrés distincts d'autodétermination, il est possible de produire un index en pondérant les différents construits motivationnels selon le niveau d'autodétermination et par la suite en les additionnant (Ryan et Connell, 1989 ; Vallerand, 1997). Cette méthode a été appliquée à plusieurs domaines, tels que les études (Miserandino, 1996 ; Ryan et Connell, 1989), les relations amoureuses (Blais, Sabourin, Boucher et Vallerand, 1990), la religion (O'Connor et Vallerand, 1990 ; Ryan, Rigby et King, 1993), la politique (Koestner, Losier, Vallerand et Carducci, 1996), et les comportements écologiquement responsables (Green-Demers, Pelletier et Ménard, 1997). Les recherches ont démontré de façon systématique plusieurs avantages à être motivé de façon autodéterminée. Parmi ces avantages, notons une plus grande persistance, une performance accrue et une meilleure santé physique et psychologique (voir Vallerand, 1997 ; Vallerand et Grouzet, 2001).

1.3 La théorie des orientations de causalité

La théorie des orientations de causalité a été développée afin de tenir compte des différences individuelles et stables dans l'orientation motivationnelle générale de l'individu à interagir avec l'environnement. Une échelle mesurant ce construit a été conçue (Deci et Ryan, 1985*b*). Celle-ci spécifie trois types d'orientation (*i.e.*, les orientations autonome, contrôlée et impersonnelle) qui diffèrent quant à leur degré d'autodétermination. L'orientation autonome correspond à une tendance générale à réguler ses comportements sur la base de ses intérêts personnels et de ses valeurs profondes. Elle implique une disposition vers la motivation intrinsèque et les motivations extrinsèques autodéterminées (*i.e.*, les régulations intégrée et identifiée). L'orientation contrôlée est une tendance à réguler ses comportements par obligation et/ou à cause de pressions externes ou internes à l'individu. Elle se traduit par une inclinaison vers des régulations introjectée et externe. L'orientation impersonnelle est une propension à se comporter de façon passive et non intentionnelle. Elle correspond à une tendance vers l'amotivation. Deci et Ryan (1985*b*) ont démontré que l'orientation autonome est associée positivement à l'actualisation de soi, à l'estime de soi et à d'autres indices de bien-être psychologique. Quant à l'orientation contrôlée, elle n'est pas associée au bien-être, mais est liée à une plus grande conscience de soi publique de même qu'à la personnalité de type A. Celle-ci est caractérisée par l'agressivité, l'impatience et l'imposition d'exigences extrêmement élevées pour soi-même. Finalement, l'orientation impersonnelle est associée à une faible estime de soi et à la dépression.

1.4 Conclusion

La TAD souligne le fait que l'environnement social peut représenter autant un allié qu'un ennemi dans la tentative de la personne d'interagir de façon autodéterminée avec son environnement et d'intégrer ses expériences dans un soi cohérent (Deci et Ryan, 2000). De plus, la satisfaction des besoins psychologiques de base (*i.e.*, autonomie, compétence et appartenance sociale) facilite la motivation intrinsèque et l'intégration des motivations extrinsèques. La TAD est formulée selon plusieurs sous-théories partageant les mêmes fondements théoriques. La théorie de l'évaluation cognitive traite des effets du contexte social sur la motivation intrinsèque. La théorie de l'intégration organismique porte sur l'intégration des motivations extrinsèques dans le soi. La théorie des orientations de causalité décrit les différences individuelles dans l'orientation motivationnelle générale de l'individu à être autodéterminé. En somme, la TAD et ses sous-théories proposent une conception de la motivation intrinsèque et extrinsèque avec un regard particulier sur la dynamique entre l'individu et le contexte social.

2 LE MODÈLE HIÉRARCHIQUE DE LA MOTIVATION INTRINSÈQUE ET EXTRINSÈQUE

Tout comme la TAD, le Modèle hiérarchique de la motivation intrinsèque et extrinsèque (Vallerand, 1997, 2001, 2007*a* ; Vallerand et Grouzet, 2001 ; Vallerand et Miquelon, sous presse ; Vallerand et Ratelle, 2002) s'inscrit dans le cadre de l'approche organismique. Ce modèle accorde une place prépondérante à la quête de la personne afin de satisfaire ses besoins psychologiques d'autonomie, de compétence et d'appartenance sociale en interaction avec son environnement (Vallerand, 2000). De plus, en accord avec la TAD, le modèle hiérarchique propose aussi la présence de multiples formes de motivation extrinsèque. Toutefois, comme nous le verrons ci-dessous, ce modèle propose aussi un certain nombre de prolongements à la TAD. La présente section propose donc de présenter un bref survol des postulats du modèle hiérarchique, ainsi que certaines études empiriques supportant celui-ci.

2.1 Un aperçu du modèle

Avant de présenter le modèle plus en profondeur, illustrons, à l'aide d'une mise en situation, différents éléments faisant partie du modèle hiérarchique. Nous reviendrons à celle-ci tout au long du chapitre.

> Prenons le cas d'Amélie, une adolescente de 16 ans. Amélie est le genre de personne qui fait généralement les choses parce qu'elle aime les faire. Ainsi, elle fait du sport, passe du temps avec ses amis et va à l'école principalement parce que ces activités lui procurent du plaisir. Par conséquent, ces activités sont une source de bien-être et de satisfaction pour elle. Néanmoins, en ce qui a trait au piano, qu'Amélie pratique depuis de nombreuses années, le portrait est différent. En effet, Amélie ne joue pas du piano pour le plaisir inhérent à cette activité, mais bien parce qu'elle se sent obligée de le faire pour ne pas décevoir ses parents, qui croient beaucoup en son potentiel de musicienne. En outre, Amélie sent beaucoup de pression de la part de sa professeure de piano, une femme très contrôlante et autoritaire, qui ne semble jamais satisfaite des performances de son élève et insiste pour qu'elle joue des pièces qui ne lui plaisent pas. Donc, pour Amélie, jouer du piano est associé à l'impression d'être contrôlée et de ne pas pouvoir faire de choix ni exprimer ses préférences. Par conséquent, la motivation intrinsèque d'Amélie est faible, elle ressent peu de satisfaction dans la pratique de son instrument et ses performances musicales sont pour le moins médiocres.
>
> Heureusement, les choses ont récemment changé dans la vie d'Amélie avec l'arrivée d'un nouveau professeur de musique. Ce nouveau professeur exerce

beaucoup moins de contrôle sur ses étudiants et les amène à prendre plaisir à jouer du piano plutôt que de viser la perfection dès le départ. Il encourage d'ailleurs Amélie à choisir elle-même les pièces qu'elle souhaite interpréter. Depuis l'arrivée du nouveau professeur, Amélie réalise qu'elle prend de plus en plus de plaisir à jouer du piano et conséquemment, elle pratique de plus en plus dans ses temps libres et ses performances musicales s'améliorent de façon considérable. D'ailleurs, le nouveau professeur de musique d'Amélie lui a récemment demandé si elle aimerait participer à un récital de musique et l'a invitée à choisir une pièce qu'elle aimerait présenter. Ravie, Amélie a sélectionné la pièce de son choix et passe les semaines suivantes à la travailler afin d'en maîtriser les moindres détails. Jour après jour, ses parents sont étonnés de la voir prendre autant de plaisir à pratiquer sa pièce. La jeune fille se surprend elle-même à penser que jouer du piano est plutôt agréable après tout ! Le jour du récital arrive enfin et Amélie trouve un grand plaisir à jouer et sa performance est spectaculaire. Dès la fin de son numéro, plusieurs personnes vont la voir pour la féliciter de sa performance. La jeune fille se sent très fière et repart chez elle le sourire aux lèvres. Satisfaite, elle a déjà hâte d'être à sa prochaine leçon de piano.

2.2 Les niveaux de généralité de la motivation

Nous avons vu précédemment que pour analyser en détail les processus motivationnels, trois construits fondamentaux doivent être considérés : la motivation intrinsèque, la motivation extrinsèque et l'amotivation. Tels que proposés par le Modèle hiérarchique, ces trois construits existent à trois niveaux de généralité, chacun ayant ses caractéristiques propres : (1) le niveau situationnel, (2) le niveau contextuel et (3) le niveau global (voir figure 3.2).

2.2.1 Le niveau situationnel

La motivation situationnelle réfère à la motivation d'un individu quand il est en train de faire une activité spécifique à un moment précis dans le temps. Elle correspond à un *état* motivationnel et non à une caractéristique individuelle stable. Par exemple, dans notre exemple introductif, Amélie a fait preuve de motivation intrinsèque lors du spectacle. Les études de Guay, Vallerand et Blanchard (2000) représentent un exemple de recherche portant sur la motivation situationnelle, puisque ces chercheurs étaient intéressés à observer la motivation des étudiants à réaliser une tâche académique particulière, à un moment bien précis dans le temps. L'Échelle de motivation situationnelle (Guay *et al.*, 2000) est utilisée pour mesurer la motivation au niveau inférieur de la hiérarchie.

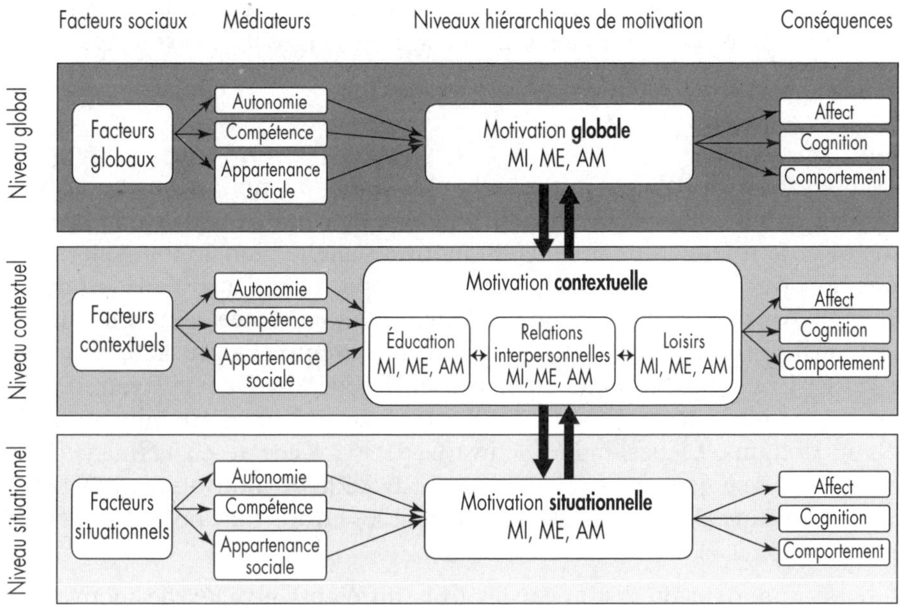

Figure 3.2
Le modèle hiérarchique de la motivation intrinsèque et extrinsèque.

2.2.2 *Le niveau contextuel*

La motivation contextuelle réfère à la tendance plus ou moins stable de l'individu à être motivé intrinsèquement, motivé extrinsèquement ou amotivé dans une « sphère d'activités » bien précise (Emmons, 1995). Blais, Vallerand, Gagnon, Brière et Pelletier (1990) ont révélé que parmi la multitude de contextes de vie des jeunes adultes, les trois plus importants sont l'éducation, les loisirs et les relations interpersonnelles. Selon le modèle hiérarchique, les individus développent une orientation motivationnelle prépondérante pour chaque contexte de vie, si bien que tout comme Amélie, une personne peut avoir une régulation externe contextuelle envers la musique tout en étant motivée intrinsèquement envers le sport. La motivation au niveau contextuel est susceptible d'être influencée par des facteurs sociaux propres au contexte en question. L'étude de Blais *et al.* (1990) sur la motivation dans les relations amoureuses et les études de Vallerand et ses collègues (par exemple, Vallerand, Fortier et Guay, 1997) sur la motivation scolaire sont des exemples d'études portant sur la motivation dans un contexte de vie spécifique. De nombreuses échelles ont été développées afin de mesurer la motivation contextuelle, chacune d'elles portant sur un contexte de vie spécifique. L'Échelle de motivation en éducation (Vallerand, Blais, Brière et Pelletier, 1989 ; Vallerand *et al.*, 1992, 1993), l'Inventaire des motivations interpersonnelles (Blais, Vallerand,

Pelletier et Brière, 1994) et l'Échelle de motivation dans les loisirs (Pelletier, Vallerand, Blais, Brière et Green-Demers, 1996) en sont des exemples.

2.2.3 Le niveau global

La motivation globale est la forme la plus stable de motivation et constitue en quelque sorte un aspect de la personnalité de l'individu. Ainsi, la motivation globale réfère à une orientation motivationnelle globale (ou générale) à interagir avec l'environnement selon un mode intrinsèque, extrinsèque ou amotivé. Ainsi, dans notre exemple, Amélie était présentée comme ayant une personnalité (ou une motivation globale) intrinsèque. Les recherches effectuées sur l'Échelle d'orientation de causalité générale (Deci et Ryan, 1985*b*) par les membres du groupe de Rochester (par exemple, Hodgins et Deci, 1999 ; Hodgins, Liebeskind et Schwartz, 1996 ; Knee et Zuckerman, 1996, 1998) de même que celles conduites sur l'Échelle de motivation globale par Guay, Mageau et Vallerand (2003) illustrent les efforts faits pour comprendre la motivation à ce niveau de la hiérarchie.

Il est important de distinguer les trois différents niveaux de motivation, particulièrement si l'on veut comprendre les déterminants et les conséquences de la motivation. Par exemple, il est important d'identifier correctement qu'un étudiant est motivé extrinsèquement dans le contexte scolaire afin de pouvoir utiliser la stratégie d'enseignement adéquate lui permettant de devenir plus autodéterminé dans ce domaine.

2.3 Les déterminants de la motivation

Dans cette section, les déterminants (ou antécédents) de la motivation intrinsèque, de la motivation extrinsèque et de l'amotivation seront abordés. Nous présenterons des études qui ont mesuré des déterminants motivationnels et leur impact sur la motivation aux trois niveaux de généralité.

2.3.1 Les déterminants sociaux

La motivation à un niveau de généralité donné dépend d'abord et avant tout de facteurs sociaux. Les facteurs sociaux réfèrent aux facteurs humains et non humains (par exemple, des affiches publicitaires) que les individus rencontrent dans leur environnement social. Tout comme la motivation, les facteurs sociaux se distinguent quant à leur niveau de généralité : situationnel, contextuel ou global. Il est attendu que les facteurs sociaux à un niveau hiérarchique donné influencent plus fortement la motivation au niveau correspondant.

Un facteur social situationnel est une variable présente à un moment précis dans le temps. Par exemple, recevoir des félicitations suite à un récital de piano réussi, comme ce fut le cas pour Amélie, constitue un facteur situationnel. En accord avec la théorie de l'évaluation cognitive, les recherches antérieures révèlent que les facteurs situationnels ont une influence importante sur la motivation situationnelle. Plusieurs variables situationnelles ont été étudiées, notamment le feedback positif et négatif de performance (Vallerand, 1983 ; Vallerand et Reid, 1984, 1988), la façon de présenter un message (*i.e.*, soit de façon à contrôler ou à soutenir l'autonomie de la personne qui reçoit le message ; Mageau et Vallerand, 2003 ; Pelletier et Vallerand, 1996), le succès et l'échec (Grouzet, Vallerand, Thill et Provencher, 2004 ; Vallerand, Gauvin et Halliwell, 1986*a*) et même la compétition (Vallerand, Gauvin et Halliwell, 1986*b*). Il est important de noter que l'effet d'un facteur situationnel donné sur la motivation situationnelle ne devrait pas perdurer sur une base temporelle, son impact étant limité au moment présent. Cela est particulièrement vrai lorsque le facteur n'est présenté qu'une seule fois (voir Loveland et Olley, 1979). Pour produire un effet à plus long terme, il est nécessaire de présenter le facteur situationnel de façon régulière et dans le même contexte. Il deviendra alors un facteur contextuel.

Les facteurs contextuels représentent des variables qui reviennent de façon récurrente dans un contexte de vie spécifique. Par exemple, le fait d'interagir de façon régulière avec une professeur de piano coercitive représente un facteur contextuel ayant une influence sur la motivation d'Amélie envers le piano. Toutefois, comme ce facteur était propre au contexte musical, il n'a pas eu d'impact sur la motivation d'Amélie envers d'autres domaines de sa vie, comme le sport ou les études. Les recherches antérieures ont étudié l'influence des facteurs contextuels sur la motivation dans une variété de domaines, tels que l'éducation (Deci, Vallerand, Pelletier et Ryan, 1991), le travail (Blais, Brière, Lachance, Riddle et Vallerand, 1993), les relations amoureuses (Blais *et al.*, 1990) et le sport (Fortier, Vallerand, Brière et Provencher, 1995 ; Pelletier, Fortier, Vallerand et Brière, 2001).

Finalement, les facteurs globaux réfèrent aux variables qui sont présentes dans l'ensemble des différents aspects de la vie d'une personne. Les parents constituent un exemple de facteurs sociaux globaux. En effet, puisque les parents sont présents dans la majeure partie des contextes de vie de leurs enfants, on s'attend naturellement à ce qu'ils aient une influence sur le développement de la personnalité et sur la motivation globale de ces derniers (Eccles et Wigfield, 2002). Les travaux d'Assor, Roth et Deci (2004) ont démontré que les enfants qui percevaient leurs parents comme leur procurant un amour conditionnel, où l'affection n'était donnée que si les enfants agissaient comme les parents le désiraient — ce qui constitue une forme très pernicieuse de contrôle parental — rapportaient un haut niveau de régulation introjectée dans plusieurs contextes de leur vie, tels que les sports et les études. Il semble donc que le comportement des parents dans l'étude de Assor *et al.* ait mis en opération un mode de fonctionnement généralisé à plusieurs sphères de la vie des jeunes — ce qui correspond au niveau global de la hiérarchie.

2.3.2 Les déterminants internes

Le modèle hiérarchique apporte une contribution novatrice en soulignant une deuxième source pouvant influencer la motivation à un niveau donné, soit l'effet descendant (*top-down*) de la motivation au niveau supérieur sur la motivation du niveau directement inférieur de la hiérarchie. Ainsi, la motivation globale d'un individu est susceptible d'affecter ses motivations contextuelles et de la même façon, la motivation contextuelle d'un individu est susceptible d'affecter sa motivation au niveau inférieur (*i.e.*, sa motivation situationnelle). Selon le modèle hiérarchique, la motivation globale devrait avoir plus d'effet sur la motivation contextuelle que sur la motivation situationnelle puisque la première est située juste au-dessous dans la hiérarchie, alors que la seconde est située deux niveaux plus bas. De nombreuses études ont appuyé l'effet descendant. Par exemple, Blanchard, Mask, Vallerand, de la Sablonnière et Provencher (2007, Étude 1) ont mis en évidence que plus des athlètes détenaient une motivation contextuelle autodéterminée envers le sport (ici, le basket-ball), plus ils démontraient une motivation situationnelle autodéterminée lors du match de basket-ball subséquent. Les études de Lavigne, Vallerand et Miquelon (2007) et de Vallerand, Chantal, Guay et Brunel (2008, Étude 1) ont reproduit ces résultats dans le domaine de l'exercice physique et de l'éducation, respectivement.

Il est important de noter que l'effet descendant de la motivation située à un niveau donné sur la motivation située au niveau inférieur est soumis à la règle de la spécificité (Vallerand, 1997). Ainsi, la motivation situationnelle envers une tâche spécifique (par exemple, faire un devoir de chimie un samedi soir) devrait être principalement influencée par la motivation contextuelle directement reliée à cette activité (dans ce cas-ci, la motivation envers les études) et beaucoup moins par les autres motivations contextuelles non pertinentes (comme la motivation envers les relations interpersonnelles, par exemple). Des recherches récentes soutiennent cette hypothèse (voir, par exemple, Vallerand *et al.*, 2008*a* ; Ntoumanis et Blaymires, 2003).

Le modèle hiérarchique postule que les contextes de vie représentent des structures cognitives (un peu comme des schémas) permettant de stocker en mémoire non seulement les motivations contextuelles, mais également des indices contextuels se rattachant aux conditions dans lesquelles les activités pertinentes à ce contexte sont habituellement effectuées. Il peut donc être postulé que l'activation d'un indice contextuel pourrait être suffisante pour rendre opératoire la motivation se rattachant à ce même contexte et, par conséquent, mettre en branle l'effet descendant sur la motivation situationnelle. Il semble que de tels effets pourraient même se produire en dehors du champ de conscience (Bargh, 2005). Une étude de Ratelle, Baldwin et Vallerand (2005, Étude 1) soutient cette hypothèse. Ces chercheurs ont en effet démontré que le simple fait d'entendre un son en sourdine (et en dehors du champ de conscience) ayant été préalablement associé à plusieurs reprises à un message coercitif (« vous devez absolument passer au prochain dessin, comme vous êtes supposé le faire »), lors d'une participation à une première tâche, mène à une motivation situationnelle intrinsèque plus faible sur une seconde tâche similaire à la première. Ceci est conforme au modèle hiérarchique. En effet, ce dernier postule que le fait d'effectuer une nouvelle activité mène à la création d'un nouveau contexte d'activités dans lequel sont remisés les indices environnementaux et la motivation contextuelle se rattachant à l'activité, y compris les sons et messages entendus. Par la suite, lorsqu'une activité se rattachant à ce contexte de vie est rencontrée (la seconde activité), le simple fait d'entendre un son stocké en mémoire permet de déclencher la motivation contextuelle stockée en mémoire avec cet indice (le son) et l'effet descendant suit son cours. Ces résultats soutiennent non seulement l'effet descendant proposé par le modèle hiérarchique, mais démontrent également que cet effet peut s'appliquer à de nouvelles activités. Notons enfin que Guay *et al.* (2003, Étude 1) ont démontré, à l'aide de deux études longitudinales effectuées auprès de lycéens, que la motivation globale autodéterminée mesurée au temps 1 à l'aide de l'index d'autodétermination pouvait prédire la motivation contextuelle autodéterminée envers les études ou l'éducation (également mesurée à l'aide de l'index d'autodétermination) jusqu'à cinq ans plus tard. L'effet descendant semble donc se produire également du niveau global au niveau contextuel.

Le modèle hiérarchique propose un autre déterminant interne de la motivation : l'effet ascendant (*bottom-up*). Il s'agit d'un effet récursif que la motivation située à un niveau donné peut avoir avec le temps sur la motivation située au niveau supérieur. La motivation situationnelle est donc susceptible d'affecter la motivation contextuelle, qui elle, est susceptible d'affecter la motivation globale. Ainsi, au bout de plusieurs pratiques et séances où Amélie s'est sentie motivée intrinsèquement à jouer du piano au niveau situationnel (grâce à son nouveau professeur), la jeune fille a commencé à développer une motivation intrinsèque contextuelle envers le piano. D'un point de vue théorique, considérer l'existence d'un tel effet récursif permet d'expliquer les changements motivationnels pouvant survenir avec le temps. Les études de Blanchard *et al.* (2007) et de Lavigne *et al.* (2008) démontrent bien que les individus qui vivent de la motivation autodéterminée de façon répétée au niveau situationnel sont susceptibles de développer une motivation plus autodéterminée dans le contexte associé. Pareillement, le fait de vivre de façon répétée de la motivation autodéterminée dans différents contextes de vie peut en venir à produire des changements de personnalité au niveau global (voir Guay *et al.*, 2003, Étude 1).

2.4 Les conséquences de la motivation

L'étude de la motivation est importante car elle nous permet aussi de prédire plusieurs conséquences (Vallerand et Blanchard, 1998). En effet, un musicien qui est motivé à pratiquer sa pièce devrait normalement mieux réussir qu'un autre qui traîne les pieds. Les conséquences motivationnelles sont principalement de nature cognitive, affective et comportementale. La concentration, l'attention et la mémoire sont des exemples de conséquences cognitives. Les conséquences affectives incluent le plaisir, l'intérêt, les émotions et la satisfaction. Finalement, le choix d'action, la persistance dans l'activité et la performance constituent des conséquences comportementales (voir Vallerand, 1997 pour une revue de diverses conséquences motivationnelles). Ces trois types de conséquences existent également aux trois niveaux de généralité (*i.e.*, situationnel, contextuel et global) de la hiérarchie. D'ailleurs, il est proposé que le niveau de généralité des conséquences dépend du niveau de généralité du type de motivation qui les a produites. Par exemple, la motivation situationnelle va engendrer des conséquences qui sont également situationnelles. Il est à noter que le continuum d'autodétermination qui a été présenté précédemment (et selon lequel les conséquences les plus positives seraient produites par les motivations les plus autodéterminées et inversement) existe aux trois niveaux de généralité. Au niveau contextuel, par exemple, un soutien pour le continuum a été obtenu en ce qui concerne une pléiade de conséquences affectives telles que la satisfaction, l'intérêt et le plaisir vécus dans le milieu du sport (Brière, Vallerand, Blais et Pelletier, 1995 ; Pelletier *et al.*, 1995) et du travail (Blais *et al.*, 1993). Il en est de même en ce qui a trait aux conséquences cognitives, telles que la concentration en milieu sportif (Brière *et al.*, 1995) et scolaire (Vallerand *et al.*, 1989 ; Vallerand *et al.*, 1993), et aux conséquences comportementales, telles que la persistance dans le sport (Pelletier *et al.*, 2001) et dans les études (Vallerand et Bissonnette, 1992 ; Vallerand *et al.*, 1997).

Des résultats similaires ont été obtenus au niveau situationnel en ce qui concerne plusieurs conséquences (pour des recensions, voir Vallerand, 1997, 2001, 2007*a*, 2007*b* ; Vallerand et Grouzet, 2001 ; Vallerand et Ratelle, 2002 ; Vallerand et Rousseau, 2001). Pour ce qui est des conséquences au niveau global, peu d'entre elles ont été étudiées. Une exception est l'étude de Ratelle, Vallerand, Chantal et Provencher (2004) qui a porté sur le rôle de la motivation globale dans la prédiction de l'ajustement psychologique auprès d'un échantillon de la population générale. Les résultats d'une analyse par équations structurelles ont démontré que les illusions cognitives positives que les gens entretiennent sur eux-mêmes (voir Taylor et Brown, 1988) prédisaient leur motivation globale un an plus tard, et celle-ci, en retour, prédisait le changement d'ajustement psychologique s'étant produit durant l'année. Plus la motivation globale était autodéterminée, plus il y avait eu une augmentation d'ajustement psychologique au cours de l'année. La motivation globale permet donc à la personne de vivre des conséquences psychologiques importantes au niveau global.

2.5 Présentation d'études intégratives

L'une des hypothèses fondamentales du modèle hiérarchique postule que l'impact de l'environnement se produit par le biais d'une chaîne causale de processus psychologiques telle que suit : « facteurs sociaux à médiateurs psychologiques (satisfaction des besoins psychologiques) à motivation à conséquences » (voir la figure 3.2). De plus, cette séquence se produit aux trois niveaux de généralité. Une étude expérimentale a été réalisée au niveau situationnel afin de tester la séquence (Grouzet, Vallerand, Thill et Provencher, 2004). Ainsi, des étudiants universitaires ont été aléatoirement assignés à une condition de succès ou d'échec sur une tâche expérimentale (les « NINAs », où il faut trouver le mot NINA caché dans un dessin). Par la suite, leurs perceptions de compétence et d'autonomie (les perceptions d'appartenance sociale ne furent pas mesurées car la tâche fut réalisée individuellement), leur motivation situationnelle, ainsi que diverses conséquences situationnelles (concentration et intentions de persévérer à la tâche) furent mesurées. Les résultats d'analyses de variance ont démontré que les participants en condition de succès avaient rapporté de plus hautes perceptions de compétence et d'autonomie, de motivation autodéterminée situationnelle et des plus hauts niveaux de conséquences (par exemple, intention de continuer à faire l'activité) que ceux en condition d'échec. Par contre, encore plus important, les résultats d'une analyse par équations structurales ont procuré un soutien à la séquence intégrative proposée par le modèle hiérarchique en démontrant que l'effet du succès et de l'échec sur les conséquences était médié par les perceptions de satisfaction des besoins et la motivation.

Plusieurs recherches ont procuré un soutien pour une telle séquence au niveau contextuel. Ainsi, dans le cadre d'études sur l'abandon scolaire (*e.g.*, Lavigne *et al.*, 2007 ; Vallerand et Bissonnette, 1992 ; Vallerand, Fortier et Guay, 1997 ; Vallerand et Senécal, 1992), Vallerand et ses collègues ont démontré que lorsque les professeurs, les parents et l'administration scolaire soutiennent l'autonomie des élèves, les besoins d'autonomie et de compétence de ces derniers s'en trouvent alors satisfaits ce qui en retour mène à une motivation contextuelle scolaire autodéterminée. Celle-ci mène alors à des intentions de persévérer à l'école qui se traduisent en comportement réel l'année scolaire suivante (Vallerand *et al.*, 1997). Cette séquence a été aussi reproduite en ce qui concerne l'abandon sportif en milieu de natation (Pelletier *et al.*, 2001) et de handball (Sarrazin *et al.*, 2002), respectivement au Canada et en France.

La séquence causale a été peu étudiée au niveau global. Toutefois, l'étude de Philippe et Vallerand (2008) procure un certain soutien pour la séquence causale proposée. Ainsi, il a été démontré que plus des résidences pour personnes âgées soutenaient le besoin d'autonomie de ces dernières (tel qu'évalué objectivement par des juges), plus les personnes âgées avaient un niveau élevé de sentiments d'autonomie qui, en retour, menaient à une motivation autodéterminée envers leurs principaux domaines de vie. Enfin, plus la motivation était autodéterminée, plus il y avait eu une hausse d'ajustement psychologique au cours de la dernière année. Même si la mesure de la motivation n'était pas globale en tant que telle, le fait que six contextes de vie aient été affectés de la même façon suggère fortement que le facteur global (les résidences) avait déclenché une séquence causale qui a mené à des conséquences globales (ajustement psychologique) par le biais des sentiments d'autonomie et de motivation globaux.

Si les études précédentes ont procuré un soutien important pour la séquence motivationnelle causale aux trois niveaux, une étude récente (Vallerand *et al.*, 2008*b*, Étude 1) a permis de tester simultanément la validité de plusieurs postulats issus du modèle hiérarchique. Cette étude, réalisée dans le contexte de l'éducation, a intégré les trois niveaux de généralité de la hiérarchie. D'abord, la motivation situationnelle de mille étudiants du lycée venant tout juste de débuter une tâche académique en classe a été évaluée. Puis, ces mêmes étudiants ont complété une variété d'échelles mesurant des conséquences cognitives, affectives et comportementales situationnelles (c'est-à-dire liées à la tâche académique en cours) ainsi que leurs intentions de poursuivre cette tâche. La motivation globale de ces étudiants de même que leur motivation contextuelle envers les loisirs, l'éducation et les relations interpersonnelles ont également été mesurées. Les résultats, issus d'analyses par équations structurelles, supportent le modèle hiérarchique de multiples façons. Premièrement, les résultats mettent en évidence qu'il est possible de distinguer la motivation au niveau global, contextuel et situationnel, ce qui confirme la structure hiérarchique du modèle. Deuxièmement, les résultats soutiennent l'effet descendant (*top-down*), selon lequel la motivation globale influence chacune des trois motivations contextuelles. De surcroît, seule la motivation contextuelle envers les études influence la motivation situationnelle envers la tâche académique, ce qui est conforme aux postulats du Modèle hiérarchique. Les résultats supportent également l'impact de la motivation sur les conséquences tel que proposé par le modèle hiérarchique. En effet, il est possible de distinguer l'influence de la motivation sur les trois types de conséquences, soit les conséquences cognitives, affectives et comportementales. De plus, tel qu'attendu, seule la motivation situationnelle a une influence sur les conséquences situationnelles. Ainsi, ni la motivation globale ni contextuelle n'a d'impact direct sur les conséquences situationnelles. En somme, l'étude de Vallerand et ses collègues (2008*b*, Étude 1) procure un soutien indéniable à plusieurs postulats du modèle hiérarchique.

2.6 Pistes de recherches futures et conclusion

Le modèle hiérarchique ouvre la voie à de nouvelles directions de recherche. L'une des pistes de recherche future porte sur une analyse plus complète des déterminants distaux motivationnels. Par exemple, puisque le style d'interaction du superviseur représente un déterminant social proximal important de la motivation du subordonné, il devient important de pouvoir identifier les facteurs pouvant influer sur le style d'interaction du superviseur. Ainsi, la pression venant de la direction, le style habituel de gestion du superviseur et la perception que se fait ce dernier de la motivation du subordonné représentent des facteurs qui semblent importants à étudier (voir Mageau et Vallerand, 2003).

Une autre piste importante porte sur une meilleure compréhension de la motivation globale et ses diverses fonctions. Ainsi, Vallerand (2007*a*) propose que la motivation globale puisse non seulement mener directement à diverses conséquences de niveau global (par exemple, l'ajustement psychologique), mais puisse aussi avoir une fonction de protection face aux messages sociaux nocifs que la personne pourrait recevoir. En outre, il semble que la motivation globale puisse mener à un mécanisme d'intégration adaptative des diverses motivations contextuelles. Ainsi, plus une personne posséderait une motivation globale autodéterminée, moins elle devrait vivre de conflits entre les diverses motivations contextuelles (par exemple, entre sa motivation envers les études et sa motivation envers les loisirs). Ces pistes nécessitent d'être explorées dans les recherches futures.

Une autre direction prometteuse semble être l'étude des variables médiant l'influence de la motivation sur les conséquences distales. En effet, la motivation peut être considérée comme une variable clé déclenchant certains processus dont certains peuvent mener à des conséquences plus distales. Par exemple, dans une étude récente utilisant des analyses par équations structurelles, Donahue *et al.* (2006) ont démontré que la motivation intrinsèque pour le sport influait positivement sur les valeurs d'esprit sportif des athlètes, qui elles-mêmes prédisaient négativement l'utilisation de produits dopants. De même, Miquelon et Vallerand (2006) ont démontré qu'une motivation autodéterminée envers des objectifs scolaires menait à des stratégies de coping adaptatives, qui prédisaient une meilleure santé psychologie et physique. Ces recherches soulignent l'importance de considérer le rôle médiateur de divers processus entre la motivation et certaines conséquences distales.

3 CONCLUSION GÉNÉRALE

Le but de ce chapitre était double. Dans un premier temps, nous désirions présenter une vue d'ensemble de la théorie de l'autodétermination (Deci et Ryan, 1985*a*, 2000 ; Ryan et Deci, 2000). Cette théorie porte sur le degré d'intentionnalité (ou d'autodétermination) des comportements humains, c'est-à-dire à quel point les gens endossent leurs actions avec un sentiment de choix plutôt qu'avec un sentiment de contraintes et/ou de pressions internes ou externes. La TAD propose un continuum allant du type de motivation le plus autodéterminé (*i.e.*, la motivation intrinsèque) jusqu'à l'absence de motivation (*i.e.*, l'amotivation), en passant par différents types intermédiaires (*i.e.*, la régulation externe, la motivation introjectée, la motivation identifiée et la motivation intégrée). Selon la TAD, plus les gens possèdent un profil motivationnel autodéterminé, plus ils devraient vivre des conséquences positives alors qu'un profil motivationnel non autodéterminé mène généralement à des conséquences négatives.

Dans un second temps, nous avons brossé un tableau sommaire du modèle hiérarchique de la motivation intrinsèque et extrinsèque, qui prolonge et enrichit la TAD en soutenant notamment que la motivation se doit d'être étudiée selon trois différents niveaux de généralité : le niveau situationnel, le niveau contextuel et le niveau global. Le modèle englobe de nombreuses facettes de la motivation, notamment les différentes représentations de la motivation que possède l'individu, les déterminants et les conséquences de la motivation ainsi que les relations entre les types de motivation. La théorie de l'autodétermination, de même que le modèle hiérarchique, ouvrent la voie à de nombreuses directions de recherche. Dans cette optique, nous espérons que les travaux que ces deux modèles théoriques sauront générer permettront de faire avancer la compréhension des processus psychologiques qui sous-tendent la motivation humaine.

Chapitre 4

LES THÉORIES DE L'ATTRIBUTION : CAUSE ET RESPONSABILITÉ[1]

1. Par Patrick Gosling.

1 INTRODUCTION

Dans la vie de tous les jours, dans les médias, au travail comme dans la vie privée, la question de la cause des événements qui nous arrivent ou arrivent aux autres, de nos propres conduites ou de celles des autres, est fréquemment posée. Elle alimente nos conversations quotidiennes, guide nos interactions avec les autres, fait partie de notre perception de la réalité physique ou sociale. Ce phénomène naturel et spontané est l'objet de ce que l'on appelle les théories de l'attribution.

Trois questions peuvent être posées à propos de nos explications quotidiennes :

- « comment explique-t-on ? » : cette question a fait l'objet du plus grand nombre de travaux : elle concerne l'analyse des processus, de la façon dont on explique. En particulier, la question de l'objectivité ou de la rationalité de nos explications quotidiennes a été fréquemment au centre des débats ;
- « pourquoi explique-t-on ? » : elle renvoie à l'analyse de la fonction individuelle et sociale que remplissent les explications : fonction de compréhension, de contrôle, de prédiction, de justification ou de rationalisation de nos comportements, d'intégration de la nouveauté ;
- « quand explique-t-on ? » : cette question a été jusqu'ici peu abordée et on peut le regretter : elle a trait à l'importance de l'explication dans nos comportements et interactions quotidiennes : n'explique-t-on que les conduites ou les événements anormaux, extrêmes ou négatifs ? Est-ce un processus fréquent ? Est-ce un processus spontané ? Quelle est son importance, notamment en tant que déterminant de nos comportements ?

Derrière ces questions, se profile la question plus générale du lien entre les cognitions et les conduites. L'homme est-il une machine rationnelle, à l'image d'un ordinateur, qui réfléchit, calcule, analyse avant d'agir, quoiqu'avec de nombreuses erreurs (des « biais »), ou l'homme se contente-t-il bien souvent d'agir en fonction des situations, et des normes de comportement attachées à ces situations, les explications ne venant ensuite que rationaliser et justifier, à ses propres yeux ou aux yeux des autres, son comportement ? Cette question est sous-tendue par un débat plus général : l'homme est-il un sujet libre de ses choix ou est-il déterminé par des forces extérieures, des régularités sociales qui lui préexistent et s'imposent à lui ? Dans le premier cas, les cognitions, représentations ou explications sont les principaux déterminants du comportement ; dans le second, elles ne sont que des justifications ou rationalisations, après-coup, de comportements dont l'origine se trouve dans la situation.

Les théories de l'attribution ne prétendent pas répondre à cette question, qui relève aussi de la philosophie. Elles s'efforcent plutôt de repérer les déterminants de nos explications et les conséquences de ces dernières sur nos comportements, dans des situations expérimentales, comme sur le terrain. Depuis cinquante ans que les théories de l'attribution existent, il faut bien reconnaître que la conception du sujet rationnel, qui tente de comprendre objectivement la réalité pour agir ou répondre en conséquence, a été quelque peu battue en brèche. La quasi-totalité des recherches destinées à évaluer la rationalité des sujets dans une situation expérimentale conclut à la non-rationalité des réponses. Or ce n'est pas la capacité des sujets à raisonner qui est en jeu, puisque des physiciens confrontés à ce type de données font les mêmes erreurs. Il s'agit plutôt de l'intention du sujet, de son but dans une situation expérimentale, comme dans la vie quotidienne : quand on donne comme consigne de répondre rationnellement, la rationalité augmente considérablement. La question n'est pas tant de savoir si l'homme peut être ou non rationnel, mais de savoir quand il l'est : une réponse en apparence quelque peu simpliste, mais qui est supportée par un certain nombre de validations empiriques, est que l'homme est rationnel quand il a une bonne raison de l'être, notamment quand quelqu'un (par exemple un psychologue) le lui demande. Ce qui est, apparemment, peu fréquent.

Ce qui tendrait à vouloir dire que dans la plupart des situations sociales, ce n'est pas la rationalité qui caractérise le fonctionnement des sujets. Pourtant, nous allons le voir les psychologues, les psychologues sociaux comme les autres ont fait, à partir des années cinquante, de la rationalité le modèle du fonctionnement de l'homme cognitif.

D'une manière générale, les premiers théoriciens des attributions ont surtout mis l'accent sur les processus, plus que sur les contenus des attributions. Néanmoins, en psychologie sociale tout au moins, il semble difficile de décrire les processus sans tenir compte des situations, des contenus et des positions relatives de l'acteur et de l'observateur.

Nous aborderons dans la première partie les premiers travaux des fondateurs de ces théories, en indiquant les principaux domaines (attributions de l'acteur et de l'observateur, attributions des performances), avant de proposer dans la deuxième partie une perspective plus sociale et de terminer, dans la troisième partie, sur l'effet du contexte sur les attributions.

2 LES PREMIERS TRAVAUX : DE L'INTENTION À LA MOTIVATION

2.1 Le rôle central de l'intention dans l'explication de l'action

Heider (1958) est considéré comme le fondateur des théories de l'attribution. Selon lui, nous sommes confrontés à un monde complexe et changeant, et nous avons besoin de le simplifier pour le comprendre, le prédire, le contrôler et le maîtriser. Les attributions ont pour fonction d'atteindre cet objectif, en repérant des caractéristiques stables de la conduite et des événements qui permettent d 'en rendre compte. La recherche de stabilité, d'ordre, de logique, de compréhension, est ainsi placée au premier rang des motivations humaines.

Selon Heider, nous employons trois types de causes pour expliquer nos conduites ou les conduites d'autrui : la capacité, la motivation et l'environnement. La motivation peut elle-même être décomposée en deux causes : l'intention et l'effort. Heider a proposé deux regroupements possibles de ces causes :

– une distinction entre les causes personnelles et impersonnelles : les premières regroupent les capacités de la personne et la motivation (incluant l'intention et l'effort). Les secondes concernent l'environnement de l'action, la situation ;
– une distinction entre la motivation et la possibilité : la motivation inclut l'intention et l'effort, la possibilité inclut la capacité et l'environnement.

On peut représenter ses conceptions au moyen du schéma suivant :

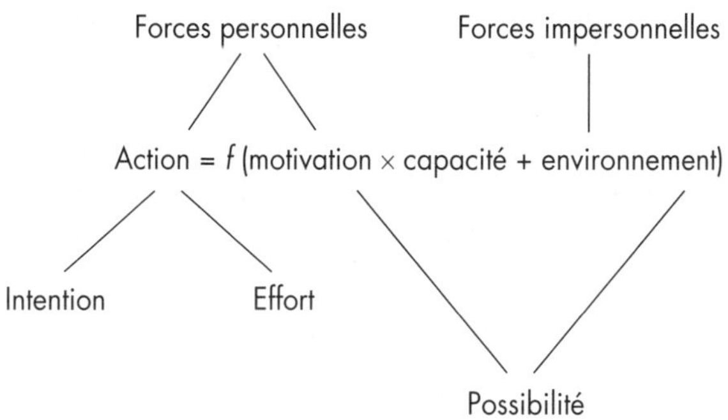

Figure 4.1
Les différentes causes possibles (Heider, 1958).

La relation entre la motivation et la capacité (ou entre la motivation et la possibilité) est multiplicative, c'est-à-dire que les deux doivent être présentes pour que l'on puisse faire une attribution de l'action à la personne. Par contre la relation entre les forces personnelles et impersonnelles est additive, c'est-à-dire que l'une des deux doit être présente pour qu'il y ait une explication.

Deux lectures peuvent être faites de ce schéma :

– la distinction entre motivation et possibilité : les deux termes, regroupant eux-mêmes l'ensemble des causes, sont nécessaires à l'action ;
– la distinction entre les forces personnelles et impersonnelles (que l'on appellera par la suite la dimension interne-externe), qui se présente comme une alternative : on fait une attribution interne ou externe, chacune d'elles est suffisante.

C'est la seconde distinction qui a été retenue, de façon quelque peu simplificatrice, par les successeurs de Heider, et qui est à la base de la plupart des travaux sur l'attribution causale. L'objectif des chercheurs a alors été de décrire les conditions ou les conséquences d'une attribution interne ou externe, plutôt que de décrire les attributions pour elles-mêmes. Cette simplification a sans doute eu des effets dommageables sur le développement des théories de l'attribution et sur leur capacité à rendre compte des explications réelles dans des situations sociales.

Mais dans l'esprit de Heider, ces causes ne sont pas indépendantes : non seulement la capacité et l'environnement déterminent la possibilité, mais de plus, l'effort est le meilleur moyen de connaître la difficulté de la tâche, qui fait partie de l'environnement. De même, la chance comme facteur causal dépend de ce que nous connaissons des capacités de la personne : la réussite inattendue d'une personne dont nous pensons qu'elle avait peu de capacités pour cette tâche se verra attribuer à la chance.

La capacité est liée à l'environnement dans le concept de possibilité : plus la tâche est difficile, plus j'ai besoin de capacités importantes, et inversement, une tâche facile ne requiert pas beaucoup de capacités. De ce fait, à l'intérieur de la causalité personnelle, la motivation est la cause la plus importante, la seule cause véritablement personnelle, indépendante de l'environnement. De plus, à l'intérieur de la motivation, c'est l'intention qui est déterminante, car elle définit le but que se fixe l'acteur.

On peut ainsi opposer l'intention à toutes les autres causes qui concernent les moyens, en relation avec l'environnement. Cette importance de l'intentionnalité de la cause est soulignée par de nombreux auteurs : ce point sera développé dans la section B.

2.2 La liberté et le choix de l'action

À la suite de Heider, Jones et Davis (1965) se sont plus particulièrement intéressés aux conditions des attributions internes (appelées aussi dispositionnelles, parce qu'elles supposent chez la personne une disposition à adopter la conduite objet de l'attribution). La condition principale pour qu'une telle attribution ait lieu est que l'observateur suppose chez l'acteur une intention ; cette dernière se décompose en deux éléments :

- la conscience chez l'acteur des effets de son action ;
- la capacité à produire ces effets.

S'il manque un de ces deux éléments, il ne peut y avoir d'attribution interne : ainsi, en droit pénal, la débilité ou la maladie mentale élimine la responsabilité de l'accusé. En effet, dans ces deux cas, la personne n'est pas perçue comme étant consciente des conséquences de son acte.

Comme Heider, Jones et Davis soulignent l'importance de l'intention comme facteur causal central de la causalité personnelle de l'action. La présence de l'intention permet à l'observateur d'inférer chez l'acteur une disposition personnelle (un trait de personnalité par exemple). En dehors des deux conditions citées (conscience et capacité) un certain nombre d'autres conditions permettent d'augmenter la probabilité d'une attribution interne :

- le fait que l'acteur soit libre d'effectuer l'action, c'est-à-dire qu'il ait le choix entre plusieurs actions. Si les contraintes de la situation sont trop fortes, l'attribution interne à la personne est peu probable. En particulier, plus une action est socialement désirable, moins l'observateur sera prêt à penser que l'acteur était libre d'effectuer l'action ;
- il faut que l'action présente des effets spécifiques (appelés effets « non communs »), différents des effets obtenus par d'autres actions, pour que l'observateur puisse en conclure que l'acteur voulait obtenir cet effet au moyen de cette action.

2.3 Le modèle du statisticien naïf

Pour Kelley (1967), un autre théoricien important des théories de l'attribution, les individus sont motivés pour atteindre la maîtrise cognitive de la structure causale de leur environnement. Pour cet auteur, quand les gens expliquent, c'est avant tout pour comprendre. Leur motivation essentielle est la recherche de la vérité. Alors que Jones et Davis ont étudié les conditions d'une attribution interne, Kelley se préoccupe surtout des conditions d'une attribution externe juste. Qu'est-ce qui fait que l'explication de la conduite est juste, dans quel cas est-elle incorrecte et pourquoi ?

Selon lui, l'observateur se comporte un peu à la manière d'un « statisticien naïf » qui utilise des modèles de traitement des données proches d'une technique statistique appelée analyse de la variance. Pour faire une attribution, l'observateur évalue plusieurs paramètres. Imaginons un individu qui, licencié par son entreprise, fait appel aux prud'hommes pour contester le licenciement. L'observateur qui cherche à expliquer ce comportement se demande tout d'abord si d'autres employés licenciés de l'entreprise, font eux aussi appel aux prud'hommes : ce faisant, il évalue le consensus. Puis, il se demande si cet employé a déjà réagi de la sorte à la suite d'un éventuel précédent licenciement : ici, il s'interroge sur la consistance du comportement de cet employé. Enfin, il peut aussi se demander si, dans d'autres circonstances, cet employé à tendance à réagir de cette façon « contestataire » (évaluation de la distinctivité du comportement). Si l'observateur conclut, à la suite de ces investigations, que cet employé est le seul à réagir de cette façon, qu'il a déjà réagi de la sorte lors d'un précédent licenciement, et que de plus il manifeste, dans des circonstances diverses, une tendance générale à contester, alors, il aura tendance à faire une attribution interne de ce comportement. Des conclusions opposées l'amèneront à l'inverse à faire une attribution externe.

De nombreux travaux ont tenté de valider empiriquement ces hypothèses et ont conclu à l'existence de « biais » venant entraver la logique du raisonnement des sujets. Mais comme Kelley (1972) l'a reconnu par la suite, le plus souvent, quand on explique un événement ou une conduite, on utilise des procédures plus rapides et plus économiques. Il a alors introduit la notion de « schéma causal », qui est « une conception générale que la personne a concernant la manière dont certains types de causes interagissent pour produire un type d'effet particulier » (Kelley, 1972, p. 153, cité par Deschamps, 1996, p. 218).

2.4 La divergence acteur-observateur

Plusieurs recherches portent sur les différences entre les attributions faites par un acteur sur sa propre conduite (auto-attributions) et celles effectuées par un observateur sur la conduite de l'acteur (hétéro-attributions). Les résultats de ces expériences donnent à penser que les attributions faites par l'acteur diffèrent de celles faites par l'observateur : d'une manière générale, l'acteur a tendance à expliquer son comportement par la situation, alors que l'observateur a tendance à faire des attributions externes de ce même comportement.

Plusieurs interprétations ont été proposées de ce résultat. Pour Jones et Nisbett (1972), acteur et observateur ne possèdent pas la même information : l'acteur dispose de plus de détails sur la genèse de son comportement, sur ses circonstances, son histoire. D'autre part, l'attitude de l'acteur diffère aussi de celle de l'observateur, ce qui est important pour l'un ne l'est pas forcément pour l'autre ; l'acteur connaît ses motivations, qui peuvent rester étrangères à l'acteur. De plus, non seulement l'information est différente, mais son traitement l'est aussi : pour l'observateur ce qui est important, c'est le comportement, non la situation : il va comparer l'acteur avec d'autres personnes, peut-être lui-même ; il va donc être conduit à faire des attributions internes. L'acteur, au contraire, évalue son comportement par rapport à ses autres comportements : ce qui diffère alors, c'est la situation, qui devient de ce fait prégnante à ses yeux. En définitive, un comportement perçu par l'observateur comme une conséquence de l'intention de l'acteur, sera envisagé par ce même acteur comme une réponse à la situation.

La relation entre l'acteur et l'observateur est déterminante : pour Regan et Totten (1975), lorsqu'il y a empathie entre un acteur et un observateur, ce dernier ne fait pas plus d'attributions internes que l'acteur.

Jones et Nisbett (1972) concluent de la même façon à l'influence de l'implication de l'observateur sur les attributions : dans le cas où l'observateur est impliqué dans la conduite ou la performance de l'acteur, il aura tendance à adopter des explications proches de celles de l'acteur.

Pour Buss (1978), les attributions de l'acteur et de l'observateur sont conceptuellement différentes, le premier cherchant à établir les raisons de son comportement, le second les causes du comportement de l'acteur. Les deux explications relèvent d'une logique différente, l'explication donnée par l'acteur étant avant tout une justification, une rationalisation de son comportement.

En résumé, la relation entre l'acteur et l'observateur (proximité, empathie), l'évaluation positive ou négative du comportement de l'acteur, ainsi que les attentes de l'acteur et de l'observateur jouent un rôle important dans la divergence acteur-observateur.

2.5 Les attributions des performances : la motivation à la défense du soi

2.5.1 *L'augmentation et la défense de l'estime de soi*

De nombreux travaux sur les attributions des performances prennent pour hypothèse et concluent à une tendance à expliquer la réussite par des facteurs internes et l'échec par des facteurs externes, ce que l'on désigne habituellement par le biais de complaisance (*self serving bias*).

Cette formulation manifeste en fait elle-même un biais par rapport aux résultats obtenus, en ce sens que le biais dit de complaisance est souvent relatif : ce que l'on observe en fait, c'est que les attributions de la réussite sont plus internes que celles de l'échec, et celles de l'échec plus externes que celles de la réussite. Mais globalement, le plus souvent, les attributions sont plus internes qu'externes, aussi bien pour la réussite que l'échec. Ce qui pose la question de l'importance de ce biais, souvent présenté comme la caractéristique essentielle des attributions de la réussite et de l'échec, par rapport, par exemple, au biais d'internalité (le fait que les gens ont tendance à faire le plus souvent des attributions internes). Une des façons de lever l'ambiguïté de la formulation est de postuler l'existence de deux biais : le biais auto-avantageux (attributions plus internes qu'externes pour la réussite) et le biais auto-défensif (attributions plus externes qu'internes pour l'échec).

2.5.2 *Internalité, stabilité, intentionnalité*

La focalisation exclusive sur la dimension interne-externe, occulte d'autres résultats à un niveau plus fin et plus pertinent pour rendre compte des processus attributionnels. Selon Weiner *et al.* (1972), le succès et l'échec peuvent être attribués à quatre types de causes : la capacité, l'effort, la difficulté de la tâche et la chance. Mais la dimension interne-externe ne suffit pas pour différencier ces causes. Il propose trois dimensions au lieu d'une : l'internalité (s'agit-il d'une cause interne ou externe ?), la stabilité (s'agit-il d'une cause stable ou instable ?) et le contrôle (s'agit-il d'une cause contrôlable ou incontrôlable par l'acteur ?). Par exemple, la capacité est une cause interne, stable et incontrôlable, la chance une cause externe, instable et incontrôlable, etc.

La stabilité permet de différencier les causes modifiables à court terme (l'effort, la chance) et les causes non modifiables à court terme (la capacité, la difficulté de la tâche) (Weiner *et al.*, 1972).

L'intentionnalité oppose à l'intérieur des causes internes les causes intentionnelles (le versant interne des causes contrôlables définies par Weiner : l'effort, le désir de réussir) et les causes non intentionnelles (la capacité, les traits de personnalité). Cette dimension a été prise en compte dès les premiers travaux des théoriciens de l'attribution (Heider, 1944, 1958) ; elle est au cœur du débat sur les distinctions conceptuelles entre causes et raisons, attribution causale et attribution de responsabilité.

2.5.3 *Perspective cognitive et motivationnelle*

Globalement, deux types d'interprétation s'opposent classiquement à propos des attributions de la performance, comme dans d'autres domaines de la psychologie sociale : le point de vue cognitif, qui met l'accent sur le traitement de l'information effectué par le sujet, et le point de vue motivationnel, qui met l'accent sur le but poursuivi par le sujet. Dans le domaine des explications de la réussite et de l'échec, par exemple, deux interprétations se sont ainsi opposées :

– l'interprétation motivationnelle : l'acteur, par ses attributions, tente de défendre (attribution externe de l'échec) ou d'augmenter (attribution interne de la réussite) son estime de soi (Zuckermann, 1979) ;

– l'interprétation cognitive a avancé trois arguments (Miller et Ross, 1975), basés sur le fait que les gens, en général, s'attendent à — et souhaitent — réussir ;

Ces deux interprétations ont rassemblé des données empiriques conformes à leurs prédictions. Seuls quelques travaux ont tenté de les mettre en compétition. Une des manières de tenter de trancher entre ces deux interprétations est de manipuler les attentes : les interprétations cognitive et motivationnelle mènent en effet *a priori* à des prédictions différentes :

– d'un point de vue cognitif, si je m'attends à réussir (ce que l'on suppose être en général le cas), et que je réussis, mes attentes sont confirmées et j'emploierai une causalité interne ; si j'échoue, j'emploierai une causalité externe, mes attentes n'étant pas confirmées. En attente d'échec, c'est l'inverse. Ce qui fait que, de ce point de vue, le biais dit de complaisance ne devrait s'observer qu'en attente de réussite ;
– le point de vue motivationnel mène normalement aux prédictions inverses : si je m'attends à réussir, le fait de réussir ne me permet pas d'augmenter beaucoup mon estime de soi, et l'échec doit conduire à une baisse de mon estime de soi. Si je m'attends à échouer, par contre, la réussite me permet d'augmenter mon estime de soi, et j'ai pour l'échec une « excuse » toute trouvée (la tâche était difficile). Le biais de complaisance devrait donc s'observer en attente d'échec, non de réussite.

En dehors des interprétations cognitive et motivationnelle des attributions, une troisième interprétation, plus sociale, postule que les gens cherchent à se valoriser aux yeux des autres en s'attribuant le crédit de leurs réussites et non de leurs échecs (Bradley, 1978). Ce courant fait partie de ce que l'on pourrait appeler, plus globalement, la conception normative des attributions.

3 LA MOTIVATION SOCIALE

3.1 La norme d'internalité

Dans le domaine des attributions, beaucoup de résultats peuvent faire et ont fait l'objet d'une interprétation en termes de normes : normes de genre (Deaux et Emswiller, 1974), norme d'internalité (Jellison et Green, 1981 ; Beauvois, 1984 ; Dubois, 1994), normes de responsabilité attachées aux rôles (Heider, 1958 ; Hamilton, 1978, 1980 ; Fincham et Jaspars, 1980).

Le point de départ du courant de recherche sur la norme d'internalité est double : les travaux sur le *locus of control* et les théories de l'attribution. Bien que portant lui aussi sur les explications, le *locus of control* diffère de la notion d'attribution. Trois aspects paraissent essentiels pour distinguer *locus of control* et attributions : tout d'abord, le *locus of control* est une anticipation générale, *a priori*, de la personne par rapport à ce qui lui arrive, alors que l'explication causale est une explication après-coup d'un comportement ou d'un événement. De plus, alors que les travaux sur le *locus of control* ne se réfèrent qu'à la dimension interne-externe et utilisent la plupart du temps des échelles dichotomiques dites « à choix forcé » de mesure de cette dimension, les théories de l'attribution utilisent des dimensions, des méthodologies et des conceptualisations plus variées. En résumé, le locus of control porte sur les croyances de l'individu concernant le contrôle interne ou externe des événements, il peut être assimilé à un trait de personnalité, ou à une croyance, alors que les attributions concernent les explications d'un événement ou d'une conduite.

Le problème posé par les travaux sur la norme d'internalité est la focalisation exclusive sur la dimension interne-externe, qui pourrait donner à penser que la mesure de l'internalité est le seul domaine de recherches dans l'étude des attributions. Malgré son importance indéniable, d'autres travaux, très nombreux eux aussi, mettent l'accent sur d'autres dimensions des explications : la stabilité, la contrôlabilité et l'intentionnalité. À l'intérieur des causes internes, de nombreux résultats permettent de différencier la capacité, cause interne, stable, incontrôlable et non intentionnelle et l'effort, cause interne, instable, contrôlable et intentionnelle (Nicholls, 1976 ; Sohn, 1977 ; Covington et Omelich, 1979 *a* et *b*, 1984 ; Covington, Spratt et Omelich, 1980 ; Surber, 1981 ; Brown et Weiner, 1984 ; Weiner et Brown, 1984 ; Hewstone, 1990 ; Feather, 1992 ; Juvonen et Murdock, 1993, 1995 ; Weiner, 1996).

Plusieurs auteurs ont notamment développé des travaux sur l'intentionnalité et la responsabilité, ce qui permet de différencier clairement les deux concepts d'internalité et de responsabilité.

3.2 Internalité et responsabilité : une distinction conceptuelle nécessaire

Dans l'introduction de leur article, Jellison et Green (1981) insistent sur un point essentiel : quand l'individu est confronté à un échec, il est non seulement victime d'un événement négatif, mais il est en même temps confronté à un dilemme, concernant ce qu'on pourrait appeler la justification de son échec. Soit il l'explique de façon externe, c'est-à-dire non normative du point de vue de l'internalité, soit il l'explique de façon interne et il s'expose, selon les termes mêmes de Jellison et Green « à la punition potentielle pour sa responsabilité constatée ». Il y a là un glissement sémantique, de l'internalité à la responsabilité, lourd de conséquences. En effet, on vient de le voir, Heider avait clairement distingué, au sein des facteurs internes, la capacité et l'intention, regroupant la capacité avec les facteurs externes sous l'appellation de possibilité et opposant une causalité centrée sur l'intention à une causalité scientifique, ce que plusieurs auteurs ont explicitement repris et développé. En assimilant internalité et responsabilité, on gomme cette distinction essentielle et on s'empêche de comprendre les réponses des sujets face à ce dilemme.

3.2.1 La norme de responsabilité

L'internalité se réfère à l'ensemble des facteurs internes à l'individu, alors que la responsabilité fait plus particulièrement référence aux facteurs intentionnels au sein des facteurs internes. À la suite de Heider, un certain nombre d'auteurs ont mis l'accent sur l'intention. Ces auteurs ont mis l'accent sur deux types de causalité : une causalité centrée sur la recherche de l'intention et une causalité à caractère rationnel, scientifique. C'est, encore une fois, Heider qui a ouvert la voie, dans un de ses premiers articles.

■ *L'origine et la cause*

Dans un article datant de 1944, intitulé « Perception sociale et causalité phénoménale », Heider établit une distinction entre l'origine et la cause. Le prototype de l'origine est la personne, prototype qui s'appuie sur l'expérience originelle chez l'enfant de l'union de l'agent et de l'action. Heider se réfère à Fauconnet (1928) : l'homme est une cause première, au moins pour la qualité morale de ses actes. À l'inverse, la science ne connaît que des causes secondaires : toute cause est l'effet d'une autre cause, il n'y a pas de différence de nature entre la cause et l'effet ; il n'y a pas non plus de cause initiale, mais au contraire une régression causale sans fin. Pour Fauconnet, la recherche de la cause première personnelle s'enracine dans le besoin social de trouver une responsabilité aux délits et aux crimes pour pouvoir ensuite appliquer une sanction. La société ne peut annuler les crimes, mais en punissant les personnes déclarées responsables, elle les compense. En généralisant, on peut faire l'hypothèse que cette recherche de responsabilité s'applique non seulement aux crimes, mais à tout ce qui paraît déviant, anormal, étrange, non-familier (Moscovici, 1983). Une des fonctions de nos explications quotidiennes est la familiarisation de l'étrange.

Moscovici (1983) s'appuie sur les idées de Fauconnet et de Heider et parle d'une double causalité (ou d'une bi-causalité) :

– l'*imputation* : c'est une recherche de responsabilité ; la question que se pose spontanément l'homme de la rue devant un événement étrange, non familier est : « Qui est à blâmer ? ». L'attitude sous-jacente à nos explications spontanées est le soupçon, la suspicion : « Il n'y a pas de fumée sans feu. » Cette recherche de responsabilité est stimulée par la perception d'un contraste entre la représentation *a priori* d'un phénomène (le prototype) et le phénomène observé, ou en d'autres termes entre la règle et l'exception, le familier et le non-familier, le normal et l'anormal. Cette perception de l'étrange déclenche spontanément en nous la recherche d'intentions cachées, de motifs obscurs. Il cite MacIver (1942) : « C'est l'exception, la déviation, l'interférence, l'anormalité, qui stimule notre curiosité et semble appeler une explication. Et nous attribuons souvent à une « cause » tout ce qui nous arrive qui caractérise la situation nouvelle, non anticipée ou altérée ».

Cette causalité est une causalité primaire, non réfléchie, spontanée, qu'il appelle aussi une causalité « à la première personne » ;

– l'*attribution* : c'est une causalité secondaire, « à la troisième personne », c'est-à-dire qu'elle n'est pas spontanée mais apprise au cours de l'éducation ; l'apprentissage du langage et du discours rationnel de la science nous dicte cette forme de raisonnement. Cette causalité est celle qui a été prise comme modèle, comme référence, par les principaux théoriciens de l'attribution : c'est la démarche de l'historien, du psychologue, ou plus généralement de l'homme de science. À l'inverse de la première, elle minimise dans les phénomènes, conduites ou événements, la part d'intention ou de responsabilité et cherche au contraire à les étudier d'une manière impartiale.

Le point important est que pour cet auteur, dans la causalité primaire, c'est l'explication qui domine ; elle est dominée par le pourquoi et il y a passage automatique de la description à l'explication. Dans la causalité secondaire, au contraire, c'est la description qui domine, la question essentielle est le comment ; elle cherche à éliminer le pourquoi.

En se centrant sur les causes « rationnelles », les théories de l'attribution n'ont pris en compte qu'un seul type de causalité, la causalité scientifique. Or bien souvent, dans la vie de tous les jours, l'individu ne se comporte pas comme un statisticien, mais bien plutôt comme un juriste.

■ *La responsabilité : le modèle du « juriste naïf »*

Les théoriciens classiques (Heider, Kelley ou Weiner par exemple) mentionnent principalement des raisons intra-individuelles pour lesquelles les gens font des attributions : le besoin de contrôle, le besoin de compréhension et le besoin de sauvegarder l'estime de soi. Le besoin de compréhension explique que les gens fonctionnent comme des « statisticiens naïfs », le besoin de contrôle ou de sauvegarde de l'estime de soi explique qu'ils commettent quelques « erreurs », cumulant paradoxalement le double handicap de la naïveté et de la mauvaise foi. Ces interprétations s'appuient explicitement sur le sens commun, sur des dichotomies qui nous sont familières : la raison et l'affect notamment.

Fincham et Jaspars (1980) prennent comme point de départ la distinction entre attribution causale et attribution de responsabilité. Dans l'attribution de responsabilité, le sujet responsable doit rendre compte de quelque chose devant quelqu'un (responsable vient du mot latin *respondere* : répondre). Une personne est rendue responsable par une demande qui lui est faite de repousser des accusations qui, si elles étaient établies, conduiraient à la sanction. Les auteurs font le parallèle, en s'appuyant notamment sur les travaux de Hart et Honoré (1959) entre l'explication quotidienne et la démarche juridique : pour établir la responsabilité pénale de l'accusé, deux éléments sont nécessaires : la réalité de l'acte (*actus reus*) et la réalité de l'intention (*mens rea*). Si l'acte est établi, il convient de se demander s'il y a eu intention et si cette dernière est établie, on applique la sanction. Dans les situations quotidiennes, les éléments pris en compte sont les mêmes, mais le raisonnement qui leur est appliqué est inverse : puisqu'un individu ou un groupe sont victimes d'une sanction pénale (prison) ou sociale (situation d'exclusion, de minorité ou de dominé, d'échec scolaire), c'est donc qu'ils sont coupables ; le raisonnement sous-jacent à nos explications quotidiennes est : « Il n'y a pas de fumée sans feu. »

L'ordre de la démarche légale est :

$$\text{Cause} + \text{Intention} \rightarrow \text{Blâme} \rightarrow \text{Punition}$$

Celui de nos explications quotidiennes est :

$$\text{Punition} \rightarrow \text{Blâme} \rightarrow \text{Cause} + \text{Intention}$$

Malgré l'inversion du raisonnement, dans les deux cas, il s'agit de mettre en relation un comportement déviant avec une intention coupable. En présence d'un événement anormal, la pensée de sens commun sélectionne parmi l'ensemble des causes possibles celle qui correspond à ce schéma avec le double avantage de simplifier le problème et de pouvoir le contrôler en agissant sur lui.

■ *Responsabilité et normes sociales*

Pour Hamilton (1980), le point important dans l'attribution de responsabilité est de déterminer si l'acteur aurait pu faire autrement, en fonction de la situation. Si dans une situation donnée, tout homme raisonnable aurait agi de façon identique, l'acteur n'est pas coupable. Si, à l'inverse, il avait la possibilité de résister aux pressions de la situation extérieure, alors il est considéré comme responsable du point de vue légal ou moral.

L'attribution de responsabilité met donc en jeu une norme sociale (« l'homme raisonnable ») en relation avec une situation. Fincham et Jaspars (1980) vont plus loin en avançant l'idée que selon la position sociale et les normes qui y sont attachées, la responsabilité n'est pas la même. Autrement dit, il ne s'agit plus seulement de l'homme raisonnable, mais de l'homme raisonnable ayant une position sociale déterminée et des normes attachées à cette position. Ces auteurs reprennent la notion avancée par Hamilton (1978, 1980) de responsabilité de rôle, en utilisant la distinction faite par Heider entre 5 niveaux de responsabilité[1]. Ils avancent l'idée que, si du point de vue légal ou moral, la possibilité théorique existe d'être responsable à chacun de ces cinq niveaux, dans les faits, seuls certains individus assumant certains rôles sociaux peuvent être tenus pour responsables aux niveaux les plus élevés (les plus exigeants). Selon les normes attachées aux positions sociales, le niveau de responsabilité de la personne sera donc très différent. La notion de responsabilité de rôle peut même être précisée, en distinguant les attentes de rôle des observateurs et de l'acteur. Des conflits entre ces diverses représentations du rôle peuvent évidemment entraîner des divergences concernant le niveau de responsabilité afférent au rôle.

Un dernier point important : si la notion d'intention est indispensable pour établir la responsabilité au plan légal ou moral, l'absence d'intention peut aussi être une condition suffisante pour établir la responsabilité (voir par exemple la notion légale de non-assistance à personne en danger). L'absence d'effort est ainsi une cause fréquemment invoquée par les enseignants pour expliquer l'échec de leurs élèves.

En bref, l'explication quotidienne entretient un lien de similarité étroit avec la recherche légale de responsabilité, beaucoup plus qu'avec la démarche du statisticien ou du psychologue expérimental. Les résultats expérimentaux classiques doivent être rapportés aux conditions dans lesquels ils ont été produits et analysés, c'est-à-dire en dehors du contexte socio-normatif dans lesquels ils sont produits. Il n'empêche que les processus mis à jour fonctionnent

---

1. Les cinq niveaux distingués par Heider (1958) sont les suivants :
   - 1er niveau (le plus exigeant) : une personne est tenue responsable pour chaque événement qui est d'une manière ou d'une autre relié à elle ; par exemple, un ministre peut être tenu pour responsable de toute faute commise par l'un de ses subordonnés, ou une personne peut être tenue pour responsable des crimes de ses ancêtres ;
   - 2e niveau : tout ce qui est causé par la personne lui est imputé, même si elle ne l'avait pas prévu. Par exemple, le conducteur d'un véhicule ayant causé un accident de voiture peut être déclaré responsable de cet accident. C'est ce que Piaget appelle la responsabilité objective ;
   - 3e niveau : une personne est perçue responsable pour chaque événement dont elle est la cause et qu'elle peut avoir prévu, même si cet événement n'est pas le résultat d'une intention, car elle aurait pu l'éviter, mais ne l'a pas fait, « par stupidité, négligence ou faiblesse morale » (Heider, 1958, p. 113) ;
   - 4e niveau : une personne est perçue responsable pour ce qu'elle a eu l'intention de faire : c'est ce que Piaget appelle la responsabilité subjective ;
   - 5e niveau : une personne n'est pas forcément perçue comme entièrement responsable de son intention, car celle-ci est vue comme ayant sa source dans l'environnement. En dernière analyse, la responsabilité de l'action appartient à la situation externe.

   Par exemple, un chef d'entreprise pourra être tenu responsable d'un accident survenu dans son entreprise, alors même que cet accident a été causé par la faute d'une autre personne (niveau 1). Un élève peut ne pas être tenu pour responsable de son échec, même s'il s'avère qu'il n'a fait aucun effort pour réussir, dans la mesure où l'on considère que son absence d'effort vient de conditions familiales, affectives ou socio-économiques handicapantes (niveau 5).

aussi sans doute dans des conditions sociales « réelles ». Mais leur interprétation nécessite de les replacer dans le cadre dans lequel ils sont habituellement utilisés : c'est ce qui a été fait au moyen du parallèle entre la démarche juridique et l'explication de sens commun.

Plusieurs travaux ont montré l'importance de la prise en compte du contexte pour comprendre nos explications sociales. Ces travaux montrent que des processus tels que le biais de complaisance, la divergence acteur-observateur ou le biais d'internalité, sont profondément modifiés selon le contexte.

4 L'EFFET DU CONTEXTE

4.1 Public ou privé

Bradley (1978) a montré que dans un contexte public, des auto-attributions contre-défensives (attributions de l'échec à des facteurs internes et de la réussite à des facteurs externes) pouvaient être utilisées par les sujets comme stratégie de présentation de soi. Ross constate un pattern de réponses similaire en demandant à des sujets jouant le rôle d'enseignants d'expliquer leur réussite ou leur échec à enseigner une leçon à des élèves. S'intéressant au point de vue de l'observateur de telles attributions, Tetlock (1980) montre que cette stratégie est efficace : il demande à des observateurs d'évaluer des enseignants ayant fait des attributions défensives ou contre-défensives : les observateurs évaluent plus favorablement les attributions modérément contre-défensives que les attributions défensives.

Monteil, Bavent et Lacassagne (1986) observent un décalage, chez des enseignants, entre les explications publiques de l'échec scolaire (ils pensent que leurs réponses seront publiées dans un journal d'une fédération de parents d'élèves) et privées (pas de publication annoncée) : les enseignants en condition « publique » ont tendance à donner des explications de l'échec plus externes (le milieu social) que les enseignants en condition « privée » (les capacités des élèves). Gosling (1992) observe les mêmes résultats en différenciant des enseignants qui acceptent de donner leur nom (situation d'individuation) pour un entretien futur et ceux qui refusent (situation d'anonymat), les premiers étant plus externes que les seconds : en condition « anonymat », les enseignants rendent responsables les élèves de leur échec (attribution au manque d'effort notamment), mais pas en condition « individuation » (attribution au milieu social, aux horaires trop lourds, aux programmes).

4.2 L'effet de l'interlocuteur : la visée sociale de l'explication

Juvonen et Murdock (1993) interrogent au moyen de scénarios des étudiants sur la façon dont ils expliqueraient une réussite ou un échec à un examen, s'ils répondaient à un enseignant, un parent, ou un camarade. Les résultats (tableau 4.1) montrent clairement que vis-à-vis des adultes, les élèves cherchent surtout à éviter l'explication de l'échec par le manque d'effort (et la sanction qui lui est liée), ce qui n'est pas du tout le cas vis-à-vis de leurs pairs, pour lesquels le manque de travail peut être une valeur sociale relativement dominante. De même, la chance est plus souvent employée par les lycéens quand ils expliquent leur réussite à un de leur camarade plutôt qu'à un adulte, mais c'est l'inverse pour l'échec. Enfin, l'équité de l'évaluation (qui remplace ici la difficulté de la tâche) est plus souvent utilisée pour la réussite expliquée à un enseignant, qu'à un camarade ou à leurs parents, et c'est l'inverse pour l'échec.

Tableau 4.1
Explications de la réussite et de l'échec selon la personne à laquelle s'adressent les sujets (Juvonen et Murdock, 1993).

	Parents	**Enseignants**	**Pairs**
Réussite			
Capacité	5	4,4	4
Effort	7,8	8,16	2,77
Équité	4,8	5,4	4,7
Chance	3,75	3,54	5
Échec			
Capacité	5,1	5,2	4,2
Effort	2,96	4,22	5,91
Équité	5,83	4,48	5,16
Chance	4,26	4,74	3,69

Notons que dans cette expérimentation, les auteurs demandaient explicitement aux élèves de répondre en cherchant à se faire « bien voir » de la personne à laquelle ils s'adressaient, ce qui montre que les lycéens sont tout à fait « clairvoyants », conscients des usages normatifs des explications. Ils savent qu'il vaut mieux dire à un camarade que l'on réussit par chance et que l'on échoue par manque d'effort, et à un enseignant que l'on réussit du fait de l'équité de son évaluation et que l'on échoue par manque de capacité. Ces usages sociaux des explications ont été largement sous-estimés jusqu'à maintenant dans l'étude des attributions, en dehors des travaux sur la norme d'internalité.

Si ces résultats font apparaître d'autres normes concernant les attributions que la norme d'internalité, ils ne remettent pas en cause l'existence de cette dernière, dont l'efficacité sociale a été amplement démontrée, notamment dans les situations d'évaluation. Ils montrent, qu'à côté de cette norme, d'autres normes jouent aussi un rôle, notamment pour la réussite (norme de modestie). De plus, à un niveau plus fin, la distinction entre capacité et effort joue un rôle très important et permet de distinguer l'effet de deux types de normes distinctes : l'éthique du travail et la norme de réussite.

L'essentiel est la visée sociale de l'attribution (Doise, 1993). La réussite et l'échec mettent en jeu des visées sociales différentes. Pour l'échec, l'enjeu est celui de la responsabilité : on cherche à l'éviter pour soi-même et à l'établir pour les autres. Il s'agit donc d'une différence entre soi et autrui, entre l'acteur et l'observateur. Pour la réussite, l'enjeu est celui de l'opposition entre réponse publique et privée. La « vraie » explication est interne, mais il est valorisé d'afficher une explication externe. On demande à celui qui échoue d'être sincère et responsable, à celui qui réussit d'être modeste. Non seulement les observateurs, mais les acteurs eux-mêmes sont conscients de ces valorisations normatives des explications, et ils savent les utiliser de façon différenciée selon le public auquel ils s'adressent.

4.3 Attributions et relations inter-groupes

Un des facteurs importants déterminant le contenu et la forme des représentations et des explications est l'appartenance groupale. Selon le ou les groupes auxquels l'individu s'identifie, les conceptions du monde et les explications présentent des différences importantes.

C'est notamment le cas lorsque les attributions concernent des relations entre groupes : dans ce cas, l'appartenance collective prime sur les caractéristiques individuelles (Deschamps, 1987). De nombreuses recherches ont montré que lorsqu'il y avait à faire une attribution pour une conduite ou un événement positifs, la causalité était plus interne pour l'in-group que pour l'out-group (et l'inverse dans le cas d'événements ou de conduites négatifs) (Deschamps, 1987). Néanmoins, des recherches ont donné des résultats inverses : Towsend (1979) a montré que les pauvres ont une causalité interne de la pauvreté, ce qui indique que la relation existant entre la position sociale et les représentations ou les attributions est loin d'être mécanique, du fait, notamment, de la hiérarchie, intériorisée par les individus, des positions sociales. De plus, chaque individu appartient à des groupes multiples et réagit en fonction de ses diverses appartenances, qui sont parfois conflictuelles. Ainsi, certains enseignants ont une représentation conflictuelle de l'intelligence, partagés entre leur rôle d'enseignant et leur rôle de parent (Mugny et Carugati, 1985). Gosling (1992) montre l'existence chez les enseignants d'un conflit entre leur appartenance syndicale ou leurs références idéologiques d'une part, et leur rôle d'enseignant d'autre part.

Comme le montre l'enquête citée sur la pauvreté, le statut social joue un rôle important dans l'identification au groupe, pouvant aller jusqu'à inverser la surévaluation sociocentrique (en produisant un biais en faveur de l'out — group). Pagès (1968) propose une distinction entre deux types de population :

- les populations « endonomes » ou auto-idéalisantes pour lesquelles il y a coïncidence de la norme idéale et de la norme statistique (la tendance centrale) : ce serait le cas des populations européennes et anglo-saxonnes ;
- les populations « exonomes », pour lesquelles il y a non-coïncidence entre les normes idéales et la tendance statistique centrale.

D'une manière générale, les groupes dominants ou à haut statut sont plus endonomes que les groupes dominés et ont donc tendance à augmenter le biais socio-centrique en leur faveur. Deaux et Emswiller (1974) montrent ainsi que la réussite est expliquée par la capacité pour un homme et à la chance pour une femme. Plus précisément, ces résultats se vérifient dans une tâche perçue comme masculine, mais pas dans le cas d'une tâche perçue comme féminine, pour laquelle un homme est perçu comme aussi compétent qu'une femme.

Taylor et Jaggi (1974) interrogent des sujets de religion hindoue par questionnaire : ils avaient pour tâche d'évaluer des sujets hindous et musulmans au moyen d'une liste d'adjectifs : comme prévu, les sujets évaluent plus favorablement leur propre groupe. Dans une seconde tâche, les sujets lisaient des scénarios dans lesquels quelqu'un (hindou ou musulman) avait à leur égard un comportement désirable ou indésirable. Ils devaient ensuite expliquer le comportement de l'acteur au moyen de quatre ou cinq causes possibles. Les résultats (tableau 4.2) montrent que les comportements désirables sont expliqués de façon plus interne quand il s'agit d'un hindou plutôt que d'un musulman, et que c'est l'inverse pour un comportement indésirable.

Tableau 4.2
Pourcentage des causalités internes attribuées par des sujets hindous (Taylor et Jaggi, 1974).

	Désirable	Indésirable
Hindou	58,33	2,5
Musulman	11,66	32,5

4.4 Dissonance cognitive et explications causales

La dissonance cognitive (Festinger, 1957) est un état d'inconfort psychologique ressenti par un individu suite à une inconsistance interne, par exemple entre une attitude et un comportement. Une façon simple de réduire ce malaise est d'élaborer une explication de cette inconsistance, par exemple une explication du comportement inconsistant avec l'attitude initiale (« en général, je déteste mentir, mais cette fois, j'ai menti parce que j'ai pensé que la vérité lui aurait été insupportable »). De la même façon, les membres d'une secte qui prévoyaient la fin du monde (Festinger, Riecken, Schachter, 1956) ont expliqué l'échec de leur prophétie par l'efficacité de leur croyance : leur foi a sauvé le monde. Un autre mode de réduction de la dissonance, plus simple parce qu'il ne nécessite pas l'élaboration d'une explication, est le déni de responsabilité (Gosling, Denizeau, Oberlé, 2006) : un peu comme font les enfants qui répondent « ce n'est pas ma faute » quand on leur reproche quelque chose, ce mode de réduction défensif est employé, sous des formes plus élaborées, dans la vie quotidienne pour diminuer le malaise, voire la culpabilité, ressentie par un acte inconsistant avec une attitude, ou une valeur à laquelle on adhère.

5 CONCLUSION

Les théories de l'attribution ont emprunté à diverses conceptions du sujet humain, de la métaphore du scientifique naïf à celle de l'ordinateur qui se trompe, du juriste naïf au sujet socialement inséré, déterminé par des représentations sociales ou des normes. La valeur sociale de nos explications a remplacé la notion de validité objective. Plutôt que de savoir quelle est l'explication juste, de nombreux auteurs pensent maintenant que le sujet se préoccupe de savoir quelle est l'explication socialement valorisée. Plutôt que de chercher à comprendre, le sujet évalue autrui à travers ses hétéro-attributions, et est motivé à être évalué favorablement par autrui, au moyen de ses auto-attributions.

La norme d'internalité, cela a été maintes fois démontré, joue un rôle de premier plan dans nos explications. Les travaux dans ce domaine ont permis de mettre l'accent sur la valorisation sociale des explications, dans les situations d'évaluation notamment. Il convient sans doute maintenant de prendre en compte d'autres normes pour rendre compte de façon plus différenciée et plus précise de nos explications.

Pour ce faire, l'évaluation de la conduite ou de l'événement objet de l'attribution joue un rôle essentiel. La valeur sociale, positive, ou négative, de la conduite ou de l'événement, l'importance de cette valeur pour le sujet, déterminent le type d'explication qui en sera donné, tout autant que la cible (soi ou autrui).

En ce qui concerne les conduites et les événements négatifs, c'est la question de l'intention et de la responsabilité qui guide nos explications. La différence soi-autrui est ici centrale : on se focalise sur l'attribution de responsabilité à autrui dans le cas d'une conduite négative d'autrui (ou d'un événement négatif), et sur l'évitement de responsabilité dans le cas de notre propre comportement, ou d'un événement qui nous arrive. Cette différence entre soi et autrui joue surtout dans le cas d'une conduite, ou d'un événement avec un fort enjeu social ; dans le cas d'une tâche moins importante, la norme de responsabilité, pour soi, comme pour autrui, l'emporte.

Dans le cas d'une conduite ou d'un événement positif, l'intention n'est pas une question, et la différence soi-autrui est moins prégnante. Dans ce cas-là, c'est la situation, publique ou privée, qui joue un rôle de premier plan : en situation privée, ou en cas d'une tâche importante, c'est la valeur du soi qui est en jeu, et on s'attribue le bénéfice de ses réussites, alors qu'en situation publique, ou en cas de tâche peu importante, on cherche à être évalué favorablement au travers de ses explications, et on attribue sa réussite ou sa conduite à la situation.

Ces propositions ne sont bien entendu que des pistes pour les recherches futures dans ce domaine : elles tentent de faire le pont entre des recherches empiriques américaines, très nombreuses dans le domaine des attributions, et la perspective européenne développée notamment en France autour de la notion de norme d'internalité. Nombre de recherches nord-américaines prennent explicitement en compte le contexte et les normes dans leurs analyses ; d'autres prennent en compte des variables contextuelles sans les théoriser explicitement en termes de normes ou de contexte. Il reste donc à faire un travail important de mise en perspective des travaux empiriques, habituellement interprétés d'un point de vue strictement intra-individuel, en les éclairant au moyen des théorisations proposées par des auteurs français ou européens. Sans doute ces théorisations devront aussi s'adapter et se différencier pour rendre compte de résultats empiriques qui ne cadrent pas complètement avec les premières formulations générales.

Chapitre 5

LES THÉORIES REPOSANT SUR LE CONCEPT DE BUT[1]

1. Par Laurent Cosnefroy.

1 LES BUTS : DU CONCEPT AUX THÉORIES

Un but est une représentation interne d'un résultat désiré (Austin et Vancouver, 1996 ; Karoly, 1999). Il est à la fois une cible, le résultat à atteindre, et ce qui guide l'action en lui donnant direction et énergie. Deux types de buts sont à distinguer, classiquement repérés dans la littérature par le couple *approach/avoidance* (approche/évitement en français)[1]. Les buts positifs sont attractifs, ils impliquent de réduire la distance entre l'état actuel et un état final désiré ; les buts négatifs induisent le mouvement inverse : l'objectif est d'accroître la distance entre l'état actuel et un état final non désiré. Dans ce cas le but recherché est d'éviter des conséquences jugées négatives, ce qui explique l'appellation de buts d'évitement. (Elliot, 2006). Les buts susceptibles de diriger la conduite dans une situation donnée sont multiples. Prenons l'exemple d'un étudiant de classe préparatoire dont le but immédiat est de réussir le prochain devoir de mathématiques. Ce but est intégré à un but plus large, réussir le concours d'entrée à une grande école, qui lui-même peut-être au service d'un but à long terme général comme accéder à un emploi bien rémunéré ou prestigieux. Il est donc fréquent que des buts s'enchâssent et s'organisent de façon hiérarchique en fonction de leur niveau d'abstraction (Austin et Vancouver, 1996). Les buts de haut niveau de généralité sont des buts personnels qui donnent sens à la vie et déterminent les trajectoires des personnes (Karoly, 1999). Ils fournissent une information non seulement sur ce que la personne essaie de faire mais aussi sur ce qu'elle essaie d'être, par exemple quelqu'un de chaleureux, qui aide autrui ou qui cherche continuellement à se développer (Emmons, 2005 ; Carver et Scheier, 1995). Une

1. Nous reprenons cette traduction littérale consacrée par l'usage, mais peu adaptée au français. Approche/éloignement ou recherche/évitement seraient plus précis. Il nous arrivera d'employer ces expressions dans le cours du texte.

taxonomie des buts fréquemment citée est celle établie par Ford (1992). Elle distingue vingt-quatre buts ordonnés en deux grandes catégories, les buts internes à la personne et ceux centrés sur la relation personne environnement. Dans la première figurent des buts affectifs, par exemple la recherche de situations procurant une excitation intense, et des buts cognitifs tels que satisfaire sa curiosité, faire preuve de créativité, comprendre et acquérir du savoir. Dans le second groupe, Ford distingue, entre autres, les buts d'appartenance visant à s'intégrer à un groupe et à éviter le sentiment d'isolement, les buts de responsabilité sociale où l'objectif consiste à agir d'une façon qui est valorisée par les personnes importantes de l'environnement, ou encore les buts d'affirmation de soi qui poussent à adopter des conduites permettant soit de se percevoir comme une personne différente des autres, soit de ressentir un sentiment de liberté et de contrôle personnel dans ce que l'on entreprend. Beaucoup de ces buts apparaissent comme des projets personnels, des lignes de conduite sur le long terme. À ce stade la frontière entre buts et valeurs devient ténue, comme en témoigne la comparaison de la théorie de Ford à la théorie des valeurs de Schwarz (1992). On trouve dans cette dernière une valeur appelée *self-direction* qui consiste à promouvoir une pensée et une conduite indépendantes. Elle se manifeste par le besoin d'explorer, la recherche de l'autonomie et de la créativité, la possibilité de fixer soi-même ses propres objectifs, caractéristiques qui correspondent en tout point au but d'affirmation de soi et au but d'exploration de la taxonomie de Ford. Les chercheurs sur la personnalité se centrent plutôt sur ces buts de haut niveau, proches des valeurs, tandis que les chercheurs sur la motivation privilégient des buts de niveau intermédiaire (Austin et Vancouver, 1996). Dans cette dernière approche, un but est à la fois une variable proximale, directement responsable de la conduite, et une variable intermédiaire car il est lui-même déterminé par d'autres éléments. Les valeurs et la personnalité génèrent des buts qui a leur tour pilotent l'action immédiate (Latham et Pinder, 2005), mais les caractéristiques de l'environnement influencent aussi le choix des buts. Ceux-ci sont donc déterminés à la fois par des variables internes et externes. Le poids respectif de ces deux sources fait débat entre les chercheurs, nous y reviendrons.

Si les buts peuvent être multiples, les contextes dans lesquels ils se forment le sont tout autant : travail, situations d'apprentissage, activités sportives ou de loisir, vie quotidienne. Dans ces conditions, il est difficile d'imaginer l'avènement d'une théorie des buts qui se situerait à un tel niveau de généralité qu'elle n'aurait guère de sens. Pour que l'entreprise soit viable, il est indispensable de restreindre l'objet d'étude en adoptant un angle d'attaque spécifique, soit en partant d'un domaine (les buts adoptés dans les situations de travail ou d'apprentissage), soit d'une classe de buts pouvant s'actualiser dans différents domaines, par exemple les buts sociaux. Deux théories se détachent plus particulièrement, illustrant chacune l'une des perspectives décrites. La théorie de la fixation des objectifs (*goal-setting theory*), due à Locke et Latham, s'est développée dans le monde du travail et y a rencontré un succès considérable. Elle a circulé vers d'autres domaines, en particulier le sport (Sarrazin et Famose, 2005) ou la santé (la rééducation de patients handicapés, *cf.* Hurn, Kneebone et Cropley, 2006), mais peu encore vers l'éducation où son influence reste marginale. La théorie des buts de compétence, à laquelle sont attachés les noms de Dweck, Nicholls, Elliot et Harackiewicz, se centre sur une classe de buts, ceux qu'il nous importe d'atteindre lorsque notre objectif est d'être compétent. Son contexte de prédilection est le monde de l'éducation et de la formation, mais elle fonctionne également au-delà de ses frontières initiales, en particulier dans les contextes sportifs où elle est d'application courante. Sans atteindre la même notoriété, elle a également été utilisée dans le monde du travail (Vandewalle, 2001).

Nous allons consacrer ce chapitre à une présentation et à une comparaison de ces deux théories.

2 DE LA MOTIVATION D'ACCOMPLISSEMENT AUX BUTS DE COMPÉTENCE

Dans le domaine des buts de compétence trois générations de théories se sont succédées. La théorie de la motivation d'accomplissement (*achievement motivation*), formalisée au début des années cinquante par Atkinson et McClelland, est l'ancêtre de la théorie des buts de compétence, ou plutôt des théories des buts de compétence puisqu'il convient de distinguer deux versions bien distinctes. La première s'est constituée au début des années quatre-vingt grâce aux travaux de Dweck et de Nicholls, puis, à la fin des années quatre-vingt-dix, une refonte importante a été engagée sous la houlette d'Elliot et de Harackiewicz puis de Elliot seul. Ces deux versions successives sont en général désignées par le même nom. Les deux appellations les plus courantes sont théorie des buts d'accomplissement (*achievement goal theory*) et théorie de l'orientation des buts (*goal orientation theory*). Ces buts étant centrés sur la compétence, Elliot et Dweck (2005) ont récemment proposé de remplacer accomplissement par compétence afin de parler désormais de motivation à la compétence et de buts de compétence[1]. Par souci de lisibilité, nous désignerons par théorie de l'orientation des buts le modèle de la première génération et réserverons l'appellation théorie des buts de compétence au modèle actuel d'Elliot.

1. Dénomination que nous avions nous-même suggérée (Cosnefroy, 2004).

2.1 Les conditions requises pour produire des buts centrés sur la compétence

Les trois générations de théories — motivation d'accomplissement, orientation des buts, buts de compétence — partagent le même cadre de validité. Celui-ci est explicité dès les premiers travaux de McClelland et Atkinson et ne sera pas remis en cause dans les développements théoriques ultérieurs. Des buts d'accomplissement, ou de compétence, vont apparaître dans des *achievement settings*, expression sans équivalent en français, c'est-à-dire des situations où la personne sait que l'action accomplie peut être évaluée (par lui-même ou par d'autres) en termes d'échec ou de réussite. Le jugement porté sur l'activité conduit à percevoir la personne comme compétente, s'il y a réussite, ou incompétente s'il y a échec. Ces situations se rencontrent dans tous types de domaines, éducation, travail, sport mais aussi activités de loisirs. Ainsi, un musicien amateur qui vient improviser en public avec un groupe d'amis se trouve confronté à une situation où sa compétence est en jeu, même si le groupe d'amis ou le public ne se considèrent pas comme un jury chargé d'évaluer la prestation du nouveau venu. Toutes ces situations impliquent donc une certaine prise de risque sur le plan personnel, puisque l'activité mise en œuvre devient aussi une performance qui peut être mise au crédit ou au débit de la personne. Dans ce contexte, les théoriciens de la motivation d'accomplissement postulent que deux types de motivation vont entrer en conflit, la motivation d'accomplissement et la motivation à éviter l'échec. La première incite à rechercher le succès car la réussite procure joie et fierté. La seconde conduit à ne pas s'engager dans l'action de crainte d'un échec qui confronterait trop intensément à des sentiments d'humiliation et de honte (Atkinson, 1964). Toute situation d'évaluation de la performance activera ces deux tendances, ce qui aura pour effet de provoquer une oscillation de l'activité entre approche et évitement de la tâche, l'une ou l'autre l'emportant selon que la probabilité de réussir ou d'échouer s'impose (Atkinson, 1974). Le conflit est ainsi le corollaire de la motivation d'accomplissement.

2.2 La distinction performance/maîtrise

Au début des années quatre-vingt, Dweck (1986) et Nicholls (1984) posent les fondations de ce qui sera appelé désormais la théorie des buts d'accomplissement ou de l'orientation des buts. Ils introduisent la distinction entre deux types de buts qui représentent deux façons de définir la compétence et de l'évaluer :

– les buts de maîtrise ou d'apprentissage (*mastery, learning goals* chez Dweck, *task goals* chez Nicholls), où l'objectif de la personne est d'apprendre, de développer de nouvelles habiletés, de comprendre ou de maîtriser quelque chose de nouveau. Être compétent signifie apprendre, comprendre, progresser. En fait, deux normes distinctes organisent ce but : on juge par rapport à la tâche (degré de perfection) et dans ce cas être compétent signifie maîtriser la tâche, ou par rapport à soi en se référant à ses performances antérieures (on parle souvent de but autoréféré). Le but est d'apprendre, de progresser, même si au final la maîtrise de la tâche n'est pas parfaite ;

– les buts de performance (*performance goals* chez Dweck, *ego-involvement goals* chez Nicholls) sont des buts où la comparaison sociale joue un rôle déterminant. Centré sur la valorisation de soi, l'objectif est d'obtenir des jugements favorables sur sa compétence. Avoir appris ou progressé ne suffit pas pour se sentir compétent. Il importe avant tout de savoir où l'on se situe par rapport aux autres. Être compétent signifie faire mieux que les autres (Nicholls, 1984). L'opposition entre buts de maîtrise et de performance se résume bien par ce jeu de mots qu'affectionne Dweck : *proving one's ability, improving one's ability.*

L'intérêt majeur de ces travaux est de montrer qu'un but est bien plus qu'une intention. « Les buts qu'un individu poursuit créent un cadre pour interpréter et réagir aux événements qui se présentent » écrivent Elliott et Dweck (1988). La même situation sera perçue de façon bien différente selon le but adopté. Une tâche difficile est une opportunité d'apprendre quelque chose (but de maîtrise) ou une menace pour l'estime de soi (but de performance) (Dweck, 1986 ; Dweck et Leggett, 1988). Dans le cas des buts de performance, plus le résultat sera obtenu sans effort, plus la démonstration de la compétence sera convaincante. La satisfaction que le résultat procure est inversement proportionnelle à la quantité d'effort déployé. L'erreur est perçue de façon beaucoup moins menaçante si l'engagement dans la tâche est soutenu par un but de maîtrise. Elle est alors interprétée comme le signe qu'il faut augmenter l'effort ou changer de stratégies ; être compétent implique davantage d'effort. Au fond, seuls des buts de maîtrise permettent réellement de tirer parti de l'erreur. Le rôle dévolu à l'effort révèle ainsi deux théories implicites de la compétence. L'une est fondée sur un schème de compensation inverse où la compétence, proche d'une aptitude, s'oppose à l'effort ; l'autre est construite sur un schème de covariation où effort et compétence sont associés (Dweck, 1986 ; Thill, 1999). La théorie des buts d'accomplissement a rencontré un vif succès dans l'éducation, mais a aussi été utilisée dans le management. Vandewalle (2001) insiste sur l'utilité des buts d'apprentissage dans des entreprises aujourd'hui confrontées à un environnement économique complexe et changeant. Se centrer sur l'apprentissage plutôt que sur la performance permet d'être plus réceptif à de nouvelles expériences, de valoriser la coopération et de mieux tenir compte des feedbacks pour analyser les erreurs, autant de caractéristiques déterminantes pour des équipes travaillant sur des projets complexes requérant une forte créativité.

2.3 Des buts d'accomplissement aux buts de compétence

À partir de la théorie de l'orientation des buts un élargissement en deux temps va s'opérer, conduisant à introduire d'abord un troisième but — l'évitement de la performance — puis au modèle actuel en quatre buts correspondant à quatre définitions distinctes de la compétence.

2.3.1 La distinction recherche de la performance/évitement de la performance

La distinction entre recherche du succès et évitement de l'échec, au cœur de la motivation d'accomplissement, a disparu dans la théorie des buts d'accomplissement qui lui substitue le couple maîtrise/performance. Les buts de maîtrise sont du côté de la recherche du succès puisqu'ils poussent à s'engager dans la tâche pour la maîtriser ou, tout simplement, pour progresser. En revanche les buts de performance sont plus hétérogènes. Les définir comme la recherche de jugements favorables sur soi ou l'évitement de jugements défavorables c'est cristalliser en une seule entité ce qui était séparé dans la motivation d'accomplissement. Cette conception large des buts de performance pourrait expliquer les résultats de recherche contradictoires les concernant. En effet, si aux buts de maîtrise sont régulièrement associés une perception positive de l'effort, un traitement profond de l'information et une prise de risque accrue, une configuration claire peine à émerger des recherches consacrées à l'effet des buts de performance. Ils peuvent être associés ou pas à des résultats scolaires positifs, à une motivation intrinsèque ou extrinsèque pour la tâche. L'hypothèse selon laquelle des buts de performance auraient des effets bénéfiques lorsque le sentiment de compétence est élevé n'est pas confirmée dans toutes les recherches ayant traité cette question (Midgley *et al.*, 2001).

Chercher un jugement favorable n'a pas la même signification et n'implique pas les mêmes conduites que chercher à éviter un jugement défavorable. Le concept de but de performance est probablement trop général et gagnerait à être scindé en deux buts, permettant ainsi de réintroduire l'évitement de l'échec comme force motivationnelle autonome. C'est ce que font Elliot et Harackiewicz (1996) en distinguant un but orienté vers la démonstration de sa propre compétence *(performance-approach goal* : recherche d'un jugement favorable de la part d'autrui), et un but consistant à éviter la démonstration de son incompétence (*performance-avoidance goal* : évitement d'un jugement défavorable de la part d'autrui). Le passage de deux à trois buts a pour effet d'atténuer l'opposition frontale entre buts de maîtrise et buts de performance. Les nombreuses recherches qui vont être menées à partir de ce nouveau paradigme accréditent l'idée qu'il est possible, dans la même situation, de se donner à la fois des buts de maîtrise et de recherche de la performance, autrement dit que la compétition avec autrui et l'intérêt pour l'activité peuvent cohabiter. Ce remaniement de la théorie aboutit incontestablement à une forme de réhabilitation des buts de recherche de la performance. La motivation intrinsèque pour la tâche, qui se traduit par le fait d'être intéressé par ce que l'on fait et d'y passer du temps sans y être contraint, peut être associée aussi bien à des buts de maîtrise qu'à des buts de recherche de la performance. Dans le domaine scolaire, la recherche de la performance peut conduire à de meilleurs résultats que des buts de maîtrise (Harackiewicz *et al.*, 2000, 2002).

Par ailleurs, considérer la tendance à l'évitement de l'échec comme un but à part entière, c'est signifier que la protection de l'estime de soi est un ressort essentiel des conduites. Aux enjeux cognitifs liés à la réalisation de la tâche se greffent des enjeux personnels, activer une représentation de soi acceptable. Dès lors peuvent se développer toute une série de conduites défensives dont le but n'est pas tant d'éviter l'échec que les conclusions négatives que l'on peut en tirer, à savoir que la personne est incompétente. Parmi ces mécanismes de défense, figurent les stratégies d'auto-handicap qui consistent à se mettre volontairement des bâtons dans les roues afin de disposer d'une excuse en cas d'échec, par exemple travailler au dernier moment. Nous renvoyons le lecteur au chapitre sur la motivation scolaire pour une description plus précise de ces stratégies.

2.3.2 Un quatrième but : « l'évitement de la maîtrise »

C'est dans une publication de 1999 qu'Elliot avance un quatrième but intitulé évitement de la maîtrise (*mastery-avoidance goal*). Si l'on considère que la distinction entre approche et évitement est fondamentale pour définir les buts, il n'y a alors aucune raison de ne pas l'appliquer aux buts de maîtrise, d'où cet étrange évitement de la maîtrise qui semble à première vue tout à fait contre-intuitif. En réalité le terme d'évitement est parfaitement justifié puisque l'objectif est d'éviter une issue jugée négative : perdre ses compétences, oublier ce qu'on a appris, ne pas maîtriser totalement la tâche ou tout simplement stagner. Ce but gagne en importance à mesure que la personne prend de l'âge et qu'elle s'aperçoit que ses compétences peuvent se détériorer. L'objectif est d'éviter de perdre, ou le moins possible, le niveau de compétence atteint antérieurement. Elliot illustre cette définition d'exemples empruntés à différents secteurs d'activité : éviter le déclin chez un sportif, la perte des activités physiques et intellectuelles chez les personnes âgées, et, plus généralement, éviter de perdre la main aussi bien dans des activités professionnelles que de loisir (Elliot, 1999 ; Elliot et Mc Gregor, 2001). Mais ce but peut être poursuivi également lorsque la norme est définie en référence à la tâche elle-même. La crainte est alors de ne pas réussir parfaitement la tâche. Ce but engendre des conduites perfectionnistes où l'accent est mis sur l'évitement de toute erreur. Des personnes nouvellement embauchées dans une entreprise, devant faire la preuve de leurs compétences au cours de leur période d'essai, seraient particulièrement réceptives à ce type de but.

Elliot et Mc Gregor (2001) ont construit une échelle de douze items (trois par but) pour évaluer les quatre buts de compétence dans les contextes d'apprentissage et de formation. Cette échelle a été adaptée et validée en français par Darnon et Butera (2004). Une échelle a été créée pour le sport (Conroy, Elliot et Hofer, 2003) et une autre pour le monde du travail (Baranik, Barron et Finney, 2007). Les analyses factorielles confirmatoires mises en œuvre pour étudier les propriétés psychométriques de ces échelles ont confirmé la pertinence du modèle en quatre buts, lequel a également été validé dans d'autres recherches (Cury *et al.*, 2006 ; Elliot et Reis, 2003 ; Fryer et Elliot, 2007).

Un autre apport de la conceptualisation en quatre buts est de clarifier le rôle du sentiment d'efficacité personnelle sur le choix des buts. Le lien entre sentiment d'efficacité personnelle élevé et recherche de la performance a été postulé par beaucoup d'auteurs (Dweck, Nicholls, Covington), mais les recherches menées sur cette question n'ont pas toujours confirmé cette hypothèse. Cury *et al.* (2006) ont montré que la compétence perçue influencerait la valence du but adopté. Plus le sentiment d'efficacité personnelle est élevé, plus les buts d'approche (qu'il s'agisse de la recherche de la maîtrise ou de la performance) sont privilégiés.

3 LA THÉORIE DE LA FIXATION DES OBJECTIFS (*GOAL-SETTING THEORY*)

Elle a été construite au cours des quarante dernières années, d'abord par Locke seul puis en tandem avec Latham. Psychologues du travail et des organisations, Locke et Latham se sont demandé quels liens pouvaient exister entre les buts conscients et la performance au travail. Leur objectif est d'abord pragmatique, comprendre la performance pour pouvoir agir sur elle. Ceci explique probablement le caractère inductif de la théorie, clairement revendiqué à plusieurs reprises par les auteurs. D'entrée de jeu il a été exclu de procéder déductivement en testant une à une des hypothèses théoriques (Latham et Locke, 2007). La fixation des objectifs a d'abord été une technique avant d'être une théorie (Latham et Pinder, 2005). Les recherches ont débuté à la fin des années soixante (Locke, 1968), cependant un exposé systématique de la théorie n'apparaît véritablement qu'en 1990 dans un ouvrage en co-signature (Locke et Latham, 1990). La théorie a généré un nombre impressionnant de travaux, plus de mille, à la fois de laboratoire et de terrain, portant sur plus de quarante mille personnes dans au moins huit pays différents et ceci sur une période de plus de trente ans (Locke et Latham, 2002). Ces résultats permettent d'actualiser en permanence la théorie, telles les versions successives d'un même logiciel, qui s'apparente ainsi à une théorie ouverte, selon l'expression de Locke et Latham (2006), susceptible de développements dans de nombreuses directions. Mais le cœur de la théorie reste le même au fil des versions successives. Voyons de quoi il se compose.

3.1 L'impact des buts difficiles

À la question initiale « les buts ont-ils un effet sur la performance ? » les auteurs apportent une réponse précise qui constitue la pièce maîtresse de l'édifice théorique : il existe une relation linéaire positive entre la difficulté du but et la performance. En d'autres termes, plus le but à atteindre est difficile, meilleure est la performance. Deux caractéristiques du but sont importantes, sa spécificité et sa difficulté. On obtient des performances plus élevées en fixant un but difficile mais spécifique, qu'en demandant de faire de son mieux. En réalité, quand on demande à des personnes de faire de leur mieux, but non spécifié, elles ne le font pas parce qu'il persiste une ambiguïté sur le résultat à atteindre, ce qui peut conduire à considérer comme acceptable un large éventail de performances. Toutefois, dans une perspective motivationnelle, on ne peut en rester au constat d'une relation linéaire positive entre difficulté du but et performance. Il reste à élucider les raisons pour se fixer, ou accepter, des buts élevés. L'atteinte de ces buts procure des bénéfices pratiques (gains, réussite sociale) et psychologiques (fierté, sentiment de compétence et renforcement de l'estime de soi) qui contribuent à la satisfaction que la personne retire de son travail. Locke et Latham s'attardent assez peu sur cette question pourtant fondamentale, et leur réponse n'est pas totalement satisfaisante. La théorie des buts de compétence a montré de façon convaincante que le sentiment d'être compétent n'est pas lié à la difficulté des buts. Au contraire même, lorsque la personne est mue par le désir d'éviter l'échec, parvenir à une performance à peine moyenne suffit à soutenir le sentiment de compétence puisque le pire, l'échec, a été évité.

La théorie précise également les mécanismes par lesquels les buts agissent, ce qui permet de répondre à une autre question : pourquoi se fixer un but a-t-il des effets positifs sur la performance ? Quatre mécanismes sont à l'origine de l'effet des buts : directionnalité, énergisation, persistance et conduite stratégique (Locke et Latham, 2002 ; Latham, 2004). Un but canalise l'attention vers des activités pertinentes pour atteindre les buts fixés et, de ce fait, permet de distinguer les conduites prioritaires des conduites parasites par lesquelles il ne faut pas se laisser distraire. L'énergisation est la traduction du constat empirique que les buts difficiles conduisent à faire plus d'effort que les buts faciles. Liée à l'effort également, la persistance insiste plus sur la dimension temporelle que sur l'intensité de l'effort. Un but difficile suscite un effort plus prolongé qu'un but facile. Enfin, un but pousse la personne à adopter une conduite stratégique qui l'incite à mobiliser le savoir pertinent ou à découvrir le savoir requis nécessaire à l'atteinte du but.

Outre les caractéristiques (*goal attributes*) et les mécanismes (*goal mechanisms*), un troisième pan de la théorie, à la fois le plus développé et le plus sujet à évolution, est consacrée aux variables modératrices (*goal moderators*) qui amplifient ou restreignent l'effet positif des buts sur la performance. Ceci permet de complexifier l'énoncé initial relatif à la relation linéaire positive entre buts et performance en en précisant les conditions de validité.

3.2 Les conditions de l'efficacité : les variables modératrices

3.2.1 La complexité de la tâche et les compétences de la personne

Un but ne peut être atteint que si la personne possède les compétences requises. Lorsque la tâche est trop complexe et qu'un savoir ou un savoir-faire suffisamment développé n'est pas accessible un but élevé perd de son impact positif. Dans ce cas il est plus efficace de demander de faire de son mieux que de fixer des buts trop élevés générateurs d'anxiété. Une autre solution consiste à définir des buts intermédiaires. Ceux-ci fournissent des feedbacks supplémentaires qui permettent d'évaluer la progression vers l'atteinte du but et d'identifier pas à pas les erreurs. Chercher immédiatement la performance dans une tâche complexe risque de se faire au détriment de l'acquisition des connaissances et des stratégies pertinentes. C'est pourquoi la meilleure solution consiste à valoriser des buts d'apprentissage plutôt que des buts de performance. Dans ces conditions la confrontation à une tâche complexe devient effectivement stimulante et les performances sont élevées. Dans certaines publications récentes la difficulté de la tâche et les compétences de la personne sont considérées comme deux variables distinctes (Latham, 2004 ; Latham et Locke, 2007). Ce choix est délicat. Une tâche n'est pas complexe en soi, en revanche elle peut être jugée telle par quelqu'un qui ne possède pas les compétences requises pour la mener à bien. La complexité de la tâche dépend de différences individuelles (Austin et Vancouver, 1996). Quoi qu'il en soit, l'insistance sur les compétences prérequises (et il s'agit bien ici de la compétence objective et non du sentiment de compétence) rappelle que motivation et cognition ont partie liée et s'influencent mutuellement. Le niveau initial de connaissances détermine également la motivation. Des buts de performance stimulent la mobilisation des connaissances (*cf.* le mécanisme de la conduite stratégique décrit ci-dessus), en revanche des buts d'apprentissage en facilitent l'acquisition. La théorie des buts d'accomplissement trouve donc une porte d'entrée, via la variable complexité de la tâche, dans la théorie de la fixation des objectifs. Les références y sont de plus en plus nombreuses ces dernières années (Seijts et Latham, 2005 ; Latham et Locke, 2007).

3.2.2 L'engagement de la personne et l'adhésion au but fixé

Pour s'engager dans des tâches difficiles qui requièrent un effort important, il convient d'être persuadé que le but à atteindre est important et accessible. Différentes techniques sont utilisables pour rendre un but plus important. Outre des récompenses de toutes sortes (gains, promotion), le style de management est une variable décisive. Ainsi, procéder collectivement à la définition des buts et amener les personnes à s'engager publiquement augmente l'importance perçue du but (Latham, 2004 ; Locke et Latham, 2002). L'accessibilité du but est d'une tout autre nature puisqu'il renvoie au sentiment d'efficacité personnelle. Atteindre un but difficile est un projet stimulant pour autant que l'on se sente capable de l'atteindre avec ce que l'on est et les ressources dont on dispose. Lorsque le sentiment d'efficacité personnelle est élevé il est plus facile de trouver des stratégies performantes, de persévérer davantage et de répondre de façon plus adaptée aux feedbacks négatifs. Et il est aussi plus facile de se fixer des buts élevés. Le sentiment d'efficacité personnelle est ainsi un maillon indispensable dans l'édifice construit par Locke et Latham, qui soulignent eux-mêmes les proximités entre leur théorie et la perspective sociale-cognitive de Bandura (Locke et Latham, 2002). En effet, l'énoncé fondamental de la théorie part du constat de la relation positive entre buts difficiles et performance, mais la théorie n'explique pas quel est le ressort motivationnel qui pousserait à se fixer ou à accepter des buts difficiles. Les quatre mécanismes de directionnalité, énergisation, persistance et conduite stratégique expliquent pourquoi il est préférable de se fixer des objectifs précis plutôt que d'en rester à des objectifs vagues. Ils ne sont d'aucun secours pour comprendre le passage de buts faciles à des buts difficiles. C'est le concept d'auto-efficacité qui remplit cette fonction.

3.2.3 Le feedback

Il est capital de recevoir un feedback sur l'action en cours. En l'absence de cette information, il devient très difficile d'ajuster la direction ou la quantité d'effort pour atteindre le but fixé. Plus encore, le feedback a un véritable effet motivationnel : lorsque les personnes s'aperçoivent qu'elles sont en deçà de leur but elles vont augmenter l'effort pour l'atteindre. La recherche active d'un feedback est associée à la qualité des performances. Toutefois, elle est elle-même sous la dépendance d'autres variables modératrices, notamment le sentiment d'efficacité personnelle et l'orientation des buts, recherche de la performance ou apprentissage (Latham et Pinder, 2005). La confrontation à l'erreur est déstabilisante et il y a de bonnes raisons, toutes en rapport avec l'estime de soi, de vouloir y échapper. Le feedback et son analyse sont indispensables pour avancer, pour autant sa prise en compte ne va pas de soi. On touche là probablement à ce qui constitue une faiblesse de la théorie. Il convient en effet de distinguer entre l'information en retour, qui est donnée ou pas, et sa prise en compte par la personne. Locke et Latham insistent plutôt sur le premier point, or la difficulté principale est vraisemblablement sur le second. Se pencher sur ses erreurs oblige à se confronter à une image de soi parfois douloureuse qui parasite fortement l'analyse distanciée de l'erreur ou qui conduit, plus radicalement, à ignorer le feedback. Sur ce point la théorie des buts de compétence est en mesure d'apporter un éclairage significatif, nous y reviendrons. En tout état de cause, la véritable variable modératrice nous semble plus la prise en compte ou non du feedback (ce qui suppose bien sûr qu'il y en ait un) que le feedback en lui-même.

4 LES BUTS D'APPRENTISSAGE ET DE PERFORMANCE VUS PAR LES DEUX THÉORIES

4.1 Les déterminants des buts

Les buts sont à la croisée de plusieurs influences : besoins, caractéristiques de la personne (perceptions de soi, valeurs, traits de personnalité) et caractéristiques de l'environnement. Les débats entre les chercheurs portent sur le poids respectif de ces influences, mais cette question n'est pas simplement de pure théorie. Elle a en effet d'importantes implications pratiques. Plus on considère que les buts sont déterminés par l'environnement, plus il est envisageable d'amener les personnes à adopter certains buts en agissant sur les caractéristiques de ce dernier. Au contraire, plus on considère les buts comme étant l'émanation de besoins ou de caractéristiques personnelles plus ils échappent à toute construction induite de l'extérieur.

Pour Covington (2000), l'adoption de buts centrés sur la compétence reflète une lutte permanente pour maintenir un sens de la valeur personnelle et l'appartenance à une société qui valorise en premier lieu la compétence. La valeur de soi passe de façon privilégiée par le sentiment d'être compétent, il est donc vital de protéger ce dernier. Le fait que les buts de compétence constituent une classe de buts à part entière activables dans de nombreux contextes et que les personnes déploient des stratégies complexes pour se protéger de l'échec conduit à penser que les buts de compétence sont probablement au service de besoins plus fondamentaux. La théorie des buts de compétence confirme d'une certaine façon qu'être compétent est bien un besoin fondamental, du moins aujourd'hui dans les sociétés occidentales, comme affirmé dans la théorie de l'autodétermination (Deci et Ryan, 1985) et dans la théorie de la valeur de soi (Covington, 2000). Harackiewicz, pour sa part, insiste sur l'interaction des facteurs contextuels et de personnalité dans la détermination des buts. L'environnement rend saillant un but plutôt qu'un autre mais cela aura des effets différents selon la personnalité des individus (Barron et Harackiewicz, 2001). Pour Elliot (1999), en revanche, les buts induits par l'environnement seul sont plus faibles et moins durables que ceux suscités par des facteurs internes.

Chez Locke et Latham, les buts de maîtrise[1] et de performance peuvent traduire des orientations dépendant de la personnalité ou des cadres de pensée induits par l'environnement. Cette dernière perspective prend cependant une place croissante dans les publications les plus récentes. Ce sont les consignes données aux personnes qui orientent vers l'un ou l'autre but. Demander au personnel d'atteindre 20 % de part de marché d'ici la fin de l'année crée un but de performance, lui demander de trouver une ou plusieurs stratégies innovantes qui permettrait d'augmenter les parts de marché induit un but d'apprentissage (Seijts et Latham, 2005). Les recherches de Latham et de ses collaborateurs en entreprise rejoignent les recherches menées à l'école sur le climat de la classe (*cf.* Sarrazin *et al.*, 2006, pour une revue de question). Elles montrent l'influence des caractéristiques du contexte sur la formation des buts. La façon dont le supérieur hiérarchique ou l'enseignant formule ses attentes imprime sa marque sur les attitudes développées ensuite par les collaborateurs ou les élèves.

4.2 Apprentissage et performance : parle-t-on de la même chose dans les deux théories ?

Le transfert du concept de but d'apprentissage (ou but de maîtrise) vers la théorie de la fixation des objectifs s'accompagne d'une légère torsion de sens. Un but d'apprentissage stimule l'imagination, il engage à découvrir et à sortir des sentiers battus (« *think outside the box* », Seijts et Latham, 2005). La transposition au monde du travail a pour effet de modifier la hiérarchie des attributs associés au but d'apprentissage en mettant en avant la créativité. Certes, à l'école, le fait d'augmenter ses connaissances ouvre à de nouvelles expériences et, en ce sens, permet une certaine créativité, mais les chercheurs se référant à la théorie des buts de compétence dans le domaine de la formation n'ont jamais explicitement mis en avant ce motif. Une autre différence réside dans les relations entre buts de performance et but d'apprentissage (de maîtrise). Dans la théorie de la fixation des objectifs l'horizon temporel de

1. Rappelons que l'expression utilisée dans la théorie de la fixation des buts est but d'apprentissage et non but de maîtrise.

ces buts est différent. En dernier ressort, il s'agit toujours pour les personnes travaillant dans l'entreprise d'atteindre un but de performance mais celui-ci est un but distal, inapproprié tant que les compétences requises pour l'atteindre ne sont pas suffisamment intégrées. Il est alors judicieux d'introduire un but proximal qui est un but d'apprentissage. Aussi les buts sont-ils amenés à se succéder. Il y a un temps pour l'apprentissage et un temps pour la performance (Latham et Locke, 2007 ; Seijts et Latham, 2005). Cette hiérarchisation temporelle est étrangère à la théorie des buts de compétence. L'objectif final n'est pas nécessairement la performance ; en outre si la personne est orientée vers des buts de performance mais juge qu'elle ne possède pas les compétences nécessaires, il est probable qu'elle activera plutôt des buts d'évitement de l'échec que des buts d'apprentissage. Ce dernier point met en relief le décalage entre la théorie actualisée des buts de compétence et la version qui a circulé vers la théorie de la fixation des objectifs. En fait cette dernière se fonde sur le modèle de la première version, celui de Dweck et Nicholls, qui ignore la distinction entre recherche de la performance et évitement de l'échec. Or la prise en compte de l'évitement de l'échec, en introduisant à une lecture défensive des conduites, permettrait de comprendre la nature de la résistance au feedback et éviterait d'aborder ce dernier uniquement sous un angle cognitif.

5 EN CONCLUSION, QUELQUES PERSPECTIVES COMMUNES

Il nous semble que les théories de la fixation des objectifs et des buts de compétence partagent au moins deux perspectives de recherche pour les années à venir. La première concerne l'évolution des buts aux différentes phases de la vie. Un intérêt nouveau se fait jour pour ce que l'on pourrait appeler l'au-delà de la réussite, une fois le pic de performance atteint : le sportif sur le déclin, la seconde partie de la carrière, l'approche de la retraite. Le but d'évitement de la maîtrise, récemment proposé par Elliot (1999), est particulièrement adapté pour comprendre les dynamiques engendrées par l'âge ou la perte progressive d'expertise. De leur côté Latham et Locke (2007) avancent aussi l'hypothèse que les buts changent en fonction de l'âge. L'horizon temporel limité des travailleurs plus âgés inciterait à prendre davantage en compte les aspects émotionnels et le bien-être dans le choix des buts. L'une des conséquences en serait que les buts sociaux seraient davantage valorisés qu'en début de carrière. La seconde perspective de recherche concerne l'interaction et plus particulièrement les conflits entre les buts. La théorie de la fixation des objectifs a abordé le conflit sous l'angle des désaccords entre l'individu et le groupe ou des dimensions de la performance à valoriser, par exemple la quantité ou la qualité (Locke *et al.*, 1994 ; Locke et Latham,

2002, 2006). En revanche, rien n'est dit, et il en va de même dans la théorie des buts de compétence, sur les conflits internes à l'individu résultant de la poursuite de buts multiples. Pourtant beaucoup de buts qui ne sont pas en rapport direct avec la réalisation de la tâche ou la recherche de la compétence entrent dans l'entreprise ou dans la classe, en particulier l'affirmation de soi (éviter la conformité au groupe), la recherche de l'affiliation (éviter l'isolement) et la responsabilité sociale (se conduire de façon juste et équitable, s'entraider). Il est vraisemblable que c'est une configuration de buts et non un but seul qui déclenche l'action (Boekaerts, De Koning et Vedder, 2006). Les effets dysfonctionnels des conflits de buts, à la fois sur le plan opératoire (la performance) et sur le plan émotionnel (la tension et la frustration ressenties) ont été peu étudiés jusqu'à présent, de même que les processus à l'œuvre pour construire des compromis psychologiquement acceptables qui donnent satisfaction, au moins en partie, à chacun des buts poursuivis.

Chapitre 6

LA THÉORIE DU FLUX. COMMENT LA MOTIVATION INTRINSÈQUE DONNE DU SENS À NOTRE VIE[1]

1. Par Jacques Lecomte.

Mihalyi Csikszentmihalyi, professeur émérite de psychologie à l'université de Claremont en Californie, a ainsi résumé l'esprit qui a présidé à l'ensemble de ses recherches scientifiques :

> « Au cours des trente dernières années, mon travail a consisté à développer une phénoménologie systématique utilisant les outils des sciences sociales — psychologie et philosophie, essentiellement — pour tenter de répondre à la question : Que vaut la vie ? Et à une autre, plus pratique : Comment chaque individu peut-il se créer la meilleure vie possible ? » (Csikszentmihalyi, 2005).

1 SE SENTIR PORTÉ PAR LE FLUX

C'est dans ce cadre, qu'il a mené un vase programme de recherches sur le flux (*flow*) ou expérience optimale, termes qui désignent l'état dans lequel se trouve un individu fortement engagé dans une activité pour elle-même (Csikszentmihalyi, 2004). Pourquoi avoir choisi ce mot ? Tout simplement parce que plusieurs des nombreux sujets qu'il a interviewés lui ont répondu qu'ils se sentaient alors comme portés par un flux.

Par exemple, un compositeur, interrogé sur la façon dont il se sentait lorsqu'il écrivait avec aisance de la musique, a répondu :

> « On est dans un état extatique à un tel point qu'on sent comme si on n'existe presque plus. J'ai éprouvé cela à diverses reprises. Mes mains semblent détachées de moi-même, et je n'ai pas à intervenir dans ce qui est en train de se passer. Je suis simplement assis à observer, dans un état d'émerveillement. Et la musique jaillit d'elle-même, comme un flux » (Csikszentmihalyi, 1999).

Csikszentmihalyi peut d'ailleurs être assez lyrique lorsqu'il décrit cette expérience spécifique :

> « Voilà ce que nous entendons par expérience optimale : c'est ce que ressent le navigateur quand le vent fouette son visage et que le bateau fend la mer — les voiles, la coque, le vent et la mer créent une harmonie qui vibre dans ses veines ; c'est ce qu'éprouve l'artiste peintre quand les couleurs s'organisent sur le canevas et qu'une nouvelle œuvre (une création) prend forme sous la main de son créateur ébahi ; c'est le sentiment d'un père (ou d'une mère) face au premier sourire de son enfant » (Csikszentmihalyi, 2004).

Une question essentielle pour Csikszentmihalyi était de savoir dans quelles circonstances le flux se manifeste. Il a d'abord obtenu des données par ces outils habituels que sont les interviews et les questionnaires. Mais, afin d'acquérir une plus grande précision, il a développé une méthode particulièrement originale : « l'échantillonnage d'expérience vécue » (*experience sampling method*, ESM), qui permet d'obtenir des données sur les pensées, émotions et activités d'un individu en milieu naturel. Le sujet emmène partout avec lui un petit appareil qui lui envoie un petit signal sonore à différents moments aléatoires de la journée (de cinq à huit fois), et il inscrit son niveau de bien-être à cet instant ainsi que la situation dans laquelle il se trouve. Il est donc possible de mettre en relation les événements de sa vie et les émotions et pensées éprouvées à ces moments.

Les recherches réalisées sur le flux auprès de milliers de personnes interrogées par Csikszentmihalyi ou d'autres universitaires à travers le monde ont montré que l'expérience optimale est décrite de la même façon à l'occasion d'activités très différentes, par les femmes et les hommes, les jeunes et les moins jeunes, les gens de différentes conditions sociales et de différentes cultures. L'expérience intérieure peut être quasiment identique pour un joueur d'échecs en plein tournoi ou un alpiniste qui gravit la montagne, pour un vieux Coréen en méditation ou un jeune Américain qui fait de la moto avec sa bande.

Un mot de prudence, toutefois, avant d'aller plus loin : même si elle s'exprime généralement sous une forme positive, l'expérience optimale n'est pas un gage de vertu. Il est fort possible qu'Hitler et d'autres dictateurs éprouvaient un sentiment de flux lorsqu'ils réalisaient leurs entreprises mortifères. Csikszentmihalyi lui-même cite le cas d'Eichmann qui a calmement et méticuleusement organisé le transport de milliers de personnes vers les chambres à gaz, et pour qui les règles de la bureaucratie étaient sacrées. « Il a probablement éprouvé l'expérience optimale en préparant les horaires complexes des trains, en livrant le "stock" disponible à l'endroit prévu et transporté au moindre coût. […] Le sens de sa vie lui était fourni par une institution fortement organisée ; rien d'autre n'importait » (Csikszentmihalyi, 2004). Le flux doit nécessairement être régulé par une vision éthique de l'action entreprise.

2 L'ADÉQUATION ENTRE LES EXIGENCES DE LA TÂCHE ET LA CAPACITÉ PERÇUE

Un aspect essentiel du flux est le lien existant entre les exigences d'une tâche et le sentiment que la personne a de pouvoir la réaliser. Cependant, un lecteur attentif des deux principaux ouvrages de Csikszentmihalyi sur le flux (tous deux traduits en français) risque d'être décontenancé par la présence de deux figures contradictoires (figures 6.1 et 6.2).

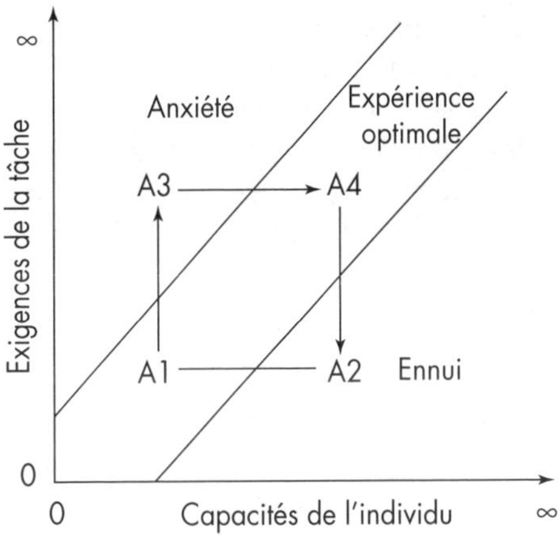

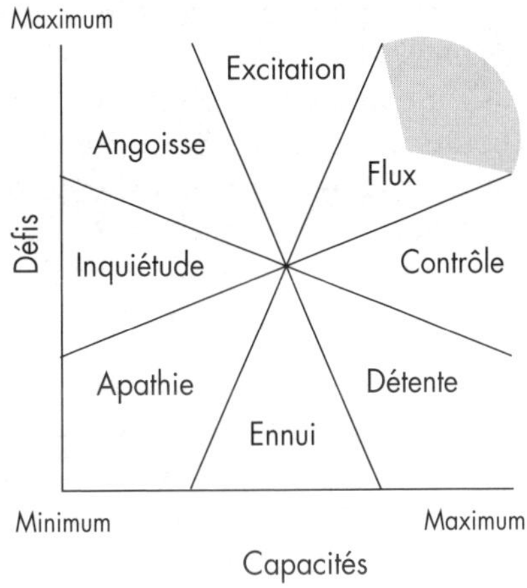

Figures 6.1 et 6.2

Deux représentations différentes du flux — ou expérience optimale —, en relation avec d'autres états de la personne (Csikszentmihalyi, 2004, p. 89 ; Csikszentmihalyi, 2005, p. 43).

Ces deux figures sont cohérentes pour affirmer que la poursuite d'ambitions trop élevées par rapport aux capacités engendre de l'anxiété (quart nord-ouest des figures), tandis que le choix de buts trop faciles par rapport aux capacités entraîne de l'ennui (sud et sud-est).

Mais il y a une forte divergence entre les deux figures au sujet du flux. En effet :

- selon la première figure (1990), le flux (ou expérience optimale) se manifeste tout le long d'un large « couloir » (du sud-ouest au nord-est), lorsque les niveaux d'exigence imposés par la tâche et de capacités de l'individu pour accomplir celle-ci sont identiques, quels que soient ces niveaux (faible, moyen ou fort) ;
- en revanche, selon la seconde figure (1997), le flux n'apparaît que lorsque les niveaux d'exigences et de capacités sont élevés (quart nord-est) ; en

d'autres termes, il se manifeste lorsque les aptitudes d'une personne sont pleinement mises à contribution par l'exécution d'une tâche difficile mais réalisable. Il agit donc comme une incitation au dépassement. Inversement, en cas de faible niveau d'exigence et de capacités, c'est l'apathie qui a le plus de probabilité de survenir (quart sud-ouest).

Pourquoi une telle différence entre ces deux figures ? Il semble que ce soit une étude menée par Csikszentmihalyi et ses collaborateurs qui l'ait conduit à cette évolution. Lors de cette recherche, les auteurs ont demandé à quarante-sept adolescents italiens de mesurer les fluctuations de ce qu'ils éprouvaient, selon le niveau d'exigence des tâches et de sentiment de capacité à pouvoir les accomplir (Massimi, Csikszentmihalyi et Carli, 1987).

Des échelles en dix points ont évalué différents aspects de l'expérience et les compétences et défis perçus associés avec l'activité réalisée. Ces échelles rassemblaient quatre groupes d'items : des questions relatives aux émotions (heureux, gai, sociable, amical) ; à l'activation (alerte, actif, fort, excité) ; à l'efficacité cognitive (concentration, conscience non tournée vers soi-même — *unself consciousness* —, calme) ; à la motivation (désir de faire l'activité, contrôle de l'action, se sentir libre, être impliqué).

Les résultats sont très clairs :

- la situation de forte exigence et de forte capacité est positivement corrélée avec tous les items présentés ci-dessus, tout particulièrement la concentration, le sentiment de contrôle de l'action, l'impression d'être actif, impliqué, libre, excité, ouvert, calme, désireux d'accomplir la tâche ;
- inversement, la situation de faible exigence et de faible capacité est *négativement* corrélée avec tous les items présentés ci-dessus, tout particulièrement la concentration, le sentiment de contrôle de l'action, le sentiment d'être fort, actif, impliqué, excité, ouvert, désireux d'accomplir la tâche.

On se trouve donc devant deux états de la personne totalement opposés (contrairement à la figure 6.1), ce que Csikszentmihalyi et ses collaborateurs qualifient, dans la figure 6.2, de flux et d'apathie.

À titre d'illustrations, arrêtons-nous sur quelques-uns des différents états ressentis :

- *concentration* : elle est très forte lorsque l'exigence de la tâche est élevée, la situation la plus favorable étant celle à exigence élevée et capacité moyenne. Elle est faible lorsqu'il y a faible exigence ; plus la capacité est faible moins la concentration est élevée ;
- *sentiment de contrôle* : il est très bas en cas de faible capacité, quel que soit le niveau d'exigence ; la situation avec le moins de sentiment de contrôle est celle avec faible compétence et niveau moyen de défi ;
- *bonheur* : la situation la plus propice au bonheur est celle avec exigences et capacités élevées. Toutes les situations à faibles compétences sont inversement corrélées au bonheur, la pire situation étant celle avec défi moyen et faibles capacités ;

– *sentiment de force* : Toutes les situations à exigence élevée sont susceptibles de donner le sentiment d'être fort, la situation la plus favorable étant celle à exigence et compétences élevées. En cas de faibles compétences, plus l'exigence est basse, plus le niveau de se sentir fort est bas, ce qui est contre-intuitif ;
– *se sentir impliqué* : toutes les situations à exigence élevée sont susceptibles de donner le sentiment d'être impliqué, la situation la plus favorable étant celle à exigence élevée et faible capacité. Inversement, toutes les situations à faible exigence sont susceptibles de ne pas donner le sentiment d'être impliqué, la situation la moins favorable étant celle avec faibles exigences et compétences ;
– *désir de réaliser l'activité* : en cas de forte exigence, il n'y a désir de réaliser l'activité que lorsque la capacité est élevée ou moyenne. En cas de faible capacité, il n'y a pas de désir d'accomplir l'activité, quel que soit le niveau d'exigence.

Cette étude montre également que ce sont l'art ou les hobbies qui génèrent le plus souvent du flux chez ces jeunes, tandis que c'est la télévision qui génère le plus souvent de l'apathie ; ceci parmi une quinzaine d'activités (études scolaires, nourriture, transport, repos, sport, télévision, écouter de la musique, lecture, etc.). Enfin, elle nous présente les pourcentages respectifs du temps passé par les jeunes se situant dans chacune des situations, selon le degré d'exigence de la tâche et de capacité auto-estimée.

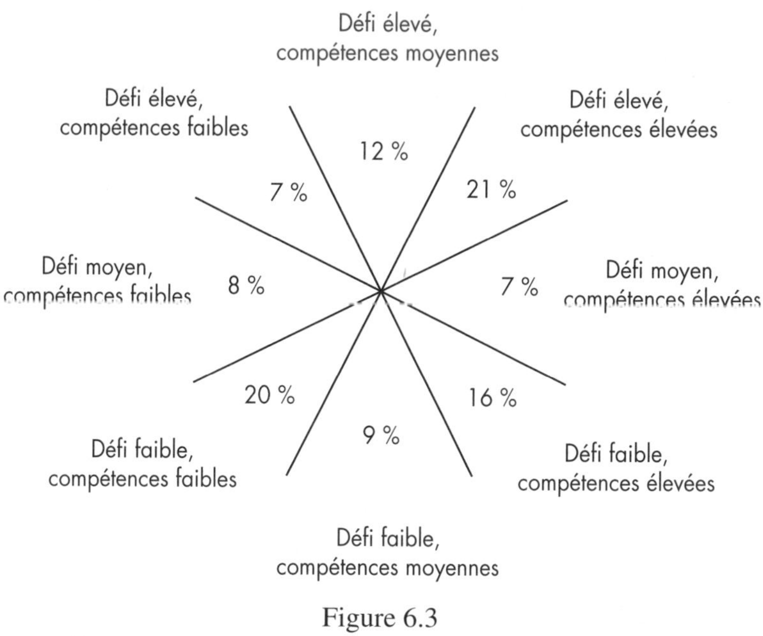

Figure 6.3
Pourcentages respectifs du temps passé par des jeunes, selon le degré d'exigence de la tâche et de capacité auto-estimée.

3 LES CARACTÉRISTIQUES DU FLUX

Les entretiens effectués par Csikszentmihalyi lui ont permis de décrire les caractéristiques du flux (Csikszentmihalyi, 2004).

La tâche entreprise est réalisable, mais constitue un défi et exige une aptitude particulière.

Csikszentmihalyi reconnaît que l'on peut éprouver une grande joie, une extase, déclenchée par une mélodie, un beau panorama ou toute autre chose ; cependant, affirme-t-il, « dans la grande majorité des cas, l'expérience optimale se produit quand une activité est dirigée vers un but et gouvernée par des règles, une activité qui représente une certaine difficulté (un défi), qui exige l'investissement d'énergie psychique et qui ne peut être réalisée sans les aptitudes requises ».

Comme nous l'avons vu précédemment, « l'expérience optimale survient lorsqu'il y a une correspondance adéquate entre les exigences de la tâche et les capacités de l'individu. [...] Cette correspondance adéquate entre les exigences de l'activité et les aptitudes de l'individu constitue la caractéristique la plus fondamentale de l'expérience optimale. Pour être plus précis, il faudrait dire que les exigences de la tâche doivent se situer tout juste au-dessus des aptitudes actuelles de l'individu, sinon, il n'y aurait pas de défi ».

L'individu se concentre pleinement sur ce qu'il fait, sans se laisser distraire.

Même si l'expérience optimale semble se produire facilement, ce n'est pas le cas, car elle requiert de la concentration, un grand effort physique ou une activité mentale disciplinée. Csikszentmihalyi cite à cet égard un poète et alpiniste :

> « La mystique de l'escalade, c'est l'escalade. Vous arrivez au sommet et vous êtes enchanté, mais vous voudriez que l'ascension dure toujours. La justification de l'escalade, c'est l'escalade, comme la justification de la poésie, c'est l'écriture. Vous ne conquérez rien d'autre que vous-même. [...] Il n'y a pas de raison à l'escalade si ce n'est l'ascension elle-même ; c'est une communication avec soi-même. »

La cible visée est claire et l'activité en cours fournit une rétroaction immédiate.

L'individu peut s'engager totalement dans le flux car son objectif est clairement identifié et qu'il bénéficie d'une rétroaction immédiate. Le contenu de cette rétroaction est en lui-même peu important ; ce peut être l'endroit où un joueur de tennis envoie la balle ou la lumière d'espoir dans les yeux du patient à la fin d'un rendez-vous. L'information essentielle réside dans cette conclusion : « J'ai atteint mon but ! »

La personne exerce le contrôle sur ses actions.

La personne qui vit une expérience optimale ressent qu'elle maîtrise bien la situation, ce qui n'est pas le cas dans nombre d'autres moments de la vie quotidienne. Csikszentmihalyi, qui s'est notamment intéressé aux adeptes de sports à haut risque, souligne que ce qui est frappant chez eux, c'est que leur enchantement ne provient pas du danger lui-même, mais de l'aptitude à le minimiser. Ce n'est pas une sorte de frisson pathologique consistant à frôler la catastrophe qui les stimule, mais le sentiment d'être capable de maîtriser des situations potentiellement dangereuses.

La préoccupation de soi disparaît, mais, paradoxalement, le sens du soi est renforcé à la suite de l'expérience optimale.

Nous sommes souvent préoccupés de l'image que nous donnons de nous, aux autres et à nous-mêmes, tandis que le flux ne laisse pas de place à l'examen du soi. Csikszentmihalyi cite le témoignage d'un navigateur en solitaire : « On s'oublie soi-même, on oublie tout ; on ne voit plus que le balancement du bateau sur la mer, le jeu de la mer autour du bateau, laissant de côté tout ce qui n'est pas essentiel. »

Cependant, de façon paradoxale, le soi est généralement renforcé à la suite d'une expérience de flux, car l'individu a pu tirer profit au maximum de ses compétences et s'est même parfois enrichi de nouvelles aptitudes.

La perception de la durée est altérée.

Csikszentmihalyi confirme ce que Maslow avait déjà rapporté, à savoir que la plupart des gens qui font l'expérience du flux signalent une sensible modification de leur perception du temps ; celui-ci « passe » généralement plus vite lors d'une expérience intense, mais c'est parfois le contraire.

4 LE TRAVAIL : UNE SOURCE IMPORTANTE DE FLUX

L'expérience optimale résulte d'une interaction entre l'individu et la situation. En bref, toute activité peut engendrer le flux, mais certaines situations y sont plus propices que d'autres ; parallèlement, tout individu peut éprouver le flux, mais certaines personnes y sont plus sensibles que d'autres. Csikszentmihalyi parle à ce propos d'activités et de personnes « autotéliques », terme unissant deux mots grecs : *autos* (soi) et *telos* (but ou fin) (Csikszentmihalyi, 2004). Les activités créatives, la musique, le sport sont des sources typiques de flux. Mais il s'agit évidemment plus de tendances que d'une radicale dichotomie. Ainsi, la plupart de nos activités ne sont ni purement autotéliques ni purement « exotéliques » (faites pour des raisons externes), mais une combinaison des deux.

L'une des découvertes les plus surprenantes de Csikszentmihalyi et ses collaborateurs est que les gens ont environ trois fois plus de probabilité d'expérimenter le flux au travail que dans les loisirs, avec cependant des différences selon le type de fonction (Csikszentmihalyi, 2004 ; Csikszentmihalyi et Lefevre, 1989), comme le montre le tableau 6.1.

Tableau 6.1

Pourcentage de personnes indiquant la présence de l'expérience optimale (sur 4 800 réponses au cours d'une semaine).

	Travail	Loisirs
Directeurs	64 %	15 %
Cols-blancs	51 %	16 %
Cols-bleus	47 %	20 %
Ensemble	54 %	18 %

Pour les directeurs, les activités les plus susceptibles de contribuer au flux étaient de « parler de problèmes » et de « faire du travail administratif », bien que le travail administratif représentât une proportion encore plus importante des moments de non-flux. Pour les employés de bureau, la principale source de flux était d'écrire à l'ordinateur, et pour les ouvriers, c'était de réparer du matériel ou de travailler sur les ordinateurs.

Lorsque ces diverses personnes n'étaient pas au travail, leurs expériences de flux se ressemblaient beaucoup plus et provenaient surtout du fait de conduire et de parler avec les membres de leur famille ou avec leurs amis.

Le travail présente des caractéristiques particulièrement susceptibles de générer une sensation de flux. En effet, il est généralement accompagné d'un but et de règles claires ; il provoque une rétroaction immédiate : la satisfaction du devoir accompli ; il favorise la concentration et limite la distraction ; il donne un sentiment de contrôle et sa difficulté est (en principe) en rapport avec les capacités de celui qui l'accomplit. Pour beaucoup de gens, le reste de l'existence n'offre pas les mêmes possibilités. Quand ils sont chez eux, ils ont rarement un but bien défini, ils ignorent s'ils font bien ou mal ce qu'ils font, ils peuvent avoir le sentiment que leurs aptitudes sont sous-employées.

Cet effet positif est particulièrement bien mis en évidence par ce témoignage de Yazid Sabeg, 55 ans, président du conseil d'administration d'une société de nouvelles technologies :

> « Le travail est [...] le plus formidable moyen d'autoréalisation et de libération de soi. Il n'y a pas de secret : les loisirs ne permettent pas un investissement et une implication aussi entière que la conduite d'un projet professionnel. Les loisirs procurent évidemment de la joie, de la détente, des sensations fortes ; mais la très haute satisfaction, le sentiment de l'enjeu n'y sont jamais aussi

forts que dans la conduite d'un travail, auquel on croit. Comme le travail permet d'acquérir un savoir-faire ou une expertise, il contribue à la définition de soi, à la construction d'une identité.

Ce qui donne un sens si fort et si complet au travail, c'est bien le sentiment de produire une *œuvre* — même à une échelle modeste — et d'en être responsable. Quand il donne à l'individu la possibilité de concevoir et d'organiser un projet, le travail permet de se désigner soi-même comme un auteur, et c'est cela qui est le plus gratifiant. [...] Le travail est donc la plus grande source de plaisir et le meilleur moyen de satisfaire son désir d'accomplissement » (Institut Manpower, 2006).

Les deux témoignages qui suivent montrent que ce sentiment de flux au travail peut se manifester dans des activités professionnelles très diverses :

Colette C, 54 ans, dirige une exploitation vinicole avec son mari :

— Moi, j'aime ce métier-là. Pour moi, un des moments que j'aime beaucoup dans le travail des vignes c'est le moment du relevage, le mois où la vigne est en fleurs, en mai ou juin.

— C'est dur de relever pourtant...

— Non, c'est pas trop dur et puis, on a l'habitude ! On n'est pas des mauviettes. Quand les vignes elles poussent, tu les regardes avant qu'elles soient relevées, on dirait un feu d'artifice, ça explose. Ca part dans tous les sens, vrille en avant ou soit la tête recourbée, comme un nageur prêt à foncer là. J'trouve... c'est souple sous tes doigts, c'est en train de pousser, c'est de la matière vivante. C'est sensationnel, puis ça sent bon la vigne en fleurs et tout. Alors là pour les relevages, je laisse pas ma place ! J'y vais avec plaisir : il fait beau, il fait chaud. J'aime le travail des vignes. [...] J'aime tailler. J'aime... un pied de vigne, t'en as pas deux pareils, donc tu décides, comment tu vas le laisser, le... [...] Pour moi un pied de vigne, c'est un ami, c'est un enfant, qu'on doit élever, soigner et qui réagit en fonction de ce que tu lui donnes. Donc, moi, j'aime bien tailler. Les journées à tailler au milieu des vignes toute seule, je ne donnerais pas ma place » (Baudelot et Gollac, 2003).

Michel Chevalier, 62 ans, directeur de société : « J'ai le souvenir de m'être retrouvé dans la rue à 5 ou 6 heures du matin un dimanche, après avoir passé la nuit à écrire un article avec un ami. J'étais probablement très fatigué, mais je marchais très rapidement, avec des pas légers et assurés et avec le sentiment du travail bien fait. Et pourtant, qu'y avait-il d'important à co-écrire un article et pourquoi écrire toute la nuit plutôt que de faire cela petit à petit dans la journée et sur plusieurs semaines ? [...] En fait, ce qui nous avait vraiment plu, à tous les deux, c'est probablement l'effort que nous avions fourni ensemble et l'attention que nous avions dû fournir pour rester éveillés et qui nous avait donné une forme d'ivresse personnelle. [...] Je sais par expérience que ces périodes de travail intense me laissent des souvenirs de plénitude et de satisfaction plus grands que lorsque j'ai passé un jour à la campagne ou chez des amis. [...] Le travail est pour moi, une source de satisfaction et de dépassement de soi » (Institut Manpower, 2006).

Il y a cependant un paradoxe troublant puisque la plupart d'entre nous disons préférer les loisirs au travail, ce qu'ont d'ailleurs vérifié Csikszentmihalyi et ses collaborateurs. Lorsqu'ils demandent à des sujets : « Désirez-vous, en ce moment, faire quelque chose d'autre ? », ceux-ci répondent beaucoup plus souvent oui lorsqu'ils sont au travail que lorsqu'ils sont en loisirs.

Tel est donc le paradoxe, selon Csikszentmihalyi : « Au travail, les gens rencontrent des défis stimulants, se sentent heureux, créatifs et connaissent de grandes joies ; dans leur temps libre, ils utilisent peu leurs aptitudes, se sentent passifs et insatisfaits ; pourtant, ils voudraient travailler moins et avoir plus de loisirs » (Csikszentmihalyi, 2004).

Cet auteur propose trois explications possibles à cette situation :

- les gens semblent très influencés par le stéréotype fortement enraciné selon lequel le travail est supposé être non désirable. En décidant s'ils souhaitent travailler ou non, les gens jugent leurs désirs par des conventions sociales plus que par la réalité de leurs ressentis ;
- il est difficile de maintenir longtemps un haut niveau de défi et de concentration, de sorte qu'il faut récupérer, ne rien faire ou réaliser des activités peu exigeantes. Cependant, fait remarquer Csikszentmihalyi, nombreuses sont les personnes pour lesquelles, la distinction travail-loisirs semble quasi inexistante (pas seulement chez les cadres) ;
- lorsque le travailleur a l'impression d'investir son énergie contre son gré et/ou pour le profit de quelqu'un d'autre, il considère que cette énergie est perdue et que le temps consacré au travail est soustrait à sa vie. Dans ce contexte, l'expérience positive éprouvée momentanément au travail perd de sa valeur parce qu'elle ne contribue pas aux buts à long terme de l'individu.

Les recherches de Csikszentmihalyi ont révélé trois principales sources d'insatisfaction liées au travail, le salaire n'entrant pas en ligne de compte :

- le manque de variété (provenant surtout des cols-bleus, aux prises avec des tâches routinières) ; pour y remédier, il faut changer d'emploi (ce qui est souvent impossible) ou changer sa façon de percevoir la tâche en y trouvant des défis ;
- les conflits interpersonnels (principalement avec les patrons) ; ce problème peut être résolu par la discussion, l'ouverture et l'acquisition d'aptitudes de communication ;
- l'épuisement, provoqué par les exigences de la tâche, le stress et le peu de temps libre (provenant surtout de ceux situés plus haut dans la hiérarchie) ; selon Csikszentmihalyi, le stress dépend beaucoup moins des conditions objectives (à moins qu'elles ne soient extrêmes) que de la pression que chacun se fait subir. Il y a des centaines de façons d'y remédier : meilleure organisation du travail, gestion adéquate de son temps, délégation des responsabilités, communication ouverte avec les pairs et les patrons, sans

parler des facteurs extérieurs à l'emploi : discipline de vie, loisirs adéquats, vie familiale équilibrée, exercice physique, etc.

5 LA PERSONNALITÉ DES INDIVIDUS AUTOTÉLIQUES

Les personnes autotéliques sont celles qui ont des expériences de flux relativement souvent, quelle que soit l'activité qu'elles font. La méthode ESM, décrite en début de cet article, a révélé que certaines personnes sont en situation de flux 70 % de leur temps et d'autres moins de 10 %. Csikszentmihalyi en a déduit logiquement que les premières sont plus autotéliques que les secondes. Selon lui, « l'individu autotélique n'a pas un grand besoin de possessions, de distractions, de confort, de pouvoir ou de célébrité, car presque tout ce qu'il fait l'enrichit intérieurement. Comme il expérimente le flux dans son travail, sa vie familiale, ses relations avec les autres, quand il mange et même quand il est seul et inactif, il est moins dépendant des récompenses extérieures qui motivent les autres à se satisfaire d'un quotidien routinier, vide de sens. Il est plus autonome, plus indépendant, parce qu'on ne le manipule pas facilement à coups de menaces ou de récompenses extérieures. En même temps, il est plus impliqué dans tout ce qui l'entoure parce qu'il est pleinement investi dans le courant de la vie » (Csikszentmihalyi, 2005).

Ainsi, les individus autotéliques sont moins préoccupés d'eux-mêmes et investissent plus d'énergie psychique dans leur rapport à la vie. Leur intérêt envers l'existence n'est pas seulement passif, contemplatif ; il implique une volonté de comprendre, voire de résoudre des problèmes. Linus Pauling, deux fois lauréat du prix Nobel, a déclaré, lors d'un entretien : « Je peux tout aussi bien dire que j'ai travaillé sans arrêt ou que je n'ai jamais travaillé » (Csikszentmihalyi, 2004).

Csikszentmihalyi souligne positivement la dualité des individus autotéliques, peut-être de manière trop idyllique :

> « Ces personnes sont à la fois originales et méthodiques, indépendantes et responsables, entreprenantes et disciplinées, intuitives et rationnelles. De plus, elles marient une saine fierté de leur individualité et un intérêt authentique à l'endroit d'autrui. Il est plus facile de se situer à l'un ou l'autre pôle de ces dualités, mais c'est la synthèse de l'apparente antinomie de ces processus qui permet de connaître fréquemment et intensément l'expérience optimale tout en contribuant au mieux-être de l'humanité » (Csikszentmihalyi, 2004).

Dernière remarque à propos des personnes autotéliques : ce type de personnalité peut s'acquérir, en particulier au travers de l'éducation familiale.

Kevin Rathunde, un collègue de Csikszentmihalyi, a constaté que les adolescents qui ont connu certaines formes de relations avec leurs parents sont plus heureux, plus satisfaits et plus forts (dans la plupart des situations de la vie) que leurs pairs qui n'ont pas bénéficié de pareilles relations (Csikszentmihalyi, 2004).

Précisons toutefois qu'il s'agit là de résultats statistiques qui n'impliquent aucunement un déterminisme individuel ; les nombreux travaux sur la résilience ont mis à jour le potentiel présent chez toute personne, même celles ayant subi des traumatismes dans l'enfance.

Cinq éléments caractérisent un contexte familial favorisant l'expérience optimale :

- la clarté : l'enfant sait ce que ses parents attendent de lui ; les objectifs et les feed-back ne sont pas ambigus ;
- l'intérêt : l'enfant perçoit que ses parents se préoccupent de ce qu'il fait et de ce qu'il ressent ;
- le choix : l'enfant sent qu'il a une gamme de possibilités parmi lesquelles il peut choisir, y compris celui de transgresser les règles (dans la mesure où il est prêt à en subir les conséquences) ;
- la confiance permettant à l'enfant de mettre de côté le bouclier de ses défenses, d'être moins préoccupé de lui-même, bref, d'être authentique et de s'impliquer dans ce qui l'intéresse ;
- le défi : les parents s'efforcent constamment de fournir des possibilités d'action de difficulté croissante à mesure que l'enfant grandit. Ce « contexte familial autotélique » fournit la base idéale pour vivre en bonne santé psychique, profiter de la vie et être heureux.

Or, si ces attitudes éducatives favorisent l'apparition du flux chez l'enfant, c'est tout simplement parce qu'elles sont celles de tout individu en situation d'expérience optimale : buts et règles clairs, rétroaction, sentiment de contrôle, concentration sur la tâche en cours, motivation et défi.

Un trait de personnalité particulièrement corrélé au flux est l'altruisme. Mihalyi Csikszentmihalyi et John D. Patton ont mené une étude auprès de huit cent cinquante-six adolescent(e)s nord-américains relative aux liens entre certaines valeurs et la présence plus ou moins forte de flux chez ces jeunes. Le résultat qui les a le plus impressionnés est la forte corrélation entre altruisme et flux (Csikszentmihalyi et Patton, 1997).

Les chercheurs ont utilisé la méthode d'échantillonnage d'expérience (ESM) afin d'obtenir une mesure dans la variation du flux, ainsi qu'un questionnaire d'altruisme.

La figure 6.4 montre que les adolescents très altruistes vivent nettement plus de moments de flux que ceux qui revendiquent cette valeur à un degré moindre, et ce, pour toutes les activités : maintien (manger, s'habiller, soins hygiéniques, etc.), loisirs actifs, loisirs passifs, socialisation, travail scolaire et travail.

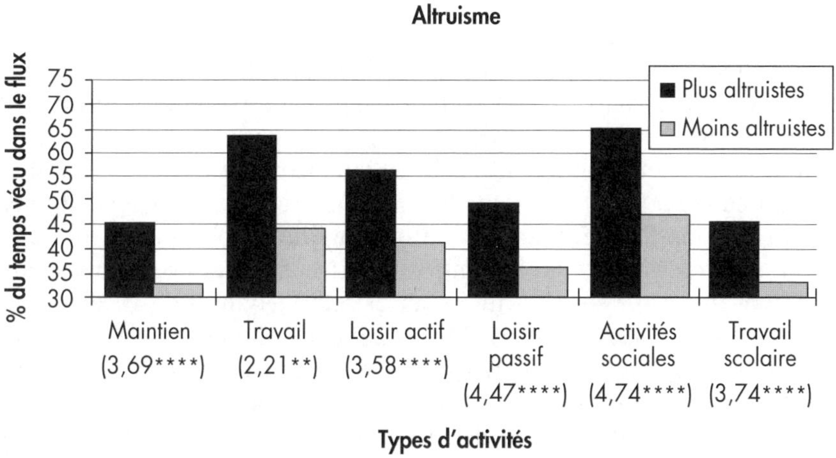

Figure 6.4
Comparaison du niveau de flux rapporté par les personnes qui se situent dans le quartile inférieur ou supérieur relativement à l'altruisme, lorsqu'elles sont engagées dans différents types d'activités.

Ces résultats sont corrélationnels et ne permettent donc pas de savoir si certains adolescents font preuve d'un niveau élevé d'altruisme parce qu'ils éprouvent le flux ou, inversement, s'ils sont dans le flux parce qu'ils sont altruistes, ou encore s'il y a causalité réciproque. Mais Csikszentmihalyi et Patton penchent plutôt pour la seconde hypothèse (l'altruisme conduit au flux), en s'appuyant sur les résultats d'études antérieures. Ils font remarquer notamment que l'attention positive à autrui attire souvent un comportement réciproque plutôt que de l'indifférence, ce qui génère plus de sens et de joie à sa vie. Mais surtout, selon ces auteurs, la forte relation entre l'altruisme et le flux peut s'expliquer par la théorie de l'expérience optimale. Une jeune personne dont l'attention est surtout mobilisée vers le bien-être d'autrui se retrouve fréquemment dans des situations où les buts sont clairs et réalisables. De plus, une orientation altruiste est susceptible de lever l'obstacle le plus important à l'atteinte d'un état de flux, c'est-à-dire une trop grande attention sur l'ego et ses besoins. En dirigeant son énergie sur le bien-être des autres, un jeune homme ou une jeune fille se libère de cette préoccupation de l'ego qui sape tant d'énergie psychique. Plutôt que d'être mobilisée à s'observer et à se surveiller, une grande partie de l'énergie psychique se libère et se rend disponible à la poursuite des buts que la personne s'est fixée. Ceci caractérise un paradoxe de l'expérience optimale : « Ce n'est qu'en s'oubliant soi-même que le soi prend de l'ampleur. »

6 LE FLUX, UNE COMPOSANTE DU BONHEUR ?

En lisant attentivement les écrits de Csikszentmihalyi, on se trouve confronté à un autre paradoxe, mais qui ne l'est qu'en apparence. Cet auteur affirme d'une part que « la psychologie de l'expérience optimale porte sur le processus de la recherche du bonheur par la maîtrise de sa vie intérieure » (Csikszentmihalyi, 2004) et d'autre part que « plus que le bonheur, ce sont ces moments d'intense implication dans l'expérience vécue qui améliorent la qualité de la vie. Pendant une expérience flux, le bonheur n'existe pas, car pour le ressentir, il faut se concentrer sur son état intérieur, et cela distrairait de la tâche entreprise » (Csikszentmihalyi, 2005). Par exemple, un alpiniste, un chirurgien ou un musicien ne peuvent pas se permettre de se demander s'ils sont heureux pendant qu'ils accomplissent leur tâche. Ce n'est qu'après celle-ci, lorsque la personne revient sur ce qui s'est passé, qu'elle est heureuse, envahie par un sentiment de gratitude pour la qualité de ce qui vient d'être vécu. De plus, les expériences optimales ne sont pas nécessairement agréables au moment où elles se produisent, en raison des efforts qu'elles imposent à l'individu. Par exemple, écrit Csikszentmihalyi, un nageur peut avoir les muscles endoloris, les poumons brûlants et être écrasé de fatigue ; pourtant ces moments peuvent compter parmi les meilleurs de son existence. « L'expérience optimale que produisent ces instants donne un sentiment de maîtrise qui s'approche d'aussi près que l'on puisse l'imaginer de ce qu'on appelle le bonheur » (Csikszentmihalyi, 2004).

Le paradoxe commence à se dissiper lorsque nous comprenons que Csikszentmihalyi nous parle de deux types de situation susceptibles d'apporter deux satisfactions différentes (Csikszentmihalyi, 2005) :

- les plaisirs passifs (repos du corps, chaleur du soleil, relation paisible), qui sont des moments précieux, mais qui procurent un bonheur fragile qui dépend des conditions extérieures ;
- la satisfaction procurée par le flux, qui dépend surtout de nous et qui élargit notre expérience existentielle.

Le paradoxe disparaît complètement lorsque nous opérons clairement la distinction entre sens et bien-être (Lecomte, 2007). Les plaisirs passifs éphémères dont parle Csikszentmihalyi relèvent du bien-être, les satisfactions liées au flux relèvent du sens. Et ce n'est que lorsque les deux sont présents simultanément que l'individu éprouve un bonheur complet.

Soulignons pour finir que cette connaissance du flux peut faciliter une dynamique de changement chez l'individu, voire entraîner des effets thérapeutiques. Csikszentmihalyi fait remarquer que la figure 6.2 peut être à l'origine d'une évolution personnelle. Si un individu se trouve dans la portion « Excitation » de cette figure, ce qu'il ressent n'est pas forcément désagréable puisqu'il se sent actif et impliqué ; cependant, il se sent peu en contrôle. S'il souhaite accéder à l'état de flux, il lui faut acquérir de nouvelles capacités. Si, inversement, une personne se situe plutôt dans le secteur « Contrôle », elle se sent forte et satisfaite, mais manque de concentration, d'implication et de la sensation de faire des choses importantes. Elle peut parvenir au flux en se fixant comme objectif de réaliser des tâches plus difficiles.

Quant à l'aspect thérapeutique, Csikszentmihalyi nous apprend que le personnel d'un hôpital psychiatrique utilise régulièrement l'ESM auprès des patients afin de mieux comprendre ce qu'ils pensent et ressentent émotionnellement pour pouvoir adapter leur traitement. Le processus de guérison d'une patiente est particulièrement instructif à cet égard : elle était hospitalisée depuis dix ans pour schizophrénie chronique et en manifestait les symptômes habituels (confusion mentale, absence d'affect, etc.). Pendant les deux semaines d'observation à l'aide de l'ESM, elle rapporta une humeur positive à deux reprises, au moment où elle prenait soin de ses ongles. L'équipe médicale a fait venir une manucure pour enseigner à la patiente les rudiments du métier. Celle-ci manifesta beaucoup d'intérêt et se mit rapidement à prendre soin des ongles des autres patients. Son état s'améliora de façon remarquable, au point qu'elle put réintégrer la communauté (sous surveillance) et ouvrit un petit salon de manucure. Un an plus tard, elle subvenait à ses besoins (Csikszentmihalyi, 2004).

Flux, motivation intrinsèque et expériences paroxystiques

Proximités et différences

Le flux est une expérience proche de la motivation intrinsèque d'une part (Csikszentmihalyi, 1990), et des expériences paroxystiques, décrites par Abraham Maslow, d'autre part (Massimi, Csikszentmihalyi et Carli, 1987), au point que Csikszentmihalyi a parfois affirmé qu'il s'agissait du même phénomène. Il existe pourtant certaines différences entre ces concepts.

Rappelons tout d'abord ce que sont les « expériences paroxystiques » (*peak experiences*), mises en évidence par Abraham Maslow, l'un des principaux représentants de la psychologie humaniste (Maslow, 1972). Celui-ci avait posé la question suivante à cent quatre-vingt-dix étudiant(e)s : « Pouvez-vous décrire et dire ce que vous pensez de la plus merveilleuse expérience de votre vie, au cours de laquelle vous avez pu éprouver un sentiment de plénitude et de ravissement ? » Ce qui l'a conduit à repérer les caractéristiques de ce qu'il a appelé les « expériences paroxystiques ». Entre autres, ces expériences constituent une fin en elles-mêmes et non un moyen ; la personne perd la notion du temps et de l'espace, comme si elle se trouvait transportée dans un autre monde où le temps peut se dilater ou au contraire passer très rapidement.

☞

Selon Maslow, « les expériences paroxystiques, par leur survenue occasionnelle, peuvent rendre la vie digne d'être vécue. Elles donnent du sens à la vie, prouvent que la vie vaut d'être vécue. [...] Cela prouve à l'expériant qu'il y a des finalités dans le monde, qu'il y a des choses, des objets ou des expériences auxquels aspirer qui valent pour eux-mêmes. Ce qui constitue une réfutation de la proposition que la vie et l'existence n'ont pas de sens. En d'autres termes, les expériences paroxystiques sont une illustration concrète de l'affirmation que "la vie vaut d'être vécue" ou que "la vie a un sens" » (Maslow, 2004).

Malgré la grande proximité entre le flux et l'expérience paroxystique, un élément fondamental les distingue : selon Maslow, la volonté n'intervient pas dans l'expérience paroxystique (« On ne peut pas commander une expérience paroxystique ; elle arrive à la personne, c'est tout »), tandis que Csikszentmihalyi affirme que le flux est le produit d'une action délibérée de l'individu.

Quant à la distinction entre le flux et la motivation intrinsèque, elle semble résider essentiellement dans la notion de concentration personnelle. On peut fort bien être motivé intrinsèquement pour une activité qui requiert une faible concentration, alors que cet élément est essentiel dans la théorie du flux.

Une étude de Reed W. Larson, de l'université de l'Illinois, met clairement cela en évidence (Larson, 2000). Elle montre que la grande majorité du temps des adolescents se passe dans deux situations opposées. Lors du travail scolaire, ils expérimentent de la concentration et du défi, mais sans être motivés intrinsèquement ; inversement, dans la plupart des loisirs (par exemple en regardant la télévision et en interagissant avec leurs amis), ils éprouvent de la motivation intrinsèque, mais ne sont pas dans un contexte de concentration et de défi.

En revanche, certaines activités, à la fois volontaires et structurées, relèvent du flux selon Larson, car elles comportent à la fois de la motivation intrinsèque et de la concentration. Il s'agit par exemple du sport, des hobbies, de l'engagement dans une association.

Tableau 6.2

Catégorisation des activités d'adolescents en fonction du niveau de concentration et de motivation intrinsèque (d'après Larson, 2000).

	Faible	**Forte**
Forte **Motivation**	Relations amicales	FLUX Sport, arts, hobbies, engagement au sein d'une association
Intrinsèque **Faible**		Travail scolaire

Deuxième partie

ENJEUX POUR LES PRATIQUES

Chapitre 7

MOTIVATION ET APPRENTISSAGES SCOLAIRES[1]

1. Par Laurent Cosnefroy et Fabien Fenouillet.

1 LA MOTIVATION DES APPRENTISSAGES SCOLAIRES : UN PROBLÈME DE CHOIX

La question de la motivation en contexte scolaire peut être appréhendée à partir de deux figures emblématiques de ce microcosme institutionnel.

La première, dans le désordre, est celle de l'élève curieux, qui s'intéresse à tout et que tout intéresse. Cet intérêt pour les matières scolaires peut prendre différentes formes comme le fait de poser des questions, d'aller au-delà des exigences ou encore de surprendre l'enseignant par la qualité et la richesse du discours tenu sur une connaissance ordinairement méconnue. Les élèves qui entrent dans cette catégorie sont généralement peu nombreux mais font tout aussi couramment partie de ceux qui obtiennent les meilleures évaluations. C'est pourquoi il est plus simple de dire qu'il s'agit ici du portrait type du bon élève. En partant de ces caractéristiques il peut sembler évident que l'un des problèmes majeurs que doit relever la motivation dans le cadre scolaire est celui d'une augmentation du nombre d'enfants réellement intéressés par ce qu'ils doivent apprendre. La question que devraient travailler tous les chercheurs qui « s'intéressent » de près ou de loin à la motivation scolaire serait donc en lien avec les moyens, les procédés ou les méthodes permettant d'augmenter l'intérêt des apprentissages scolaires.

La théorie de l'autodétermination de Deci et Ryan (2002) peut de ce point de vue se révéler assez utile. Nous ne reviendrons pas ici sur la description de cette théorie puisqu'un chapitre du présent ouvrage lui a été consacré (chapitre 3). Rappelons simplement que pour ses auteurs s'il existe différentes formes de motivations, l'une d'entre elles, la motivation intrinsèque, place l'intérêt au cœur du comportement. Pour Deci et Ryan (2002), les personnes intrinsèquement motivées s'engagent librement dans des activités pour le plaisir et l'intérêt que procurent leurs pratiques.

Pour cette théorie la liberté de s'engager ou non dans une activité constitue un pilier fondamental de la motivation. Autrement dit lorsque l'individu a l'impression d'être un pion mû par des forces extérieures, sa motivation en est altérée (DeCharms, 1968). De nombreux facteurs peuvent avoir un impact négatif au travers de cet aspect contrôlant qu'ils induisent sur le comportement. En vertu de ce principe, plusieurs expériences ont pu montrer qu'une récompense a pour effet de diminuer l'intérêt et le temps que l'individu est prêt à consacrer à une activité (Deci, 1971 ; Ryan, Mims et Koestner, 1983 ; Boggiano et Ruble, 1979 ; Fisher, 1978). Différentes formes de contraintes telles que les pressions temporelles (Amabile, Dejong et Lepper, 1976) ou même la surveillance d'un professeur envers ses élèves (Lepper et Greene, 1975) ont pour effet d'altérer la motivation intrinsèque. De très nombreuses études et expériences se sont attachées à démontrer l'impact négatif que pouvaient avoir toutes formes de pressions ressenties sur la motivation intrinsèque (Fenouillet, 2003*a*). L'idée centrale qui se dégage de toutes ces études est donc que l'intérêt porté à une activité est en relation avec la liberté perçue lors de sa pratique.

Dès lors une des questions centrales, indépendamment de la méthode mise en œuvre, tourne autour de la liberté dont dispose l'élève à l'école. Le système scolaire est loin de lui laisser une grande marge de manœuvre et est plutôt structuré autour d'une multitude de contraintes comme l'obligation scolaire ou les astreintes temporelles liées au découpage de la journée en plages horaires. Nous voyons ici au travers de ces deux exemples parmi d'autres, que cet idéal d'une promotion de l'intérêt pour les matières scolaires est dans la pratique très difficile à mettre en place.

Pour Deci et Ryan (2002), la motivation intrinsèque n'est cependant pas la seule forme de motivation. Il existe également une motivation dite extrinsèque qui stipule que l'individu agit cette fois dans l'objectif d'obtenir quelque chose de séparable de l'activité elle-même comme peut l'être une récompense. Il serait inexact de croire que la motivation extrinsèque est moins intéressante que la forme intrinsèque. Cette motivation est elle aussi sensible à l'autonomie dont bénéficie l'élève, autrement dit il existe des formes fortement autodéterminées de motivation extrinsèque. Dans ce cas l'activité scolaire n'est pas régulée par l'intérêt que lui porte l'élève mais par l'importance ou la valeur qu'il lui accorde. Dans le cadre scolaire cela veut dire par exemple que l'élève a compris que les apprentissages sont importants pour son avenir ou pour le métier qu'il veut réaliser plus tard. En définitive la ligne de partition entre motivation intrinsèque et extrinsèque n'est pas aussi pertinente qu'il y paraît pour comprendre la motivation de l'élève. Il est sans doute préférable de lui substituer celle qui existe entre motivation autonome qui implique choix personnel et motivation contrôlée qui suppose coercition et pression.

Il est difficile de donner des recettes ou des méthodes pour susciter l'intérêt ou pour faire en sorte que l'élève accorde de l'importance aux activités scolaires. Cependant, il semble possible de prôner un principe sans lequel l'un et l'autre peuvent difficilement s'épanouir. Ce principe est celui d'une recherche d'autonomie. Même si l'enseignant est lui aussi contraint par un système scolaire par ailleurs très pesant, il n'est pas sans moyen d'action. Dans une étude menée sur cent trente-deux professeurs et mille deux cent cinquante-cinq élèves, Roth *et al.* (2007) montrent qu'il existe une relation entre la perception d'autonomie de l'enseignement telle que la rapporte l'enseignant et l'augmentation des motivations autonomes pour l'apprentissage telles que les perçoivent les élèves. Dans une autre étude, Vansteenkiste *et al.* (2004) montrent que lorsque le contexte d'enseignement est orienté vers l'autonomie de l'apprentissage plutôt que vers son contrôle, les élèves se montrent plus persistants et ont de meilleures performances.

Très tôt les auteurs de la théorie de l'autodétermination ont été sensibles à l'importance de l'autonomie dans le contexte scolaire, puisqu'il existe une échelle datant du début des années quatre-vingt permettant de déterminer si l'enseignant aura tendance à avoir une orientation contrôlante ou autonomisante (Deci *et al.*, 1981). Cette échelle de trente-deux items expose une série de situations-problèmes accompagnées d'une liste de quatre solutions possibles en termes de remédiation. L'enseignant doit dire pour chacune de ces quatre solutions s'il considère qu'elle est ou non appropriée.

Voici pour illustrer notre propos un exemple directement extrait de cette échelle (Deci *et al.*, 1981).

> Donny perd souvent le contrôle de lui-même ce qui a pour effet de créer une certaine agitation avec les enfants de son entourage. Il fait la sourde oreille à vos demandes ce qui vous inquiète car dans ces conditions vous ne voyez pas comment il pourrait améliorer ses relations avec autrui. Quel moyen d'action semble le plus approprié ?
>
> 1. Vous insistez sur l'importance de se contrôler pour réussir non seulement à l'école mais aussi dans d'autres situations.
>
> 2. Vous le mettez dans une classe spéciale susceptible de mettre en place les mesures adéquates en termes de récompenses mais aussi de contraintes.
>
> 3. Vous lui faites voir comment les enfants se comportent dans diverses situations et vous l'encouragez à faire de même.
>
> 4. Vous vous rendez compte que Donny n'a sans doute pas toute l'attention dont il a besoin ce qui marque le début d'une prise de conscience envers lui.

Les enseignants qui sont favorables aux deux premières réponses sont considérés comme plus contrôlants que ceux qui ont accordé plus d'importance aux deux dernières. Il reste que même si l'enseignant adopte une attitude moins contrôlante envers ses élèves, l'enfant fait partie d'un contexte plus général qui dépasse de loin le cadre scolaire. Le contexte familial a lui aussi un impact important sur l'autonomie de l'élève. Grolnick et Ryan (1989) ont ainsi montré que l'autonomie parentale est positivement corrélée avec l'autorégulation du comportement ainsi qu'avec différentes formes de réussite scolaire.

La théorie de Deci et Ryan (2002) permet donc de comprendre que tout ce qui va encourager la participation au processus de décision, promouvoir la résolution de problème de manière indépendante ou encore augmenter la responsabilisation du comportement pour ne citer que ces exemples, peut potentiellement avoir un impact positif sur l'intérêt (au sens large du terme) que l'élève accorde aux matières scolaires. Nous voyons bien qu'il ne s'agit pas ici d'appliquer une recette pour relever le piment que pourrait avoir telle ou telle matière, mais plutôt de mettre en place une action plus globale, instituant un climat scolaire fait d'un ensemble d'actions concertées. Il reste que cette mise en œuvre est assujettie à un autre facteur de poids que nous avons pour l'instant passé sous silence : la perception de compétence. Cette dernière n'est pas à confondre avec la notion de compétence qui est liée aux différents savoirs que possède l'individu. Il s'agit plutôt ici de l'appréciation, du jugement que porte l'élève sur ce qu'il pense avoir comme compétence et ce, indépendamment d'une évaluation (plus ou moins) objective qui pourrait être produite par ailleurs.

La perception de compétence n'est pas étrangère à la figure emblématique du bon élève telle que nous avons pu la décrire plus haut puisque ce dernier est assez logiquement un des premiers de sa classe. C'est d'ailleurs à se demander s'il est possible que l'élève qui s'intéresse à ce qu'il apprend puisse avoir de mauvaises notes. C'est bien sûr le cas, mais presque par accident, il semble impensable d'envisager qu'un tel élève puisse répéter ce genre de mésaventure. C'est d'ailleurs une des principales différences avec la deuxième figure emblématique que nous allons prendre pour poursuivre notre exposé : l'élève en échec scolaire.

Cette fois, il semble heureux que peu d'élèves entrent dans cette catégorie. Le manque d'intérêt que manifestent les élèves en échec scolaire n'est que l'un des maux dont ils sont accablés. Le principal est sans doute la faiblesse chronique de leurs notes, d'où les différentes dénominations dont ils sont ou ont été affublés notamment celle de cancre qui marque encore tous les esprits. Dans la mesure où les évaluations peuvent être attribuées aux capacités de l'élève il semble au premier abord qu'il soit plus indiqué de traiter ce problème au travers de dispositifs de remédiation. D'un point de vue motivationnel, le principal problème se trouve justement au niveau de ce genre d'attribution. En effet, l'enseignant ou les parents ne sont pas les seuls à tenir ce genre de raisonnement, le principal concerné, l'élève, le tient également. Imaginons une situation où un individu se trouve perpétuellement en échec quels que soient l'énergie et les efforts d'ingéniosité qu'il déploie par ailleurs, resterait-il perpétuellement motivé ? En fait tout dépend justement du raisonnement qu'il tient face à cet échec. S'il attribue ses échecs répétés à un manque d'intelligence, il en arrivera assez vite à la conclusion qu'il est inutile de persévérer. À l'inverse, s'il s'aperçoit que ses échecs peuvent être attribués à des conditions momentanément défavorables alors il lui suffira d'attendre patiemment son heure.

Pour Heider (1958), le résultat d'une action est fonction des forces personnelles et environnementales. Les forces personnelles peuvent à leur tour être scindées en deux sous-composantes que sont le pouvoir et l'effort. Le pouvoir fait référence aux capacités relativement stables de l'individu (comme les aptitudes), alors que l'effort est lié à l'intention de l'individu et à l'énergie qu'il déploie pour arriver à ses fins. Le pouvoir et l'effort sont des facteurs multiplicatifs. Par conséquent si l'un ou l'autre est nul, les forces personnelles sont également nulles. Les forces personnelles sont fonction de la motivation et du pouvoir de l'individu. Autrement dit, plus grande est l'habileté moins l'effort a besoin d'être important pour affronter un obstacle environnemental. Ainsi, si une personne voit une autre maîtriser une situation difficile en faisant peu d'efforts, elle va en déduire que cette dernière dispose d'une grande habileté. À l'inverse, si la situation n'est pas maîtrisée en dépit d'un effort important alors l'individu estimera que la compétence est faible.

Le modèle attributionnel tel qu'il est développé ici, s'est révélé relativement fructueux pour expliquer les raisonnements que peuvent tenir les êtres humains. Parmi les différentes théories qui l'ont utilisé l'une d'entre elles, la résignation apprise s'est révélée être un modèle explicatif particulièrement pertinent pour comprendre l'échec scolaire. Bien qu'il ne soit pas possible de développer dans les quelques lignes de ce chapitre une description poussée de cette théorie, il reste possible d'en donner au moins une définition. Pour Maier et Seligman (1976), les phénomènes regroupés sous le terme de « résignation apprise » définissent un état dans lequel l'organisme a appris que les résultats sont incontrôlables par ses réponses ce qui induit chez lui une passivité face aux événements aversifs qui peuvent advenir. Abramson, Seligman et Teasdale (1978) ont proposé un modèle attributif de la résignation qui permet de prendre en compte les inférences des individus sur l'absence de contrôle. Pour ces auteurs trois dimensions attributionnelles sont à prendre en compte :

- dimension interne/externe : les individus vont se demander si l'absence de contrôle est liée à eux, comme leurs capacités, ou si elle est causée par des phénomènes extérieurs comme la chance ;
- dimension globale/spécifique : quand la résignation apparaît dans toutes les situations, on peut alors la qualifier de globale, alors que si elle n'apparaît que dans certaines catégories de situations alors elle est considérée comme spécifique. Un individu qui attribue son incapacité de contrôle à un manque d'intelligence produit une attribution globale. À l'inverse, s'il estime que cette absence de contrôle est liée à un manque de travail alors il produit une attribution spécifique ;
- dimension stable/temporaire : si l'absence de contrôle est susceptible de durer sans perspective de fin alors la résignation est considérée comme stable. Par contre si la résignation est seulement transitoire et bien circonscrite dans le temps alors elle est considérée comme instable. Le

manque d'intelligence est un facteur stable alors que le manque d'effort est un facteur transitoire.

Les élèves résignés, c'est-à-dire en échec scolaire, vont avoir tendance en cas d'échec à faire des attributions internes, globales et stables. Par exemple, pour expliquer une mauvaise note en mathématiques l'élève va dire qu'il manque d'intelligence. En cas de réussite, les élèves résignés vont à l'inverse faire des attributions externes, spécifiques et instables. En cas de réussite en mathématiques l'élève aura donc tendance à dire qu'il a eu de la chance. Ces travaux permettent de comprendre qu'une fois que l'élève en vient à faire ce type d'attribution, corroboré généralement par son entourage, le problème de motivation n'est plus lié à l'intérêt que pourraient avoir telles ou telles activités scolaires. Différentes études montrent que des individus qui se résignent durant une activité bien qu'ils aient des capacités cognitives tout à fait normales résolvent moins de problèmes et se montrent beaucoup plus lents que des individus non résignés de capacité équivalente (Hiroto et Seligman, 1975 ; Klein et Seligman, 1976 ; Roth et Kubal, 1975). Il n'entre pas dans le cadre de ce court exposé de voir les solutions à mettre en œuvre pour sortir un élève de l'échec d'un point de vue motivationnel. Cependant, cette théorie montre que l'évaluation scolaire mais aussi les appréciations verbales qui accompagnent les performances des élèves se trouvent elles aussi au cœur de la motivation (pour aller plus loin, voir Fenouillet, 2003*b*).

En dehors de l'autodétermination et de l'attribution causale, trois autres théories ont inspiré de nombreux travaux sur la motivation scolaire : la théorie des buts de compétence, la théorie sociale cognitive de Bandura et la théorie valeur/attentes d'Eccles. Examinons à présent leur apport spécifique à la compréhension de la motivation scolaire.

À l'école ou en formation, le regard de l'enseignant est un regard évaluateur. Même en dehors des moments formels d'évaluation, l'activité de l'apprenant est en permanence interprétable en termes de réussite ou d'échec. Dans un tel contexte, chercher à être compétent devient un but particulièrement important. La contribution majeure de la théorie de l'orientation des buts (ou théorie des buts de compétence) est d'avoir montré qu'être compétent et réussir pouvait être défini de plusieurs façons et qu'en fonction de la définition adoptée l'interprétation de la situation d'apprentissage et les conduites mises en œuvre changeaient. Nous renvoyons le lecteur au chapitre sur les buts (chapitre 6) pour une description plus précise de cette théorie et de son évolution au cours des dernières années. Rappelons simplement la définition des buts en rapport avec la compétence. Les buts de maîtrise correspondent à un désir d'apprendre, de progresser ou de maîtriser la tâche, tandis que les buts de recherche de la performance ou d'évitement de l'échec définissent la compétence socialement par comparaison avec autrui. L'objectif est alors de faire mieux que les autres (but de recherche de la performance) ou d'éviter de paraître incompétent (but d'évitement de l'échec). Être compétent signifie également préserver le niveau atteint en évitant de baisser par rapport aux résultats antérieurs. Cette définition de la compétence correspond au but d'évitement de la maîtrise dont on peut penser qu'il joue un rôle important chez les bons élèves. Rien n'empêche d'apprécier à la fois la compétition et de développer un intérêt véritable pour ce qui est appris, autrement dit il est possible de suivre simultanément plusieurs buts de compétence. Il semblerait même que l'association des buts de maîtrise et de recherche de la performance soit particulièrement fructueuse, chacun étant à l'origine d'effets spécifiques. Les premiers seraient associés à l'intérêt pour une discipline, les seconds à la réussite dans cette discipline (Harackiewicz, Barron, Tauer et Elliot, 2000). S'il paraît souhaitable de favoriser un développement équilibré des buts de maîtrise et de recherche de la performance, en pratique il est très facile d'installer un climat de classe qui favorise les buts de performance. Outre le fait que la compétition est omniprésente et valorisée dans de nombreux secteurs de la société, la concurrence entre les établissements scolaires pousse à développer l'émulation entre les élèves afin qu'ils atteignent le meilleur niveau possible pour asseoir l'image de l'établissement. Une centration excessive sur la performance inciterait à des comportements de tricherie chez les élèves (Anderman, Griesinger et Westerfield, 1998). Valoriser les progrès réalisés et encourager l'autonomie contribuerait au contraire à installer des buts de maîtrise. Il n'est pas inutile de préciser que favoriser l'autonomie des élèves suppose de leur laisser faire des choix ou d'accepter de passer plus de temps que prévu sur un point, ce qui requiert une grande flexibilité de la part des enseignants (Tessier, Sarrazin et Trouilloud, 2006).

Les buts définissent les raisons de s'engager dans l'activité scolaire, ils permettent de donner sens à cette dernière. Pour autant ils ne suffisent pas à déclencher l'engagement et l'effort s'ils ne s'accompagnent du sentiment d'être suffisamment compétent pour réussir. Le sentiment d'efficacité personnelle (voir le chapitre qui lui est consacré dans ce livre) est un jugement sur sa capacité à atteindre un certain niveau de performance dans un domaine donné. L'élève pense qu'il peut réussir ce qu'il entreprend avec les moyens qui sont les siens. Ainsi, affirmer : « Je pense que je peux m'en sortir cette année en anglais » ou : « Je pense que si je fais un minimum de travail j'aurai facilement la moyenne en anglais » traduit un sentiment d'efficacité personnelle élevé en anglais. Le sentiment d'efficacité personnelle est un déterminant essentiel de la motivation. Il influence positivement le développement des intérêts scolaires et professionnels (Cosnefroy, 2007*b* ; Fouad, Smith et Zao, 2002) et aide à persister face à la difficulté (Zimmerman, 2000). Dans le domaine scolaire, il se construit surtout à partir de l'expérience de la réussite et du soutien reçu de la part de personnes jugées importantes, parmi lesquelles les enseignants. Ce soutien se manifeste par des commentaires positifs et des encouragements qui accompagnent le travail accompli et les résultats obtenus. Le poids de ces deux mécanismes n'est pas le même chez les garçons et les filles, ces dernières s'appuyant davantage sur le jugement d'autrui que sur leur propre jugement pour construire le sentiment de compétence (Usher et Pajarès, 2006). Bien que ce soit davantage la perception du résultat que le résultat objectif qui définisse l'expérience de la réussite, la réussite objective demeure un élément décisif pour conforter le sentiment d'efficacité personnelle, d'où la nécessité d'accéder aux expériences nécessaires pour développer les croyances d'efficacité. Or cet accès est parfois biaisé dans certains domaines par la socialisation différenciée des garçons et des filles. On voit donc toute l'importance de l'environnement qui va permettre plus ou moins largement de vivre des expériences d'apprentissage diversifiées.

Dans le modèle de Eccles (Eccles, 2005 ; Eccles et Wigfield, 2002) la motivation résulte de la combinaison de deux ensembles de croyances concernant les attentes de succès et la valeur attribuée à l'activité. Le premier aspect renvoie en grande partie à l'idée sous jacente au sentiment d'efficacité personnelle : être motivé suppose de se penser suffisamment compétent pour réussir. La véritable originalité du modèle réside plutôt dans la façon dont est pensée la valeur de l'activité. Celle-ci provient de quatre composantes qui se cumulent pour former ce qu'Eccles appelle la valeur subjective de la tâche. La première composante met l'accent sur l'origine socioculturelle de la motivation. Les choix sont influencés par des schémas culturels liés au sexe, à l'appartenance religieuse, à l'origine sociale ou ethnique notamment. Ainsi, dans la mesure où garçons et filles construisent d'eux-mêmes des représentations différentes, certains domaines ne présenteront pas le même attrait. Cette composante, appelée *attainment value*, traduit ce que l'on pourrait appeler la désirabilité de l'activité, l'importance qu'elle revêt pour exprimer des aspects de soi jugés centraux en rapport avec ses groupes d'appartenance. La valeur attribuée à l'activité provient également de l'utilité qu'on lui accorde et du plaisir qui est associé à sa pratique. Une discipline peut être motivante parce qu'elle est source de plaisir et utile simultanément. Les motivations intrinsèque et extrinsèque peuvent se combiner et ce cas de figure est fréquent chez les élèves intéressés par une discipline (Cosnefroy, 2007*a*). Elle provient enfin du coût perçu de l'activité qui prend en compte les éventuels effets secondaires négatifs du succès. Un élève hésitera à travailler beaucoup et à participer dans une discipline qu'il affectionne de peur de s'attirer des remarques désagréables de ses camarades. Le coût perçu s'évalue également par le temps que l'activité prend au détriment d'autres activités. S'engager dans un domaine, c'est ne pas en choisir un autre qui présenterait également des avantages. Le coût est alors lié à l'importance de ce que l'on doit abandonner. La valeur subjective de l'activité résulte de l'addition de ces quatre composantes qui se complètent ou entrent en contradiction. Il arrive en effet que des forces contradictoires soient à l'œuvre, obligeant à pondérer le poids de ces composantes pour prendre une décision. C'est ce que doit faire un étudiant qui est tiraillé entre l'attrait pour certaines études et leurs faibles débouchés professionnels. Le modèle d'Eccles insiste donc sur la dimension conflictuelle de tout choix et intègre, par l'intermédiaire de la composante appelée *attainment value*, une forte dimension socioculturelle.

La diversité des paradigmes théoriques disponibles pour comprendre la motivation scolaire peut donner l'impression que l'étude de celle-ci ressemble beaucoup plus à un puzzle conceptuel qu'à une carte dont les lignes de force seraient clairement établies. En réalité, la recherche est plus structurée qu'il n'y paraît au premier abord. Elle s'organise autour de deux grands ensembles de croyances qui soutiennent la motivation : d'une part les croyances qui définissent dans quelle mesure la personne peut, ou non, s'engager dans l'activité avec succès, c'est l'objet des recherches qui se réfèrent au sentiment d'efficacité personnelle et à l'attribution causale ; d'autre part les croyances qui définissent les raisons de s'engager dans l'activité, auxquelles s'intéressent les recherches issues du modèle d'Eccles, de l'autodétermination et de l'orientation des buts. Aussi les recherches sur le sentiment d'efficacité personnelle et l'orientation des buts, pour ne prendre qu'un exemple, se complètent-elles plus qu'elles ne s'opposent, puisqu'elles mettent l'accent sur deux sources distinctes de la motivation. En outre, on observe dans les théories qui traitent des raisons de l'engagement des points communs, comme la distinction extrinsèque/intrinsèque présente à la fois chez Eccles et chez Deci et Ryan, ou une proximité entre certains concepts, en particulier la motivation intrinsèque, l'intérêt et les buts de maîtrise qui, tous trois, renvoient à une même expérience d'immersion dans une activité source en elle-même de satisfaction. En définitive ces théories ne sont pas à considérer comme des univers étanches, isolés les uns des autres. Il existe indéniablement des points de passage de l'une à l'autre qu'il convient de mieux explorer et c'est probablement une des tâches majeures assignées à la recherche sur la motivation scolaire dans les années à venir.

2 LA RÉGULATION DE LA MOTIVATION

Le concept de motivation associe deux temps distincts. Un temps initial d'orientation de la conduite où l'envie de s'investir dans une discipline se développe et un temps second d'impact direct sur les apprentissages grâce à la persistance et au soutien de l'effort une fois engagé dans le travail. La motivation se traduit par un apprentissage autonome, contrôlé de l'intérieur, appelé communément apprentissage autorégulé (Zimmerman, 2001). Certains chercheurs distinguent nettement ces deux temps, préférant parler de volition pour désigner les mécanismes qui assurent le contrôle de l'action et réservant le terme de motivation à la recherche de ce qui fait sens dans une discipline et donne envie de s'y investir : « La motivation aide l'élève à se mettre au travail tandis que la volition l'aide à poursuivre » (Corno, 2004). Cette opposition a pour inconvénient d'occulter les liens entre ces deux niveaux. La motivation initiale pour une discipline permet d'allouer des ressources pour soutenir l'effort et rester au travail, par conséquent elle aide à effectuer au quotidien de façon autonome le travail demandé dans cette discipline. L'atteinte du but n'en est pas garantie pour autant. La motivation initiale peut en effet s'affaiblir sous l'effet d'obstacles inattendus. Ceux-ci sont de deux ordres : un conflit entre le travail et d'autres activités concurrentes qui oblige à déployer plus d'effort que prévu pour rester concentré ; une confrontation imprévue à la difficulté susceptible de créer des états émotionnels déplaisants qu'il faut alors réussir à contenir pour poursuivre efficacement. Les élèves doivent trouver des réponses adaptées pour lutter contre la distraction et surmonter la difficulté. Pour y parvenir, il ne suffit pas qu'ils soient disposés à le faire (être motivés), ils doivent également disposer d'un répertoire de stratégies efficaces. Illustrons ce dernier point d'un exemple.

> Un élève venant d'entrer en seconde est particulièrement motivé par la physique-chimie. Il obtenait en troisième de bons résultats soulignés par les appréciations du professeur, ce qui a contribué à développer un sentiment d'efficacité personnelle élevé. Il valorise la discipline à la fois pour des raisons extrinsèques, car elle est utile en contribuant au développement de nouvelles techniques, et pour des raisons intrinsèques attestées par le vif plaisir qu'il ressent à acquérir des connaissances qui modifient sa compréhension du monde environnant. Sentiment de compétence et valeur conférée à la discipline définissent un niveau élevé de motivation qui le conduit en seconde à consacrer de lui-même du temps et de l'effort aux exercices et à la révision des devoirs sur table. Cependant la nature du travail demandé a changé et, très rapidement, il obtient, pour la première fois, une note en dessous de la moyenne. L'effort n'a pas suffi, il lui aurait fallu aussi ajuster ses stratégies d'apprentissage. Ceci requiert un effort particulier pour prendre conscience des insuffisances de ses méthodes et en envisager de nouvelles, mais l'énergie nécessaire pour alimenter cet effort suppose à son tour que l'élève trouve des ressources en lui-même pour ne pas céder au découragement induit par un échec obtenu à la suite de ce surcroît de travail. Sans ce double travail métacognitif et motivationnel, les résultats médiocres s'enchaîneront au risque d'estomper la motivation initiale pour la discipline.

Il est donc approprié de parler, à la suite de Wolters (2003*a*), de régulation de la motivation pour désigner les moyens par lesquels les élèves interviennent activement pour maintenir leur effort et leur désir de travailler dans une discipline en dépit des distractions et des difficultés auxquelles ils sont confrontés.

Les travaux qui ont exploré cette question (par exemple Corno et Kanfer, 1993 ; Mac Cann et Garcia, 1999 ; Pintrich, 1999 ; Wolters, 1998, 1999, 2003a ; Zimmerman et Martinez-Pons, 1986, 1988) font apparaître cinq types de stratégies pour maintenir l'effort. L'une d'elles consiste à activer différents buts qui justifient de poursuivre le travail jusqu'au bout. L'apprenant ne se laisse pas aller à des pensées délétères, il s'efforce de les contrôler en se tenant un discours intérieur convaincant qui met en relief toutes les bonnes raisons qui justifient de mener à son terme le travail en cours, par exemple faire plaisir à ses parents, passer dans la classe supérieure, se montrer à soi ou aux autres de quoi on est capable. Les possibilités sont nombreuses mais un scénario semble particulièrement fréquent chez les élèves, l'auto récompense (Wolters, 1999). La motivation est ici soutenue par la perspective d'une récompense extrinsèque à l'acte d'apprendre. Penser à ce que l'on pourra faire d'agréable une fois le travail achevé (jouer, voir des amis) aide à se mettre au travail et à maintenir l'effort. Une autre stratégie, largement moins usitée que la précédente, consiste à entretenir le sentiment d'efficacité personnelle, soit en se prodiguant des encouragements tels que « vas-y », « tu peux le faire », soit en fractionnant la tâche en sous-tâches de façon à ce que chacune d'elles apparaisse maniable. Ainsi faire une liste des étapes intermédiaires puis les barrer au fur et à mesure de leur réalisation donne l'impression que le travail progresse (Wolters, 1998). Le contrôle de l'environnement (Zimmerman et Martinez-Pons, 1986) a pour fonction de favoriser la concentration. Il consiste à aménager l'endroit où l'on travaille pour empêcher l'irruption de distractions. Éteindre la radio, s'enfermer dans sa chambre en sont deux exemples typiques. Sur un tout autre versant, la régulation des émotions consiste à intervenir activement pour éviter que des émotions désagréables se développent de façon envahissante et viennent parasiter l'attention, l'analyse distanciée des erreurs et, d'une façon générale, la qualité des méthodes de travail mises en œuvre. L'étude des émotions associées aux apprentissages s'est considérablement développée ces dernières années grâce, notamment, aux travaux de Boekaerts (1993) et de Pekrun (Pekrun *et al.*, 2002). Goetz, Preckel, Pekrun et Hall (2007) ont ainsi étudié l'évolution de quatre états émotionnels chez des élèves de sixième avant, au début, à la fin et après un examen de mathématiques. Ils observent une relation inversement proportionnelle, y compris chez des élèves possédant des compétences élevées en raisonnement abstrait, entre le plaisir et l'accomplissement de la tâche. Si l'examen de mathématiques peut être anticipé comme une activité agréable pour certains élèves, cette perception ne cesse de se dégrader au fur et à mesure du déroulement de l'examen. La colère — c'est-à-dire l'énervement et les mouvements d'humeur suscités par l'activité — suit le trajet exactement inverse. Au plus bas avant que ne débute l'examen, elle ne cesse d'augmenter tout au long de l'épreuve et ceci indépendamment des capacités cognitives des élèves. De même, l'ennui est plus intense à la fin de l'examen qu'au début. En revanche l'anxiété est à son maximum avant le début de la tâche, elle diminue une fois l'épreuve commencée et n'évolue guère par la suite. Ces résultats montrent que la tonalité émotionnelle est susceptible de varier du tout au tout entre le début et la fin d'un travail. Le plaisir initial peut vite céder le pas à des affects déplaisants, comme l'ennui ou l'énervement, qui vont prendre une place croissante au fur et à mesure de l'avancement du travail. S'ils deviennent trop intenses, le risque est de bâcler le travail ou de l'arrêter définitivement. Il est donc crucial, pour rester motivé et poursuivre au mieux le travail engagé, de développer des stratégies pour réguler ces deux ressentis, surtout l'énervement qui est lié spécifiquement à la confrontation à la difficulté (Cosnefroy, 2008). Enfin, une autre ressource pour soutenir la motivation consiste à rechercher de l'aide. Zimmerman et Martinez-Pons (1986) la considèrent comme une stratégie cognitive, puisqu'elle permet d'obtenir des informations sur la tâche à accomplir. La collaboration avec autrui permet aussi de résister à la tentation d'arrêter, en ce sens il s'agit d'une forme de régulation de l'émotion, une stratégie spécifique de réduction du stress passant par l'interaction sociale.

Les deux premières stratégies que nous avons décrites visent directement le soutien des croyances motivationnelles, c'est-à-dire le renforcement des représentations concernant la valeur de la tâche en cours et le sentiment d'efficacité personnelle. À l'exception de la stratégie du fractionnement de la tâche, qui est une stratégie comportementale, elles reviennent à contrôler les pensées de façon à construire un discours intérieur qui influence les représentations de la tâche et les représentations de soi. Les trois dernières stratégies n'agissent pas directement sur les croyances motivationnelles mais visent plutôt à maintenir un contexte favorable en combattant les facteurs, comme le débordement émotionnel ou l'irruption de distractions, qui compromettent la poursuite du travail. Dans ce cas, ce sont plutôt des stratégies comportementales (faire une pause, s'enfermer dans sa chambre) qui sont sollicitées.

Il existe aussi une autre forme de régulation de la motivation dont l'objet, paradoxalement, est de protéger le sentiment de compétence en échouant volontairement. Lorsqu'un élève ou un étudiant pressent qu'il va échouer dans un travail qu'il juge important, une des issues possibles est de développer des stratégies d'auto-handicap, lesquelles consistent à se créer volontairement des obstacles pour s'empêcher de réussir (Jones et Berglas, 1978). Une telle conduite consistant à se mettre des bâtons dans les roues peut paraître surprenante. En réalité elle est destinée à protéger des implications négatives d'un échec en fournissant une explication qui évite de remettre en cause les compétences de la personne. Un étudiant qui, la veille d'un examen important et difficile, passe une soirée arrosée avec des amis et se couche très tard pourra mettre sur le compte de la fatigue une éventuelle contre-performance. Comme le montre cet exemple, les stratégies d'auto-handicap ne se réduisent pas à une rationalisation après-coup de l'échec. La menace de l'échec pousse à créer, avant la mise au travail, le scénario qui va permettre l'interprétation acceptable de cet échec. Ces stratégies sont en quelque sorte le négatif de la stratégie de contrôle de l'environnement qui consiste, comme nous l'avons vu, à se protéger de toutes distractions. Se laisser distraire par des amis, s'impliquer dans de nombreuses activités hors l'école, ne pas travailler à fond, travailler au dernier moment (ce qu'on appelle la procrastination), s'occuper de son petit frère ou aider ses parents à des tâches domestiques, toutes ces conduites au service de l'auto-handicap ont en commun la réduction de l'effort. Le temps consacré à ces activités est autant de temps de moins consacré au travail. Dans ces conditions, il devient possible d'imputer l'échec au manque de travail plutôt qu'au manque de compétences. La plupart des chercheurs considèrent que ces conduites sont mises en œuvre consciemment, mais tout se passe alors comme si elles échappaient à tout contrôle. C'est d'ailleurs ce que disent explicitement certains des étudiants interviewés par Martin, Marsh, Williamson et Debus (2003) : c'est plus fort qu'eux, ils ne peuvent s'empêcher d'adopter ces conduites. Comme le souligne Covington (Covington et Omelich, 1985), l'effort est bien une arme à double tranchant, à la fois indispensable pour réussir et menace potentielle contre l'estime de soi puisque faire des efforts et échouer mènerait irrémédiablement à un jugement négatif sur les compétences de la personne. Les buts de maîtrise ou de recherche de la performance ne sont pas associés, ou négativement, aux conduites d'auto-handicap. En revanche, la crainte de l'échec est le terreau sur lequel elles prospèrent. Plusieurs recherches ont montré récemment que les buts d'évitement de l'échec favorisaient de telles conduites (Elliot, Cury, Fryer et Huguet, 2006 ; Urdan, 2004 ; Urdan et Midgley, 2001). Un autre facteur étroitement lié aux conduites d'auto-handicap est le sentiment d'efficacité personnelle. Plus ce dernier est faible, plus des conduites telles que la procrastination ont des chances de se développer (Wolters, 2003*b*). Envisagées surtout dans leur fonction de protection de l'estime de soi, il arrive, mais plus rarement, que les conduites d'auto-handicap soient au service de la valorisation de soi. En réussissant avec panache, en se jouant des obstacles que l'on a soi-même placés sur la voie de la réussite, on démontre incontestablement ses compétences. Réussir en s'auto-handicapant renforce les attributions de compétence (Feick et Rhodewalt, 1997). Quelle que soit la fonction qu'elles servent, les conduites d'auto-handicap prennent place sur un fond d'incertitude par rapport à ses propres compétences (Urdan et Midgley, 2001).

En résumé, la régulation de la motivation s'effectue par des stratégies aussi bien discursives que comportementales jouant sur une large palette incluant le renforcement des croyances motivationnelles, le contrôle des distractions et le maintien d'un certain bien-être par la régulation des émotions ou le soutien d'autrui. Ces stratégies font l'objet d'un apprentissage, probablement plus au sein de la famille ou entre pairs à l'école que par l'intermédiaire des enseignants qui privilégient davantage la dimension cognitive des apprentissages, c'est-à-dire l'aide méthodologique au sens strict. Cette régulation n'advient que si le niveau initial de motivation est suffisamment élevé. Lorsque ce n'est pas le cas, le doute sur le sentiment d'efficacité personnelle et la priorité accordée aux buts d'évitement de l'échec favorisent une autre forme de régulation, plus défensive, dont le but est de protéger des jugements d'incompétence associés à l'échec.

3 LES STRATÉGIES DE MÉMORISATION

Il peut sembler évident que la motivation ait un impact sur l'apprentissage. En effet les élèves motivés vont faire plus d'effort et passer plus de temps à apprendre. Dans la mesure où l'apprentissage est corrélé positivement avec le temps passé à apprendre, cette explication peut paraître suffisante pour expliquer l'impact de la motivation. Cependant si le temps et l'énergie sont nécessaires pour apprendre, garantissent-ils pour autant une bonne performance ? Il est cette fois plus difficile de répondre. À première vue, comme nous avons pu le voir dans le cadre de la théorie de l'attribution, plus l'effort est impliqué pour atteindre un certain niveau de performance moins les aptitudes le sont. Autrement dit les élèves qui doivent faire le plus d'effort sont ceux qui ont le moins de capacités. Ce raisonnement n'est pas sans poser problème puisque si l'effort est un indicateur de capacité l'individu a donc tout intérêt à en faire le moins possible pour s'estimer le plus compétent possible. Au-delà des implications motivationnelles, ce type de raisonnement repose-t-il sur une base crédible du point de vue des mécanismes cognitifs qui sont en jeu dans l'apprentissage ?

Parler de mécanisme cognitif dans le cadre de l'apprentissage revient à se poser la question du point de vue de la mémoire. Autrement dit, il faut ici se demander quel pourrait être l'impact de la motivation sur la mémoire. Avant de pouvoir répondre à cette question il est nécessaire d'examiner plus en détail les constituants de la mémoire tels que les conçoit actuellement la psychologie cognitive (figure 7.1).

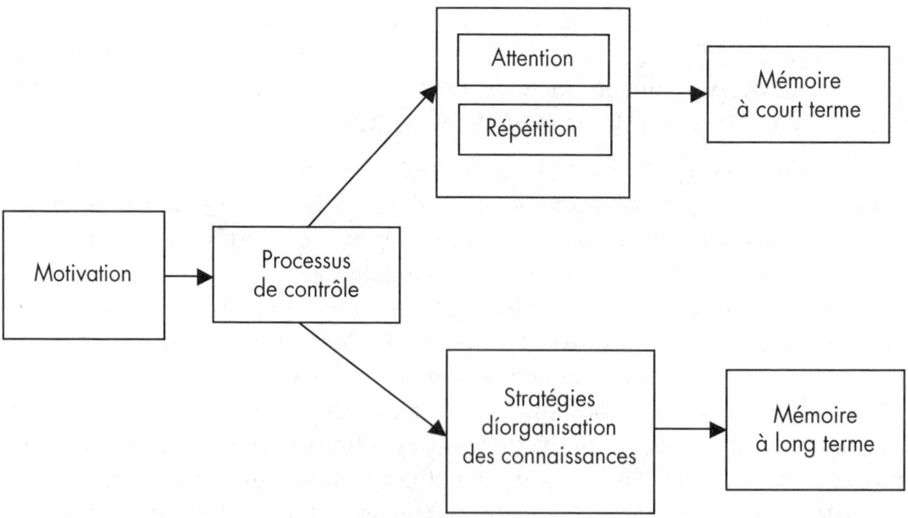

Figure 7.1
*Action de la motivation sur la mémoire (Fenouillet, 2003*b*).*

La mémoire n'est pas une mais multiple et l'action de la motivation sur ces différentes mémoires est distincte en fonction de celle qui est considérée. Deux grands ensembles doivent être pris en compte pour comprendre le fonctionnement de la mémoire.

Le premier regroupe les processus cognitifs liés la mémoire à court terme. Pour comprendre ce qu'est la mémoire à court terme il faut prendre une tâche de mémorisation relativement simple. Imaginons la présentation d'une liste de seize mots présentés un par un pendant une seconde suivie d'un rappel sur papier libre. Dans un tel cas de figure l'individu ne serait en mesure de rappeler que sept plus ou moins deux mots. Cette limitation n'est pas spécifique aux listes de mots, des milliers d'études depuis plus d'un siècle ont montré qu'il existe une limite au nombre d'informations qu'il est possible de mémoriser en une seule fois (Lieury, 2005). Cette limite est imputable à la mémoire à court terme. Tout le monde peut en faire l'expérience lorsqu'il s'agit de retenir un numéro de téléphone. Il est généralement nécessaire de le répéter plusieurs fois pour le retenir en entier et même dans ce cas, il est impératif de ne pas être distrait pendant l'opération sinon il risque de totalement disparaître. En effet non seulement la quantité d'informations qu'il est possible de stocker en mémoire à court terme est limitée en taille mais elle l'est également en durée. Peterson et Peterson (1959) ont montré que l'information ne peut subsister que quelques dizaines de secondes, au-delà de ce délai elle disparaît purement et simplement.

Heureusement l'individu n'est pas totalement démuni face à cette double limite que connaît la mémoire à court terme. Il peut mettre en place deux stratégies. La plus évidente est l'attention. Il semble assez clair que si l'individu accorde toute son attention aux informations qu'il doit mémoriser, il en retiendra davantage. La deuxième, que tout le monde utilise spontanément lorsqu'il s'agit de retenir un numéro de téléphone, est la répétition. Le simple fait de répéter un numéro de téléphone permet d'aller au-delà de la limite temporelle évoquée précédemment.

Avec de telles limites il peut paraître difficile de comprendre comment il est possible malgré tout à l'être humain d'emmagasiner tant d'informations dont la plupart persistent durant la vie entière de l'individu. En fait la mémoire à court terme n'est qu'un lieu de transit, la véritable finalité de l'information, au moins du point de vue de l'apprentissage, est ce que tous les spécialistes appellent la mémoire à long terme. Cette deuxième mémoire a la merveilleuse propriété d'être théoriquement illimitée à la fois en termes de temps et de capacité. Bien entendu pour qu'une information passe en mémoire à long terme, il est nécessaire qu'elle « survive » au sas que représente la mémoire à court terme. Un des moyens que nous utilisons « presque » spontanément pour augmenter cette probabilité est l'organisation de l'information. Par exemple bien qu'un numéro de téléphone soit composé de dix chiffres nous les regroupons spontanément deux par deux pour les retenir plus aisément, ainsi au lieu d'avoir dix informations à retenir nous n'en avons plus que cinq.

L'organisation de l'information est d'autant plus omniprésente en mémoire à long terme qu'elle participe activement également à la récupération de l'information. En effet, dans la mesure où un nombre incalculable d'informations peut être stocké en mémoire à long terme, il est délicat de pouvoir les retrouver sans un minimum d'organisation. Ainsi les stratégies d'organisation comme le sont par exemple les précédés mnémotechniques (Lieury, 2005) sont la clef de toute forme d'apprentissage à long terme.

Ce bref exposé permet de comprendre que l'impact de la motivation sur la mémoire emprunte des chemins qui ont déjà été tracés par les théories mnémoniques comme nous pouvons le voir sur la figure 7.1. Tout d'abord il convient de constater que cette action est indirecte. La motivation agit sur la mémoire au travers des processus que peut contrôler l'individu. Cela implique qu'elle n'agit pas sur ceux qui sont totalement automatisés et donc non conscients. Par exemple la motivation n'agit pas sur les mémoires sensorielles (qui n'ont donc pas été présentées plus haut) car, à ce niveau, le traitement de l'information repose sur des processus automatiques.

En ce qui concerne la mémoire à court terme la motivation agit sur deux processus qui sont directement contrôlés par l'individu : l'attention et la répétition. L'élève motivé est généralement attentif et à l'inverse une très grande dispersion en classe peut être l'indicateur d'un problème de motivation. Cependant ces deux mécanismes ne garantissent pas que l'élève ait au bout du compte correctement retenu sa leçon.

En effet l'objectif de tout apprentissage est la mémoire à long terme. La motivation va agir sur la mémoire à long terme au travers des stratégies d'organisation de l'information. L'élève motivé est celui qui cherche en permanence la meilleure stratégie possible pour apprendre car il sait intuitivement que c'est par ce biais qu'il aura la possibilité de mémoriser davantage d'informations. Les élèves friands de méthode d'apprentissage ou de conseils pour retenir telle ou telle règle de grammaire rétive font preuve au travers d'une telle curiosité d'une réelle motivation. À l'inverse les élèves démotivés, en échec scolaire, ne cherchent nullement à connaître les meilleures méthodes pour apprendre, de même qu'ils ont tendance à fuir tous les conseils et astuces qui peuvent leur être prodigués à ce niveau alors qu'ils en auraient davantage besoin que les autres.

L'action de la motivation sur la mémoire à long terme est différente en fonction des connaissances antérieures de l'élève. Les études sur l'expertise (Ericsson, Krampe et Tesh-Römer, 1993) ou celles sur la mémoire encyclopédique (Lieury, 2005) montrent que plus les individus ont de connaissances dans un domaine, plus ces connaissances sont structurées entre elles. Dans la mesure où la motivation agit sur les possibilités d'organisation qu'a l'individu quand il apprend, de nombreuses études ont montré que l'action de la motivation est d'autant plus forte que l'étudiant a de connaissances dans un domaine (*cf.* Fenouillet, 2003*b* pour une revue). Si l'étudiant a peu de connaissances l'action de la motivation va être faible car les possibilités d'organisation le sont également. Par contre, si l'individu a beaucoup de connaissances dans un domaine alors, en fonction de la motivation, le stock des nouvelles informations qu'il peut emmagasiner peut varier du simple au double (Fenouillet et Lieury, 1996).

Ce dernier aspect est à prendre particulièrement en compte dans toute forme d'apprentissage. En effet si l'élève part avec moins de connaissances que les autres, même s'il est plus motivé qu'eux, sa rétention sera généralement inférieure. En voyant ses faibles performances malgré des efforts conséquents, ce type d'élève a donc plus de risque de se résigner (Abramson *et al.*, 1978). Inciter l'élève à produire plus d'effort pour atteindre le niveau des autres risque alors d'être contre-productif car l'élève n'a pas les moyens d'augmenter immédiatement ses performances. À l'inverse les élèves qui ont beaucoup de connaissances peuvent de temps à autre avoir de faibles performances. Pour eux ces relatives contre-performances peuvent rapidement trouver une solution avec le retour d'une motivation plus forte. La conduite à tenir est donc pour ces derniers, totalement différente. Augmenter la demande à leur égard peut cette fois avoir un effet bénéfique sur les performances. Cependant, même dans ce cas, si l'objectif est de soutenir la motivation sur le long terme, il faut le faire en veillant au maximum à ne pas oblitérer l'autonomie de l'élève.

4 CONCLUSION

Après avoir rappelé brièvement l'apport des principales théories qui ont irrigué les recherches, nous avons consacré l'essentiel de ce chapitre à deux aspects peu connus de la motivation scolaire, sa régulation et son action sur la mémoire. La nécessité d'entretenir la motivation prend à rebours une théorie implicite probablement fort répandue chez les élèves, la théorie du « déclic », où il suffirait d'avoir enfin trouvé de bonnes raisons de s'intéresser à une discipline pour être motivé une fois pour toutes. Tel n'est pas le cas, et la motivation n'est pas ce qui se substitue à l'effort mais bien ce qui le rend supportable et efficace moyennant la mise en œuvre de stratégies adéquates. De même, la motivation n'a pas d'effet magique sur la mémoire. L'envie d'apprendre n'apporte rien en elle-même. En revanche, elle rend disponible pour apprendre et utiliser des stratégies efficaces qui, seules, auront un impact sur la qualité de la mémorisation. Si la motivation est au carrefour de forces multiples qui échappent en partie aux enseignants, cela ne signifie nullement que ces derniers soient dépourvus de moyens d'action pour promouvoir la motivation de leurs élèves. Favoriser l'autonomie, éviter d'instaurer un climat exacerbé de compétition, transmettre des stratégies pour se prémunir des distractions, gérer les émotions ou apprendre efficacement sont autant de leviers à leur disposition pour tenter d'en infléchir le cours.

Chapitre 8

MOTIVATION ET VIE ADULTE[1]

1. Par Jacques Aubret.

L'étude des motivations dans les parcours de vie de l'adulte soulève deux questions : comment développer les motivations des personnes pour qu'elles adaptent leurs comportements de manière à répondre positivement aux attentes économiques et sociales que la collectivité fait peser sur elles ? Comment observer et mesurer les motivations chez nos contemporains pour comprendre, voire expliquer ou anticiper, un certain nombre des difficultés ressenties ou exprimées par rapport au travail, aux autres et à eux-mêmes ? Pour répondre à la première question, il faut s'intéresser aux théories dans lesquelles la motivation est considérée comme un processus, ce qui est induit par la définition de Vallerand (1993, p. 18) : « Le concept de motivation représente le construit hypothétique utilisé afin de décrire les forces internes et/ou externes produisant le déclenchement, la direction, l'intensité et la persistance du comportement. » Identifier ces forces et observer comment elles interagissent sont des objectifs communs des chercheurs et praticiens. Pour répondre à la seconde question, les psychologues ont construit et validé des questionnaires qui utilisent les méthodes et les techniques psychométriques pour quantifier en quelque sorte la force de certaines tendances de la personnalité plus ou mois stables dans le temps. Les deux approches (processus motivationnels et structures de la personnalité) peuvent se concilier lorsqu'il est possible de trouver des indicateurs correspondant aux dimensions repérées dans les modèles théoriques, afin d'identifier les facteurs de la personnalité ou du contexte de vie sur lesquels on peut agir pour développer des motivations. Le soutien social proposé aux personnes en difficulté prend appui sur les réponses apportées par la recherche à ces deux questions initiales. Nous traiterons donc successivement du problème de l'observation des motivations chez l'adulte, des caractéristiques des situations et des événements de la vie qui sollicitent des comportements motivés et du soutien social.

1 OBSERVER LES MOTIVATIONS CHEZ L'ADULTE

L'observation des motivations, chez l'adulte comme chez l'adolescent, se fait principalement sur la base de passations de questionnaires standardisés. Le plus fréquemment il est demandé au sujet d'indiquer son degré d'accord avec un énoncé-cible. Cet accord est recueilli sous une forme binaire (oui/non) ou sous des formes qui permettent l'expression de nuances (type échelle de Lickert). Exemple d'énoncé : « J'ai souvent du mal à mener mes projets à terme ». Choix de réponses possibles : « Pas du tout d'accord » ; « Pas vraiment d'accord » ; « Plutôt d'accord » ; « Tout à fait d'accord ». Les réponses ainsi obtenues permettent un traitement quantitatif des contenus exprimés et l'utilisation des méthodes classiques de validation en psychométrie.

Si la notion de motivation renvoie à une multitude de facettes, comme le montre la présentation des modèles théoriques qui encadrent cette notion, quelles sont donc les dimensions pertinentes permettant d'observer les motivations chez l'adulte ? Il suffit de consulter les questionnaires de motivation, en usage soit par les gestionnaires de ressources humaines, soit par les psychologues, pour se rendre compte que ces dimensions apparaissent d'abord dans leur hétérogénéité. On s'est focalisé, par exemple, sur les caractéristiques des sujets, plus ou moins stables dans le temps et en fonction des contextes qui jouent un rôle sur les processus de déclenchement et d'activation des conduites humaines. Ces caractéristiques sont exprimables en positif ou en négatif. En positif, elles se nomment, selon les études et les modèles, intérêts, besoins, valeurs, tendances ou dispositions à agir, etc. En négatif, elles concernent la recherche des éléments de personnalité qui, selon les circonstances, peuvent constituer des freins pour l'action. L'anxiété ou la peur de l'échec, par exemple, font partie de ces caractéristiques. On a pu aussi se focaliser sur les objets, les situations, les événements, qui en tant que tels, ont des propriétés attractives ou répulsives dont l'intensité est plus ou moins variable selon les sujets et selon les circonstances. Ces propriétés sont considérées sous l'angle des valeurs (y compris les valeurs économiques), du prestige, et d'une manière plus générale en fonction de ce qu'elles procurent au sujet comme satisfaction ou rejet. Les liens avec la motivation ne sont pas toujours manifestes. Ces liens sont les plus évidents lorsqu'ils se réfèrent directement aux dimensions explicitées par les formalisations théoriques de la motivation : les items relatifs au sentiment d'efficacité, de compétences ou d'autodétermination en font partie. Moins évidents, mais tout aussi pertinents, sont les items portant sur des aspects des comportements ou de la personnalité dont on a par ailleurs estimé les liens avec l'orientation, l'engagement et la persévérance dans l'action : locus de contrôle, estime de soi, degré d'anxiété, besoin de réussite, peur de l'échec, intérêts, valeurs, horizon temporel, recherche d'équité ou de cohérence cognitive, etc. En tout état de cause, aucun questionnaire ne peut être qualifié *a priori* de questionnaire de motivation. Ce sont les études de validation qui autorisent l'interprétation des observations en termes de motivation.

Les questionnaires de motivation n'ont pas une validité pour toutes les situations ou les événements de la vie. Il existe par exemple des échelles de motivation pour les lycéens, pour les personnes âgées, pour les sportifs, pour les dépressifs en vue de la prévention du suicide, des échelles de motivation à la consommation d'alcool, etc. C'est ainsi que le modèle théorique de Deci et Ryan (1985) a été utilisé par Pelletier et ses collègues (Pelletier *et al.*, 1997) pour développer un questionnaire portant sur la motivation du client face à la thérapie : le *Client Motivation for Therapy Scale* (CMOTS). N. de Leval (2008) a mis au point une échelle synoptique des trois Temps (ES3TD) pour les dépressifs et autres dans laquelle on explore l'horizon temporel des sujets. Le QMA mesure la motivation, l'activité, le besoin de réussite et la peur de l'échec chez les jeunes de 14 à 20 ans, utilisable en orientation et dans certaines limites pour le recrutement (Aubret, 1989 ; Aubret et Bernaud, 1996). Forner (1992) évalue avec le QMF, le besoin de réussite, l'internalité et l'externalité et la perspective temporelle. Vallerand et O'Connor (1991) proposent une échelle de motivation pour les personnes âgées.

L'utilisation des tests et des questionnaires est très variable d'une période à une autre de l'histoire des pratiques psychologiques. Le développement des bilans de compétences orientés vers le développement de la prise de conscience de soi, dans ses rapports au travail, à autrui, à soi, donne une actualité à toutes les épreuves destinées à évaluer ces représentations de soi (exemple : *Inventaire d'estime de soi* de Coopersmith), à identifier ce qui peut freiner ou au contraire faciliter l'engagement dans l'action comme le sentiment d'efficacité personnelle (Sadri et Robertson, 1993) ou de compétence (échelles variées de mesure du sentiment d'auto-efficacité) ou l'autodétermination et le sentiment de contrôle (questionnaire de « locus de contrôle » de Rotter).

Les études de validité invitent les utilisateurs de questionnaires à la prudence. On sait par exemple que le contrôle interne est un facteur motivationnel, mais les liens entre le contrôle interne et la réussite sont assez complexes. C'est ce que montre M. Huteau (1995) dans une synthèse de travaux de psychologie sociale visant à comparer des sujets plutôt internes et des sujets plutôt externes. Les internes sont généralement plus efficaces que les externes dans les apprentissages ; ils sont plus actifs dans le traitement des informations qui les concernent ; ils s'engagent plus facilement dans des situations qui exigent des efforts d'adaptation ; ils ont une plus grande confiance en soi et sont moins sensibles à l'influence sociale, etc. Néanmoins la supériorité de l'efficacité des « internes » est loin d'être générale. Huteau constate sur un public d'enfants et d'adolescents que les internes n'ont pas un développement intellectuel plus précoce et que chez les adultes ils ne sont pas plus efficaces sur les tests cognitifs. Il conclut que les différences interindividuelles en matière d'internalité et d'externalité témoigneraient d'abord de différences dans le degré d'intériorisation d'une norme sociale d'internalité.

L'usage des questionnaires standardisés n'est pas la seule forme d'observation des motivations. À ces approches quantitatives on peut opposer les approches cliniques comme celles qui exploitent les données d'entretiens biographiques ou de récits de vie (pour une présentation détaillée de ces méthodes, voir Delory-Monberger (2000) ; Dominice (1990)). Le recours à ces méthodes, notamment dans le cadre de la formation continue et de l'orientation professionnelle des adultes ouvre la voie à des formes d'observation individualisées et personnalisées pour ce qui concerne les représentations de soi, l'analyse du parcours et des expériences de vie, la perception de ses propres ressources.

2 VIE ADULTE ET MOTIVATIONS

La vie adulte offre en permanence dans son déroulement les occasions d'éprouver la force des motivations, de les mettre en échec, de les réorienter. Dans de nombreuses recherches on associe le concept de soi et la motivation. Lévy-Leboyer (1992) indique comment les buts et les objectifs que s'assigne l'individu constituent un élément pivot de la relation entre motivation et *self-concept* : « Nous créons une auto-motivation, au fur et à mesure de nos activités, en évaluant ce que nous faisons par rapport à des objectifs que nous nous sommes fixés à la fois parce qu'ils nous semblent réalistes, du point de vue de notre image de soi, et parce que les atteindre possède une valeur à nos yeux » (p. 54).

2.1 Âge, transitions et motivations

Le parcours de vie de l'adulte peut s'énoncer au moins de deux manières : l'une témoigne de la continuité de l'affirmation de soi, l'autre marque les étapes, les transitions et les ruptures attachées à l'avancée en âge et aux événements de la vie.

La continuité, s'observe par exemple dans les entretiens biographiques, dans l'expression du « je » qui structure le récit autour des rapports à soi, aux autres, au travail, à la vie. Diverses études (Havet, 2002 ; Demouge, 2006) ont montré comment le soi et les images de soi se construisent dans le temps de la vie adulte. Orienté par l'engagement vers le monde extérieur dans la première période de la vie (« projection de soi » vers les autres pour les 25-30 ans), période qui correspond à l'entrée dans le monde du travail et aux conquêtes relationnelles, le soi acquiert progressivement une capacité à s'affirmer en tant que soi par rapport aux autres, à dire et à penser son avenir à partir d'un « je veux » éclairé par l'expérience de la vie (« retour vers soi »). Si la quarantaine peut s'analyser comme un moment de transition, les vécus des adultes sont cependant bien différenciés à cet âge en ce qui concerne les hommes et les femmes. À cette étape du parcours de vie les considérations sur le vécu passé et présent amènent certaines femmes à désirer vivre pour elles-mêmes alors qu'au même âge les hommes peuvent rester plus dépendants de leur volonté de dominer, de leur envie de prestige (une certaine manière de vivre « par » les autres).

Le temps de la vie adulte obéit à des rythmicités externes marquées par des ruptures parfois brutales sans possibilité de retour en arrière. Exemples : l'âge de la majorité, l'avènement de la paternité ou de la maternité, l'entrée dans la vie professionnelle, l'épreuve du chômage, les changements professionnels, la fin de la vie professionnelle et le passage à la retraite, etc. Cette succession de périodes différenciées tant sur le plan des représentations sociales, que sur celui de la structuration des rôles et des interactions « individu-collectivité », fait l'objet d'attentes, de préjugés, de stéréotypes, d'interdits. Le vocabulaire de la langue française oppose ainsi de manière traditionnelle enfance, adolescence, vie adulte et vieillesse. D'autres formes de catégorisation plus marquées par l'engagement dans la vie professionnelle distinguent les juniors (jeunes adultes), les personnes matures (mitan de la vie), les seniors (dernières années de la vie professionnelle) et les personnes du troisième et du quatrième âge (retraités). Ces classifications seraient sans importance sous l'angle des motivations si elles n'étaient pas associées à des manières de fixer l'âge des individus dans des catégories normées à travers lesquelles ils sont identifiés et jugés par rapport au travail et à la collectivité. De ce point de vue l'âge n'est pas seulement un repère chronologique de l'avancement dans un parcours de vie, mais il est un indicateur d'une évolution prévisible du potentiel humain, de l'entrée dans la vie adulte jusqu'aux manifestations liées au vieillissement, tant en ce qui concerne les capacités physiques et physiologiques que les capacités psychologiques.

La motivation joue dans l'expression des continuités et des ruptures au cours de la vie le rôle d'un processus régulateur. Ainsi, R. J. Vallerand et G. F. Losier (1994) considèrent, dans cette logique, que la théorie de l'autodétermination peut être appliquée auprès des populations étudiantes des niveaux primaires, secondaire et universitaire, chez des adultes d'âge moyen et auprès des personnes âgées. Les auteurs précisent également que, dans le cas des personnes âgées, les résultats des recherches suggèrent qu'un profil motivationnel autodéterminé est associé de façon positive, entre autres, à la satisfaction de vie et à la participation dans les loisirs. Selon eux, « les gens qui possèdent de hautes attentes d'auto-efficacité et des sentiments d'autodétermination élevés montrent généralement une plus grande motivation, ainsi que des niveaux de performance, de créativité, plus élevés que les gens ayant des niveaux faibles d'auto-efficacité et d'autodétermination » (p. 174). D'autres chercheurs ont tenté de modéliser les différentes étapes de ce processus. Sur ce point, les conclusions des études de Lévy-Leboyer (1998) sur la motivation dans l'entreprise ont une portée plus générale que ce qui concerne spécifiquement la vie professionnelle. Selon elle, « le processus motivationnel répète sous forme de boucle, les six étapes suivantes : j'accepte un objectif, je pense que je suis capable de l'atteindre, je sais quels résultats je vais recevoir en retour, je passe de l'intention à l'action, je reçois des informations utiles sur ma performance en cours de route, je confirme ou je révise mes objectifs… et ma motivation » (p. 231).

Reprises sous forme de questions ces six étapes peuvent constituer une grille d'observation des conditions de vie propres à certaines périodes de la vie qui autorisent ou non certaines modalités de réponse et d'analyse des récits biographiques. La nature des réponses à ces questions varie selon les périodes de la vie. Si la période pré-professionnelle (scolarisation dans l'enfance et l'adolescence, parcours dans l'enseignement supérieur) et la période professionnelle créent naturellement des occasions de se donner des objectifs d'avenir (problèmes traités dans le cadre des actions d'orientation scolaire et professionnelle) la période post-professionnelle sollicite beaucoup plus fortement la volonté et les valeurs individuelles et peut expliquer parfois le « vide » que ressentent certains salariés au moment du passage à la retraite, lorsque ce passage devient synonyme d'absence de projet, de but, d'objectif. Dans la même ligne, et contrairement au temps de la retraite, les périodes scolaire et universitaire et la période professionnelle sont balisées par des évaluations variées associant objectivité et subjectivité (évaluations pédagogiques, examens, évaluations professionnelles, etc.) qui donnent aux individus des occasions de tester leur capacité à réussir, sources de sentiment de compétence et d'images positives de soi propres à développer des motivations à s'engager.

On peut s'interroger sur le poids de certaines variables considérées comme facteurs positifs de réalisation personnelle ou comme éléments de contraintes pouvant conduire à des formes avérées de démotivation. Il a été mis en évidence (Aubret et Demouge-Olivier, 2002), à partir de l'analyse de contenus d'entretiens biographiques, recueillis près de personnes parvenues au mitan de la vie professionnelle, des effets cumulés de la variable genre et du statut professionnel atteint à un moment donné du parcours professionnel. Tout semble se passer comme si les projets et les stratégies des personnes s'adaptaient à la vision qu'elles ont de leur avenir, non pas de manière mécanique, dans la mesure où l'avenir serait parfaitement prévisible à leurs yeux, mais en donnant le sentiment qu'elles ont intégré et intériorisé, dans la conception même de leur orientation, les normes sociales attachées à leurs catégories d'appartenance, tant en ce qui concerne la gestion de leur vie professionnelle que la gestion des rapports « vie personnelle, vie professionnelle ». Si, comme l'exprime Maslow (1943), le besoin de reconnaissance est un besoin fondamental qui pousse l'homme à l'action, la recherche des moyens de le satisfaire, prend des formes différentes selon les variables considérées. À statut professionnel égal les femmes doivent se battre plus que les hommes pour être reconnues et progresser dans leur carrière. C'est peut-être un élément d'explication entre le « vouloir » et le « devoir » exprimés dans les récits par les hommes, et le « pouvoir » exprimé par les femmes. Les hommes peuvent se permettre de vouloir ; les femmes s'interrogent d'abord sur ce qui est possible. Les verbes « être » et « avoir » plus centrés sur le présent se retrouvent chez les plus favorisés (les « hommes-cadres ») sous l'angle du plan de la carrière. Ils « sont » cadres et en tant que tels disposent déjà d'un « capital » qu'il est naturellement possible de faire fructifier lorsque les circonstances le permettent. Quant aux « femmes-ouvrières » le désir d'apprendre exprimé dans les entretiens est la seule ouverture susceptible d'offrir des perspectives positives d'avenir dans la mesure où le capital savoir est perçu comme la clé de l'évasion de la condition de la femme plutôt considérée (encore aujourd'hui) dans les représentations culturelles et sociales comme vouée aux tâches domestiques et familiales mobilisant des savoirs et savoir faire socialement peu valorisés et sans applications professionnelles dans un projet de carrière.

Deux périodes de la vie ont fait l'objet de travaux plus spécifiques touchant au développement des motivations. Il s'agit de la période professionnelle et des phases de la vie marquées par le vieillissement.

2.2 Vie au travail et motivations humaines

Un abondant corpus conceptuel, théorique et expérimental, existe dans le domaine de la motivation au travail comme le montre la revue de question de Kanfer (1990), de Francès (1995) où celle de C. Lévy-Leboyer (1998). Sur le terrain, psychologues, sociologues du travail, gestionnaires et managers des ressources humaines, se sont intéressés aux relations entre les motivations humaines et la vie au travail sous le triple aspect de l'implication de l'homme au travail, des conditions qui rendent le travail attractif pour l'investissement humain et de la gestion des personnels. Les chapitres précédents ont donné une large part aux approches théoriques et expérimentales. On peut dès lors se poser légitimement la double question : comment le savoir des uns (ceux des chercheurs) peut-il enrichir le savoir-faire des autres (praticiens des organisations de travail) et comment les problèmes qui remontent du terrain peuvent-ils devenir objets de questionnement pour les chercheurs ?

La rencontre des savoirs en vue de l'amélioration des savoir-faire et de l'efficacité des travailleurs s'est opérée depuis longtemps, tant en matière de recrutement, que de gestion des ressources humaines, d'amélioration des conditions de travail et de gestion des carrières des salariés. On se souvient de l'expérience célèbre qui illustre l'importance de la reconnaissance de la valeur de l'homme au travail et de ses effets sur la productivité. Il s'agit des travaux visant une amélioration des conditions matérielles des ouvriers (expérience menée dans les ateliers de la Western Electric à Hawthorne vers 1930 sur l'éclairage des usines). De nombreux managers des ressources humaines se sont inspirés et s'inspirent encore de la théorisation des besoins humains de Maslow. Celui-ci distingue cinq catégories de besoins que tout homme tend à satisfaire : les besoins physiologiques liés à la survie des individus ou de l'espèce (faim, soif, sexualité, etc.) ; le besoin de sécurité qui concerne la recherche de protection contre les menaces de l'environnement ; le besoin d'appartenance comme besoin de se sentir accepté et aimé par autrui (groupes d'appartenance) ; le besoin d'estime comme besoin d'être reconnu, de se sentir utile, d'être valorisé ; le besoin d'accomplissement et de réalisation de soi. À la suite de Maslow, il a été postulé une hiérarchisation des besoins, l'apparition de besoins supérieurs étant de nature à réduire et à neutraliser les besoins de niveaux inférieurs. L'avènement de la psychologie cognitive est venu enrichir ce schéma primaire. Entre le stimulus et la réponse comportementale il y a place pour des opérations psychologiques susceptibles de porter à la fois sur l'interprétation du stimulus et le traitement anticipé de la réponse à élaborer. On sait donc agir sur la réactivité des travailleurs en jouant sur des facteurs désirables (primes, promotions, etc.). D'où l'importance attachée par C. Lévy-Leboyer (1998) aux stratégies d'entreprise en vue de développer les motivations des salariés. On a pu tester ainsi l'attractivité des récompenses en matière de promotion ou de salaire (le salaire au mérite, la participation aux bénéfices, par exemple), mais aussi l'influence de l'organisation du travail et le rôle des équipes (la valeur positive du travail par équipe), l'importance du contrôle et du sentiment de responsabilité sur son travail.

Autres exemples : Hackman et Oldham (1975, 1976) se sont intéressés aux effets conjugués des forces incitatrices du besoin de développement personnel et des caractéristiques de l'emploi, sur la motivation et la satisfaction au travail. Plusieurs facteurs ont été identifiés comme étant susceptibles d'influencer le niveau d'attractivité d'un emploi (autonomie, diversité des compétences requises, identification et caractère sensé de la tâche, possibilité d'un retour évaluatif) et de développer une motivation interne élevée lorsque trois types de besoin de développement personnel sont satisfaits : le travailleur doit se considérer responsable des résultats de son travail, il doit pouvoir donner du sens à son activité et être amené à percevoir un feed-back de qualité. Adams, (1963) rendait compte de la motivation au travail par une tendance de l'individu à comparer sa situation personnelle à celle d'autres personnes dans le but de savoir s'il est traité avec équité. Plus tard, en prenant appui sur cette théorie, Greenberg (1990) développe le concept de justice organisationnelle : justice distributive (sentiment de justice à l'égard de l'attribution par l'organisation du salaire, des primes, de la promotion, de l'évaluation, des responsabilités) et justice procédurale (sentiment de justice vis-à-vis des procédures et des processus mis en œuvre dans l'organisation pour prendre des décisions).

Les effets constatés s'expriment en termes d'accroissement de la motivation interne par rapport au travail (travail assumé plutôt que ressenti comme imposé), satisfaction au travail, qualité et performances, réduction de l'absentéisme.

Le besoin d'être reconnu et apprécié est à la base de théories célèbres du management humain. McGregor (1960) a proposé deux visions différentes des êtres humains : l'une foncièrement négative, appelée « théorie X », et l'autre foncièrement positive, appelée « théorie Y ». Après avoir observé la manière dont les managers se comportent avec les travailleurs, McGregor conclut que la vision managériale de la nature humaine est fondée sur un regroupement de postulats. En accord avec la théorie X : l'individu moyen éprouve une aversion innée pour le travail et fera tout pour l'éviter ; puisque les individus n'aiment pas le travail, ils doivent être contraints, contrôlés, ou menacés de sanctions, si l'on veut qu'ils fournissent les efforts nécessaires à la réalisation des buts organisationnels ; les individus fuient les responsabilités ; la plupart des travailleurs placent la sécurité au-dessus de tout et ont relativement peu d'ambition. En opposition avec cette vision négative de la nature humaine, McGregor liste quatre autres postulats qu'il regroupe sous la théorie Y : l'effort dans le travail est aussi naturel que le repos ou le jeu ; l'individu peut se diriger et se contrôler lui-même, lorsqu'il se sent responsable des objectifs du travail qu'il accomplit ; l'individu moyen peut apprendre non seulement à accepter mais aussi à rechercher des responsabilités ; la créativité, la capacité à imaginer des solutions nouvelles pour résoudre les problèmes organisationnels sont largement distribuées dans la population. Si le manager trouve une place aujourd'hui confortée dans l'ensemble des actions de gestion des ressources humaines, c'est que l'on reconnaît que l'action humaine n'est pas seulement pilotée par l'application de règles d'organisation du travail et de répartition des compétences mais par des interactions entre des responsables d'équipe et des travailleurs qui rendent ces règles acceptables par les travailleurs et applicables en situation professionnelle (voir Aubret, Gilbert et Pigeyre, 2005).

Si le recours à la motivation fait partie du vocabulaire classique des gestionnaires et des managers, corpus théorique à l'appui, les problèmes rencontrés au quotidien, par ces mêmes praticiens interpellent les savoirs trop vite construits et utilisés. Il faut rendre compte des phénomènes de démotivation ou d'absence de motivations. On connaît le problème dans sa version « scolaire » lorsqu'on tente d'expliquer les « décrochages » des élèves par l'absence de motivations à apprendre, ou dans sa version « seconde chance » pour les jeunes adultes sortis du système scolaire sans qualification professionnelle à qui l'on propose des actions de re-motivation dans les organismes d'accueil comme les missions locales, les écoles de la seconde chance, etc.

Les difficultés à rendre compte de ces phénomènes proviennent de la complexité des conduites humaines qui impose, dans une recherche d'explication, de ne pas dissocier un facteur favorable au comportement motivé de l'ensemble des facteurs qui peuvent jouer en sens inverse. La même exigence impose de reconnaître la possibilité d'effets paradoxaux lorsque l'on se réfère à des modèles trop simplificateurs. Par exemple, attribuer des récompenses en matière salariale ne joue sur les motivations au travail que dans un ensemble d'autres conditions souvent extérieures au travail (conditions attachées à la vie familiale par exemple) qui doivent rester favorables. Donner de l'initiative au salarié n'est positif sur sa performance que dans la mesure où les décisions qu'il doit prendre sont compatibles avec son degré d'anxiété. Autrement dit si les besoins à satisfaire ont valeur de stimulus, il peut exister des conflits de besoin qui en neutralisent la force et les effets. Ces conflits de besoin peuvent fournir un cadre interprétatif aux situations d'épuisement professionnel (*burn out*), de stress ou de souffrance au travail (Dejours, 1998 ; Ehrenberg, 1998) que vivent aujourd'hui certains de nos contemporains. On peut aussi les invoquer pour rendre compte des difficultés observées lorsque se posent pour des raisons personnelles ou professionnelles des problèmes de mobilité ou de réorientation professionnelle. Par exemple, une personne peut souhaiter entrer dans une démarche de réorientation professionnelle (besoin d'accomplissement de soi) et en même temps redouter la perte de sécurité et de confort qu'engendrent les routines de la vie (besoin de sécurité). De plus en plus de travailleurs en fin de carrière professionnelle aspirent à prendre leur retraite (nouvelle forme d'expression du besoin d'accomplissement) tout en prenant conscience que la fin de la vie active les prive d'un réseau de relations professionnelles et de travail propre à satisfaire leurs besoins d'appartenance et d'estime.

Reconnaître une pluralité de raisons d'agir c'est introduire l'idée d'une concurrence possible entre ces raisons. Un arbitrage s'impose. On peut le concevoir à travers la référence à la notion de « méta motivation » (*cf.* Kanfer, 1990) pour signifier que le sujet n'est pas seulement une machine à traiter de l'information ou à produire des valeurs, il doit évaluer les risques de son investissement dans l'action. On a valorisé de ce point de vue les approches rationnelles et normatives des prises de décisions. L'homme traite et cherche à résoudre des dissonances cognitives (référence aux théorisations de Festinger), à maintenir des équilibres menacés ou à rétablir des équilibres détruits (référence au concept d'homéostasie), à agir pour réduire ce qu'il perçoit comme contraire à l'équité (théorie d'Adams). Pour certains, la rationalité des prises de décisions peut s'exprimer sous forme d'équations (par exemple, théorie sur l'utilité espérée). Pour d'autres au contraire, l'individu est aveugle à une partie des déterminants de ses actions (ce que mettent en évidence les théorisations freudiennes sur l'inconscient). Les avancées récentes des neurosciences montrent de ce point de vue la pluralité des modalités de traitement par le système nerveux des stimulations qui parviennent au sujet humain et valident l'hypothèse d'un traitement préalable non cognitif (d'ordre émotionnel) des informations servant de base à un traitement cognitif potentiellement concurrentiel (Damasio, 1995). Une théorisation de l'investissement de la ressource humaine ne peut se passer du recours à une fonction de régulation. Si cette fonction intervient essentiellement comme une fonction de régulation des dysfonctionnements réels ou anticipés de l'adaptation humaine (indécision, passage à l'action impossible, production d'efforts démesurée, sentiment d'inefficacité ou d'incompétence, etc.) on s'interrogera nécessairement sur la logique ou les logiques qui gouvernent l'exercice de cette fonction. Pour certains, cette logique est produite par le sujet lui-même, comme un mode d'être et d'expression de soi. Il convient donc de parler d'autorégulation (*auto determination*) aux composantes diverses et associées : self observation (*self monitoring*), self-évaluation (*self judgments*), *self-control*. L'approche des processus motivationnels nous renvoie ainsi vers une différenciation inter-individuelle dans la mesure où les capacités des individus à anticiper les conséquences de leurs actions, lesquelles mobilisent toutes les formes de connaissance, d'image, d'estime de soi, de sentiment de compétence (*cf.* Bandura, 2003), sont susceptibles de varier d'un individu à un autre.

Dans cette perspective, on peut se demander dans quelle mesure les évolutions des modes de gestion des ressources humaines facilitent ou neutralisent la possibilité d'être gestionnaire de soi. Au cours de ces trente dernières années nous avons été témoins de la diffusion d'injonctions paradoxales et du développement de pratiques aux finalités ambiguës : au discours sur l'acteur responsable on peut opposer le constat d'une société fondée sur des régulations économiques mondialisées qui semblent laisser peu de place à l'expression de la liberté humaine. De même se développent des pratiques d'entreprises qui en préconisant fortement l'initiative et la responsabilité des travailleurs, deux caractéristiques qui, selon Zarifian (2001), sont les marques de la compétence, créent les conditions de l'apparition du stress chez les travailleurs culpabilisés parce qu'ils ont le sentiment de ne jamais en faire assez. L'évaluation au mérite et à la productivité peut conduire à motiver les uns, momentanément plus performants, et à démotiver les autres sensibles à tout ce qui peut provoquer le sentiment d'être déconsidéré.

2.3 Vieillissement, accidents de la vie, motivation et démotivation

Le développement des motivations au cours de la vie dépend de caractéristiques personnelles que les tests psychologiques mettent en évidence, mais il se réalise dans des environnements physiques et sociaux, et à travers des événements prévisibles ou fortuits sources de représentations, de sentiments, de frustrations qui favorisent ou contrecarrent ce développement. Le processus motivationnel semble particulièrement affecté par le vieillissement comme le montrent diverses études sur ce phénomène.

2.3.1 Le vieillissement

Le vieillissement comporte deux aspects souvent liés : vieillissement biologique et physiologique caractérisé par une diminution des performances biologiques et physiologiques et vieillissement psychologique caractérisé par une réduction du rendement intellectuel et mental. Ces phénomènes sont naturellement associés avec les progrès en âge, mais peuvent aussi être l'effet de maladies ou d'accidents de santé. Ils donnent lieu également à l'observation de différences interindividuelles.

On a constaté que tous les individus ne vieillissent pas au même rythme. Par exemple en ce qui concerne le vieillissement physiologique, certains individus sont dits victimes d'un survieillissement, lorsque leurs performances physiologiques sont inférieures à ce qu'elles sont en moyenne pour leur catégorie d'âge et d'un sous-vieillissement lorsque les performances physiologiques sont supérieures à la moyenne des performances des individus du même âge chronologique.

Ainsi, dans une étude réalisée sur des échantillons d'ouvriers de 6 cantons suisses et du Québec, à l'aide questionnaires, F. Forest et U. Forest-Streit (1980, 1981) constatent que les individus sur-vieillis relativement aux autres choisiraient une autre profession manuelle (item relatif à l'expression de leur insatisfaction au travail), s'ils en avaient la possibilité, alors que les sous-vieillis choisiraient plutôt une autre profession qui impliquerait une haute compétence technique (ingénieur, architecte, etc.). Quand on demande aux sujets sous forme de question ouverte, ce qu'ils considèrent important dans un travail, les sur-vieillis insistent plus, de manière statistiquement significative, sur la présence d'un syndicat fort et sur les bénéfices marginaux, alors que les sous-vieillis au contraire considèrent que l'utilisation de leurs capacités, de même que les possibilités de perfectionnement, sont beaucoup plus importantes. À une question fermée sur les désavantages du travail, les plus fortes associations avec le survieillissement concernent les mauvaises relations humaines, le travail trop dur physiquement, l'impossibilité d'utiliser ses capacités, la difficulté d'obtenir des promotions. Les sur-vieillis dénoncent l'intervention d'éléments extérieurs ayant perturbé leur formation (difficultés financières, responsabilités familiales, guerre, etc.), ce qui n'est pas le cas des sous-vieillis. Ces derniers, en revanche, obtiennent des scores élevés relativement à la motivation ; la motivation totale (score total à un questionnaire de motivation) est associée au sous-vieillissement mais, dans cette motivation totale, la crainte de l'échec serait plus associée au sous-vieillissement que l'espoir de réussite. Les auteurs manifestent une certaine prudence quant à l'interprétation causale, en termes de motivation, des relations statistiques observées, la motivation n'étant que l'un des aspects des caractéristiques des comportements en question. Toutefois, cette observation met bien évidence, au-delà des effets éventuels des formes d'implication au travail sur la santé et le bien être physique, les différences d'attitudes des personnes quant aux sentiments de dominer ou de subir leur environnement de travail, et quant à leur volonté de s'investir, le cas échéant, dans de nouvelles formes d'activité professionnelle.

Les effets du vieillissement ont fait l'objet de nombreuses études, tant sur les plans physiologique et médical que sur le plan psychologique. On peut faire le point sur cette question à travers les actes de colloques ou les revues de questions sur le sujet (Charles *et al.*, 2006). Si le problème du vieillissement intéresse plus particulièrement les personnes ayant atteint la soixantaine, ils sont souvent anticipés dans le mental des sujets dès que les symptômes qui caractérisent le vieillissement apparaissent chez des personnes plus jeunes. Mais on sait que ce qui se produit au niveau des sentiments peut produire les mêmes effets sur les personnes que la réalité des faits. Quels sont donc ces principaux effets ?

Des modifications anatomiques et physiologiques sont constatées sur le cerveau, notamment l'accroissement de l'espace ventriculaire et l'altération de certaines structures au niveau du lobe frontal. Parallèlement on note une diminution particulièrement significative des capacités d'audition et de vision. Sous l'angle psychologique et cognitif, les effets du vieillissement sont ressentis sur les capacités mnésiques (déficit de la mémoire à court terme et de la mémoire de travail ; problèmes d'encodage et de récupération des informations). Certes, se plaindre d'une diminution des capacités mnésiques dans la vie quotidienne est relativement banal à tout âge. Mais cette « plainte mnésique » prend de l'importance chez les personnes âgées dans la mesure où elle peut faire penser à la maladie d'Alzheimer débutante qui de fait commence souvent par des troubles mnésiques. Avant 60 ans, 10 % des sujets se plaignent de pertes de mémoire, alors qu'ils sont de 15 % à 25 % après la soixantaine. Les 80 ans représentent une période critique.

L'expression langagière est également touchée par le vieillissement : les capacités sémantiques sont préservées tandis que les dimensions syntaxiques de la fonction langagière sont progressivement altérées. Mais on retiendra particulièrement les effets du vieillissement sur les capacités attentionnelles des sujets (affaiblissement de la capacité à demeurer en état d'alerte, difficultés à traiter plusieurs sources d'information à la fois) et sur les capacités de raisonnement (performances en diminution sur les épreuves de raisonnement inductif, de raisonnement déductif et de raisonnement verbal). Par exemple, on observe que le temps de traitement de mot soumis à un effet « Stroop » augmente fortement à partir de la cinquantaine (Comalli *et al.*, 1962). Le principe consiste à présenter au sujet des mots recelant une ambiguïté perceptive : le mot « vert » écrit en rouge. Le temps de lecture reste à peu près le même selon l'âge. En revanche nommer la couleur demande de plus en plus de temps. Sur des épreuves de raisonnement numériques (par exemple, trouver le nombre qui complète la série suivante : 84, 66, 52, 42, 36…), les sujets âgés réussissent presque aussi bien que les sujets jeunes sur des séries faciles, mais ils mettent beaucoup plus de temps ; en revanche sur les séries difficiles ils mettent toujours beaucoup plus de temps, mais ils réussissent deux fois moins bien (pour une étude approfondie, voir Lemaire et Bherer, 2005).

Ces modifications physiologiques et psychologiques expliquent les phénomènes d'absence de motivation ou de démotivation constatés chez les sujets âgés. Il s'agit, selon Thomas et Hazif-Thomas (2006), de renoncement à faire, de perte d'intérêt pour les activités de la vie quotidienne, de baisse de la vigilance et des processus attentionnels, de diminution de la persévérance, de fatigue et de désengagement de l'individu pour s'occuper d'autrui ou de lui-même. Selon eux la démotivation est un refus d'aborder les crises incontournables, une façon de lâcher prise devant des situations qui ne se présenteront plus : se réinvestir dans la réalité n'est plus acceptable. Elle comporte trois versants : le refus des désirs encore possibles, le renoncement à l'engagement relationnel et le repli sur soi, le refus de se projeter dans l'avenir et la perte de l'anticipation.

La démotivation n'est pas une fatalité chez les personnes âgées. De nouvelles formes d'expression des motivations voire de nouvelles motivations peuvent apparaître comme le montre une étude de Dessaint et Boivert (1991) sur les motivations à apprendre. L'enquête a été réalisée sur les problèmes spécifiques de la formation à distance. En fait, les auteurs constatent que les adultes, jeunes et âgés, qui suivent des cours traditionnels ou à distance le font surtout pour acquérir des connaissances (intérêt cognitif). En revanche, cette recherche met en évidence, le fait que la formation à distance semble convenir aux personnes âgées et cela même si elle limite les contacts sociaux. La principale motivation à suivre des cours pourrait être la formation à distance elle-même. Autrement dit, cette étude montre l'importance de l'adaptation de l'environnement aux problèmes particuliers rencontrés par les personnes du fait de leur âge. L'étude montre en outre que les personnes âgées suivent des cours à distance pour combler un besoin de dépassement et de défi. La formation à distance leur permet d'aller au maximum de leurs capacités physiques et intellectuelles. Apprendre à son rythme, ne pas avoir à se déplacer, ne pas avoir à se comparer à des étudiants plus jeunes et peut-être plus en forme intellectuellement est assurément, selon les auteurs, une grande source de motivation.

2.3.2 Handicaps et accidents de santé

Les rapports entre motivations et accidents de santé peuvent être vus dans une double perspective. La première fait de la motivation l'une des causes des accidents, l'autre traite des effets des handicaps et des accidents de la vie sur les processus motivationnels.

Dans la première perspective, les études conduites, notamment sur les pratiques sportives à risque (Richalet, 2006), font apparaître chez leurs adeptes une tendance comportementale à la recherche de sensation dont l'intensité fait l'objet de différences interindividuelles. Cette tendance est caractérisée de la manière suivante : recherche de danger et d'aventure à travers des activités à risque, recherche d'expériences nouvelles sollicitant l'esprit et les sens, comportement et consommation de substance facilitant toute forme de désinhibition, aversion pour toute activité routinière. Des échelles de mesure[1] ont permis d'établir un score général reflétant la tendance comportementale à la recherche de sensation (Zuckerman, 1999). Les études dans le domaine sportif montrent que les pratiquants d'activités à risque obtiennent à ces échelles des scores plus élevés que les autres. De même, il existe des corrélations significatives entre les scores à ces échelles et le nombre d'accidents.

Le second aspect traite de la motivation comme une variable intermédiaire entre les accidents de la vie et leurs conséquences. Le parcours de vie est fait d'événements et d'implications dans des situations dont une grande part est imprévisible quant aux moments où ils surviennent. À ce titre, il y a les accidents de la vie quotidienne (accidents domestiques, accidents du travail, accidents de la circulation, etc.), les handicaps et les accidents de santé de tous ordres (maladie et infirmités héréditaires, cancers, accidents cardiaques et vasculaires, santé mentale, effets de la consommation du tabac, de l'alcool et des drogues, tentatives de suicide, etc.). Quel que soit le degré de gravité, les atteintes corporelles et psychologiques, conduisent inévitablement les personnes qui en sont victimes à des interrogations sur leur projet, l'image qu'elles donnent ou qu'elles se donnent d'elles-mêmes, le sentiment de dépendance, les risques et l'anxiété devant l'action. Le processus motivationnel est affecté et doit prendre en compte de nouvelles contraintes.

On peut cependant considérer ces deux perspectives dans une vision d'ensemble, le processus de motivation considéré comme variable intermédiaire présentant de nombreuses similitudes avec la motivation considérée comme cause. C'est l'un des principes de la rééducation. En effet, nous sommes parfois étonnés devant les paris et les risques que prennent certaines personnes affectées par des problèmes de santé ou handicapées suites à la maladie ou à des accidents (naissance, transports, travail). Il faut chercher dans les nombreux articles publiés par les personnels soignants et les rééducateurs les relations qui peuvent s'établir entre l'engagement des personnes dans l'activité et le soutien à la motivation. Nous citerons comme exemple typique le travail du corps médical auprès de traumatisés crâniens apragmatiques[2]. Selon le personnel médical l'activité sportive constitue un outil privilégié de développement des motivations. Diverses techniques sont utilisées telles que le choix de sports pratiqués antérieurement au traumatisme, la compétition à

1. La notion de recherche de sensations, issue des travaux de Zuckerman est évaluée à l'aide d'échelles spécifiques. La première, qui date de 1964, est un auto-questionnaire appelé « échelle de recherche de sensations ».
2. Dr Jean-François Patry, Dr Hélène Corneloup, Mme Ckrystel Simon, Dr Xavier de Boissezon, « Traumatisme crânien et pratique sportive », *http://www.anmsr.asso.fr/anmsr00/55sporthandi/patry.htm.*

deux, la mise en valeur, à travers le sport, d'une compétence valorisante, telles l'adresse, la vitesse, l'esthétique, la bonne santé, les progrès neurologiques, la valorisation des réussites, etc. Certaines activités sportives sont plus stimulantes que d'autres et notamment les activités de plein air, proposant variété et vitesse de déplacement, comme la voile, les sports mécaniques et les sports en tandem. Des risques de démotivation sont à éviter : la fatigabilité à l'effort physique, la fatigabilité attentionnelle, la monotonie des activités, le décalage entre performances espérées et performances atteintes, l'angoisse et en premier lieu l'angoisse de la chute.

3 CONCLUSION : SOUTIEN SOCIAL ET MOTIVATIONS

Il existe des pratiques sociales et des pratiques d'entreprise qui prennent en compte l'importance des motivations dans la construction du lien social dans la collectivité et dans les organisations de travail. Ces pratiques sont intégrées au fonctionnement des entreprises lorsqu'elles constituent le fil directeur des pratiques de management. Elles sont également mises en œuvre dans des organismes extérieurs aux entreprises qui accueillent les jeunes et les adultes engagés dans des démarches d'insertion et de réinsertion professionnelle ou qui se posent des problèmes de conversion professionnelle.

Dans ce domaine, la pratique considérée comme typique est le bilan de compétences professionnelles et personnelles tel qu'il est défini, par la loi française : « Les actions permettant de réaliser un bilan des compétences, etc., ont pour objet de permettre à des travailleurs d'analyser leurs compétences professionnelles et personnelles ainsi que leurs aptitudes et leurs motivations afin de définir un projet professionnel et, le cas échéant, un projet de formation » (loi du 31 décembre 1991). Il ne s'agit pas de substituer à la démarche réflexive sur soi, celle d'évaluations objectives externes, mais d'utiliser ces expertises comme des éléments de confrontation et de confortation de la démarche réflexive sur ses expériences et son parcours de vie. Accompagnée et complétée par la rédaction d'un portfolio (ou portefeuille de compétences) la démarche se résume ainsi : « Se connaître pour se faire reconnaître. » L'identification des compétences et des motivations est l'une des bases des actions de re-motivation.

Au-delà du bilan de compétences, on perçoit au sein des entreprises un renouveau des pratiques de management. Ce renouveau va de pair avec la montée d'une logique de compétences qui valorise au-delà de la qualification professionnelle l'adaptabilité permanente du salarié aux objectifs et aux contextes changeants des systèmes de production. L'homme est le plus souvent dépossédé de la maîtrise de la continuité de ses emplois et contraint d'assumer, pour une grande part, le développement de son employabilité au cours de sa vie professionnelle. Le management concerne toutes les actions ayant pour objet l'accompagnement de personnes dans l'orientation de leurs activités, le soutien de leur investissement et de leur développement professionnels, l'aide apportée à l'adaptation aux conditions du travail.

Bilan de compétences et pratiques de management illustrent le phénomène de développement depuis une vingtaine d'années et sous des formes variées (dont le coaching, le tutorat, le mentorat, etc.) de pratiques d'accompagnement des adultes, pour l'ensemble des activités humaines et à tous les âges de la vie. L'activité de conseil en vue de faciliter une prise de décision (par exemple, le conseil en orientation) ne suffit plus ; l'accompagnement se réalise dans des interactions suscitées en cours de réalisation (conduite d'activités, réalisation de projets) entre une personne accompagnée et son tuteur (ou coach) dont la tâche est de fournir en cours de réalisation tous les éléments qui permettent d'analyser son comportement et de le guider vers le but.

On peut s'interroger sur la justification de ces pratiques qui d'une certaine manière s'appuient sur un postulat de fragilité de l'individu humain dans son parcours de vie, alors qu'on le soumet à des injonctions telles qu'« être agent de soi » lesquelles peuvent paraître irréalistes à bien des égards. On peut également se demander si le soutien social est à la hauteur des forces contraires qui agissent en permanence sur l'individu humain pour aliéner son pouvoir d'autonomie. Si le taux de suicide (et en particulier de suicide des jeunes) est plus élevé que celui des accidents de la route (chaque année en France, cent soixante mille personnes tentent de mettre fin à leurs jours, douze mille y parviennent), si la souffrance au travail, l'épuisement professionnel ou le stress deviennent objets de débats publics, c'est sans doute que l'insatisfaction devant les conditions de vie et le malaise de vivre risquent de tuer, en quelque sorte, les motivations à vivre tout simplement.

Chapitre 9

MOTIVATION ET ORIENTATION SCOLAIRE ET PROFESSIONNELLE[1]

1. Par Serge Blanchard et Dominique Gelpe.

L'orientation scolaire et professionnelle concerne une diversité de publics et de situations. Le conseil en orientation a pour objectif d'aider les personnes à faire un choix d'études, de formation, de profession ou d'emploi et à s'y engager. Dans le domaine de l'orientation, on considère la motivation comme la résultante d'un ensemble de caractéristiques de la personne interagissant avec les situations, résultante dont on peut évaluer la « force » et la direction à l'aide de questionnaires ou de techniques d'entretiens structurés. Mais les facteurs motivationnels peuvent aussi être abordés sous leurs aspects processuels, dynamiques, évoluant au cours de l'activité de conseil. Nous montrerons que les théories sociocognitives de Bandura et de Deci et Ryan peuvent suggérer aux conseillers d'orientation des pistes d'intervention susceptibles d'aider la personne à entretenir et à renforcer sa motivation, ou à en modifier les composantes, au cours de sa démarche d'orientation et de ses insertions futures.

1 L'ORIENTATION SCOLAIRE ET PROFESSIONNELLE ET LE CONSEIL EN ORIENTATION

1.1 L'orientation scolaire et professionnelle

L'orientation scolaire et professionnelle (Guichard et Huteau, 2006) concerne une pluralité de publics (collégiens, lycéens, étudiants, jeunes adultes de moins de 25 ans sans emploi, salariés en reconversion, chômeurs...) et de problématiques qui vont du choix parfois contraint d'une filière d'étude aux changements professionnels choisis ou subis de salariés, en passant par les transitions études/travail, la réinsertion professionnelle des personnes au chômage, la reprise d'un travail après une interruption choisie, la gestion des fins de carrière, etc. Dans tous ces cas, le conseiller est amené à s'interroger avec le bénéficiaire sur ses motivations à s'engager dans une démarche d'orientation et sur les moyens contribuant à les renforcer ou à les reconfigurer dans sa situation scolaire ou professionnelle future, celle qui fait précisément l'objet d'un choix et d'une décision au cours de la prestation de conseil.

1.2 Le conseil en orientation

Le conseil en orientation peut être défini comme l'activité d'aide qu'un conseiller apporte à un consultant (ou à un groupe de consultants) placé devant un choix d'études, de formation professionnelle, d'insertion professionnelle ou de réinsertion. La façon dont le travail est régulé entre le conseiller et le consultant a un effet notable sur la motivation de ce dernier (et sur celle du conseiller s'il observe une progression de la démarche). Il existe plusieurs styles, plusieurs courants de conseil en orientation (Angeville et Bellenger, 1989). Notons aussi que le mot conseil a deux acceptions principales en français, la première, associée aux termes de « consultation, délibération », de « projet, de dessein mûri et réfléchi », et au-delà de « sagesse, prévoyance », et la seconde, qui est celle « d'avis que l'on donne à quelqu'un sur ce qu'il doit faire » (Rey, *Dictionnaire historique de la langue française*). C'est à la première de ces acceptions que la conception du « tenir conseil » de Lhotellier (2001) peut être rattachée. Ses axes majeurs sont les suivants :

– instaurer une relation dialogique dans le cadre d'une alliance de travail qui clarifie les buts du consultant, les moyens envisagés pour atteindre ces buts, et le rôle de chacun tout au long de la démarche ; il est particulièrement important que les relations entre le conseiller et le consultant soient fondées sur la co-responsabilité et la confiance mutuelle ;
– construire de façon méthodique le sens de la situation-problème à laquelle le consultant est confronté, le premier temps consistant à analyser sa demande et à l'aider à préciser les objectifs qu'il fixe à sa démarche ;
– être sensible aux aspects temporels (durée, moment et rythme), une tension pouvant se manifester entre le temps personnel du bénéficiaire et le temps des dispositifs institutionnels.

Si la finalité du « tenir conseil » est d'élaborer une décision fondatrice d'une action sensée, responsable et autonomisante, Lhotellier souligne qu'il s'agit aussi de déboucher sur une action. Le fait que la personne se sente capable d'atteindre ses objectifs (sentiment d'efficacité relatif aux objectifs) et le fait que les *tâches poursuivies* soient perçues comme pertinentes et efficaces pour les atteindre, sont des éléments importants susceptibles d'accroître la motivation du consultant. Notons enfin que la participation active du consultant à la situation de conseil (délibération commune, travail de co-construction) est source de motivation à la fois dans la démarche et pour les actions futures qui suivront.

1.3 Les techniques d'évaluation au service de la motivation du consultant

La mise en relation de résultats d'évaluation portant sur les compétences et les capacités et sur des dimensions de l'image de soi et la confrontation de ces évaluations aux informations sur l'environnement (secteurs professionnels, métiers, emplois, filières d'étude, etc.) favorisent une mobilisation des personnes dans un projet.

La formalisation des compétences singulières mises en œuvre dans des situations concrètement identifiées (pratique du portfolio, *cf.* Aubret et Blanchard, 2005) est dynamisante car elle permet à la personne de s'approprier son expérience. La recherche active d'informations dans l'environnement (enquêtes structurées par un objectif personnalisé) joue un rôle similaire de motivation des personnes dans leur démarche. L'évaluation des dimensions du soi, quant à elle, peut recourir à différentes techniques comme les entretiens d'explicitation et d'analyse des expériences antérieures et les questionnaires ou supports d'exploration portant sur les intérêts, les valeurs, l'estime de soi, les buts, etc. Ces dimensions de la motivation peuvent être abordées comme des états à un moment donné et évaluées en vue de hiérarchiser des options et de faire un choix. Elles peuvent aussi être envisagées comme des processus dynamiques et évaluées dans un but de compréhension de leur genèse (situations passées) et de remaniement en vue d'une meilleure adaptation à la situation future qui sera choisie, souvent dans le cadre de compromis à faire au sein d'un système de contraintes. Cette seconde perspective prend en compte le fait qu'une démarche d'orientation se déroule dans une certaine durée et qu'elle est évolutive ; elle commence le plus souvent avant la prestation de conseil et se poursuit au-delà.

2 LA MOTIVATION ET SON ÉVALUATION EN ORIENTATION SCOLAIRE ET PROFESSIONNELLE

Dans le domaine de l'orientation scolaire et professionnelle, l'utilisation de questionnaires d'intérêts et de valeurs (Vrignaud et Bernaud, 2005) a précédé l'utilisation des questionnaires dits de « motivation », centrés directement sur les actions et leurs buts. Les théories de la motivation sont nombreuses

(Fenouillet, 2003*a* ; Vallerand et Thill, 1993 ; Weiner, 1992), ce qui s'explique par la complexité des processus motivationnels.

De fait, aucune théorie n'a pour ambition de rendre compte à elle seule de l'ensemble des phénomènes en jeu. Chaque théorie met donc l'accent sur tel ou tel aspect de la motivation rendant compte de la direction d'une conduite, de sa « force » et de sa persistance dans le temps. C'est ainsi que Carré (1999) essaye de dégager les implications de différentes théories de la motivation, sa synthèse mettant l'accent sur la *représentation de l'avenir* (élaboration de projet), la *perception des compétences* (importance de l'aide à leur clarification et à leur renforcement) et l'*autodétermination* (rôle du libre choix et de l'autonomie).

2.1 Quelques questionnaires français d'investigation de la motivation

Le questionnaire de motivation à l'activité (QMA) d'Aubret (1989*a* et *b*) évalue trois dimensions : la motivation-activité (ardeur à l'ouvrage, application, ténacité, volonté), le besoin de réussite ou d'accomplissement et la peur de l'échec.

Le questionnaire de motivation pour les situations de formation (QMF) de Forner (1992*a* et *b*) évalue trois dimensions : le besoin de réussite (tendance à agir en étant stimulé par la fierté anticipée de la réussite) d'Atkinson (1983), le contrôle interne-externe (sentiment d'avoir prise sur un événement versus perception d'un événement comme résultant de la chance, du hasard ou dépendant de la puissance d'autrui), la perspective temporelle (*i.e.* « l'espace dans lequel peut se développer la motivation dans sa forme cognitive, c'est-à-dire sous la forme de construction d'objets-buts et de projets » (Nuttin, 1985)).

L'échelle de motivation aux études (EME) de Vallerand (Blanchard, Vrignaud, Lallemand, Dosnon et Wach, 1997) évalue trois grandes dimensions (*cf.* § 4.1. *infra*) : la motivation intrinsèque (activité exercée pour le plaisir et la satisfaction qu'elle procure), la motivation extrinsèque (activité exercée pour atteindre un objectif, par exemple, travailler dur une matière scolaire à fort coefficient dans l'examen final) et l'amotivation (opérationnalisée par des items du type : « je ne parviens pas à comprendre ce que je fais au lycée ») qui est proche du concept de résignation *apprise* de Seligman (*cf.* Vallerand et Thill, 1993, p. 386-390).

L'Inventaire des ressources motivationnelles perçues en formation (IRMF) (Gelpe, 2007) s'applique aux formations professionnelles qualifiantes pour adultes ; il est bâti sur le même modèle théorique que l'EME précédente.

Les deux derniers questionnaires diffèrent des précédents en ce qu'ils donnent des indications non seulement sur la « force » des conduites mais aussi sur leur direction (objectifs poursuivis ou résultats attendus).

2.2 L'utilisation des questionnaires de motivation dans une perspective coopérative

L'utilisation des tests et des questionnaires a longtemps été associée au courant expert du conseil en orientation. Super (1959) pense qu'il est préférable « de ne pas soumettre le client à une batterie de tests après une interview d'accueil » et « qu'il vaut mieux donner un ou des tests seulement lorsque le conseiller et le client estiment, lors d'un entretien, qu'ils ont besoin de données que peut leur fournir un test » (p. 534). Dans le cadre du bilan de compétences, par exemple, les techniques d'évaluation sont utilisées de façon coopérative avec le bénéficiaire (Blanchard, 2007), les résultats étant la propriété du bénéficiaire. La situation d'évaluation dans laquelle se trouve le bénéficiaire est une situation de réflexion sur soi, « d'auto-emprise analytique » (Lemoine, 2004), assistée par le conseiller. Un effort tout particulier est fait par le conseiller dans la présentation des épreuves, dans la présentation des résultats (Blanchard, Sontag et Leskow, 1999) et dans l'aide à leur appropriation (Taïeb, 2005) ou à leur exploitation (Gelpe et Desbuquois, 2008) par le bénéficiaire.

La passation d'un questionnaire de motivation permet d'engager une réflexion sur l'attitude d'une personne à l'égard d'une situation actuelle ou d'un projet. En effet, cette évaluation n'a pas pour objectif de valider ou de rejeter un projet mais plutôt de permettre au consultant de mieux comprendre ses choix et attitudes. Un tel travail de réflexion conduit souvent les personnes à évoquer des aspects d'elles-mêmes qu'elles n'avaient pas auparavant exprimés, comme l'illustre le cas de Véronique (Aubret, Blanchard et Volvey, 1998, p. 65).

Véronique, terminale S, redoublante pour raisons de santé, ne s'est pas présentée au bac l'année passée. Elle a des intérêts littéraires et artistiques dominants mais soutient que les sciences offrent plus de sécurité. Par ailleurs, poursuivre en sciences constitue pour elle une façon de justifier sa différence avec sa sœur jumelle (laquelle, qui réussissait moins bien que Véronique en sciences lorsqu'elles étaient ensemble en seconde, a depuis intégré une faculté de lettres).

Les scores qu'elle obtient au QMF (Besoin de réussite : « moyen », Contrôle interne : « fort », Perspective temporelle : « faible », Motivation totale à la réussite : « moyen ») suggèrent une relative application à la tâche (on pourrait dire sans problème), une forte maturité indiquée par le contrôle interne (Véronique se sent largement responsable de ses actions et leurs résultats) et une difficulté à se projeter dans l'avenir. L'analyse de ces résultats amène Véronique à introduire dans l'échange un nouvel aspect de sa vie lié à la situation matérielle difficile de sa famille : elle travaille tous les week-ends, comme ses sœurs, pour améliorer les finances familiales. Il apparaît alors que le choix de Véronique, signifié initialement en termes de sécurité et d'affirmation personnelle, relève d'un système de motivations plus large qui englobe la prise en compte de sa situation sociale et familiale dont elle n'a parlé facilement qu'après le commentaire sur la perspective temporelle. Prendre conscience de cela permet à Véronique de mieux assumer son choix et, par là, de le renforcer.

3 L'APPORT DE LA THÉORIE SOCIALE COGNITIVE À LA COMPRÉHENSION ET AU SOUTIEN DES CONDUITES MOTIVÉES

La motivation peut aussi être considérée sous ses aspects processuels : comment la personne renforce ou modifie-t-elle sa motivation dans le cadre de ses conduites de réalisation de projets ? La mise au premier plan de la personne comme « agent » de son orientation cherchant à avoir prise sur son environnement amène à s'intéresser aux représentations de soi et de l'environnement et aux modalités de leur évolution. La théorie sociale cognitive de Bandura invite les professionnels du conseil en orientation professionnelle à considérer les motivations des personnes comme un système organisateur et régulateur (qui renvoie à une conception du soi ne se limitant pas à une collection de caractéristiques) qu'il s'agit non seulement de comprendre mais aussi de faire évoluer.

3.1 Du soi au sentiment d'efficacité personnelle

Reuchlin (1991, p. 128) souligne qu'« il est en fait très difficile de distinguer des catégories de variables qui opérationnaliseraient valeurs, motivations, intérêts, attitudes ». Il suggère que « des concepts théoriques plus larges incluant ces différents types de variables, comme celui d'*image de soi*, sont peut-être mieux adaptés à l'état de la question ». La psychologie du soi a donné lieu à une multiplicité de points de vue et de théories (Oubrayrie-Roussel et Roussel, 2001). Toutefois, en dépit des problèmes de méthode qu'elle pose, l'exploration du concept de soi présente, selon Reuchlin (1990, p. 110), deux intérêts majeurs : « Elle met en évidence l'intrication nécessaire des facteurs cognitifs et conatifs ; elle illustre la nécessité de prendre en compte des unités d'analyse relativement larges, les représentations de soi [...] constituant les schémas directeurs de la conduite. »

Selon Gecas (1991, p. 174), « du fait que l'individu a un soi, il est motivé pour le maintenir et pour le rehausser (*estime de soi*), pour le concevoir comme efficace et important (*sentiments d'efficacité personnelle*) et pour l'expérimenter comme réel et ayant du sens (*sentiments d'authenticité*). [...] Défendre l'idée que l'estime de soi, l'auto-efficacité et l'authenticité sont des composantes motivationnelles du soi implique qu'il y a des états positifs et négatifs associés à chacune de ces motivations. » Selon Gecas, la perception d'inefficacité est vécue comme absence de pouvoir, absence d'aide, infériorité, voire désespoir ; elle génère un sentiment de *résignation* ou *d'impuissance* (Lieury et Fenouillet, 1996).

Baumeister (1998) dégage *trois motivations relatives à la connaissance de soi* : *a*) le désir d'apprendre des choses sur soi (les personnes cherchent à évaluer leurs capacités, leurs opinions et leurs traits) ; *b*) le désir de recueillir une information permettant une mise en valeur de soi ; *c*) le désir de confirmer les croyances acquises sur soi (motif de cohérence, de stabilité). Toute personne désire donc à la fois se connaître et protéger certaines images de soi.

3.2 La théorie de Bandura appliquée à l'orientation scolaire et professionnelle

Bandura (2003) souligne l'importance des croyances relatives à l'efficacité personnelle dans les conduites de projet. Lorsque les personnes ont intégré différentes informations à partir de leur expérience passée, leurs jugements d'efficacité affectent en retour leurs comportements, de façon directe, à travers la mise en jeu et la persistance de l'effort et, de façon indirecte, par le choix des activités et du but à atteindre. Lorsque le but lui paraît secondaire ou que sa conduite lui semble inappropriée pour la réalisation de l'objectif désiré, l'individu exerce peu d'efforts. Plus il a la conviction qu'il peut adopter avec succès le comportement requis, plus il s'assigne des buts élevés et maintient son engagement dans l'activité. Parfois le but est réellement attractif, mais l'espoir de voir ses capacités s'améliorer semble si mince qu'il lui paraît superflu de s'impliquer dans des activités cognitives ou sociales. À l'inverse, un obstacle peut amener une personne à travailler plus durement et à persister lorsqu'elle possède une grande confiance en son efficacité personnelle. Bandura (2003) décrit le rôle des expériences individuelles de réussite et des situations d'apprentissage par observation, dans le développement des sentiments d'efficacité. Il met l'accent sur les liens existant entre les sentiments d'efficacité, les intérêts et la motivation (buts, engagement et persistance).

La théorie sociale cognitive appliquée au domaine de l'orientation scolaire et professionnelle (Lent, 2008) se présente comme un système intégrateur des perceptions de soi et de l'environnement, des intérêts et des buts. Lent souligne notamment l'importance des sentiments d'efficacité personnelle, des attentes de résultats et des obstacles perçus, éléments sur lesquels le travail de conseil peut se focaliser, comme nous allons le voir. La théorie sociale cognitive a suscité des interventions individuelles et collectives dans le champ du conseil en orientation. En voici quelques exemples.

3.2.1 Le travail sur la représentation des compétences renforce le sentiment d'efficacité

Du fait que le *sentiment d'efficacité personnelle* (SEP) se développe au cours des expériences personnelles de réussite, le travail de recensement et d'analyse des activités réussies par le consultant — travail conduit, par exemple, au cours de l'activité de bilan de compétences ou de validation des acquis de l'expérience — contribue à clarifier ses compétences et à renforcer son sentiment d'efficacité relatif aux activités concernées, considérées dans leur contexte. Ce renforcement du sentiment d'efficacité est susceptible de dynamiser les conduites de projet du bénéficiaire.

Laplante, Motel, Dalmard et Gauthier (2001), dans une enquête sur un échantillon représentatif de cinq mille huit cents cadres demandeurs d'emploi ayant réalisé un bilan de compétences, montrent que le bilan a permis aux bénéficiaires d'améliorer la perception de leurs compétences (94 %), de mieux connaître leur personnalité (84 %), d'acquérir une plus grande confiance en soi (84 %), de valider des pistes professionnelles (78 %), d'améliorer l'efficacité de leur recherche d'emploi (73 %), et enfin de réfléchir à leurs besoins en formation (64 %). Les effets perçus de la démarche de bilan de compétences concernent à la fois des aspects personnels (meilleure connaissance de ses compétences, de sa personnalité et acquisition d'une plus grande confiance en soi) et des aspects plus techniques (validation de pistes professionnelles, amélioration de l'efficacité de la recherche d'emploi et réflexion sur ses besoins en formation).

3.2.2 Le conseiller cherche à élargir l'éventail des options envisageables par le consultant

Au cours d'entretiens de conseil en orientation, Lent (2008) utilise des techniques d'entretien pour travailler, d'une part, sur les représentations des consultants en matière de SEP afin d'élargir l'éventail des options entre lesquelles ils peuvent raisonnablement choisir et, d'autre part, sur la représentation des obstacles qu'ils pensent rencontrer au cours de la réalisation de leur projet.

■ *L'entretien de cartes métiers*

Le conseiller propose au consultant de trier une centaine de professions (inscrites sur un carton) en trois tas : *a*) je pourrais choisir cette profession, *b*) je ne choisirais pas cette profession et *c*) je ne sais pas. Il demande ensuite au consultant de prendre les métiers du tas *a*, et de les classer en sous-groupes selon la consigne : « Classez ensemble les métiers que vous choisiriez pour la même raison ». Le conseiller aide ensuite le consultant à expliciter les raisons de ses regroupements. Cette technique permet au consultant de clarifier ses intérêts, ses valeurs, ses motivations et ses représentations professionnelles (Blanchard, Volvey, Homps et Prieur, 1995).

Lent enrichit cette technique en s'intéressant aussi aux professions classées dans les catégories *b* et *c*. Le consultant classe ces professions dans des catégories spécifiques reflétant :

- les croyances d'efficacité (« je pourrais choisir cette profession si je pensais avoir les capacités pour l'exercer ») ;
- les attentes de résultats (« je pourrais la choisir si je pensais qu'elle pourrait m'apporter des choses que je valorise ») ;
- le manque complet d'intérêt (« je ne la choisirais en aucun cas ») ou toute autre catégorie.

Les professions classées dans les catégories « croyances d'efficacité » et « attentes de résultats » sont ensuite explorées du point de vue du réalisme des capacités et des perceptions de résultats. On peut ensuite s'engager dans une démarche plus approfondie de recherche d'informations tendant à élargir l'éventail des options possibles retenues par le consultant.

3.2.3 Le conseiller aide au repérage des motivations dominantes et des obstacles éventuels

Lorsque la recherche d'informations sur soi, sur les formations et les professions, est considérée comme suffisante et que le décideur hésite entre deux ou trois options professionnelles, le conseiller peut lui proposer une technique d'entretien de *feuille de bilan-inventaire* (Baudouin, Blanchard et Soncarrieu, 2004) qui consiste à comparer, de façon systématique, les avantages et les inconvénients liés à chacune des options.

■ *L'entretien de feuille de bilan inventaire*

Cette technique aide le consultant à expliciter ses intérêts, ses valeurs et ses motivations. Wheeler et Janis (1980) présentent le cas d'un étudiant, qui hésite entre deux opportunités d'emploi à la sortie de son université et montrent que le travail d'analyse des avantages et des inconvénients de chaque emploi l'amène à prendre conscience d'une motivation qui ne lui était pas claire auparavant : il valorise finalement l'emploi qui lui offrira les perspectives de promotion les plus intéressantes. Lent (2008) utilise cette même technique avec une jeune femme qui envisage de reprendre des études universitaires, technique qui conduit à identifier un obstacle important au projet de reprise d'étude et à travailler par la suite sur les moyens de surmonter cet obstacle.

Des *interventions collectives* d'orientation scolaire et professionnelle se donnent pour objectif de renforcer les sentiments d'efficacité de lycéens ou d'étudiants. Nota, Soresi et Ferrari (2008) ont proposé un programme de formation comprenant une série d'exercices à des collégiens dans le but de développer leurs SEP. Vouillot, Blanchard, Marro et Steinbruckner (2004) présentent notamment des études sur les effets de programmes destinés à développer les SEP de lycéennes et d'étudiantes à l'égard des études scientifiques et techniques.

En résumé, la théorie sociale cognitive appliquée à l'orientation scolaire et professionnelle a suscité des interventions individuelles et collectives qui se focalisent sur la prise de conscience et le remaniement éventuel des SEP actuels et sur une réflexion relative aux attentes de résultats et aux obstacles perçus dans la réalisation des projets. Cette théorie se démarque par là d'une conception de la personnalité fondée sur des traits stables, qui cherche couramment à établir une congruence entre un profil d'intérêts et des choix scolaires ou professionnels. Si elle ouvre des perspectives d'intervention sur les régulations possibles des trajectoires scolaires et professionnelles, encore faut-il souligner que cela peut nécessiter des interventions — par exemple, celles qui visent à modifier les SEP d'un consultant — se déroulant sur une moyenne ou une longue durée.

4 LES RÉGULATIONS INTERNES ET EXTERNES DES CONDUITES

La théorie sociale cognitive de l'orientation scolaire et professionnelle (Lent, 2008) met l'accent sur les effets de trois variables dans le développement professionnel : les sentiments d'efficacité, les attentes de résultats (*i.e.* anticipation des résultats probables qu'une action permet d'obtenir) et les buts qu'on cherche à atteindre par une action. Les attentes de résultats, bien qu'elles aient été moins étudiées, sont centrales car elles confèrent, *via* les buts, une signification aux actions dont elles constituent la raison d'être ou le motif. Parce qu'elles portent sur les effets *immédiats* des actions, elles fournissent des repères essentiels pour comprendre comment un sujet aborde une situation et pour envisager avec lui un éventuel enrichissement ou changement de la configuration de ses buts. De fait, si le repérage des attentes plus circonstancielles des personnes peut renforcer leur motivation à réaliser un projet à plus long terme, il peut aussi compenser l'absence de réel projet.

Nous présentons le modèle des motivations de Deci et Ryan (1991) qui fournit des repères utiles pour investiguer la structure des attentes et des buts associés aux actions entreprises ou envisagées.

4.1 L'inventaire des sources de motivation variant par leur degré d'autodétermination

Deci et Ryan (1991) et Pelletier et Vallerand (1993) définissent les motivations comme des sources perçues de régulation des conduites. La motivation ne dépend pas du seul sujet ni des seules conditions situationnelles mais résulte de leur interaction. Ces sources de régulation sont distribuées sur un continuum selon qu'elles sont fortement autodéterminées, à fort contrôle externe, ou inexistantes : dans ce dernier cas, les conduites sont amotivées, c'est-à-dire dénuées d'intentionnalité. Nous présentons dans le détail ce modèle des motivations, que le conseiller peut utiliser comme grille d'analyse dans sa pratique.

4.1.1 Les sources de motivation autodéterminées

On en distingue trois :

- la *motivation intrinsèque* est définie par le plaisir, l'intérêt ou le bien-être éprouvés au cours de l'exercice d'une activité. Elle est très fortement corrélée avec le sentiment d'autodétermination. Elle se traduit par un sentiment de réalisation de soi (par exemple, se dépasser dans une activité difficile), de développement des connaissances ou de stimulation émotionnelle (intellectuelle, esthétique...).
  Sur le continuum d'autodétermination se distribuent ensuite les sources *extrinsèques* de motivation liées aux buts ou aux résultats visés par l'activité ;
- la *régulation intégrée* correspond à la cognition selon laquelle l'activité *s'intègre* au concept de soi, le résultat visé étant la satisfaction d'exercer une activité participant de la définition de soi (par exemple, étudier les lettres pour un individu se définissant comme passionné de littérature, apprendre un métier dont l'exercice est perçu comme une composante de sa personnalité). Comme la motivation intrinsèque, cette source de régulation extrinsèque se définit par un « engagement total du soi », la première renvoyant à des comportements spontanés suscitant en tant que tels un intérêt, la seconde, à des comportements « mis en œuvre librement parce qu'ils constituent un moyen d'obtenir un résultat estimé signifiant et important par la personne » (Deci, Ryan et Williams, 1996, p. 169, traduction personnelle) ;
- la *régulation identifiée*, moins autodéterminée que les précédentes, s'associe à une activité choisie dont le sujet *identifie* les résultats à la réalisation d'objectifs de vie ou de valeurs, sans que ceux-ci constituent des composantes structurant de façon centrale le concept de soi[1] (par exemple, exercer

1. Les régulations intégrées et identifiées sont souvent confondues dans les questionnaires.

un emploi répondant à des critères choisis de compétence, de climat ou d'équilibre de vie, choisir une filière d'étude répondant à une aspiration d'application pratique ou de débouché professionnel rapide).

Le sentiment d'autodétermination génère un sentiment de compétence assimilable au SEP. Il est positivement corrélé avec l'intérêt pour l'activité, la satisfaction, la concentration dans la tâche, la créativité, la performance et la réussite, le niveau d'études, l'estime de soi, la persistance, et négativement avec l'anxiété (Deci et Ryan, 1987 ; Vallerand, 1997).

4.1.2 Les sources de motivation faiblement autodéterminées

La *régulation introjectée* est présente dans une activité effectuée pour se conformer à des normes sociales intériorisées, faites siennes, le résultat visé étant la préservation d'une bonne image de soi. Gelpe (2007) distingue deux types de régulation introjectée perçue en formation : l'une centrée sur la tâche (par exemple, s'impliquer dans une formation pour se prouver qu'on est capable d'y réussir), l'autre sur le système de vie (par exemple, suivre une formation pour ne pas rester sans rien faire).

La *régulation externe*, la moins autodéterminée, est liée à une activité sur laquelle s'exerce un fort contrôle extérieur. Elle implique cependant une intentionnalité minimale du sujet correspondant à la recherche (ou l'évitement) de renforcements positifs (ou négatifs). Gelpe (2007) distingue trois types de régulation externe perçue en formation : les incitations au travail (« dans cette formation, on est vraiment poussé à travailler »), le climat (« le plaisir que je prends à discuter avec les autres stagiaires me soutient beaucoup ») et les soutiens socio-familiaux (« si je réussis à surmonter les difficultés du stage, c'est grâce à mes proches qui me soutiennent pour aller jusqu'au bout »).

4.1.3 L'amotivation

Définie par l'incapacité à identifier les buts ou à prévoir les résultats d'une activité (perception de perte de repères sur soi et l'environnement), elle engendre une difficulté à orienter ses conduites et à s'y impliquer. Elle peut porter sur des caractéristiques intrinsèques à l'activité (« bien souvent, je ne comprends pas ce qu'on me demande de faire », « quand je débute un exercice, je suis presque certain(e) que je vais échouer ») ou sur des caractéristiques extrinsèques (« parfois, je me demande si ma formation va changer quelque chose dans ma vie professionnelle »). Legault, Green-Demers et Pelletier (2006) distinguent quatre dimensions d'amotivation scolaire relatives aux capacités, aux dispositions à l'effort, à l'intérêt pour l'activité et à la valeur de celle-ci, et montrent les effets des unes ou des autres sur la performance, la difficulté à s'impliquer, l'estime de soi ou l'intention d'abandonner.

Le modèle de Deci et Ryan a été opérationnalisé par des questionnaires portant sur les études (Vallerand, Blais, Brière et Pelletier, 1989 ; Blanchard *et al.*, 1997), le travail (Blais, Brière, Lachance, Riddle et Vallerand, 1993), la formation professionnelle (Gelpe, 2001, 2007) ou l'élaboration d'un choix de carrière (Guay, 2005). Dans la pratique, il permet de faire le point avec les personnes sur leur façon de vivre une situation actuelle ou d'envisager une situation future (par exemple un emploi occupé et un nouvel emploi recherché, *cf. infra* le cas de Myriam). L'objectif n'est pas de se focaliser sur la force ou la faiblesse des motivations autodéterminées mais de prendre en compte toutes les sources de régulation afin de comprendre et de faire évoluer les attitudes des personnes relatives à leurs insertions scolaires ou professionnelles actuelles et à venir (Gelpe, 1999).

4.2 La valorisation de la motivation intrinsèque et l'oubli des régulations externes

4.2.1 Motivation intrinsèque et motivations extrinsèques autodéterminées

L'adaptation à certaines activités requiert, plutôt que de l'intérêt ou du plaisir, le sentiment qu'elle est importante et consistante avec ses valeurs et ses buts (Losier et Koestner, 1999). Ainsi, la motivation intrinsèque, contrairement à une idée assez répandue, peut être moins « efficace » que les régulations intégrées ou identifiées. Losier et Koestner (*ibid.*) rapportent une étude non publiée montrant que la régulation identifiée, et non la motivation intrinsèque, entraîne une diminution future de l'anxiété perçue par des étudiants lors de leur passage à un niveau supérieur ou de leur entrée dans la vie active.

4.2.2 Motivations autodéterminées et régulations externes

De façon générale, les motivations autodéterminées associées à des projets scolaires ou professionnels ont une forte valeur sociale qui influence, par un phénomène de désirabilité sociale, les discours tenus par les consultants : ils jugent socialement utile de dire qu'ils ont un projet personnel et un intérêt intrinsèque pour l'activité envisagée, pour justifier leur demande et, symétriquement, de taire les motifs moins « nobles » déterminant les buts qu'ils poursuivent.

Il arrive que des personnes abandonnent une formation qualifiante à son début alors qu'elles avaient auparavant exprimé leur souhait de se former dans le métier choisi. Les psychologues qui nous rapportent ces cas expriment souvent leur crainte de ne pas avoir assez renforcé les motivations « internes » des consultants. Il est aussi possible que ce dont ont besoin certains consultants, c'est de se sentir autorisés à exprimer leur intérêt modéré pour le métier (ou pour la formation proprement dite) et d'être aidés à se représenter la formation selon des buts moins autodéterminés : par exemple, en termes d'utilités perçues. Ainsi, seraient-ils mieux préparés (car moins surpris) à se confronter aux difficultés inhérentes à l'apprentissage du métier ou à l'ennui provoqué par certains contenus jugés peu intéressants.

De fait, la décision de faire une formation qualifiante ne s'étaye pas toujours sur la seule motivation à apprendre ou à exercer le métier préparé, mais sur les incitations externes à se former, ou l'obligation perçue de se former, pour recouvrer un emploi (Gelpe, 2004). De même, le maintien dans le temps des conduites de recherche d'emploi ne relève pas seulement de la motivation à exercer l'emploi recherché mais des attentes de résultats immédiats pour la vie personnelle. Bagozzi, Bergami et Leone (2003) soulignent ainsi que la prédiction ou l'explication d'actions particulières requièrent de prendre en compte les motifs contextuels spécifiques plutôt que les buts ou besoins généraux. Ainsi, le thème de la motivation dans le conseil en orientation ne doit pas être circonscrit aux motivations à exercer tel ou tel métier mais inclut les motivations liées à la résolution de problèmes ou à l'insertion dans telles situations scolaires ou professionnelles contraintes.

Ainsi, si les situations-problème scolaires ou professionnelles obligent souvent à des choix contraints limitant le rôle joué par les motivations les plus autodéterminées, cela ne signifie pas que les conduites concernées sont exemptes de motivation. Elles sont *a minima* motivées en étant régulées par des facteurs externes, lesquels impliquent une certaine intentionnalité du sujet. En outre, les régulations autodéterminées et externes ne s'opposent pas nécessairement. Par exemple, Otis, Grouzet et Pelletier (2005) montrent que l'école joue un rôle instrumental (régulations externe ou introjectée) qui soutient la recherche de réalisation de buts personnels (régulation identifiée). Pour Lepper, Henderlong-Corpus et Iyengar (2005), « rechercher seulement un plaisir immédiat sans accorder une attention aux contingences et contraintes externes pourrait substantiellement diminuer les futurs résultats et opportunités des élèves » (*ibid.*, p. 191, traduction personnelle).

Le rôle des régulations externes rejoint l'analyse de Bandura (1999) relative aux effets de l'environnement sur le déclenchement et la maintenance des conduites, en dehors d'une intentionnalité forte du sujet. Pour le praticien, cela veut dire qu'il doit aider le consultant à repérer ces régulations externes qui constituent parfois le seul mobile initial de déclenchement d'une action et dont la prise de conscience diminue le sentiment d'amotivation. Ces régulations ne se limitent pas à l'évitement de sanctions (échec au diplôme, perte d'indemnités de chômage…)[1] ou à l'obtention d'avantages matériels (un

1. Pour le psychologue, l'évitement de sanctions ne se traite pas sur le registre moral mais comme une donnée de l'environnement du sujet à laquelle le psychologue, en toute neutralité, invite son interlocuteur à réfléchir.

salaire) ; elles renvoient à toutes les formes de structuration externe (scolaire, pédagogique, professionnelle, familiale, sociale...) qui, à un premier niveau, permettent au sujet « désorienté », peu confiant dans sa capacité à décider ou à agir de façon autonome, de prendre conscience qu'il n'est (ou ne sera) pas seul pour aborder la situation considérée.

4.3 L'aide à l'internalisation des régulations externes

Deci et Ryan (1991) considèrent que les individus tendent à chercher les conditions sociales et psychologiques leur permettant de guider leurs conduites : ils tendent, par internalisation des régulations externes et intégration au soi des résultats positifs obtenus, à autonomiser leurs conduites, c'est-à-dire à les associer à des buts, des valeurs et des intérêts personnels. Ce processus d'internalisation dépend de l'information contextuelle que reçoit le sujet en amont et au cours de l'action. Pour Middleton et Toluk (1999), lorsque le sujet perçoit une activité comme non stimulante ou trop contrôlée, il recourt à un système d'interprétation de l'activité en termes de gains et de coûts ; si les gains sont jugés supérieurs, le sujet peut s'engager dans l'activité ; cet engagement, en retour, peut favoriser un changement d'attitudes à l'égard de l'activité et permettre l'émergence de valeurs intrinsèques accordées à l'activité.

Le rôle du conseiller est ainsi crucial pour aider le consultant à identifier et traiter les informations contextuelles susceptibles de favoriser un processus d'internalisation. Cela passe par un pointage des éléments de la situation (vécue ou envisagée) que le sujet privilégie et de ceux qu'il néglige et par une mise en relation de ces perceptions avec l'image de soi. Il s'agit pour le consultant d'entrevoir en quoi les actions engagées sous l'effet de déterminants externes peuvent produire des résultats présentant un intérêt personnel. Par exemple, les soutiens sociaux, envisagés comme déterminant externe (« ma famille m'a poussé à... »), peuvent se transformer en objectif autodéterminé (partager avec sa famille les difficultés vécues ou rehausser l'estime de soi du fait de l'intérêt exprimé par sa famille pour l'action qu'on entreprend). Ce processus d'internalisation dépasse les limites des prestations courtes de conseil, lesquelles ont pour fonction d'initier une dynamique qui amène les personnes à aborder leurs insertions scolaires ou professionnelles contraintes dans des dispositions plus ouvertes sur un contrôle interne de l'activité. Dans des prestations plus longues comme les bilans de compétences ou l'accompagnement d'une transition entre un emploi perdu et un nouvel emploi, un travail psychologique est possible visant une appropriation progressive de certains compromis, dès lors qu'ils intègrent des objectifs et des choix plus personnels.

4.4 La construction dynamique d'une problématique et de sa résolution

Les dimensions issues d'une approche sociocognitive sont modifiables par une activité d'autoréflexion qui « apparie ses propres pensées et quelques indicateurs de réalité » (Bandura, 1999, p. 180, traduction personnelle). Cette autoréflexion s'exerce dans l'activité en fonction des résultats obtenus et des feed-back reçus (« contrôle réactif »), aussi bien qu'en amont d'un choix d'activité (« contrôle proactif »).

Dans cette perspective, les questionnaires d'évaluation de dimensions de la motivation doivent être envisagés comme producteurs de clés d'analyse (ou d'anticipation) du fonctionnement du sujet dans sa situation actuelle (ou future). Ce travail d'analyse, en modifiant les représentations que le sujet a de lui-même comme sujet interagissant avec les situations, modifie en retour la configuration de ses sources de motivation. C'est ainsi que, dans une interaction dynamique d'évaluation et de construction partagées, le professionnel et le consultant procèdent à une élucidation d'une situation-problème scolaire et/ou professionnelle et envisagent les modalités de son dépassement (Gelpe et Desbuquois, 2008). Voici une illustration succincte d'une telle démarche avec le cas de Myriam.

> Myriam, 35 ans, gérante d'un magasin de chaussures depuis plusieurs années, fait un bilan de compétences en vue d'une reconversion. Elle n'a pas d'idée de réorientation car elle n'a travaillé que dans la vente et n'a pas de diplôme.
>
> La démarche de conseil consiste tout d'abord à aider Myriam à expliciter la représentation qu'elle se fait de sa situation-problème. Il apparaît que la maison mère dont dépend le magasin a procédé récemment à des licenciements économiques de salariés de ce magasin, créant un climat délétère qui met Myriam dans une grande anxiété. C'est dans ce contexte, qu'elle remet en cause son intérêt pour le secteur de la vente.
>
> La psychologue propose à Myriam de remplir l'Inventaire des motivations au travail de Blais, lequel fait apparaître un score important de motivation intrinsèque et un score notable d'amotivation. La mise en correspondance de ces indications paradoxales avec des aspects précis de son activité amène Myriam à prendre conscience qu'elle se réalise encore dans les activités dont la conduite ne dépend pas de la maison mère : gestion quotidienne financière et organisationnelle, animation de son équipe. Une investigation des valeurs de travail de Myriam lui permet de confirmer et d'expliciter ce type d'intérêts. Par contre, Myriam a perdu la maîtrise (amotivation) de la stratégie économique du magasin. Étant sans diplôme (elle a commencé à travailler à 17 ans), elle se retrouve avec un faible sentiment d'efficacité personnelle à l'égard, tant de la gestion de la crise actuelle de son magasin, que de l'élaboration d'une nouvelle orientation. Ayant dû travailler sans grande latitude de choix, Myriam, à 35 ans, ne sait plus ce que finalement elle attend du travail, alors même que celui-ci a pris de fait une place centrale dans son système de vie.

Les réflexions conduites avec Myriam complexifient la problématique initiale centrée sur un changement de métier. Le travail de conseil s'oriente alors sur une analyse du contexte en vue de rehausser le sentiment d'efficacité personnelle de Myriam et sur une réflexion relative à ses attentes à l'égard du travail, de son métier actuel et d'une reconversion. Ce travail amène Myriam à la décision de négocier avec son entreprise, ou de rechercher ailleurs, des conditions de travail lui donnant une plus grande autonomie de gestion : l'idée d'une réorientation est abandonnée.

5 CONCLUSION : ORIENTATION, FACTEURS MOTIVATIONNELS ET CONSEIL

La prise en compte de la motivation dans les prestations de conseil en orientation scolaire ou professionnelle est une question délicate, d'autant que la motivation est souvent conçue de façon plutôt globale et intuitive, et elle donne lieu à des pratiques contrastées. Présentons-en trois formes prototypiques.

Une première conception, qui se rattache à une conception « diagnostique/ pronostique » du conseil, se donne pour objectif de déterminer un niveau global et unidimensionnel de motivation des personnes en vue de sélectionner celles qui « sont motivées » et d'engager, auprès de celles qui « ne sont pas motivées », une intervention d'aide ou de remédiation.

Une deuxième conception, dite « centrée sur la personne », récuse toute forme d'évaluation de la motivation, considérée comme stigmatisante ; la notion de motivation y est elle-même plutôt négligée, au profit d'une focalisation sur la personnalité ou sur l'analyse de blocages psychologiques éventuels qui peuvent même se situer hors du domaine professionnel.

Enfin, une troisième conception considère la motivation à travers le degré de congruence entre les compétences et les capacités, d'une part, et la situation vécue ou envisagée, d'autre part. Dans ce cas, l'investigation de la motivation sous d'autres de ses formes est réputée peu utile, dès lors qu'un travail approfondi d'identification des compétences et de repérage des situations offertes par l'environnement est entrepris.

Tout au long de ce chapitre, nous avons présenté une quatrième conception qui défend l'idée qu'il est possible — *a*) en passant d'une conception globale de la motivation à une conception analytique qui permet de la décomposer en plusieurs sous-*facteurs motivationnels* spécifiques, conçus comme évolutifs, *b*) en utilisant les techniques d'évaluation dans une perspective coopérative avec le consultant, et *c*) en considérant certaines caractéristiques psychosociales du consultant (par exemple, en travaillant avec lui sur les soutiens sur lesquels il peut compter dans son environnement social, et sur les obstacles qu'il est susceptible de rencontrer) — de concevoir des prestations de conseil qui ne visent ni à catégoriser les individus ni à les enfermer dans des caractéristiques personnologiques immuables, mais à créer les conditions d'une élaboration de choix assumés et d'une meilleure implication des personnes dans ces choix, au sein d'environnements plus ou moins contraints.

Dans le cadre du conseil en orientation, le travail de réflexion engagé avec le consultant sur ses facteurs motivationnels, vise à contribuer à développer son agentivité (au sens de puissance d'agir) et à le rendre proactif face à la résolution de situations-problèmes scolaires ou professionnelles spécifiques. L'*orientation* et les *facteurs motivationnels* peuvent être communément définis en termes de *direction* (choix, buts...), d'*intensité* (implication, énergie, effort...) et de *persistance* (durée) de conduites spécifiques, conçues comme se déployant selon un processus dynamique (évolutif et adaptatif). Le *conseil en orientation* a précisément pour fonction de stimuler et de renforcer ce processus, à la fois dans le temps présent (forcément limité) du conseil et dans le temps futur du sujet interagissant avec son environnement scolaire ou professionnel. Le fait même que le consultant et le conseiller tiennent conseil à propos d'un problème (vécu positivement ou négativement) et délibèrent sur sa délimitation puis sa *résolution* (selon l'acception de *décision relative à des actions à conduire* et non de *solution globale*) s'accorde avec la conception d'un sujet actif, agent de ses conduites, qui construit sa réflexion dans le cadre de l'interaction sociale de la relation de conseil. Le rôle du conseiller ne consiste pas à donner la solution au problème mais à créer cet espace d'échange, de réflexion et de soutien social permettant au consultant de prendre une décision éclairée.

Chapitre 10

MOTIVATION ET TRAVAIL[1]

1. Par Salvatore Maugeri.

1 INTRODUCTION

La problématique de la motivation au travail est une problématique doublement *moderne*. D'abord, une telle question ne peut se poser dans une société de castes, d'ordres ou de privilèges. Dans ces sociétés, c'est la *naissance* qui fixe le métier ou la catégorie de métiers que le fils (et la fille, selon les cas) est appelé à exercer. Inutile alors de se préoccuper de ce qui « motive » les individus. Mais la montée en force de l'industrie au cours du XIXe siècle introduit un nouveau rapport au travail. Au fur et à mesure que s'affirme la rationalisation des activités, il faut s'assurer de l'engagement des individus dans le travail (Michel, 1991). En effet, bien des tâches confiées à la grande majorité des salariés occupés dans les usines perdent une part substantielle de leur intérêt du fait de l'extrême parcellisation des activités. Qualité et quantités baissent. Il faut trouver les clés d'un « réenchantement » du travail (Sievers, 1990)… C'est ainsi d'abord et avant tout à des fins de productivité et d'amélioration de la qualité du travail que le management s'est intéressé à la motivation.

2 L'ÉVOLUTION DES REPRÉSENTATIONS ET DES PRATIQUES DE TRAVAIL

Durant toute l'Antiquité et une grande partie de l'ère chrétienne, le travail est réservé aux esclaves ou aux serfs, parce qu'il est considéré comme une activité dégradante. Il faut attendre la réforme protestante pour que le travail acquière ses lettres de noblesse et se fasse « vocation » au service de la glorification de Dieu, puis obligation morale laïque (Weber, 2003). On peut parler de véritable révolution. Le travail devient une valeur centrale dans l'évaluation de l'individu, de la même façon qu'il est désormais considéré comme le rouage élémentaire de la grande mécanique sociale. Une nouvelle science — l'économie — est constituée pour révéler au monde les ressorts intimes de l'évolution humaine.

Avec la révolution industrielle, le travail se mécanise, se concentre et se démultiplie. Au passage du XIXe au XXe siècle, le management va se constituer pour le « rationaliser ». Ce mouvement va, avec Taylor en particulier, dessaisir le travailleur de toute initiative en termes de conception et de rythme des activités. Il le conduira petit à petit à n'être plus qu'un exécutant passif de prescriptions conçues par d'autres (Desmarez, 1986).

C'est dans ce contexte général de « rationalisation » des activités productives, autrement dit, dans l'univers particulier de la production industrielle massifiée et parcellisée, que naîtront les premières préoccupations en termes de motivation. Une telle concomitance ne peut pas être fortuite. Il faut en tenir compte pour apprécier la nature et la portée des réflexions motivationnelles.

3 MOTIVATION, SATISFACTION, IMPLICATION : PRÉAMBULE CONCEPTUEL

3.1 Approche étymologique de la motivation

Selon le dictionnaire étymologique (Picoche, 2002, *Le Petit Robert,* 1979), le terme motivation dérive du latin *movere* qui, au XIe siècle, prend le sens de « mouvoir », « se mouvoir ». Il donne *motus*, soit « mouvement ». Celui-ci donnera *motivus*, « motif » ou « mobile », c'est-à-dire « ce qui met en mouvement », dont découlera une famille de termes comme *mouvant*, *mouvance*, *mouvementé*, et aussi *moteur*, *motion*, *locomotion*, *mobilité*, tous liés au mouvement physique. À partir du XIIIe siècle, apparaissent des termes plus en rapport avec les émotions, les sentiments, en somme avec la psychologie, cherchant à traduire cette fois les « mouvements de l'âme », comme *émoi*, *émouvoir*, *émouvant*, mais aussi *commotion* et *commotionner*. Plus significatif encore, s'agissant de rendre la double parenté avec les notions de mouvement et d'émotion, le XVIIIe siècle a ajouté *meute*, *émeute* et encore *mutin* et *mutinerie*. Le XIXe et le XXe siècle inventeront *motivation*, autrement dit, dans son acception psychologique, « l'action des forces (conscientes et inconscientes) qui déterminent le comportement » et les adjectifs *motivé*, *démotivé* et *immotivé*, soit le comportement de celui qui « a une motivation » ou qui n'en a pas.

Si l'on voulait dépasser le cadre strict de la philologie, on pourrait dire que « la motivation, c'est l'ensemble des émotions (conscientes ou non) qui mettent l'individu en mouvement » (*Le Robert*). Il s'agit, en somme, d'un processus psychique, fondé sur les émotions, et qui entraîne une action.

3.2 Les définitions récentes

Les définitions de la motivation au travail proposées par les chercheurs en psychologie reprennent ces éléments étymologiques. Quoiqu'il existe un nombre indéterminé de définitions, celle proposée en 1955 par Jones et, ensuite, par Porter et Lawler (1968), fait désormais autorité. La motivation au travail y est décrite comme une *énergie* qui *détermine* un type de comportement. La conception énergétique de la motivation se retrouve quasiment dans toutes les définitions. Chez Steers et Porter (1991), par exemple, la motivation se définit comme « ce qui *stimule* le comportement humain », ce sont « les *forces énergétiques* qui, chez les individus, les poussent à se comporter de certaines manières ». La motivation est « ce qui dirige ou canalise un tel comportement » ou « comment ce comportement est maintenu et soutenu » (cité par Roussel, 1996). Énergie donc, ou encore volonté, comme chez Lévy-Leboyer (1984) pour qui « la motivation est un processus qui implique la *volonté* d'effectuer une tâche ou d'atteindre un but ». Précisons que cette énergie, cette volonté sont à la fois dans le sujet et dans son *environnement*. En effet, les psychologues parlent des « forces environnementales » qui déclenchent certaines conduites. Pinder (1984), par exemple, estime que la motivation au travail est un ensemble de forces énergétiques qui proviennent aussi bien de l'intérieur de l'être humain que de son environnement, pour susciter le comportement lié au travail, et pour déterminer sa forme, sa direction, son intensité et sa durée.

Énergie orientée durablement vers un but, volonté soutenant un effort vers un résultat, aspiration, autrement dit, attente, désir, souhait, expectative…, la motivation toutefois ne se donne jamais à voir directement. Elle n'est accessible qu'à travers un *comportement*. Autrement dit, il s'agit d'un construit hypothétique qui vise à représenter un processus psychique supposé. Plus encore, c'est un processus *personnel*, directement relié aux expériences de l'individu, à son passé, son éducation, sa socialisation. Parler de la motivation d'un individu, c'est vouloir refaire la genèse de sa « fabrication » psychologique et sociale ; et comprendre son comportement, c'est, en quelque sorte, prétendre vouloir construire la théorie de son action. Alors même que, pour appréhender la motivation en matière de travail, on ne dispose que de deux outils : d'abord, des « scores de performances », mesurant objectivement les comportements observables, et, hypothétiquement, la motivation qui les sous-tend ; ensuite, des « échelles de mesure d'attitude », qui cherchent à évaluer quantitativement une disposition psychologique, avec tout ce que cela a de discutable, compte tenu des critiques qu'on peut émettre à l'encontre de tout dispositif d'enquête fondé sur l'opinion que les gens se font d'eux-mêmes.

3.3 Motivation et satisfaction

Le terme *satisfaction* est quasiment consubstantiel aux études de motivation. C'est pourquoi on ne peut le passer sous silence, au risque de se laisser prendre par les glissements sémantiques qui caractérisent les usages communs. *Le Robert* la définit comme « le sentiment de bien-être, le plaisir qui accompagne l'accomplissement de ce qu'on attend, ce qu'on désire, ce qu'on souhaite ». La satisfaction au travail partage de ce fait les mêmes difficultés d'appréhension que la motivation, étant comme elle une réaction avant tout intra-psychique résultant de l'évaluation par l'individu de son travail et de son emploi, et du sentiment que les résultats obtenus à travers eux sont conformes à ses attentes, à ses aspirations comme à ses valeurs. Il résulte de cette définition que la satisfaction est bien une *conséquence* des attentes de l'individu. On ne peut pas être satisfait de ce qu'on n'attend pas, ce qu'on ne désirait pas préalablement. C'est bien ce qui relie la satisfaction à la motivation. Pour mieux le comprendre, reprenons la démonstration de Francès (1995). Si l'on pose la question de savoir pourquoi l'on travaille, la réponse immédiate est « pour gagner sa vie ». C'est dans la grande majorité des cas absolument vrai, mais insuffisant. Une telle réponse n'explique en rien pourquoi on s'oriente vers telle ou telle formation, choisit tel ou tel métier et, une fois en poste, pourquoi on s'investit plus ou moins intensément dans son activité. Seul un détour par le concept de motivation permet, selon Francès, d'envisager moins naïvement cette question. La motivation est pour lui l'ensemble des *aspirations* qu'un travailleur attache à son travail, sachant 1) que chacune de ces aspirations est plus ou moins susceptible de se concrétiser, dans la mesure où elles dépendent du type de travail confié au salarié, et 2) que chaque aspiration est affectée d'un coefficient de désidérabilité, autrement dit, d'une valeur différentielle.

Pour l'exprimer autrement, on dira que tous les emplois ne permettent pas de « vivre » également le même type de motivation, autrement dit, n'autorisent pas le même type d'aspirations, et que les différentes attentes d'un salarié sont elles-mêmes plus ou moins souhaitées, valorisées. Francès écrit qu'elles ont des « valences » différentes. Aussi, pour mesurer la motivation l'auteur propose l'équation suivante :

$$M = \sum_{n=1}^{k} (A)\ V$$

La force de la motivation (M) est la somme ($\sum$) allant de 1 à k, des attentes (A) que le travailleur place dans son emploi. Chacune de ces attentes ayant une désirabilité, autrement dit une « valence » (V) plus ou moins grande.

La satisfaction, partant, se définit à partir de la motivation, comme la confrontation des attentes avec les résultats obtenus (O) :

$$M = \sum_{n=1}^{k} (A - O)\ V$$

On retiendra donc que la satisfaction se mesure à partir du niveau de divergence entre ce qu'une personne désire et ce qu'elle retire effectivement de son emploi. La satisfaction dépend donc de la motivation : on n'est satisfait que de ce qu'on désire, alors qu'on peut fort bien être « motivé », autrement dit aspirer à des résultats qu'on n'a pas encore obtenus.

3.4 L'objet du désir…

Ce que les salariés peuvent bien « désirer » à travers leur travail et la valeur qu'ils attachent à ces aspirations varie évidemment d'un individu à l'autre, d'un continent à l'autre et, bien sûr, d'une époque à l'autre. Cela constitue déjà une difficulté dans la « gestion des motivations ». Par ailleurs, un travail, ou mieux un *emploi*, n'est pas une entité monolithique, mais un ensemble de tâches et d'activités dont chaque facette peut faire l'objet d'une attente particulière (Frisch-Gauthier, 1974). C'est un surcroît de complexité du strict point de vue de la mesure de la motivation. On s'est essayé néanmoins depuis longtemps à lister ce qui, dans le travail et l'emploi, pouvait être source de motivation et de satisfaction. De nombreuses classifications sont à notre disposition. Nous en sélectionnerons quelques unes à titre d'exemples.

Le *Job Description Index* de Smith, Kendall, Hulin (1969) propose cinq facettes du travail qui peuvent être source de motivation et de satisfaction :

- le travail, la tâche, l'activité en tant que tels ;
- les rémunérations ;
- les promotions ;
- les supérieurs ;
- les collègues.

Heneman *et al.* (1989) distinguent trois aspects résumant les précédents :

- les règles et pratiques organisationnelles, touchant au statut, à la rémunération, aux promotions ;
- l'entourage social (collègues et supérieurs) ;
- le travail en lui-même.

Francès (1995) distingue, lui, treize aspects :

– les occasions de développer des relations ;
– le sentiment d'estime ;
– l'indépendance de pensée et d'action ;
– l'établissement de buts et d'objectifs ;
– l'établissement de méthodes ;
– la sécurité de l'emploi ;
– les aides aux collègues ;
– la rétribution ;
– le sentiment de prestige
– l'autorité attachée à la position ;
– le sentiment d'être informé ;
– le développement et le progrès personnels ;
– le sentiment de réalisation de soi.

D'autres taxinomies, anglo-saxonnes pour la plupart, proposent des listes plus ou moins longues [cinq aspects pour le *Need Satisfaction Questionnaire* (Porter, 1961) ; vingt critères pour le *Minnesota Satisfaction Questionnaire* (Weis *et al.*, 1967 et 1977)], recoupant les aspects évoqués plus haut. Dans tous les cas, les dimensions du travail qui sont susceptibles de motiver et de satisfaire les salariés touchent à ce qu'on appelle en général des « besoins » — besoins matériels et physiques, et besoins psychologiques.

C'est à travers la définition de ces « besoins » que s'est ouverte l'étude de la motivation au travail. C'est ce que nous allons voir. Mais auparavant, il y a lieu de livrer un résultat plutôt surprenant.

3.5 En guise de mise en garde liminaire

La psychologie du travail n'a jamais pu soutenir la moindre hypothèse d'enchaînement linéaire entre *motivation*, *satisfaction* et *performance au travail* (Frisch-Gauthier, 1974 ; Michel, 1989 ; Francès, 1995 ; Roussel, 1996). En particulier, la relation *satisfaction/efficience* n'a jamais été démontrée empiriquement, tandis que la motivation n'a jamais été considérée comme un facteur prédictif de la performance. Il s'agit là de points de vue déjà anciens (Kanh et Katz *in* Friedmann et Reynaud, 1958). Pour garantir la performance, il vaut mieux s'en remettre à une bonne sélection technique du personnel, en fonction du poste à pourvoir, en y ajoutant des dispositifs de surveillance et de contrôle *ad hoc*. En somme, les psychologues sont bien loin de valider l'idée d'une incidence de la motivation et de la satisfaction sur la performance. La raison est que les salariés attendent simplement d'éprouver de la satisfaction dans leur emploi ; ils aspirent à se voir confier un travail qui leur permette de « vivre leur motivation ». La motivation, en effet, n'est en rien propre aux activités de travail. Elle est une disposition générale, capable de s'investir dans toute situation qui s'y prête. Elle engage l'individu dans toutes les dimensions de son être et se trouve au carrefour du passé, du présent et de l'avenir tels qu'ils sont pensés, ressentis, imaginés par le sujet, à partir du sens qu'il donne à l'existence (Mucchielli, 2000). Sans doute est-il possible de trouver des passerelles entre les intérêts des employeurs et ces aspirations à la plénitude de soi, mais dire que la motivation et la satisfaction au travail sont les clés de la performance et de l'efficience productive est une contre-vérité, entretenue sans doute plus ou moins consciemment par le management lui-même, à des fins de manipulation.

On va voir que ce que le management recherche, c'est l'*implication* au travail, et ce sont des dispositifs d'incitation à l'effort qu'il lui faut trouver. Pas une méthode de « gestion des motivations »...

4 NAISSANCE ET DÉPLOIEMENT DES THÉORIES DE LA MOTIVATION AU TRAVAIL

En gestion, le terme *motivation* serait apparu pour la première fois aux États-Unis dans le champ du marketing, au cours des années 1930. Il a été adopté également par les managers dans leurs tentatives de comprendre et d'influencer le comportement des hommes au travail. Du point de vue du management, il s'agit en fait de définir ce qui, dans l'esprit des salariés, peut constituer des *mobiles* d'action, afin d'agir sur ces mobiles pour améliorer les prestations, autrement dit les pousser à faire mieux et plus dans l'accomplissement de leurs tâches. On pose ici la question de l'*implication* au travail. En effet, la « bonne volonté » du salarié — autrement dit, une part indéterminée et éminemment labile de l'attitude des individus — est en toutes circonstances indispensable à l'exécution efficiente des tâches (Coriat et Weinstein, 1995), l'expérience laissant voir que le *salaire* à lui seul n'est pas en mesure de garantir l'implication des individus (Karpik, 1966). D'autres facteurs existent, on va le voir, sur lesquels le management a appris à s'appuyer.

4.1 Naissance des théories de la motivation au travail

C'est dans les écrits de deux auteurs canoniques, F. Taylor et H. Fayol qu'on peut relever les prolégomènes d'un intérêt formel pour ces questions. Dans ces écrits, cependant, il n'est jamais question explicitement de « motivation » (le terme n'a pas encore été adopté par les spécialistes de gestion). Mais cette préoccupation est déjà présente chez ces auteurs.

Il est d'usage de considérer que F. Taylor, fondateur du *Scientific Management* (OST, en français), était le propagandiste d'une vision purement disciplinaire et utilitariste de la motivation : menace, punitions, récompenses pécuniaires (Pouget, 1998). Les textes de l'Américain laissent cependant apparaître sa conscience de l'insuffisance de ces conceptions sur la motivation salariale (Vatin, 1990). Taylor n'a pas manqué de souligner combien l'attitude des chefs à l'égard de leurs subordonnés, tout comme la perspective d'une promotion vers des emplois moins frustres, constituait pour les ouvriers « intelligents » une source de « stimulation » qu'il ne fallait pas négliger. Des considérations du même type pourraient être faites à propos de Fayol (Fayol, 1918-1979). Le Français n'a pas manqué aussi de souligner combien la relation entre les chefs et leurs subordonnés se devait d'être placée sous des principes généraux de justice, d'équité, de bienveillance, de responsabilité, etc., pour être efficacement accomplie.

4.2 Limites de l'organisation du travail

Si la pensée de ces auteurs a dépassé le cadre d'une approche strictement disciplinaire et utilitariste de la motivation, c'est assurément qu'ils ont compris les limites de toute forme d'incitation purement pécuniaire. Mais, leur regard n'a pas su dépasser certaines normes sociales de l'époque. Taylor, en particulier, n'a jamais été capable de voir les limites de son système de rémunération à la pièce, inévitablement soumis aux influences de l'*opinion*. Il est vain de s'imaginer qu'on puisse fixer *objectivement* le niveau d'une « bonne » rémunération, pour chaque emploi. Le système taylorien, comme tout système méritocratique, intègre sa part de subjectivité dans l'appréciation de leur « juste » rémunération. En somme, les niveaux de salaire sont des « conventions sociales ». À ce titre, elles sont contestables, ouvertes à la polémique. Par ailleurs, tout système de rétribution fondé sur le rendement individuel souffre du défaut de son genre : aucun individu n'agit indépendamment de ceux qui l'entourent quotidiennement dans le travail. Il existe des solidarités collectives, avec leurs codes et leurs règles internes, qui se superposent aux codes et règles hiérarchiques. La sociologie a forgé les notions de « régulation formelle » et « informelle » pour désigner ces réalités indépassables de toute organisation (Pillon et Vatin, 2003). L'action de l'individu s'inscrit dans les normes édictées à la fois par le haut et par les pairs à partir des relations qui se nouent au quotidien autour du travail. Il ne peut en être autrement parce que l'effort productif, dans toute entreprise comptant plus d'un salarié, est nécessairement un effort *collectif*. Cette « épaisseur sociale » du travail, le *fordisme*, sous la pression des mouvements ouvriers, a été contraint de la reconnaître dans les « conventions collectives », justement, et dans la remise en cause des systèmes individualistes de rétribution, au profit des systèmes de qualification garantissant un même salaire aux individus occupant les mêmes postes, et des rémunérations indexées sur les hausses de productivité. Et là où les rémunérations au rendement ont continué à être appliquées, on s'est rendu compte, de toute façon, de l'échec pratique du *Scientific Management*.

En effet, conçu avant tout pour lutter contre la « flânerie », le « freinage » ouvriers, le système taylorien n'a jamais pu éliminer ces comportements des ateliers (Roy, 2006). Au contraire, il a ajouté au comportement de freinage, les comportements de « coulage » des temps, c'est-à-dire les stratégies collectives des ouvriers pour réfuter les temps de base imposés par le bureau des méthodes et l'obliger à augmenter le temps minimum attribué à chaque pièce. En somme, tout un *jeu collec*tif autour des temps de base s'est organisé. Et ce jeu était permis par les règles mêmes du système taylorien, pourtant prétendument conçu pour l'interdire, parce qu'il était en réalité incapable de déterminer scientifiquement les temps. Taylor ne pouvait définir les temps de travail optimum pour la bonne et simple raison qu'il ne disposait pas d'une théorie physiologique accomplie. En particulier, il ne disposait pas d'une *théorie de la fatigue* qui lui eut permis de définir scientifiquement les mouvements, les temps de travail et de repos compatibles avec la physiologie humaine. Taylor, du reste, s'est échiné à développer des systèmes complexes d'organisation du travail, débouchant sur une mécanisation de l'homme, alors qu'il eut mieux valu chercher à *mécaniser le travail* lui-même, partout où cela était possible.

Est-ce étonnant alors que le taylorisme ait présenté tant de dysfonctionnements ?

4.3 Elton Mayo, Hawthorne et l'essor des théories psychologiques de la motivation

C'est pour remédier à ce qu'on a appelé le « syndrome taylorien » que certains chercheurs aux États-Unis se sont occupés, dès le milieu des années 1920, d'analyser plus en détail la motivation ouvrière. Par *syndrome taylorien*, il faut entendre une série de dysfonctionnements limitant les performances et donc les profits des entreprises : *turn-over*, absentéisme, non-qualité, mauvais usages des machines, parfois sabotages. L'expérience fondatrice de la découverte des sources psychologiques de la motivation salariale concernait initialement un groupe d'ouvrières (Lécuyer, 1994). À ce propos, il convient de souligner 1) l'ancrage « ouvriériste » des études motivationnelles originelles. Les premiers travaux formels sur la motivation salariale s'intéressaient avant tout aux salariés d'exécution ; et 2) la distribution sexuée des protagonistes de la recherche : les sujets de l'expérience sont des femmes, alors qu'à l'inverse expérimentateurs, observateurs ou analystes sont, eux, des *hommes*. À l'époque, la science avait un sexe et ce n'est certainement pas sans effet sur les résultats qui en ont émergé.

L'expérience qui nous intéresse est connue sous le nom d'expérience « d'Hawthorne », du nom de la ville où se situait l'entreprise dans laquelle elle s'est déroulée. Nous sommes près de Chicago. La Western Electric, grande entreprise de fabrication de matériel téléphonique, confie à ses ingénieurs, en 1924, le soin de tester le rôle de l'*éclairage* sur la productivité. Comme dans toute entreprise taylorisée, l'usine d'Hawthorne souffre du « mal taylorien ». Une amélioration en matière d'éclairage peut-elle avoir une incidence positive sur le confort des salariés, réduire les symptômes dénoncés et, par enchaînement, améliorer le rendement ouvrier ? Voilà ce qu'il s'agit de mettre à l'épreuve. C'est donc par une action sur les *conditions de travail*, ici le niveau d'éclairage, qu'on cherche à agir sur la productivité.

Pour conduire leurs expériences, les ingénieurs constituent d'abord un groupe expérimental de *cinq femmes*, sur lequel on testera les variations d'éclairage, et un groupe témoin soumis aux conditions de travail du reste de l'atelier, dont l'éclairage reste inchangé. Après plusieurs tests divers, les résultats tombent : la productivité a augmenté dans le groupe expérimental à mesure qu'on a amélioré l'éclairage. Ce résultat plaide donc en faveur d'une incidence positive de l'éclairage sur la productivité ouvrière. Il y a toutefois un problème : la productivité du groupe expérimental est restée supérieure à la productivité de l'atelier *même* en cas de *baisse* de l'éclairage et, *surtout*, elle a augmenté également dans le groupe témoin, où *aucun changement d'éclairage n'a été réalisé*… L'énigme Hawthorne est alors forgée pour les décennies à venir : quelque chose d'autre que l'éclairage, autrement dit qu'une action sur les conditions de travail, doit être invoqué pour expliquer ces résultats surprenants. Ce quelque chose, il reviendra à Elton Mayo, chercheur à la *Harvard Business School*, de le découvrir. C'est à lui et à son équipe que les ingénieurs font en effet appel, à partir de 1927, pour interpréter les résultats observés.

4.4 Découverte de la « logique des sentiments »

Quelle est donc la découverte de Mayo ? Son analyse des résultats d'enquête le conduit à l'hypothèse que ce n'est ni l'action sur les conditions de travail, ni les différentes modalités de rémunération, proposées aux ouvrières au cours des expériences postérieures à 1927, qui expliquent leur rendement supérieur. Mayo décrète que les sources de changement sont entièrement psychologiques. Elles reposent sur ce qu'il baptisera la « logique des sentiments », qui peut s'énoncer ainsi : *quand un salarié se sait être l'objet d'une action destinée à améliorer ses conditions de travail, quelle que soit la réalité de ces améliorations, il réagira positivement*. En somme, les ouvrières réagissent positivement parce qu'elles se savent au centre d'un dispositif qui met en relief leur contribution à l'effort de la firme, accorde de l'importance à leur travail, s'intéresse à la façon dont elles sont amenées à le faire. En prenant en considération le travail des salariées, en tenant compte de leur sentiment, de leurs opinions, en les instituant comme partie prenante d'un effort d'amélioration, on obtient une plus grande implication. On découvre, ainsi, l'importance du « facteur humain » dans l'organisation.

De nombreuses expérimentations supplémentaires ont été conduites pour valider ces résultats. On a agi sur les pauses, la distribution de boissons, chaudes ou froides selon les saisons, les temps et les rythmes de travail, les formes et les règles de la motivation, avec toujours le même résultat. Qu'on change ou qu'on revienne aux conditions initiales, le rendement du groupe expérimental reste supérieur au rendement du reste de l'usine. À la fin des expériences, en 1932, il est estimé à 30 %. La « logique des sentiments » confirme ainsi sa force. Pour obtenir une plus grande productivité, on peut aussi — on doit — s'en remettre à des expédients « symboliques », à une action de type psychologique, jouant sur le *style d'encadrement* mis en place à l'égard des salarié(e)s. Une vaste enquête par questionnaire, réalisée à travers toute la société, confirmera cette idée. Les ouvriers affirment leur attachement à un style de management plus « amical », plus ouvert, plus chaleureux. On l'appellera la *friendly supervision*. La direction de l'usine, sous la férule des chercheurs, déclare alors la fin du management autoritaire qui avait les faveurs des contremaîtres jusque-là, parce que formés à l'école taylorienne. Le bon « encadrant », désormais est un être humain sensible aux attentes des salariés. Il doit se montrer compréhensif, être à l'écoute, conseiller plutôt que commander. Il doit informer et « motiver » ses troupes pour donner le meilleur d'elles-mêmes…

4.5 L'hérédité de Mayo : structuration du paradigme « du contenu »

Plusieurs traditions de recherche vont se développer à partir de ces travaux. Un courant de recherche issu des travaux de Maslow (1943) et de McGregor (1963) va prolonger la réflexion en direction de la « participation », d'abord, de l'« enrichissement des tâches », ensuite. R. Likert, C. Argyris, H. Leavitt montreront, à partir de recherches restées célèbres, que la performance des organisations augmente avec le degré de participation des salariés à l'organisation des activités (Kennedy, 1999). Un style de commandement « participatif », « démocratique » sera la garantie d'une plus grande efficience productive, parce que plus en phase avec les « besoins supérieurs » de la « pyramide » de Maslow.

Dans ce modèle pyramidal — tarte à la crème de tous les manuels de gestion des ressources humaines — les besoins humains sont organisés selon un plan vertical, allant des besoins « primaires » ou « inférieurs » de survie et de sécurité, aux besoins « secondaires » ou « supérieurs » de socialisation, d'estime et de réalisation de soi. Le management participatif est plus conforme aussi au rapport au travail, tel qu'il a été défini par McGregor, où la vision taylorienne négative de l'homme au travail (ou « théorie X » : aversion pour le travail, immaturité, désintérêt pour les responsabilités...) est remplacée par une vision positive (ou « théorie Y »), où le travail devient le moteur central de l'épanouissement individuel. Les individus ne fuient pas le travail, sont capables d'initiatives et de responsabilité, contrairement à ce que pensait Taylor. Et même mieux : ils aiment le travail, dès lors que celui-ci est pensé de façon à permettre à l'individu de satisfaire la totalité de ses besoins, tels qu'ils ont été définis par Maslow...

Du côté de l'enrichissement des tâches, c'est surtout à F. Herzberg que la tradition rend hommage (Kennedy, 1999), et ses travaux trouveront des applications dans de nombreux courants, en particulier dans l'école socio-technique anglaise, à partir des années cinquante (Pillon et Vatin, 2003). La théorie « bi-factorielle » de la motivation de Herzberg repose sur une vision « duale » de l'être humain, en parfaite harmonie avec la théorie des besoins de Maslow. Cette « double nature humaine » s'exprime dans le travail. Celui-ci doit être la source de la satisfaction des besoins physiologiques comme psychologiques qui habitent tout être humain. Or — et Herzberg reprend ici les convictions de McGregor — le travail taylorien permet tout juste à l'homme de satisfaire ses besoins physiologiques, à travers le salaire, notamment. Mais cet apport n'est pas une source de satisfaction. Il est tout juste une source de « non-insatisfaction ». Pour que l'individu soit satisfait de son travail, il faut prendre en compte ses besoins supérieurs. Or toute la partie supérieure de la pyramide de Maslow est — dans le travail taylorien — négligée ; l'homme n'est qu'une machine humaine, privée de ses capacités d'imagination, d'invention, d'investissement intellectuel et symbolique. Pour ouvrir le travail à la dimension spirituelle de l'homme, il faut le « redessiner » (c'est le *job desing*), afin de l'enrichir et de l'élargir.

4.5.1 Apports et limites des relations humaines

Voilà en quelques mots, la descendance de l'école des relations humaines aux théories de la motivation, telle du moins que la recherche les a enregistrées et classifiées. Pour caractériser ce type d'approche fondé sur la notion de *besoin*, on parle de « paradigme du contenu ». Dans le cadre de ce paradigme, le chercheur en motivation doit passer en revue tout ce qui chez l'être humain peut être source de motivation/satisfaction. On a vu plus haut les caractéristiques du travail et de l'emploi qui peuvent faire l'objet d'attentes chez les salariés. Nous n'y reviendrons donc pas. Précisons que la liste des besoins étant définie, on considère que le management n'a plus qu'à agir dans le sens de la satisfaction de ceux-ci pour stimuler la motivation des salariés.

Le modèle est assez pavlovien, on l'aura compris, et il serait intéressant, si l'on avait la place, de se livrer à un bilan critique de l'école des Relations humaines et de ses avatars. On dira simplement que Mayo et son équipe ont fait preuve d'une certaine frivolité méthodologique, que les résultats des expérimentations ont été biaisés et incomplets et, au total, que l'école des Relations humaines n'a pas remis en cause l'organisation taylorienne des activités. Elle cautionne les vues managériales sur la division des tâches, préconisant simplement d'y introduire un peu plus de douceur, un zeste d'humanité, notamment au niveau des relations entre les ouvriers et les contremaîtres.

4.5.2 Critique du paradigme du contenu

Les mêmes critiques de fragilité méthodologique et de hardiesse théorique sont adressées aux théories des besoins et des courants qui en sont issus. Ceux-ci sont tombés d'accord pour dire qu'à la source du comportement salarié existent des aspirations moins matérialistes que l'imaginaient les ingénieurs. Prendre en charge les besoins supérieurs, c'est aller au-devant des attentes de satisfaction des salariés, et c'est par conséquent agir positivement sur l'implication et la productivité. Mais, hélas, la fameuse « pyramide des besoins » de Maslow n'a rien de scientifique. On cherche depuis toujours à établir la liste des besoins « fondamentaux » de l'être humain. Et surtout, l'idée que le travail puisse constituer le véhicule universel de l'épanouissement individuel ne reflète rien d'autre que les présupposés culturels des chercheurs. Le travail n'est une valeur que pour les populations occidentales, une valeur au demeurant en crise, si l'on en croit certaines recherches, en tout cas dans une frange de plus en plus grande de la population privée de travail.

Dans un autre registre, des recherches plus approfondies laissent apparaître que les formes « participatives » d'organisation sont supérieures aux formes « autoritaires », mais dans certaines conditions seulement, ce qui montre le poids du contexte dans la valeur relative des formes organisationnelles (Francès, 1995). La taille du groupe de travail, en particulier, est un élément à prendre en considération pour définir la bonne formule d'organisation, de même que les caractéristiques générales des tâches confiées aux salariés : un environnement stressant, lié à des incertitudes techniques, au danger ou à la pression commerciale, par exemple, appelle des formes de travail plus autocratiques. Ces conclusions sont reprises par le courant organisationnel dit « de la contingence » (Pillon et Vatin, 2003). D'autres recherches montrent que le désir de participation n'est assurément pas une donnée universelle. Pas plus que le désir d'effectuer des tâches enrichies. Au total, il semble bien difficile de trouver des recettes toutes faites pour « gérer les motivations » (Michel, 1989). Les contingences générales du travail et l'identité des individus sont si variées et changeantes qu'il semble vain de prétendre donner *a priori* des clés d'organisation fondées sur des considérations générales relatives aux « besoins » supposés des individus. Et la notion de « mobile » que certains chercheurs ont cru bon de substituer à celle de besoin n'a pas réussi à lever ces difficultés, quoique les théories qui s'y réfèrent aient mis l'accent sur la complexité des processus cognitifs sous-jacents à la dynamique motivationnelle. On sentait bien qu'une diversité d'aspirations sous-tendait le comportement des salariés et que chacun déployait une casuistique complexe pour doser son implication au travail, en fonction de la valeur accordée à telle ou telle opportunité liée à son emploi. Il fallait tenter de rendre compte de cette dynamique cognitive pour approcher de plus près la vérité des motivations du travailleur.

Ce fut le rôle du « paradigme du processus » d'ouvrir ce nouveau chantier.

5 LE PARADIGME DU « PROCESSUS »

Il ne saurait être question ici d'un bilan exhaustif de ce courant. Il est issu de réflexions préparatoires de Hull, en 1952. Elles ont été développées durant plus de trente ans, entre autres par Porter (1961), Porter et Lawler 1968), Lawler (1973), Campbell et Pritchard (1976, *cf.* Levy-Leboyer, 1984, 2001 ; Roussel, 1996). La formulation qu'en a donnée Vroom, en 1964, est considérée comme la plus pertinente (Vroom, 1964). Nous la prendrons comme base, en indiquant ensuite les inflexions que certains chercheurs lui ont fait subir. Notre objectif est de donner un aperçu de la logique de ce paradigme et d'en souligner les limites.

5.1 Intention générale du paradigme du processus

L'effort principal de ce courant de recherche est d'éclairer la dynamique cognitive qui préside à la prise de décision. Il s'agit autrement dit de considérer les *raisons* que se donnent les individus pour agir. Voilà pourquoi il est souvent question de *choix* et de *cognition* dans ce paradigme, qui est aussi appelé « paradigme du choix cognitif ». On admet ici que tout individu fait des « calculs » pour hiérarchiser ses préférences et organiser sa conduite. Il convient alors d'élucider le travail intérieur auquel se livre le travailleur afin de choisir parmi les *stimuli* extérieurs ceux qu'il préfère et qui vont conditionner son comportement. Voilà pourquoi on parle de « paradigme du processus ». La motivation n'est pas envisagée comme un état stable, mais comme une dynamique sans cesse relancée par les situations auxquelles sont confrontés les individus.

En même temps que l'importance du contexte, on souligne donc ici la centralité des dimensions subjectives du comportement humain. L'individu n'est pas seulement un être de besoin, il est aussi un être de raison, qui sait prioriser, ordonner ses attentes et ses aspirations. Il faut donc rendre compte de cette dynamique évaluative pour rendre au comportement humain l'indétermination qui le distingue du comportement animal... Modèle profondément rationaliste, le paradigme du processus s'est fondé sur des modélisations de type mathématique qui constituent à la fois son principal attrait et sa plus grande faiblesse, du fait même de la fragilité des données qu'il traite. Voyons ce qu'il en est.

5.2 La théorie EIV

Locke, qui en 1968, a revisité l'approche de Vroom a contribué à la faire connaître sous la dénomination de « théorie EIV » (Locke, 1968), pour *Expectation, Instrumentality and Valence*. On l'appelle encore « théorie des attentes » ou « théorie de l'expectation ». Cette théorie définit de façon schématique la motivation comme le résultat de la probabilité perçue par un individu d'atteindre par son action un certain niveau de performance (*Expectation*). Cette évaluation de premier niveau déterminera la probabilité perçue d'obtenir un certain niveau de récompense (*Instrumentality*). Cette évaluation de second niveau sera évaluée à son tour du point de vue de sa désirabilité, de sa valeur (*Valence*). Au terme du processus, l'individu choisira d'agir ou de ne pas agir et, s'il agit, il modulera son engagement en fonction de ce qu'il aura perçu comme étant les récompenses atteignables et la valeur qu'il leur attache. Dans ce processus, chaque terme de l'évaluation doit être supérieur à zéro, sans quoi le processus motivationnel est bloqué (on parle de théorie « multiplicative »). Ce qui donne :

$$M = EIV$$

avec M = *motivation*, E = *expectation*, V = *valence* ; pour que $M > 0$, il faut que E, I et $V > 0$.

Il faut insister sur la nature subjectiviste et probabiliste de ce modèle. Tout le processus est sous-tendu par des évaluations purement subjectives de l'individu, touchant d'abord ses capacités à réaliser une performance, à atteindre un certain objectif ; ensuite sur la probabilité, subjectivement estimée, que l'atteinte de l'objectif s'accompagne d'une certaine récompense ; enfin, il est de même de la troisième étape, celle de l'évaluation de la désidérabilité, de la *valeur* de la récompense aux yeux de l'individu. Celle-ci s'accompagne au demeurant d'un risque de conflit de valence, dès lors que l'individu se trouve dans l'obligation de comparer entre elles les différentes valeurs qui s'attacheront aux différents résultats de ses différentes possibilités d'engagement.

Complexité cognitive assurément de ce modèle du « choix cognitif », qui fait de l'être humain une véritable *machine computationnelle*. H. Simon, prix Nobel d'économie, a toutefois montré que si l'homme est un être de calculs rationnels, il ne l'était que de façon *limitée*. Son information est limitée, ce que le modèle du « choix cognitif » retient, mais aussi ses capacités de raisonnement, ce que le modèle néglige — et ceci a fait dire à Simon que toute décision est finalement le résultat non pas d'une rationalité absolue, ou *substantive*, mais d'une rationalité processuelle, ou *limitée*, s'arrêtant sur la solution jugée non pas la meilleure, mais celle qui est jugée *satisfaisante*. Il aurait fallu intégrer cette nuance dans le modèle pour lui donner plus de réalisme. Mais ce n'est pas tout.

5.3 Les difficultés du paradigme du choix cognitif

La clarté du modèle du choix cognitif (« l'individu est motivé quand : 1) il se croit capable d'atteindre une performance, 2) quand il croit que cette performance lui octroiera un avantage, 3) quand cet avantage est valorisé ») semble purement théorique dès lors qu'on aborde le chapitre des méthodes mises en œuvre pour l'éprouver empiriquement. En effet, pour appliquer cette théorie, il faut en passer par des recueils de données déclaratives assez complexes et entachées des défauts de toutes les enquêtes d'opinion : quand il s'agit de répondre à un questionnaire, on a montré que les réponses fournies étaient, pour certaines personnes, non pas les réponses correspondant aux convictions de la personne, mais les réponses correspondant à l'idée que le répondant se fait de la bonne réponse, ou à l'idée qu'il se fait de la réponse que l'interviewer attend de l'interviewé. En somme, le cadre même de l'enquête n'est jamais un espace neutre, dans lequel les interviewés se comportent « naturellement », tout simplement parce que la situation d'interview n'est pas une situation « naturelle ».

Au delà même de ces considérations épistémologiques, soulignons la difficulté intrinsèque de l'enquête, comme on peut l'imaginer à travers des mesures de ce genre :

$$\mathrm{F}i = \mathrm{f}i\left[\sum_{j=1}^{n}(\mathrm{E}ij\mathrm{V}j)\right]$$

et :

$$\mathrm{V}j = fj\left[\sum_{k=1}^{n}(\mathrm{V}k\mathrm{I}jk)\right]$$

où Fi [= la force motivationnelle, c'est-à-dire la force de l'intention d'agir pour accomplir une action (i)] dépend de Eij [= l'intensité de la croyance que l'action (i) sera suivie du résultat (j), c'est-à-dire d'un niveau de performance donné (c'est l'*expectation*)], de Vj [= la valence pour l'individu du résultat (*j*)], de I*jk* [= l'instrumentalité du résultat (*j*) du point de vue de sa capacité à faire obtenir une récompense de niveau (*k*)], et enfin de V*j* [= la valence pour l'individu de ce résultat niveau (*k*)].

Inutile de commenter la lourdeur des questionnaires qui sous-tendent une telle enquête et les difficultés d'interprétation qui en résultent. En outre, la théorie est parfaitement muette sur ce qui peut expliquer la nature des évaluations faites par les individus, tant en termes d'expectation que de valence (laissons de côté l'instrumentalité qui peut être relativement bien codifiée dans l'entreprise). Partant, comment agir sur les motivations, si on ignore pourquoi les gens s'estiment capables de tel niveau de performance, plutôt que tel autre, supérieur ? Et si, par exemple, un individu privilégie avant toute chose la sécurité de l'emploi, que peut-on faire si l'entreprise, aux prises avec les processus de globalisation et de délocalisation, est incapable de la garantir ? Lui dire alors de changer d'emploi ? Mais si partout, y compris aujourd'hui dans l'administration, le modèle de la flexibilité prime, doit-on alors mettre en œuvre une opération de *coaching* pour l'amener à changer ses préférences ? Où est alors la « gestion des motivations » ?

5.4 Les adaptations et leurs limites

Nous n'ignorons point que certains modèles ont été développés pour répondre à une partie de nos objections (Fenouillet, 2003*a*). Des modèles intégrant, par exemple, une certaine « caractérologie » dans leur mesure, en particulier la propension variable d'un individu à l'autre à affronter des situations risquées ou fortement incertaines (c'est le thème du *motive to achievement* de McClelland *et al.*), ou encore la propension variable aussi d'un individu à l'autre d'imputer succès ou échecs à soi-même ou à l'environnement (c'est le thème du « lieu de contrôle »), etc. D'autres modèles ont voulu desserrer les déterminismes motivationnels, introduire le temps et donc le changement dans nos aspirations, pour faire de notre motivation un processus lui-même évolutif... Les règles qui en découlent en termes de « gestion de la motivation » n'en demeurent pas moins floues. C'est le principal reproche.

La lourdeur des recueils de données, l'incertitude en termes d'interprétation des résultats et plus encore en termes d'action en direction de la gestion des motivations a finalement condamné le succès de ce paradigme aux yeux des praticiens d'entreprise, qui cherchent avant tout des outils simples, pratiques, facilement mobilisables et peu coûteux pour circonvenir, si cela est possible, les motivations des salariés. C'est sans doute ce qui explique l'essor et l'apparent succès du troisième paradigme apparu dans le champ des études motivationnelles.

6 LA MOTIVATION « CULTURELLE » : LE PARADIGME DU BUT

Au cours des années 1980-1990, un nouveau paradigme dans les études motivationnelles s'est affirmé. Il a été nommé : « paradigme du but » (voir chapitre 4). Il est difficile de se prononcer sur sa véritable consistance. Il semble se situer à la croisée des apports des paradigmes précédents. Ce paradigme ne manque pas de sophistication théorique. Nous en ferons l'économie ici pour nous concentrer sur ses principes pratiques.

6.1 Le contexte socio-économique

Ce paradigme apparaît en même temps que se diffusent les modèles d'organisation du travail « japonais » et que se structurent de nouvelles logiques de marché (Plane, 2000). À la production de masse fordienne, fondée sur des biens standardisés de grande série, succède un modèle de production/consommation fondé sur des biens diversifiés, changeant au rythme des goûts du consommateur. Le pilotage par l'aval, le flux tendu, etc., constituent les nouveaux principes de gestion du travail. Ces nouveaux modèles d'organisation appellent de nouveaux principes de management et de nouvelles dispositions chez les salariés, en particulier les *opérateurs*, dont dépend *in fine* la bonne exécution des tâches. Le culte de la performance doit leur être inculqué — de la même façon qu'il a été inculqué aux cadres au cours des décennies antérieures. Pour cela, il faut des clés d'action simples, rapides, peu coûteuses. C'est principalement par une action sur l'*identité* et la *culture* qu'est passée la conversion des opérateurs aux nouveaux principes de management (Louart, 1997 ; Coutrot, 1999). On amène les salariés à partager les valeurs fondamentales de l'entreprise.

6.2 L'effet de but…

Le paradigme du but ou encore de « l'autorégulation » a été forgé pour accompagner le mouvement de modernisation des entreprises (Lévy-Leboyer, 1984, 2001 ; Roussel, 1996). Il vise à fonder l'activité entrepreneuriale sur la définition collective d'*objectifs*, dont la gestion va servir de soubassement à la dynamique motivationnelle prise en charge par l'encadrement. Il se fonde sur l'étude des mécanismes volitifs, cherchant à clarifier les modalités du passage de l'intention à l'action et à élucider le rôle tenu par les facteurs de personnalité et les facteurs sociaux dans ce passage. En ce sens, il doit beaucoup au paradigme précédent, tout en cherchant à rompre avec sa faiblesse opératoire. Locke, en 1968, est l'initiateur du mouvement. Il sera suivi par de nombreux autres chercheurs qui ambitionnent de fournir au management des politiques d'action en direction de leurs salariés.

À la question de savoir comment motiver les salariés, et plutôt que de déterminer par quelle mystérieuse recette on peut amener un salarié à atteindre un résultat souhaité, Locke (1968), très pragmatique, répond : « en lui fixant un objectif ». C'est ce qu'il appelle « l'effet de but », selon lequel le *but* en lui-même, indépendamment des incitations économiques ou matérielles, est porteur de motivation, dans la mesure où la possibilité à se représenter de manière claire son travail sous forme d'objectifs précis aurait la faculté d'ordonner, d'organiser et de stimuler la conduite. Derrière cette simplicité apparente, voire cette trivialité, se tient un quart de siècle de recherche, quatre cents expérimentations conduites dans huit pays et sur quarante mille sujets (Levy-Leboyer, 2001). Ces vastes investigations permettent de préciser les conditions d'opérationnalité de cet effet de but.

6.3 Les conditions de validité du modèle…

En premier lieu, les attributs du but, en particulier son *contenu*, sont déterminants. Les buts se distinguent par leur variété, leur temporalité, leur difficulté. Un but trop simple ne motive pas, car il n'est pas gratifiant. On entend souvent les managers dans les entreprises dire qu'il faut « challenger » les individus, indiquant que la difficulté est un facteur de stimulation. Elle est par ailleurs un gage de confiance investi dans le salarié. Toutefois, il ne faut pas se montrer trop exigeant. Le salarié doit se reconnaître les capacités à atteindre le but, ce qui introduit un biais à la fois cognitif et psychologique, que l'encadrant doit prendre en charge. Un but, par ailleurs, est d'autant plus motivant qu'il est *précis*. Enfin, les buts se distinguent aussi par leur *intensité*. C'est-à-dire le degré de réflexion mis en jeu pour les élaborer et élaborer le plan d'action pour les atteindre. À cet égard, on sait qu'un but est d'autant mieux approprié par le salarié qu'il a participé à sa formulation. On retrouve ici les acquis du courant participatif. Toutefois, est-on sûr que cette participation, ces actions de clarification et les défis lancés aux salariés suffisent à emporter la décision ? Non, nous disent les spécialistes. L'effet de but est au rendez-vous également parce qu'à la participation, on adjoint la force de conviction du cadre. Celui-ci peut compter d'une part sur sa position statutaire pour influencer le salarié, dans la mesure où le *conformisme* du salarié induit par les effets de hiérarchie constitue un stimulant intrinsèque pour tout individu (on semble ici s'approprier les travaux inquiétants de Milgram, 1994). Mais l'encadrant doit aussi s'appuyer sur sa capacité à « vendre » le but à ses salariés. Il doit être force de conviction, savoir distiller les informations pertinentes aux salariés en phase de négociation du but et tout au long du processus de réalisation de la performance. L'effet de but, en somme, doit être assorti d'un travail permanent de *communication*, au double sens du terme, c'est-à-dire, de transfert d'informations, mais aussi, au sens de la *pragmatique*, d'influence en direction du salarié. Une fois qu'ils ont adhéré au but, les salariés doivent être informés des résultats atteints, de la distance qui les sépare encore de la réalisation complète du but. D'où l'importance des dispositifs de *reporting* des résultats, des tableaux de bord et des recueils d'information que les entreprises ont développés dernièrement. Ce retour d'information est un moment privilégié dans la relation entre salariés et cadres pour construire collectivement le processus de motivation. Les formes du *leadership* sont, là encore, importantes et on se souvient, dans les entreprises, des « leçons » d'Hawthorne. Ces échanges permanents d'information constituent des étapes importantes de la consolidation de la motivation, dès lors que l'encadrant s'en saisit pour relancer les aspirations des individus, tester leur degré de satisfaction, les encourager en cas de baisse, jouer sur les affects divers qui se structurent autour de la performance pour susciter un mouvement ascensionnel vers la réussite. Pour cela, il doit se mettre à l'écoute de ses collaborateurs. Il doit apprendre à les connaître. Il doit jouer avec les propensions caractérologiques des uns et des autres, soutenir celui qui manque d'estime de soi, tempérer les aspirations de celui qui survalorise la réussite, au détriment des moyens mis en œuvre, etc. En somme, l'effet de but exige beaucoup des cadres et, surtout, intègre à ses modèles des dimensions psychologiques moins présentes dans le paradigme précédent peut-être. Dans le même temps, il complique encore plus le cadre analytique de la « gestion des motivations », dès lors qu'il envisage l'individu dans de nombreuses dimensions de sa constitution psychologique et sociologique. Les assises scientifiques du modèle subissent ainsi un amoncellement de théories et d'apports disciplinaires divers, dont la conceptualisation paraît extrêmement difficile, ouvrant la voie, sur le terrain, à des pratiques faites plus de bon sens et d'empirisme que de rigueur scientifique.

6.4 …et ses difficultés d'application

C'est que la motivation, on s'en rappelle, est fortement liée à la *personnalité*. Cela oblige à prendre en considération les besoins et aspirations de chacun, tout en sachant qu'il n'y a pas d'état motivationnel stable et que la nature et la hiérarchie des besoins et aspirations changent sans cesse dans l'individu, au gré de ses modifications identitaires (Mucchielli, 1986). Cette diversité des paramètres individuels se voit compliquée par la grande diversité des situations organisationnelles. Chaque entreprise est un microcosme dont les lois sont données par ses caractéristiques internes et environnementales. Comment, dans ces conditions, « gérer les motivations » selon un programme qui se veut scientifique ?

À la réflexion, on s'aperçoit que les « clés d'action » proposées au management sont de facture tout à fait traditionnelle : un peu de *méritocratie*, à la

Taylor, même si on ne sait souvent pas bien mesurer le mérite individuel ; un peu d'*enrichissement* et d'*élargissement des tâches*, pour varier les activités confiées aux salariés, un peu de *participation*, notamment dans la définition des buts, en conformité avec l'école des Relations humaines ; et, enfin, beaucoup de *communication* en direction de la création d'une culture commune au service de la performance collective, conformément aux acquis du paradigme du but…

7 CONCLUSION : L'AVENIR DE LA GESTION DES MOTIVATIONS AU TRAVAIL ?

On a proposé ici une histoire des théories de la motivation au travail. L'enseignement principal est certainement que chaque théorie de la motivation porte la marque de son époque. De nos jours, le monde de l'entreprise presse les chercheurs de livrer des clés d'action rapides, faciles d'utilisation, peu coûteuses, comme le sont certaines machines, finalement, qui se substituent à l'homme parce qu'elles économisent le temps, les processus et les budgets. On peut prédire sans grand risque que les prochaines avancées en la matière ne proviendront pas de nouvelles découvertes dans l'organisation psychologique de l'homme, ni dans une mutation de ses dynamiques psycho-énergétiques ou volitives, mais bien plutôt des nouvelles exigences organisationnelles des firmes qui les emploieront. Prédire, en somme, les tendances à venir de la recherche sur les motivations au travail, c'est d'abord faire des hypothèses sur ce que seront l'économie et la société demain. Nous laisserons à d'autres le soin de cet exercice…

Chapitre 11

MOTIVATION ET MANAGEMENT[1]

1. Par Pierre-Henri François.

Selon Goguelin (1989), « management vient [du latin] *manus* : “la main”, par l’italien *managgiare* et l’anglais *to manage* : “manier, conduire, avoir bien en main” ». Thiétart (1982) le définit comme « art ou manière de conduire une organisation… ». Nous retiendrons que le manager est celui qui fait en sorte que le système humain dont il est responsable parvienne à des résultats. Pour ce faire, il met en œuvre les moyens techniques, financiers et humains en assumant les fonctions de direction, de planification, d’organisation et de contrôle (Gruère, 2005).

La motivation est un concept clé pour comprendre le processus qui mène à la performance. Dans sa revue de question consacrée aux théories du comportement organisationnel, Miner (2003), souligne que celui qui voudrait créer une théorie valide et applicable fera bien de regarder du côté des théories de la motivation. Si on considère en outre, d’une part, qu’à l’heure de la mondialisation, l’efficacité de nos systèmes de travail est souvent évoquée comme la condition du succès voire de la survie de nos sociétés et que d’autre part, la recherche sur la motivation au travail a enregistré nombre d’avancées dans les dernières décennies, on conçoit tout le bien fondé de consacrer un chapitre à la question du management et de la motivation dans un ouvrage dédié à la psychologie de la motivation.

Une des avancées de la recherche sur la motivation au travail est, selon Latham et Pinder (2005), de porter attention à l’ensemble des aspects de la motivation et non plus de focaliser sur un seul. Ainsi les effets de la motivation classiquement étudiés étaient la performance de travail et la satisfaction, ils vont maintenant du comportement citoyen au comportement contre-productif (*ibid.*). Les alertes sur le dumping social ou sur les répercussions écologiques n’amorcent-elles pas la réflexion sur de nouveaux critères de performance organisationnelle ? Schermerhorn, Hunt, Osborn et de Billy (2006,) placent le leadership éthique parmi les changements clés des nouveaux milieux de travail.

Ce chapitre est centré sur des processus motivationnels à prendre en compte dans le cadre d’un management psychologique (Goguelin, *ibid.*). La première partie présente un modèle de motivation social cognitif et ses applications pour le management. La deuxième partie reprend des apports de la recherche sur le leadership et les articule au modèle. La troisième partie met en perspective le rôle motivateur du manager à partir de trois sources théoriques : la critique socio-normative, l'engagement, l'approche interculturelle. Nous finissons avec l'évocation de concepts clés pour un management de la motivation que sont l'habilitation du personnel, le contrat psychologique et la démocratie organisationnelle.

1 UN MODÈLE SOCIAL COGNITIF DE LA MOTIVATION

Les modèles sociaux cognitifs de la motivation trouvent leur source dans les travaux de Tolman (1932) et de Lewin (1936, 1938). Dans ces conceptions, la motivation pour un comportement résulte de la combinaison de deux composantes : l'attraction (valence) qu'exerce le but sur l'individu et la croyance que le comportement mènera au but. Avec la célèbre théorie du chemin et du but, House (1971) réalise une synthèse de la théorie motivationnelle des attentes et de travaux antérieurs sur le leadership qui ont suggéré que les leaders performants indiquent aux subordonnés les récompenses qu'ils peuvent obtenir. L'essentiel du modèle de House peut être appréhendé à partir de la formalisation de Vroom (1964) dont nous rappelons les principales composantes dans le paragraphe suivant : résultats de premier et second niveau, expectation, instrumentalité, valence.

Pour Vroom (*ibid.*), les résultats de premier niveau correspondent à une performance (le rendement, le chiffre d'affaires réalisé dans le mois...). Les résultats de second niveau correspondent aux conséquences psychologiques des performances pour l'individu (satisfaction personnelle, reconnaissance sociale, récompenses et sanctions, promotion...). La valence renvoie à l'intensité du caractère attractif ou aversif du résultat de second niveau pour l'individu. L'instrumentalité renvoie à l'intensité du lien perçu entre résultat de premier niveau et résultat de second niveau. Une performance n'a pas de caractère attractif en soi mais en fonction de ses conséquences positives ou négatives attendues par l'individu : c'est le modèle de la valence de Vroom. L'expectation renvoie à l'intensité du lien perçu entre l'effort et la performance. Elle est forte quand l'individu est persuadé que ses efforts aboutiront à la performance. La force de motivation pour un comportement dépend donc de l'expectation et du caractère attractif de la performance (déduit de la valence) : c'est le modèle de l'expectation. Selon Vroom, c'est un lien multiplicatif qui existe entre valence et instrumentalité et entre expectation et valence ce qui implique que si une des trois composantes (valence, instrumentalité ou expectation) est faible ou nulle il en va de même pour la motivation totale.

Pour House (*ibid.*), les fonctions de motivation d'un leader sont d'accroître les valences positives associées aux objectifs de travail, aux moyens de les atteindre et d'augmenter la perception de l'instrumentalité de ces chemins d'accès aux objectifs. Dans un modèle intégré de la motivation et du leadership, Neider et Schriesheim (1988, voir figure 11.1) indiquent que le manager propose au subordonné des récompenses que celui-ci valorise, qu'il lie les récompenses valorisées aux performances, qu'il accentue les relations entre l'effort et les performances de travail. Au moins deux lectures de ces préconisations sont possibles ; elles ont trait aux moyens utilisés par le manager pour influencer les représentations des subordonnés. L'une, d'essence plutôt comportementaliste, revient à considérer que le manager doit organiser le travail de ses subordonnés de telle façon que ses comportements soient renforcés de façon stimulante. L'autre, d'inspiration plus sociale cognitive, accentue le rôle pédagogique du leader qui, par ses explications, parvient à susciter une représentation motivante de la situation de travail. Les deux approches ne sont nullement antagonistes : le manager peut organiser et expliquer.

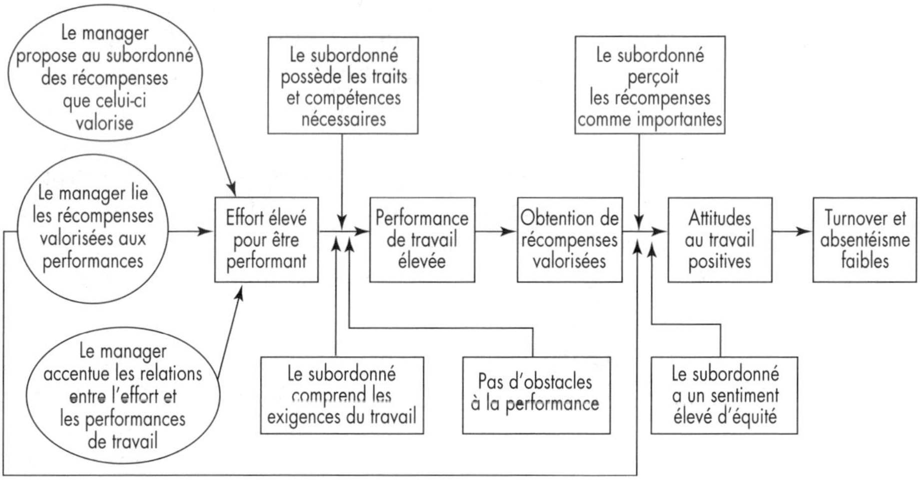

Figure 11.1

Un modèle intégré de la motivation et du leadership dans la perspective de la théorie du chemin et du but (d'après Neider et Schriesheim, 1988).

Comme les travaux de Vroom, ceux de Bandura, plus récents (1997, 2003), se sont montrés féconds pour aborder les questions de management et de motivation. Nous en rappelons l'essentiel ci-dessous pour ensuite proposer une articulation avec ceux de Vroom et House.

Dans la théorie sociale cognitive (TSC) de Bandura, deux composantes majeures des représentations du sujet sous-tendent les processus motivationnels : le sentiment d'efficacité personnelle (SEP) et l'attente de résultat (AR). Le SEP concerne l'évaluation par le sujet de ses propres capacités à mettre en œuvre les moyens identifiés comme menant aux effets recherchés. Avoir développé un SEP pour certaines activités conduit à sélectionner préférentiellement ces activités, à y investir davantage d'effort et à s'y montrer plus persévérant, notamment quand surviennent des difficultés. Le SEP compte parmi les meilleurs prédicteurs psychologiques des performances (méta-analyse de Sadri et Robertson, 1993).

L'attente de résultat correspond aux croyances d'un individu que certains comportements peuvent permettre d'atteindre des résultats visés. Pour expliquer la différence entre SEP et AR, Bandura précise que « l'auto-efficacité perçue [le SEP] est un jugement porté par l'individu sur ses capacités à organiser et émettre certains types de performances alors que l'attente de résultat est un jugement sur les conséquences probables de ces performances » (1997). Dans le schéma qu'il propose pour situer SEP et AR (*ibid.* ; Bandura, 2003), Bandura indique clairement que le SEP concerne le lien entre la personne et ses comportements alors que l'AR concerne le lien entre ces comportements et leurs résultats. L'AR, dans la TSC (*ibid.*), se divise en trois grandes catégories : résultats matériels (par exemple, rémunération), résultats sociaux (reconnaissance, prestige…) et résultats auto-évaluatifs (satisfaction, fierté…). Bien entendu les résultats peuvent aussi être négatifs (pénalités, désapprobation, dévalorisation de soi…) et la motivation est alors de les éviter ou les contrôler. Pour Bandura, les attentes de résultats se constituent à partir des expériences vécues par le sujet et aussi par modelage. Par la réflexion sur ses propres actions ou sur celles d'une personne observée (modèle), le sujet infère des croyances sur les comportements efficaces qui peuvent mener à certains résultats attendus. Ces règles de fonctionnement inférées seront ensuite appliquées dans l'autoguidage des activités.

Les compétences d'encadrement ont fait l'objet de travaux spécifiques dans l'optique de la TSC. On citera un ouvrage de psychologie du management (Sims et Lorenzi, 1992) où l'approche sociale cognitive qui est dépeinte fonde les pratiques de management sur la régulation des représentations que les membres de l'organisation se font d'eux-mêmes, du travail, des autres. C'est notamment avec des objectifs soigneusement élaborés que cet encadrement s'opère (la TSC intègre particulièrement bien les apports des travaux de Locke (1997) sur les objectifs ou buts). Les objectifs sont spécifiques plutôt qu'ambigus, difficiles plutôt que faciles ou impossibles. Ils permettent des évaluations aux étapes intermédiaires quand ils sont complexes ou éloignés dans le temps. Le degré de directivité ou de participation varie dans l'élaboration des objectifs. L'encadrant peut être amené à privilégier l'assignation de buts au débutant (qui risquerait de se fixer lui-même des objectifs mal adaptés, le conduisant à des difficultés et donc à une auto-évaluation négative) et procédera de façon concertée avec le plus expérimenté. Les effets de la compétition interindividuelle et intergroupale doivent aussi être judicieusement appréciés dans cette opération de détermination des buts, par exemple la compétition est susceptible d'accroître la spécificité et la difficulté des buts mais les situations de travail nécessitent souvent de la coopération plutôt que de la compétition. L'encadrant aura recours au modelage en attirant l'attention sur les comportements efficaces, en favorisant leur mémorisation et en encourageant leur reproduction, leur conférera un caractère motivant en rendant saillante leur relation avec des résultats valorisés par les encadrés (performance, reconnaissance, primes...). Mais l'essentiel pour l'encadrant selon la TSC est le développement du SEP de ses collaborateurs.

Dans la perspective de la TSC, le rôle du manager est alors de faire en sorte que ses collaborateurs éprouvent cette confiance dans leurs capacités. La première source de SEP étant la réussite, il convient donc de mettre ces collaborateurs en situation de succès psychologique (pour reprendre une expression d'Argyris, 1974), par des objectifs appropriés et par tout autre moyen à la disposition du manager. Le SEP peut aussi être favorablement influencé en proposant des modèles auxquels les collaborateurs pourront s'identifier. Le manager sera éventuellement ce modèle pour certaines activités mais l'important est que les collaborateurs soient au contact de personnes compétentes et efficaces dont l'observation conforte leurs croyances dans leurs propres capacités. La persuasion verbale, les encouragements du manager peuvent rassurer quant à la possession des capacités requises. Le fait de réaliser les activités professionnelles dans une ambiance détendue favorise une évaluation positive des actions. Le manager s'arrange donc pour rassembler les conditions dans lesquelles ses collaborateurs éprouveront un solide SEP par rapport aux activités qu'ils ont en charge.

Le manager devrait être aussi particulièrement attentif aux aspects de la situation de travail qui mènent les collaborateurs à ressentir qu'ils œuvrent dans un environnement réactif. Cette perception correspond à une AR de niveau élevé : croyance que l'action menée conduit à des résultats recherchés. Comme on le voit dans la figure 11.2 (empruntée à Bandura, 2003), l'engagement productif se trouve dans la cellule où SEP et AR sont forts. Nous reviendrons sur le rôle du manager vis-à-vis de l'AR après avoir présenté notre modèle général car celui-ci permet de traiter ce point avec une meilleure précision.

Pour Bandura (2003), ce qui distingue la TSC des approches expectation-valence comme celle de Vroom, c'est l'insistance de la TSC sur les croyances de l'individu relatives à ses propres capacités et non sur les attentes. On situera toutefois dans une même famille sociale cognitive (François, 2003) la TSC et les théories des attentes.

ATTENTES DE RÉSULTAT

CROYANCES D'EFFICACITÉ (SEP)	–	+
+	Revendication Reproches Militantisme Changement de milieu	Engagement productif Aspirations Satisfaction personnelle
–	Résignation Apathie	Autodévalorisation Découragement

Les + et les – représentent les caractéristiques positives et négatives des croyances d'efficacité et des attentes de résultat.

Figure 11.2
Les effets des différents modes de croyances d'efficacité et d'attentes de résultat de performance sur le comportement et l'émotionnel (Bandura, 2003, p. 38).

L'articulation de la TSC avec l'approche expectation/valence de Vroom peut être introduite en rappelant qu'une des critiques faite à Vroom est la faiblesse de conceptualisation de l'expectation (Thill, 1993). Les travaux d'Elen Skinner (1996) sont utiles pour établir cette articulation schématisée dans la figure 11.3. Dans sa typologie des construits de contrôle, Skinner propose trois grandes catégories selon que les construits se réfèrent aux relations agent-fins, agent-moyens ou moyens-fins. Les fins correspondent aux résultats recherchés et sur lesquels les individus essaient d'exercer un contrôle, les agents sont les personnes ou groupes qui exercent le contrôle, les moyens sont les voies par lesquelles le contrôle est effectué.

Skinner (*ibid.*) classe le SEP de Bandura et l'expectation de Vroom dans la catégorie relation agent-moyens. Le SEP serait alors une composante essentielle de l'expectation (François, 2002, 2003) : si l'individu a des doutes sur ses capacités à réaliser les comportements requis pour une performance, le lien perçu entre les efforts produits et la performance est minimisé.

Skinner classe dans la catégorie relation moyens-fins l'instrumentalité de Vroom et l'attente de résultats de Bandura. Nous proposons de distinguer, au sein de la catégorie relation moyens-fins, ce qui est du registre de l'expectation (attente de résultat de premier niveau, AR1 que nous avons aussi nommée représentation de l'efficacité des moyens, REM, dans des textes antérieurs) et ce qui est du registre de l'instrumentalité (attente de résultat de second niveau, AR2). L'AR1 relève de l'expectation puisqu'elle est identification et évaluation des moyens qui mènent à une performance. Ce qui est différent de la croyance que cette performance servira les desseins (AR2). Sur un plan logique, ces deux composantes sont nécessaires à la motivation. On l'a vu pour l'instrumentalité.

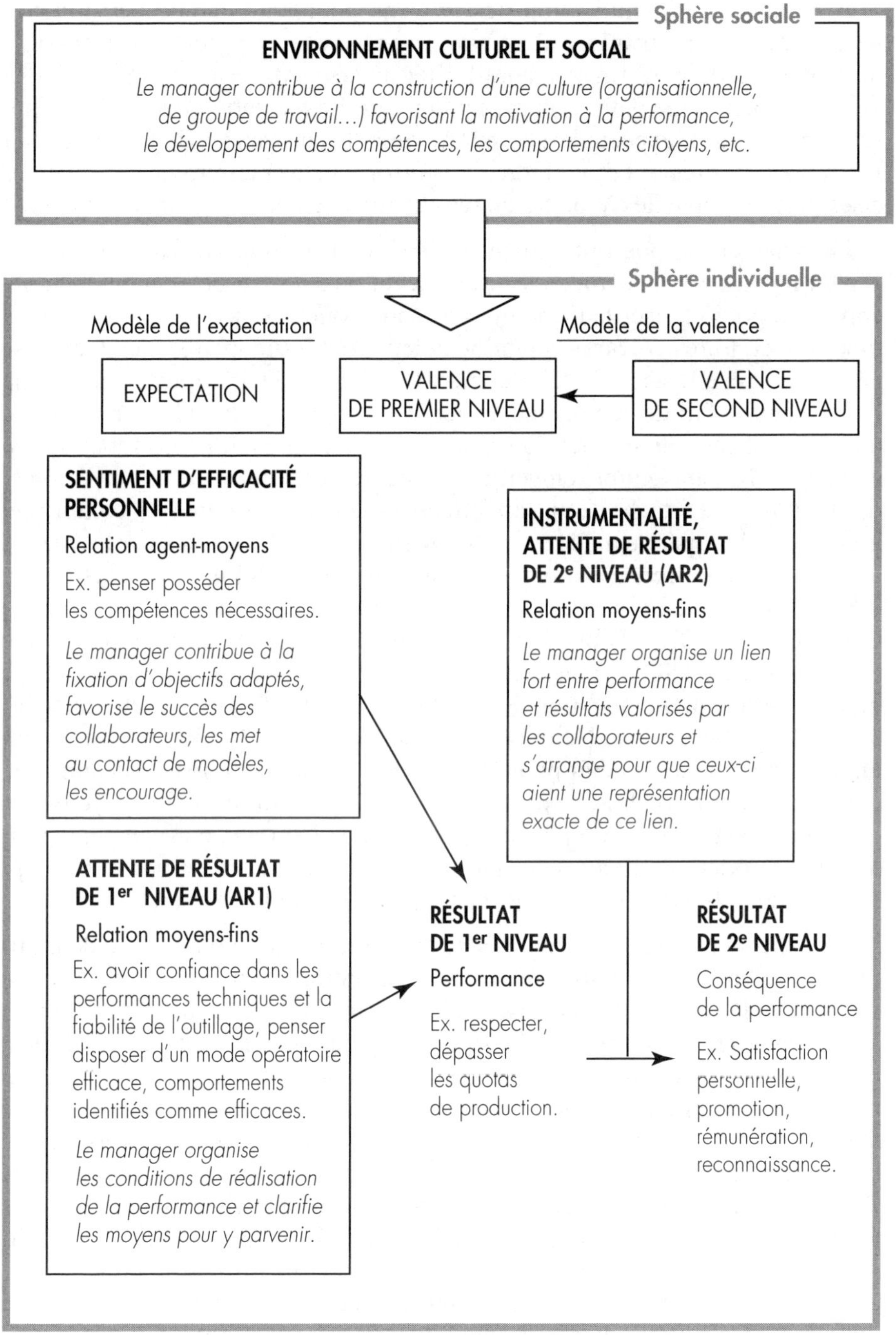

Figure 11.3
Schéma de synthèse des approches de la motivation sociale cognitive de V-H. Vroom, A. Bandura et E. Skinner

Avec l'AR1, l'identification des moyens pour réaliser une performance utile favorise la motivation, alors que ne pas savoir comment il est possible d'atteindre cette performance aura l'effet inverse. Ainsi, avec le SEP, l'AR1 vient compléter une définition plus précise de l'expectation que celle proposée par Vroom. L'expectation comporte alors les croyances de l'individu sur les moyens permettant d'atteindre une performance et les croyances relatives à ses propres capacités à mettre en œuvre efficacement ces comportements.

Le management pourrait influencer l'attente de résultats des niveaux 1 et 2. L'AR1 recouvre, par exemple, la croyance qu'on a à sa disposition un matériel approprié pour réaliser la tâche mais aussi la connaissance des procédures et modes opératoires et leur acceptation et leur crédibilité (penser que leur mise en œuvre est efficace). L'AR1 comporte notamment la représentation que l'opérateur se fait des compétences requises pour la tâche. On conçoit donc que le manager, par son action sur le système de travail, peut influer sur ce niveau d'AR, par exemple en veillant à maintenir un niveau d'organisation et de définition des tâches qui soit effectivement opérationnel et compris et accepté par les opérateurs. Dans notre modèle, il y a deux voies par lesquelles le manager peut accentuer l'expectation : celle de l'AR1 et celle du SEP. Par l'AR1, les opérateurs savent de quels moyens ils disposent pour accomplir le travail et par le SEP ils ont confiance dans leur capacité à mettre en œuvre ces moyens. La TSC permet donc de préciser comment l'action managériale pourrait infléchir la perception des relations entre l'effort et les performances de travail (*cf.* modèle de Neider et Schriesheim, *ibid.*). L'AR2 ou instrumentalité garde tout son intérêt pour le manager : la motivation à accomplir une performance est conditionnée par le fait que la performance, aux yeux des opérateurs, aura des conséquences qu'ils recherchent. On constate, en appliquant ce modèle motivationnel au management, que conserver le concept d'instrumentalité de Vroom contribue à la finesse de l'analyse.

Un aspect reste à aborder pour achever la présentation du modèle de motivation : la construction sociale des représentations. On a argumenté l'idée selon laquelle le versant social de la TSC pourrait être renforcé par rapport au versant cognitif (François, 2004*a*). Si Bandura intègre tout à fait, dans son système théorique, le fait que les représentations sont influencées par l'environnement social (influence d'un modèle, des médias, de l'éducation…), il reste que, souvent, il s'en tient à une description de processus cognitifs alors qu'une interprétation faisant plus de place aux déterminants sociaux serait possible. Par exemple, à propos du sentiment d'efficacité collective (SEC), nous avons relevé (François et Aïssani, 2002) que Bandura privilégie une lecture cognitiviste (l'individu constate que l'équipe est efficace) par rapport à une lecture qui pourrait être plus psychosociale (construction, par les interactions entre membres de l'équipe, de représentations concernant l'efficacité collective). Or cette construction sociale des représentations impliquées dans les processus motivationnels trouve plusieurs sources d'étayage dignes d'attention. En puisant dans les ressources théoriques de la théorie des représentations sociales (Moscovici, 1961) associées à celles de la TSC (François et Aïssani, *ibid.*), nous avons mené plusieurs études empiriques montrant l'ancrage social des représentations des compétences. Ainsi, les représentations que l'individu se fait des compétences en général (ses définitions des compétences), celles qu'il se fait des compétences requises pour une tâche (AR1) ou celles qu'il se fait de ses propres compétences (SEP) sont-elles au moins partiellement le reflet d'une élaboration collective et non strictement le résultat de son traitement (individuel, cognitif) des informations dont il dispose sur lui-même, ses actions et son environnement (François, 2005). Un autre point d'appui de cette orientation se trouve dans les travaux récents de la psychologie culturelle (Markus et Kitayama, 2003) ou interculturelle (Smith et Bond, 1993). Ces approches soulignent le fait que la culture a une forte incidence sur la façon dont les gens se représentent eux-mêmes et le monde qui les entoure et cet effet concerne aussi les représentations impliquées dans les processus motivationnels dont il a été question plus haut. Nous reviendrons sur ces aspects mais signalons d'emblée le lien fort qu'ils ont avec le thème du management. Ce lien apparaît clairement avec la nécessité, pour les managers, d'arriver à promouvoir une certaine façon de voir qui soit partagée dans leur équipe et qui favorise la performance individuelle et collective, nécessité qui a souvent été abordée sous l'angle de la culture organisationnelle (voir plus loin). Ainsi, en œuvrant au développement d'une certaine culture d'entreprise, le manager peut obtenir un effet sur des composantes motivationnelles du modèle.

2 LEADERSHIP ET MOTIVATION

Aborder la question de la motivation des subordonnés par l'effet présumé du leadership revient à focaliser sur un déterminant individuel : le leader. Les applications aux fonctions d'encadrement des conceptions de Vroom et Bandura trouvées dans la littérature se prêtent à cette remarque. La seconde partie du chapitre, rappelle d'autres travaux sur le leadership qui ont aidé à comprendre comment le manager influe sur la motivation de ses collaborateurs et signale les articulations avec le modèle social cognitif.

2.1 Approches classiques, des traits du leader à ses comportements

La recherche de caractéristiques personnelles permettant de prédire et d'expliquer la qualité du leadership a été peu fructueuse (Bass, 1990). L'approche comportementale qui a suivi l'a été bien plus. La considération (accordée par le leader aux subordonnés) et la structuration (organisation du travail par le leader) ont notamment été mises en relation avec la satisfaction au travail et avec la performance au travail. Yukl (1971), dans son modèle des liens multiples, indique que considération et structuration sont en lien avec la motivation des subordonnés. En se rapportant à notre modèle social cognitif de la motivation, on conçoit qu'une attitude empathique et d'écoute de la part du leader favorise le fait de savoir ce qui est important pour ses subordonnés et puisse constituer un soutien moral aidant au SEP. La structuration des tâches et du système de récompenses devrait permettre de clarifier les AR. Si, en outre, la structuration facilite l'atteinte des objectifs de travail, les SEP s'en trouveront rehaussés.

La prise en compte du contexte est apparue nécessaire pour saisir les effets du leadership depuis les travaux de Fiedler (1965). Pour Yukl (*ibid.*), un leader aura peu de chances d'améliorer la performance de son groupe s'il ne peut intervenir sur au moins l'une des trois variables situationnelles : motivation du subordonné, organisation des tâches et des rôles, compétences des subordonnés. Avec les substituts du leadership qui comprennent diverses variables de contexte (Kerr, 1977, Kerr et Jermier, 1978), l'action du leader peut être rendue impossible ou non nécessaire. Le système de travail (bureaucratisation, centralisation…) anéantit parfois les efforts du leader pour motiver les membres de son équipe. Fondé sur les représentations que les individus développent à propos de leur environnement, le modèle social cognitif est, lui, toujours contextualisé.

2.2 Leadership transformationnel

Cette forme de leadership est particulièrement en prise avec les questions de motivation et représente un des courants de recherche sur le leadership en milieu organisationnel les plus actifs depuis une vingtaine d'années. On est en présence de leadership transformationnel quand les leaders :

- incitent leurs collègues et subordonnés à envisager leur travail selon de nouvelles perspectives et la mission de l'équipe ou de l'organisation avec davantage d'acuité ;
- contribuent au développement des capacités et du potentiel de leurs collègues et subordonnés ;
- motivent ceux-ci à privilégier l'intérêt du groupe par rapport aux intérêts individuels (Bass et Avolio, 1994, p. 2).

La composante la plus étudiée du leadership transformationnel a été le charisme, concept ancien réactualisé et opérationnalisé par Bass et ses collaborateurs (voir notamment Bass, 1990). Pour cet auteur, le leader charismatique inspire loyauté et fierté de travailler avec lui, respect et foi dans les objectifs. Il a la capacité de voir et transmettre ce qui est réellement important. Il donne un sens à la mission des membres du groupe. Les subordonnés s'identifient à lui et éprouvent des sentiments intenses à son égard, ils ont un degré élevé de confiance envers lui. Le leader charismatique stimule, motive et inspire les membres du groupe.

Quand le leadership conduit à adhérer fortement aux objectifs mais sans cette part d'identification au leader qui est la marque du charisme, on est en présence d'un leadership d'inspiration (Bass, *ibid.*). Créer la vision d'un état futur attractif et montrer aux subordonnés comment l'atteindre sont des composantes de base du processus d'inspiration (*ibid.*). Le leader d'inspiration suscite des attentes élevées chez ses subordonnés à l'égard du travail et de l'organisation. Il aide ses subordonnés à concevoir et exprimer clairement leurs attentes et s'implique, lui-même, par rapport aux objectifs et à la vision commune. L'esprit d'équipe, avec un tel leader, se trouve renforcé et les équipiers sont plus enthousiastes et optimistes. Cette forme de leadership aurait donc une résonnance à la fois sur les sentiments d'efficacité personnels et collectifs et sur les AR.

2.3 Théories implicites du leadership et attributions

La cognition sociale concerne le traitement, par l'individu, des informations sur le monde social. Dans l'organisation, un individu donné traite les informations concernant ses collègues, ses supérieurs et subordonnés, les clients, le public, les situations de travail individuelles ou collectives (entretiens, réunions…), les rôles professionnels et les règles (implicites ou explicites) de fonctionnement. L'approche cognition sociale renseigne sur certaines conditions de l'émergence du leadership (Lord, Foti et De Vader, 1984) mais aussi sur certains processus d'influence pour modifier les représentations.

L'étude des lois d'attribution d'une cause à un événement (Weiner, 1980)[1] a été appliquée au leadership. L'exemple du biais égocentrique, par lequel l'individu a tendance à s'estimer responsable de ses succès plutôt que de ses échecs est bien connu. Identifier ce phénomène et le considérer comme naturel est un pas, pour un manager, vers la compréhension de ses subordonnés. L'interprétation d'une situation est très différente selon qu'une attribution interne ou externe est faite et les comportements qui s'ensuivent aussi : pourquoi changer la manière d'exécuter son travail si on pense que la piètre performance obtenue est due à l'équipement défectueux, ou à la malchance ? Cet exemple suggère que l'attribution influence l'AR. Pour Bandura (2003), l'effet des attributions sur la motivation de performance est surtout médiatisé par les croyances d'efficacité, c'est-à-dire que l'attribution favorise motivation et performance si elle augmente le SEP, par exemple si la personne pense avoir réussi parce qu'elle a les compétences requises.

1. Voir chapitre 4 dans cet ouvrage.

Sims et Lorenzi (1992) proposent quelques pistes d'action pour « manager » le biais égocentrique : encourager verbalement le fait de reconnaître une erreur et réprimander la dissimulation, rechercher les causes réelles et utiliser l'écoute active, marquer la différence entre les circonstances et l'effort comme causes possibles, donner des objectifs spécifiques aux subordonnés (ou, mieux, les négocier avec eux), être plus attentif aux comportements et moins aux attitudes et traits de personnalité... Une approche de Martinko et Gardner (1987) met en rapport les interprétations en termes d'attribution causale du cadre et du subordonné et montre l'interaction des deux logiques individuelles. Par exemple, si le cadre et le subordonné considèrent que l'échec est dû à la malchance, le cadre ne prendra pas de mesures et le subordonné ne modifiera pas son comportement. Si le cadre et le subordonné attribuent l'échec du subordonné à un manque d'effort et que le cadre réprimande le subordonné, le subordonné va accroître son effort. Cependant, si le subordonné continue à avoir de faibles résultats, ou si le cadre continue à sanctionner négativement le subordonné, celui-ci attribuera la persistance de l'échec aux conditions extérieures, celles-ci comprenant les comportements punitifs du cadre.

2.4 Leadership et justice organisationnelle

Depuis Adams (1965) et sa théorie de la balance, on sait que la perception d'équité ou d'iniquité peut conduire l'individu à moduler ses efforts dans l'organisation. Par exemple, s'il évalue qu'il reçoit moins qu'il ne le devrait en contrepartie de ce qu'il apporte à l'entreprise, le collaborateur pourra revoir à la baisse sa contribution afin de rétablir l'équité. Les travaux sur la justice organisationnelle sont venus compléter cette approche. Pour Latham et Pinder (*ibid.*), la perception de justice est aussi importante pour le leadership qu'elle l'est pour la motivation du personnel. Les leaders doivent être perçus comme justes par rapport aux résultats obtenus et aux processus en lien avec les besoins psychologiques importants. Si les employés s'estiment traités de façon injuste ils peuvent répondre sur le mode affectif (par exemple, engagement faible) et comportemental (par exemple, *turnover*).

Il n'y a pas consensus sur les dimensions qui structurent la justice organisationnelle mais il est courant de distinguer la justice distributive qui permet à chacun de recevoir en fonction de sa contribution et la justice procédurale qui renvoie ici au respect des règles explicites. La justice interactionnelle, c'est-à-dire celle qui correspond au sentiment d'être traité correctement par son supérieur (les méta-analyses citées par Latham et Pinder la désignent comme distincte de la justice procédurale à laquelle certains auteurs la rattachent) est aussi à prendre en compte car elle exerce un rôle très important dans les organisations (Louche, 2007). Lors d'une étude sur les comportements antisociaux au travail, nous avons constaté à quel point le manque de respect affecte psychologiquement ceux qui en sont atteints (Zéphir et François, 2004). Conceptuellement, le sentiment de justice s'articule avec l'attente de résultat de second niveau et l'instrumentalité dans le sens où il devrait s'assortir de la perception d'un environnement de travail réactif (Bandura, voir plus haut figure 11.2) et renforcer les croyances en la possibilité d'obtenir les résultats valorisés.

2.5 Leadership et culture organisationnelle

Bélanger (1986) propose cette définition de la culture organisationnelle : « Une configuration plus ou moins homogène ou cohérente de représentations et de significations ou de postulats [...] qui ont cours à un moment donné dans une organisation de travail, qui sont partagés par les diverses catégories professionnelles et qui orientent et donnent un sens à leur action dans un contexte socioculturel donné. »

Pour Schein (1985), les leaders intègrent et transmettent la culture organisationnelle : 1) par ce à quoi ils accordent leur attention, ce qu'ils mesurent et contrôlent, 2) par leurs réactions aux incidents critiques et aux crises, 3) par leur choix de critères pour l'allocation de ressources, 4) par le modelage délibéré des rôles, l'enseignement et l'entraînement (coaching), 5) par leur choix de critères pour l'attribution de récompenses et de statuts, 6) par leur choix de critères de recrutement, sélection, promotion, mise à l'écart, éviction. Ce serait une des caractéristiques des leaders transformationnels que d'agir sur la culture alors que les autres leaders se comporteraient dans le cadre de la culture de leur organisation (Bass, *ibid.*).

De même qu'il n'y a pas un *one best way to manage*, il n'y a pas de modèle idéal de culture qui serait l'apanage des organisations performantes (Smith et Peterson, 1988.). Ceci implique, pour les managers, d'être attentifs à la culture de leur organisation et à son évolution permanente. Il y a cependant des aspects de la culture qu'un manager souhaitera voir se développer favorablement, par exemple une culture de l'évaluation, des représentations favorables à la formation, une culture du management des erreurs organisationnelles (Van Dyck, Frese, Baer et Sonnentag, 2005). S'agissant de la formation, nous avons rapproché la culture apprenante de Schein (*ibid.*) des représentations des compétences (François et Aïssani, *ibid.*). La culture apprenante s'assortirait de représentations des compétences dites incrémentielles dans la terminologie de Levy et Dweck (1998) (voir aussi Bandura, *ibid.*). Les personnes ayant ce type de conceptions des compétences considèrent celles-ci comme malléables et donc possibles à améliorer par apprentissage, contrairement aux personnes qui ont des conceptions fixistes des compétences.

Dans cette seconde partie, on voit comment le leader influence les représentations que ses collaborateurs élaborent à propos de la situation de travail. Outre le leadership, plusieurs courants de recherche et de réflexion importants sont utiles pour appréhender le lien entre management et motivation. C'est l'objet de la troisième partie.

3 MANAGEMENT ET MOTIVATION, APPROCHES COMPLÉMENTAIRES

L'approche socio-normative critique, la théorie de l'engagement, le management interculturel apportent des éclairages complémentaires sur les processus du modèle social cognitif à l'usage du manager.

3.1 Approche socio-normative critique

Beauvois (1984) a revisité la célèbre théorie du contrôle interne *versus* externe de Rotter (1954) en mettant en évidence une norme d'internalité. La supériorité des résultats (par exemple, réussite scolaire, professionnelle) des personnes ayant tendance à s'attribuer la responsabilité de leurs actes (plutôt que de l'attribuer à des facteurs extérieurs comme les circonstances ou la chance...) serait due à l'approbation sociale de cette façon d'interpréter la réalité (et non aux qualités intrinsèques des personnes internes). La fonction de ce renforcement social (l'approbation) serait la préservation du système social.

Le manager normatif du point de vue de l'internalité favorise les attributions internes chez ses collaborateurs : il les incite à internaliser. Sur le versant de l'efficacité, de telles attributions procèdent d'une responsabilisation des collaborateurs, d'une socialisation par intériorisation des normes de fonctionnement. Sur le versant de la critique socio-normative, elles correspondent, pour le collaborateur, à une interprétation erronée de la détermination de ses propres comportements, cas typique d'aliénation qui consiste ici à mener, à leur insu, des personnes ou des groupes à penser et agir à l'encontre de leurs intérêts. L'aliénation est particulièrement avérée quand on favorise l'internalisation de l'échec. Pour ne pas « faire de vagues », on voit bien qu'il vaut mieux que celui qui n'a pas eu la promotion attendue soit persuadé que c'est parce qu'il n'a pas les qualités requises plutôt qu'il ne se dise, et dise autour de lui, que c'est le système d'évaluation « qui ne va pas ». Toute la sagesse du manager sera ici de trouver le point d'équilibre entre responsabiliser et démotiver. Si l'attribution interne d'un échec se fait en termes de compétences, celles-ci pouvant être acquises (par formation ou par expérience), le collaborateur peut essayer d'améliorer les compétences requises pour le poste (encore faut-il qu'elles soient correctement définies). Si l'attribution se fait en termes de traits peu évolutifs comme la personnalité ou les aptitudes, alors le système aura bien été préservé mais au détriment de la dynamique individuelle. On devine les répercussions sur les SEP et AR !

Un collectif de recherche coordonné par l'équipe SACO de l'université de Poitiers et subventionné par le ministère de l'Éducation nationale, de l'enseignement supérieur et de la recherche dans le cadre d'une action concertée incitative du réseau national des Maisons des Sciences de l'Homme explore actuellement l'hypothèse de l'existence d'une norme de motivation intrinsèque (François, 2004*b*). Ces travaux s'inscrivent dans la perspective socio-normative dont il vient d'être question et s'appliquent de façon critique au modèle de Deci et Ryan (1985).

Deci et Ryan (*ibid.*) ont proposé de classer différentes formes de motivation selon un continuum d'autodétermination. Selon ces auteurs, il y a un besoin psychologique fondamental de se sentir à l'origine de ses actes : besoin d'autonomie qui fonde l'autodétermination. Celle-ci est en lien avec deux autres besoins fondamentaux : besoin de compétence et besoin d'affiliation. La forme de motivation la plus typiquement autodéterminée est la motivation intrinsèque (MI). Les différents types de motivation extrinsèque (ME) se placent à des niveaux plus ou moins autodéterminés sur le continuum. C'est par un processus d'internalisation des renforcements externes que la ME gagne en autodétermination.

Les travaux du collectif ont pu mettre en évidence la valorisation sociale des formes intrinsèques et autodéterminées de motivation. Quand les gens cherchent à se faire bien voir, ils mettent l'accent sur ces formes (François, 2006). Ils déclarent avoir de l'intérêt pour les activités, y prendre plaisir et s'y réaliser (registre de la MI), ils avancent que ce type de travail est conforme à leurs choix de vie (registre de la ME autodéterminée). Pour se faire bien voir, ils évitent les arguments motivationnels de type extrinsèque faiblement autodéterminés comme les avantages matériels ou prouver qu'on est capable. La connaissance de ces stratégies d'auto-présentation aidera le manager à analyser les déclarations de motivation, par exemple dans les procédures de recrutement.

En matière d'évaluation, il semble que la personne motivée intrinsèquement soit plus perçue comme agréable sur le plan relationnel et celle motivée extrinsèquement davantage comme quelqu'un d'efficace (François, 2007). Ces résultats renvoient respectivement aux dimensions désirabilité et utilité sociales (Cambon, 2006*a* et *b*). En fait, c'est surtout la composante stimulation de la MI (trouver du plaisir dans les activités de travail) qui n'est pas rattachée à l'utilité alors que les formes de ME y sont d'autant plus associées qu'elles sont autodéterminées (François, 2008). Ces tendances générales de perception de la motivation seraient identiques chez des évaluateurs professionnels

(François, Déziri, Lesieur et Louche, à paraître) mais il reste à savoir comment ceux-ci tiennent compte du contexte dans leurs jugements professionnels. Pour le manager, il ressort de ces travaux qu'en l'absence d'une analyse rigoureuse de la situation de travail, les valorisations sociales implicites constituent des biais potentiels dans l'évaluation des collaborateurs ou les recrutements.

Une autre difficulté avec le modèle de Deci et Ryan appliqué à la gestion des ressources humaines est la place accordée à l'internalisation. Explicitement, plusieurs auteurs de ce courant tablent sur ce processus pour amener les agents à faire d'eux-mêmes les tâches rébarbatives que spontanément ils rechignent à exécuter et qui nécessitent donc une régulation par l'encadrement hiérarchique (voir François, 2006 ; Vallée et François à paraître). La théorie de Deci et Ryan stipule qu'en renforçant le sentiment de compétence et celui d'être soutenu socialement, la motivation autodéterminée est rehaussée. Si l'encadrant parvient à persuader ses collaborateurs que la tâche rébarbative demande des compétences et qu'il leur assure son soutien, alors les collaborateurs devraient plus volontiers réaliser ces tâches (Gagné et Deci, 2005 ; Sheldon, Turban, Brown, Barrick et Judge, 2003). Dans l'optique théorique de Deci et Ryan, il s'agit donc d'aider les collaborateurs à intégrer la nécessité d'effectuer des aspects peu attractifs du travail, ce qui relève d'une fonction formatrice, socialisante du management. Mais dans certains contextes organisationnels où le management éthique n'est pas sans faille, le risque existe qu'une telle internalisation ne serve des fins moins constructives comme celles dépeintes par la critique socio-normative de l'internalisation.

3.2 Engagement

Cette théorie trouve son origine principalement dans les travaux de Kiesler (1971) dont Beauvois et Joule (2002) nous rappellent une formulation initiale : « L'engagement serait tout simplement [...] le lien qui existe entre l'individu et ses actes. » Meyer et Herscovitch (2001) ajoutent que ces actes sont orientés vers une cible (par exemple l'organisation, le métier, l'encadrant, l'équipe, la mission, le client...). Meyer, Becker et Vandenberghe (2004) précisent que l'engagement est une des forces énergisantes qui contribuent au comportement motivé.

Locke (*ibid.*) place l'engagement comme variable médiatrice entre les objectifs et la performance (l'engagement favorise l'atteinte des objectifs, donc la performance) et comme conséquence de la motivation (la satisfaction résultant de l'action renforce l'engagement organisationnel). Cette conception est compatible avec le modèle social cognitif que nous proposons : l'engagement interviendrait ainsi comme régulateur entre l'expectation (SEP et AR1) et les résultats de premier niveau.

Si l'on s'intéresse aux antécédents de l'engagement organisationnel, on trouve qu'il est principalement lié à la satisfaction au travail (Meyer, Stanley, Herscovitch et Topolnytsky, 2002) qu'elle soit intrinsèque ($\rho = 0{,}68$) ou extrinsèque ($\rho = 0{,}71$). Pour le manager qui veut des collaborateurs engagés, les choses sont claires : ils doivent tirer de la satisfaction de leurs activités professionnelles. Dans une perspective plus fondamentale, Beauvois et Joule (*ibid.*) nous livrent d'autres clés, rappelant que le degré d'engagement vis-à-vis d'un acte sera d'autant plus fort que l'acteur aura le sentiment d'avoir agi en toute liberté, de son propre choix, que cet acte a de l'importance à ses yeux (par exemple parce qu'il est coûteux), qu'il a été émis en public et qu'il semble irrévocable. Ici la psychologie sociale expérimentale met à jour une véritable technologie pour obtenir l'engagement. La qualité des objectifs poursuivis détermine si on est en présence d'un management constructif ou qui cède aux tentations de la manipulation.

3.3 Management interculturel

Dans notre modèle de synthèse, l'environnement culturel influe sur le traitement individuel de l'information motivationnelle. La psychologie culturelle et interculturelle fournit nombre d'arguments pour étayer cette option qui a des implications sur le plan du management des motivations. Des développements récents confortent ce point de vue.

À la lecture de Markus et Kitayama (2003), on comprend qu'il y a un risque d'erreur scientifique à considérer comme universels les processus psychologiques observés dans la classe moyenne nord américaine. Cette remarque concerne la conception de l'agentivité (façon d'agir sur le monde) indépendante, centrée sur l'individu comme origine des actions, sur ses choix, sa liberté, ses intentions, ses mobiles, sa capacité de contrôle. Ce modèle d'agentivité n'est pas le seul existant. Un autre modèle, interdépendant, met l'accent sur les relations entre les gens, la solidarité, la prise en compte des attentes d'autrui, la responsabilité et les obligations vis-à-vis des autres, le contrôle collectif. Or, non seulement les processus relatifs à l'agentivité varient d'une culture à l'autre, mais il semble qu'ils varient aussi selon la classe sociale d'appartenance. Si le modèle indépendant est représentatif des pays occidentaux, notamment États-Unis, et le modèle interdépendant attaché aux pays orientaux et sociétés traditionnelles, les sujets nord américains issus de classes moins favorisées (opérationnalisées par le niveau d'éducation) seraient moins enclins à adopter et à se comporter selon le modèle indépendant. Dans l'approche culturelle, les processus psychologiques ne sont pas considérés comme universels car ils sont déterminés par le fonctionnement des systèmes sociaux : économie, lois, politique, technologie, ressources matérielles… (Nisbett *et al.*, 2001). Les variations en fonction de la classe sociale rapportées par Markus et Kitayama indiquent que les processus psychologiques dépendent de la place occupée à l'intérieur d'un système social donné. Il n'apparaît donc pas fondé d'appliquer systématiquement les modèles indépendants.

Le manager est une fois de plus averti de la nécessité de prendre en considération la dynamique des représentations de ses collaborateurs qui n'est pas nécessairement la même que la sienne ni celle des modèles indépendants de la motivation. Markus et Kitayama (*ibid.*) signalent que la TSC de Bandura, avec le concept de sentiment d'efficacité collective, fait partie des tentatives de conceptualiser l'agentivité autrement que sur le mode indépendant.

4 SYNTHÈSE ET PERSPECTIVES

Le lecteur aura trouvé, dans les pages précédentes, nombre d'indications montrant l'influence possible du management sur les représentations impliquées dans les processus motivationnels. Dans un article de 1996, nous signalions déjà l'avancée des travaux en psychologie pour arriver à un management du sens et alerté aussi contre la tentation de s'en servir à des fins manipulatoires plutôt que constructives. L'usage d'une technologie psychosociale pour infléchir le sens attribué aux éléments du travail n'est envisageable que dans un cadre éthique. Il ne nous appartient pas ici de définir un tel cadre mais on peut le souhaiter établi de sorte qu'en soient éloignés les risques signalés d'aliénation. Les concepts d'*empowerment* et de contrat psychologique sont en rapport avec cette orientation.

L'*empowerment* ou habilitation du personnel, dans son acception structurale, correspond à des pratiques de délégation d'autorité et de responsabilité envers les employés et dans son acception psychologique, à l'expérience, vécue et ressentie par les employés, de cette délégation (Mathieu, Gilson et Rudy, 2006). Le versant psychologique de l'habilitation est à l'évidence en prise avec des processus motivationnels puisqu'il est question de perceptions de ses propres compétences pour accomplir le travail, de sentiment d'autodétermination ou de liberté dans l'accomplissement des tâches, de la conviction de faire un travail important et qui contribue à l'efficacité du système. Comme Menon (2001), nous pensons qu'il ne faut pas dissocier les dimensions structurales et psychologiques. Par l'action sur le structurel (définition de poste, enrichissement des tâches, autonomie, processus de décision), le management du sens est en prise avec les pratiques réelles et évite l'écueil du recours trop exclusif aux processus d'influence et de persuasion.

À la suite des travaux de Rousseau (2001) et de Morrison et Robinson (1997), nous retiendrons que le contrat psychologique (CP) est un schéma ou modèle mental à partir duquel l'individu perçoit et évalue sa relation à l'organisation. La norme de réciprocité joue un rôle important dans les processus liés au CP. Elle amène l'individu, en fonction de sa perception de promesses émises par l'organisation et de facteurs personnels à développer des attentes vis-à-vis de sa situation de travail. Lorsque l'individu estime que l'organisation ne respecte pas ses obligations, cette rupture du CP entraîne des conséquences en termes d'insatisfaction, de désengagement, d'intention de quitter l'organisation (Dulac, 2005), ce qui touche de près à des processus motivationnels. Une part de responsabilité dans la formation et le développement du CP échoit au manager par la qualité des relations qu'il entretient avec ses collaborateurs et le soutien organisationnel à leur égard qu'il saura favoriser.

Les thèmes que nous venons d'évoquer, en rapport avec la motivation, renvoient plus ou moins implicitement à l'exercice de la démocratie au sein de l'organisation. Belle occasion de rappeler que dans notre modèle de motivation les processus intra-psychiques sont en étroite relation avec le système social. Le modèle expectation-valence, base de notre approche, a été critiqué pour être fondé sur le principe de la recherche de la satisfaction maximale (Thill, *ibid.*) qui plus est individuelle. Il est notoire que les motivations individuelles sont potentiellement divergentes, sinon conflictuelles. Le fonctionnement démocratique du système social influencerait les processus motivationnels individuels, par exemple en rendant moins probables les objectifs et moyens d'action nuisibles au collectif, en renforçant le sentiment de soutien social et les chances de réussite (collaboration constructive) qui fondent le SEP.

Des promoteurs du fonctionnement démocratique des organisations comme Butcher et Clarke (2002) s'émeuvent des modestes avancées dans ce domaine lors des dernières décennies. Pour ces auteurs, la démocratie organisationnelle est une réponse aux impératifs réels du monde des affaires : avancées technologiques, innovation, globalisation et intérêt croissant pour l'éthique dans les affaires contraignent le management dans le sens démocratique (*ibid.*). Levin (2006) cite le facteur économique comme une des trois raisons d'opter pour le fonctionnement démocratique. Une autre raison est l'éthique : le refus de l'aliénation des travailleurs crée les conditions d'une agentivité bien fondée (et non fondée sur un malentendu comme dans l'aliénation que nous avons décrite plus haut). Troisième raison de Levin (*ibid.*), la politique : le fonctionnement démocratique des organisations favorise celui de nos sociétés. On rejoint ainsi Mintzberg (1983) pour qui « une société ne peut se dire libre si ses principales institutions [les organisations] ne sont pas sous contrôle démocratique ». Management et motivation sont bien en prise avec des enjeux cruciaux.

Chapitre 12

MOTIVATION ET FORMATION DES ADULTES[1]

1. Par Étienne Bourgeois.

1 LA MOTIVATION : UNE QUESTION TABOUE DANS LE CHAMP DE LA FORMATION ?

Le fait même de se poser la question de la motivation dans le champ de la formation d'adultes ne va pas sans soulever certaines ambiguïtés, qu'il s'agit de clarifier d'emblée. Sur le terrain — les entreprises, les administrations publiques, la formation professionnelle, l'insertion socioprofessionnelle, etc. — cette question est plus que jamais à l'ordre du jour : comment dynamiser, (re)motiver les employés et les cadres, susciter une implication plus forte et plus entière de toute leur personne dans leur travail, comment « réactiver » (*sic*), (re)mettre en projet des chômeurs, ou des personnes à faible niveau de qualification, comment motiver les apprenants en formation, etc. Elle fait donc ainsi l'objet d'un intense usage social — dans le discours et les pratiques — qui n'a pas manqué d'être repéré, finement analysé et le plus souvent stigmatisé, par les sociologues contemporains. On connaît l'argument et ses multiples variantes. L'injonction faite aux salariés, chômeurs, analphabètes, publics faiblement qualifiés, cadres, etc., à se motiver et à se former, participerait, en bref, de ce « nouvel esprit du capitalisme » (Boltanski et Chiapello, 1999) qui vise à rendre individuellement responsables de leur sort les acteurs du monde du travail. Qu'ils soient confrontés à d'incessantes restructurations de leur entreprise, à une exigence croissante de « mobilité », de « flexibilité », de « productivité », etc., les employés et les cadres doivent se former — et se motiver — pour « rester dans la course », maintenir leur « employabilité », et c'est à eux qu'incombe la responsabilité de le faire. Et si d'aventure ils perdent leur emploi, qu'à cela ne tienne, il s'agira, là encore, de « réactiver » le chômeur, il lui revient de se (re)motiver et se former encore pour rester « dans le coup », maintenir son employabilité.

Mais la question pour nous est la suivante. Peut-on, au nom de cette dénonciation — aussi légitime soit-elle — de l'usage social de la notion de motivation (et même, plus largement, de formation), en arriver à interdire de penser, de se poser la question — dans le registre de l'intelligibilité — des processus motivationnels en formation ? Chercher à comprendre ces processus individuels et psychosociaux (il en va de même plus largement pour la question de l'apprentissage adulte) suppose-t-il que l'on soit d'office *a priori* suspecté de participer à l'avènement de ce « nouvel esprit du capitalisme » ? Le parti pris dans cette contribution est que non. Que progresser dans la compréhension des processus d'apprentissage et de motivation peut tout aussi bien servir d'autres fins politiques et idéologiques que celle-là. Que mieux comprendre comment un adulte apprend et s'engage dans un processus de formation, peut tout aussi bien servir un projet « émancipatoire » de formation. Dans le fond, ce problème concerne plus globalement toute recherche dans le champ de l'éducation, mais elle est particulièrement brûlante dans celui de la formation d'adultes spécifiquement, plus particulièrement s'agissant de la question de la motivation.

2 LA MOTIVATION : CONCEPT D'ACTION OU CONCEPT D'INTELLIGIBILITÉ ?

Un deuxième problème concerne le statut épistémologique et théorique de la notion de motivation. Celle-ci relève typiquement de ce que Barbier appelle la « sémantique de l'action » (Barbier, 2000), investie, comme on l'a dit, d'usages sociaux plus ou moins intenses, au même titre que d'autres en vogue dans le champ de la formation, tels que « compétences », « besoins de formation », « interdisciplinarité », etc. Vu leur fonction sociale, les concepts de ce type se caractérisent par une grande polysémie, des contours flous, un faible degré d'« observabilité », autant de caractéristiques qui leur permettent précisément d'exercer les fonctions sociales dont ils sont investis dans les champs de pratiques concernés. En ce sens, ils se distinguent de « concepts d'intelligibilité », dont la fonction première est de rendre compte (décrire, comprendre, expliquer, interpréter) d'existants observés (*ibid.*). Or, comme souvent en sciences humaines, une même notion est investie de cette double fonction et de ce double statut de concept d'action et d'intelligibilité. C'est bien entendu le cas de la notion de motivation, couramment utilisée tant par les professionnels sur le terrain que par les chercheurs. Or se mettre à utiliser la notion à des fins d'intelligibilité nous confronte immédiatement à ses limites pour un tel usage. Comment puis-je en effet observer « la motivation » d'un apprenant ? Le paradigme social-cognitif, au centre de ce Traité (et discuté également par Bourgeois 2006*a* ; Galand et Bourgeois 2007), permet de transformer la notion en différents construits, multiples et articulés. En bref, ce paradigme nous permet d'éclater la notion de motivation en trois catégories de construits observables :

- l'*engagement*, c'est-à-dire, à la fois l'acte d'entrée et l'implication du sujet dans le processus d'apprentissage, concept lui-même différencié en trois types d'indicateurs observables dont la littérature a montré les étroits liens avec les indicateurs de performance d'apprentissage : les indicateurs comportementaux (persévérance, choix, effort, participation, etc.), émotionnels (la palette des émotions associées aux différents degrés d'engagement) et cognitifs (type de stratégies cognitives mises en œuvre dans l'apprentissage) ;
- les *construits motivationnels* proprement dits, c'est-à-dire, des perceptions construites par le sujet apprenant, qui apparaissent directement reliées aux indicateurs d'engagement : le sentiment d'efficacité personnelle, l'espérance de réussite (*expectancy*), le sentiment d'autodétermination, la valeur perçue de la tâche, les attributions causales (d'échec et de réussite), etc., tombent dans cette catégorie, en tant que facteurs « proximaux » d'engagement, c'est-à-dire, immédiatement corrélés avec les indicateurs d'engagement ;
- les *facteurs individuels et situationnels* en interaction qui conditionnent les construits motivationnels. Les facteurs individuels désignent toutes les caractéristiques que l'apprenant met en jeu dans la situation d'apprentissage et qui apparaissent reliées aux divers construits motivationnels évoqués : image de soi, dynamique identitaire, types de buts personnels, estime de soi, facteurs de personnalité, background socioculturel, rapport au savoir, croyances épistémiques, etc. Les facteurs situationnels, par contre, désignent les caractéristiques de la situation d'apprentissage (dispositif pédagogique, pratiques pédagogiques du formateur, contexte institutionnel) qui apparaissent également reliées aux construits motivationnels : climat de la classe, modalités d'interactions sociales (par exemple, compétition *vs.* coopération), nature des tâches d'apprentissage, dispositif d'évaluation, type de feed-back, degré de mise en évidence des liens entre la situation de formation et les situations de travail, etc. Le paradigme social-cognitif insiste tout particulièrement sur l'idée que les construits motivationnels qui jouent un rôle déterminant dans l'engagement du sujet dans son activité de formation ne résultent ni des seuls facteurs individuels, ni des seuls facteurs situationnels mais bien de l'interaction entre les deux. Ni toute-puissance pédagogique donc (croyance qu'on peut entièrement contrôler de l'extérieur l'engagement des apprenants), ni, à l'inverse, renoncement pédagogique (croyance que les jeux sont faits d'avance, que l'environnement de formation ne peut que très peu agir sur l'engagement des apprenants) : le formateur — et plus largement la situation de formation dans son ensemble — peut réellement agir sur l'engagement de l'apprenant, mais l'impact réel de cette situation sera au bout du compte conditionné, modulé par un certain nombre de

caractéristiques de l'apprenant. Et inversement. Dès lors, dans le champ de la recherche sur la formation (et l'éducation en général), la notion de « motivation » — bien peu opératoire à des fins d'intelligibilité — est souvent délaissée au profit de celle de dynamique motivationnelle, soulignant par là deux choses : 1) ce qu'on appelle motivation renvoie en réalité à un système de multiples variables en interaction (indicateurs d'engagement, construits motivationnels et facteurs individuels et situationnels) ; et 2) ce système est dynamique, il peut à tout moment se transformer dans le temps, jamais les jeux ne sont faits une fois pour toutes... pour le meilleur et pour le pire !

3 LA DYNAMIQUE MOTIVATIONNELLE : UNE DIMENSION FONDAMENTALE DE L'APPRENTISSAGE

Gardant à l'esprit ce qui vient d'être précisé, il subsiste néanmoins une question essentielle : pourquoi s'interroger sur la problématique de la dynamique motivationnelle du sujet en formation ? Dans une approche constructiviste de l'apprentissage, conçu comme processus de transformation de connaissances et de compétences « déjà là » en connaissances et compétences nouvelles, les différents types de facteurs motivationnels qui entrent en jeu dans la dynamique motivationnelle sont reliés directement au processus d'apprentissage. Ce processus de transformation constitue un véritable travail, qui peut s'avérer plus ou moins coûteux et, à ce titre, requiert une mobilisation plus ou moins importante de ressources et d'énergie de la part du sujet, qu'il ne sera prêt à consentir que s'il a suffisamment de raisons de s'impliquer dans une telle activité plutôt qu'une autre : d'y entrer et de la mener à son terme avec succès. D'autre part, la dynamique motivationnelle apparaît également en étroite interaction avec deux autres dimensions fondamentales de l'apprentissage, à savoir les processus cognitifs (en particulier, les processus réflexifs) et les processus psychosociaux (interactions sociales).

Jusqu'ici, dans une large mesure, la question de l'apprentissage a été abordée par la psychologie de l'éducation sous chacun de ces trois angles — cognitif, motivationnel et social — de façon relativement disjointe. Il nous semble à présent essentiel de (re)penser l'apprentissage de façon plus globale et intégrée, sous l'angle de cette triple articulation, en examinant comment chacune de ces dimensions contribue à l'apprentissage en interaction avec les autres.

La plupart des thèmes majeurs de la psychologie de la motivation ont été abordés par la recherche sur l'engagement en formation d'adultes, tant en Europe qu'outre-Atlantique, mais néanmoins avec des accents et des nuances bien particuliers renvoyant aux caractéristiques spécifiques de ce champ de pratiques. C'est ce que nous allons tenter de montrer dans le survol qui suit.

4 L'ENTRÉE EN FORMATION

Dans la recherche sur la motivation, la notion d'engagement recouvre en fait deux phénomènes, distincts du point de vue des pratiques, mais très étroitement reliés sur le plan théorique : celui de l'entrée du sujet en formation et celui de l'implication du sujet dans le cours de la formation (une fois qu'il y est entré). Alors que le second aspect est intensément étudié dans quasi tous les contextes éducatifs, le premier a, depuis longtemps, retenu l'attention des chercheurs davantage dans le champ de la formation d'adultes que dans le champ scolaire. Ce qui peut aisément se comprendre puisque, par définition, la formation d'adultes n'est en principe pas obligatoire et que l'entrée en formation fait dès lors toujours l'objet d'une décision, même si elle n'est pas nécessairement toujours tout à fait librement consentie, nous y reviendrons.

Si l'on fait le bilan des recherches sur cette problématique, on peut repérer trois types de questionnements, extrêmement proches, mais enracinés dans des courants de recherche traditionnellement assez distincts.

4.1 Buts personnels et motifs d'entrée

Une première tradition de recherche, qui remonte aussi loin que les années trente aux États-Unis, s'intéresse aux buts et motifs qui poussent des adultes à entreprendre une formation (voir Courtney, 1991 pour une synthèse). Ces recherches, s'appuyant sur des enquêtes soit par questionnaires, soit par entretiens semi-directifs, réalisées auprès de publics adultes en formation extrêmement divers, ont ainsi produit de nombreuses typologies des motifs d'entrée (c'est-à-dire de raisons avancées par les répondants interrogés sur ce qui les a amenés à s'inscrire en formation). On peut trouver un exemple typique de cette ligne de recherche dans les travaux de Carré (2002, 2004) qui, à partir d'entretiens réalisés sur un échantillon d'une soixantaine d'adultes inscrits dans divers types de formation, ont dégagé dix types de motifs, positionnés autour de deux axes orthogonaux : d'une part, les motifs *intrinsèques* (liés au fait même d'être en formation) *versus extrinsèques* (liés à des bénéfices attendus au-delà de la formation) et, d'autre part, les motifs centrés sur la *participation* (liés à la présence en formation) *versus* sur l'*apprentissage* (liés à l'acquisition des connaissances, habiletés et attitudes visées dans la formation).

Ces recherches ont le mérite — tant pour la recherche que pour les pratiques — d'apporter des catégories descriptives permettant une identification fine des divers motifs possibles d'entrée en formation. De cette vaste littérature, on retiendra que les adultes s'engagent en formation presque toujours avec non pas un mais plusieurs buts personnels. Ce qui pose la question des processus individuels et sociaux d'arbitrage, de transaction entre ces buts multiples qui peuvent parfois entrer en conflit (*cf.* notion de *goal alignment* in Pintrich et Schunk, 2002). La limite de ces travaux est d'en rester en général à un niveau très descriptif (typologie de buts et motifs) et éclaire très peu les processus à l'œuvre dans l'entrée en formation.

4.2 Entrée en formation et trajectoire biographique

Un autre courant de recherche vise précisément à comprendre le processus d'entrée en formation dans le cadre de la trajectoire biographique du sujet : qu'est-ce qui conduit un sujet à s'engager en formation à un moment donné de sa vie ? Une première approche consiste à repérer le type d'événement biographique susceptible de favoriser l'entrée d'adultes en formation. Ainsi, par exemple, Fond-Harmant (1996), dans ses travaux empiriques auprès d'adultes en reprise d'études universitaires a identifié quatre types de logique biographiques, correspondant à des catégories d'événements biographiques déclencheurs : 1) position lignagère, 2) promotion sociale, 3) bouleversement dans l'ordre de la vie privée et 4) cassure dans les formes de participation à la vie publique.

Une limite de ce type d'approche est de faire résider le pouvoir mobilisateur de l'événement dans ses caractéristiques objectives propres — il y aurait ainsi des types d'événements *en soi* susceptibles de favoriser l'entrée en formation — faisant ainsi l'impasse sur le caractère essentiellement construit de l'événement. En réponse à cette critique, une autre ligne de recherche (*cf.* Bourgeois, 2006*a*, 2006*b*, à paraître), s'appuyant sur des entretiens biographiques auprès de personnes illettrées inscrites en cours d'alphabétisation, vise à comprendre l'entrée en formation comme la résultante d'une rencontre, à un moment donné de la trajectoire biographique, d'une dynamique identitaire particulière et d'un événement particulier. L'accent est donc mis ici davantage sur la manière dont le sujet appréhende cognitivement et émotionnellement l'événement à partir de sa dynamique identitaire que sur la nature de l'événement lui-même. Plus précisément, la thèse proposée est qu'un événement biographique peut être déclencheur d'entrée en formation chez un sujet si cet événement vient activer une tension identitaire (par exemple, une image positive de soi qu'on cherche à accomplir ou une image négative qu'on cherche à éviter) dont la résolution passe, aux yeux du sujet, par son engagement en formation, qu'il s'agisse d'une tension ancienne latente rendue saillante par l'événement en question ou de tensions nouvelles générées par l'événement.

Les événements concernés apparaissent reliés à des enjeux existentiels associés, soit à l'exercice de pratiques (par exemple, professionnelles ou parentales) soit à des configurations de relations interpersonnelles (par exemple, conserver une bonne relation avec son conjoint ou ses parents), soit encore à la participation à des communautés de pratiques (par exemple, trouver sa place dans un nouveau milieu professionnel).

4.3 *Expectancy-value* et entrée en formation

Les travaux de P. Cross (1982), aux États-Unis, sur l'entrée des adultes en formation méritent toute notre attention ici, malgré leur relative ancienneté. L'auteur propose un modèle visant à expliquer et prédire l'entrée en formation chez des adultes, sur la base de recherches menées auprès de publics faiblement qualifiés. Son modèle s'appuie sur le paradigme *expectancy-value* proposé par Vroom (1964) et Atkinson (1964) mais le dépasse. Il identifie une série de conditions qui doivent être successivement réunies pour prédire une entrée effective en formation. En bref, le modèle pose que la toute première condition est que le sujet présente un rapport favorable au savoir, à l'apprentissage et à la formation et une image favorable de soi comme apprenant — ces deux éléments résultant eux-mêmes du parcours biographique antérieur du sujet et de son milieu socioculturel d'origine. Si c'est (suffisamment) le cas, le sujet doit ensuite percevoir que la formation va lui permettre de progresser dans la réalisation de buts personnels (*instrumentality*), ces buts doivent être suffisamment importants pour lui (*value*), et il doit percevoir qu'il a un minimum de chance de réussir la formation (*expectancy*). Si c'est suffisamment le cas, alors le sujet doit avoir l'occasion d'être correctement informé de l'offre potentielle de formation et doit pouvoir rencontrer une formation dont l'accès, compte tenu des obstacles et ressources disponibles, est perçu comme possible à un coût raisonnable pour lui compte tenu du bénéfice escompté. Alors seulement l'entrée en formation peut être prédite et, *in fine*, l'engagement en formation, au fil du temps, exercera des effets en retour sur ces différentes variables.

L'originalité du modèle réside à la fois dans la combinaison de variables sociologiques et psychologiques et dans le postulat d'un ordre de détermination particulier de ces variables dans le processus qui conduit à l'entrée en formation. Cette approche souligne ainsi que les variables en amont du processus échappent en principe largement au champ d'action directe de l'opérateur de formation, les facteurs sur lesquels l'opérateur peut agir (l'information, et l'accessibilité de la formation) n'intervenant de façon décisive qu'en « aval ». Ce qui implique, en termes de politique de recrutement, que les efforts déployés par les opérateurs en matière d'information et d'accessibilité risquent bien de ne bénéficier qu'aux groupes sociaux dont les facteurs motivationnels en amont sont configurés de façon suffisamment positive et, au contraire, de ne jamais bénéficier aux groupes dont les facteurs en amont sont défavorables. Or, ces facteurs en amont sont très marqués sociologiquement, si bien qu'au bout du compte, les efforts déployés par les opérateurs risquent d'agrandir, plutôt que de réduire, les inégalités sociales face à la formation. Ce modèle, quelque peu tombé dans l'oubli aujourd'hui, mériterait selon nous que l'on s'y intéresse à nouveau, en le revisitant à la lumière des développements plus récents de la recherche sur la motivation à apprendre. L'attention accordée en particulier à l'articulation entre variables psychologiques et sociologiques nous semble tout particulièrement digne d'intérêt.

Les travaux évoqués jusqu'ici portaient spécifiquement sur le processus d'entrée en formation. Nous allons à présent nous tourner vers d'autres qui se réfèrent à des modèles théoriques pouvant tout aussi bien rendre compte de la question de l'entrée en formation que de celle de l'implication du sujet dans le processus d'apprentissage en cours de formation. Certains de ces travaux ont été développés à l'origine dans le champ scolaire. Nous verrons les questions spécifiques qu'ils soulèvent lorsqu'ils sont appliqués au champ de la formation.

5 L'ENGAGEMENT EN COURS DE FORMATION

5.1 La valeur perçue de l'activité de formation

Le paradigme *expectancy-value* a fait l'objet d'un regain d'intérêt ces dernières années en psychologie de l'éducation, principalement sous l'influence des travaux de Wigfield et Eccles aux États-Unis (2002). En bref, selon ce paradigme, l'engagement du sujet dans l'apprentissage trouve directement sa source dans deux types de représentations (construits motivationnels) : la valeur accordée par le sujet à l'activité d'apprentissage (*value*) et sa perception de ses chances de réussir cette activité (*expectancy*). Le sujet aura d'autant plus de chances de s'engager en formation (d'y entrer et de s'y impliquer une fois dans le processus) qu'il accorde de la valeur à cette activité et qu'il croit en ses chances de réussite. Ces deux perceptions résultent elles-mêmes, comme on l'a déjà évoqué, d'une interaction entre une grande variété de facteurs individuels et situationnels identifiés par le nombre imposant de travaux actuels s'inspirant de ce paradigme. Une des contributions majeures d'Eccles et Wigfield à ce paradigme est d'avoir pu empiriquement distinguer plusieurs dimensions constitutives de la valeur perçue de l'activité. Ils en ont identifié quatre : l'*utilité perçue* de l'activité par rapport aux buts personnels que le sujet poursuit, l'*intérêt intrinsèque* que suscite en soi pour le sujet l'exercice de l'activité, son *importance*, c'est-à-dire, le fait qu'elle permette au sujet de donner, à soi-même et à autrui, une image positive de lui, et enfin son *coût* (entre deux activités, le sujet tendra à valoriser celle qui lui coûte le moins, en particulier en termes de renoncement à d'autres priorités). Chacune de ces dimensions a fait l'objet de nombreux travaux de recherche que nous allons rapidement évoquer, pour leur pertinence dans le champ de la formation.

5.2 L'instrumentalité perçue de l'activité

Un courant de recherche spécifique s'est développé autour de ce thème (voir Lens *et al.*, 2006 pour une synthèse). La thèse centrale proposée est que l'engagement en formation sera d'autant plus élevé que celle-ci est perçue comme utile (instrumentale) pour la réalisation de buts personnels futurs importants pour le sujet. Cette proposition rejoint une conception très largement répandue aujourd'hui dans le champ des pratiques de formation, tout particulièrement celui de l'insertion professionnelle : « mettre le sujet en projet », c'est-à-dire l'amener à élaborer et préciser ses objectifs socioprofessionnels et/ou personnels futurs, à identifier les moyens et les étapes à mettre en place pour les atteindre et inscrire un éventuel projet de formation dans le cadre de ce projet personnel, est devenu un leitmotiv tant dans le discours que les pratiques de ce champ. La recherche a cependant permis d'identifier de façon plus fine un certain nombre de conditions pour que la perception d'instrumentalité de la formation ait un effet positif sur l'engagement du sujet dans cette formation. Quatre conditions ont ainsi été identifiées (*ibid.*). Les buts personnels futurs (par exemple, professionnels) par rapport auxquels la formation est perçue comme utile doivent : 1) être associés à une vision positive de l'avenir, 2) s'inscrire dans un projet autodéterminé (non téléguidé par un agent externe au sujet), 3) susciter une motivation intrinsèque (par exemple, l'activité professionnelle visée doit susciter en soi de la satisfaction, du plaisir, de l'intérêt), et 4) être suffisamment spécifiques et précis.

Ce modèle propose une vision singulièrement rationaliste de l'engagement en formation et plus largement, de la prise de décision (Bourgeois, 2000). Sur le plan prescriptif, il suggère en effet que le scénario idéal pour l'engagement en formation est celui d'un sujet qui a pu se fixer au départ des buts personnels très clairs et précis, qui évalue le degré d'utilité (implicitement selon un calcul rationnel coûts/bénéfices) de divers moyens possibles pour les atteindre et s'engagera dans la voie — par exemple, une action de formation — qu'il percevra comme la plus utile. Par la suite, en cours de route, son engagement variera éventuellement en fonction de sa perception de l'utilité de la formation par rapport aux buts personnels visés.

Cette vision rationaliste a fait l'objet de critiques, fondées sur d'autres travaux empiriques (Bourgeois 2004), principalement en formation continue universitaire. Ces études ont en effet apporté deux observations qui viennent nuancer la thèse classique de l'instrumentalité perçue. D'une part, certains étudiants n'ont pas nécessairement de projet futur très précis par rapport auquel ils seraient en mesure d'apprécier l'utilité des cours suivis. Ils manifestent néanmoins un fort engagement dans les cours perçus comme les aidant justement à préciser leurs buts et projets futurs. Par ailleurs, d'autres étudiants n'ayant pas de buts ou projets futurs précis peuvent être très motivés par des cours dont ils perçoivent qu'ils leur seront utiles d'une manière ou d'une autre pour leur avenir, mais sans être à même de savoir aujourd'hui en quoi, par rapport à quels buts ou projets précis.

Cela dit, cette approche a le mérite d'attirer l'attention des formateurs sur le sens que le sujet donne à sa formation en lien avec ses buts personnels au-delà de la formation, et de s'interroger sur les conditions pédagogiques et organisationnelles susceptibles de renforcer chez l'apprenant sa perception d'utilité de la formation par rapport aux projets qui lui tiennent à cœur.

6 LE SENTIMENT D'AUTODÉTERMINATION ET LA MOTIVATION INTRINSÈQUE

En contrepoint de la thèse de l'instrumentalité perçue, un autre courant de recherche souligne l'importance de la motivation intrinsèque et du sentiment d'autodétermination dans l'engagement en formation, touchant là à la deuxième dimension de la valeur perçue évoquée plus haut (Deci et Ryan, 2000, 2002). Selon le modèle proposé par les auteurs, différentes formes de motivation peuvent être distinguées selon le degré d'autodétermination. D'un côté, la motivation intrinsèque (fondée sur la satisfaction qui découle de l'exercice de l'activité en soi) est la plus autodéterminée, c'est-à-dire, associée au sentiment que l'on est le propre agent de son engagement dans l'activité. On parle dans ce cas de « régulation interne » du comportement. De l'autre côté, la motivation extrinsèque (fondée sur la satisfaction liée non pas à l'activité elle-même, mais à des bénéfices extérieurs qui en découlent) est par définition moins autodéterminée que la motivation intrinsèque. En outre, différentes formes de motivation extrinsèque peuvent être distinguées selon leur degré d'autodétermination. La motivation extrinsèque la moins autodéterminée est la motivation dite externe, observée lorsque l'engagement résulte d'une injonction d'un agent externe au sujet (par exemple, obligation formelle de suivre une formation professionnelle pour conserver son droit aux allocations de chômage). La motivation extrinsèque la plus autodéterminée est la motivation dite introjectée, fondée sur l'intériorisation d'une injonction externe (on agit alors de son propre chef mais par obligation ou par culpabilité). Selon le modèle, plus la motivation est autodéterminée, plus elle serait favorable pour l'engagement et, *in fine*, pour la performance d'apprentissage. Cette thèse rejoint une idée très répandue sur le terrain de la formation. En effet, combien de formateurs ne se plaignent-ils pas du faible engagement de participants qui sont entrés en formation uniquement par obligation et non de leur propre gré ? Enfin, le modèle pose que le type de motivation manifesté par les sujets face à une activité comme la formation est largement induit par des facteurs liés au contexte, selon que celui-ci favorise l'autonomie ou, au contraire, le contrôle (extérieur) de la personne.

Cette thèse appelle cependant différentes remarques, qui mériteraient un examen empirique systématique. D'abord, la distinction même entre régulation « externe » et régulation « interne » du comportement pose question sur le plan théorique et s'avère également plus problématique sur le plan empirique. Sur le plan théorique, peut-on réellement concevoir un comportement, un choix qui serait entièrement le résultat de l'action d'un agent externe ? Même dans les cas les plus clairs d'entrée en formation sous l'effet d'une contrainte ou d'une obligation externe, ne peut-on s'interroger sur le rôle du sujet lui-même, ne fût-ce que dans le fait de se trouver exposé à une situation si contraignante ? Ne peut-il être également, dans certains cas, le fait d'une projection du sujet sur l'extérieur de sa propre agentivité ? Inversement, peut-on jamais concevoir un comportement, un choix qui serait l'objet d'une régulation purement interne ? Un choix perçu comme « purement » autodéterminé ne charrie-t-il pas nécessairement toujours une part d'injonction externe intériorisée, consciemment ou non ? En référence aux travaux de F. Flahault (2006), on peut en effet questionner sur les plans théorique et philosophique ce postulat d'un sujet individuel, « autodéterminé », que l'on pourrait penser comme coupé, affranchi des autres.

Dans le même ordre d'idée, on pourrait aisément identifier dans le lien établi entre autodétermination et engagement de l'individu un fondement culturel occidental (le modèle américain du *self-made man*, le sujet tout-puissant de notre société occidentale contemporaine), certainement loin d'être universel.

Sur un autre plan, la thèse de l'autodétermination pose un sérieux problème pour les pratiques de formation. Si l'engagement requiert nécessairement au départ un choix « autodéterminé » du sujet, que faire alors dans ces situations de plus en plus répandues aujourd'hui — qu'on le regrette ou pas — où l'entrée en formation est effectivement contrainte (injonction de l'employeur, ou d'un pouvoir public, etc.) ? Que faire également de ces contextes de formation où, par nécessité, l'environnement de formation est fortement contrôlant et directif ? Nous pensons par exemple à des formations techniques où le droit à l'erreur doit impérativement être réduit au plus strict minimum, par exemple, en cas de risque élevé pour la sécurité des personnes (par exemple, formations techniques sur des machines dangereuses, ou formation à des métiers de l'humanitaire exercés en contexte de conflit armé, etc.). Est-ce à dire que dans de telles situations, on sera condamné à travailler avec des participants peu ou pas motivés ? Inversement, ne peut-on envisager qu'un contexte de forte contrainte externe (que ce soit au niveau de l'entrée en formation ou du déroulement de celle-ci) ne puisse avoir également ses vertus pour l'engagement, du moins à certaines conditions et si oui, lesquelles ? À titre d'hypothèses à vérifier, nous pourrions formuler les suggestions suivantes :

- ce qui compte c'est le caractère autodéterminé d'un projet personnel qui peut, le cas échéant, conduire le sujet à s'engager dans une activité où, contractuellement et délibérément il délègue à autrui (le formateur, l'institution de formation), une partie de sa liberté dans l'exercice de l'activité et choisit de s'inscrire dans un dispositif éventuellement très contrôlant ;
- ce qui compte également, c'est le sens donné par le sujet à la contrainte, à la directive qu'il a à « subir » d'un agent externe. L'apprenant s'en remettra ainsi d'autant plus facilement à une injonction directive qu'il en perçoit la valeur et la légitimité ;
- dans le même ordre d'idée, ce qui compte c'est la relation de transfert pédagogique qui unit l'apprenant au formateur. Si celui-ci peut s'identifier suffisamment à celui-là, il pourra accepter plus facilement de se soumettre à ses injonctions et à partir de là, si le transfert opère correctement, convertir son identification au formateur en une identification au savoir dont il est porteur, engageant dès lors avec ce savoir un rapport davantage autodéterminé ;
- pour des sujets qui par leur trajectoire biographique et socioculturelle ont précisément de la difficulté à se construire des buts et des projets personnels « autodéterminés », le fait de se voir contraints de l'extérieur à s'engager dans une activité de formation qu'ils n'auraient pas nécessairement choisie spontanément leur permet dans le cours de l'action, moyennant un accompagnement adéquat, de progressivement identifier ce qui leur convient ou ne leur convient pas, de clarifier leurs buts, valeurs et aspirations personnels, et ainsi de prendre progressivement « la main » sur leur destin.

Pour les pratiques de formation, l'approche de l'engagement par la motivation intrinsèque et le sentiment d'autodétermination a au moins le mérite d'attirer l'attention des formateurs sur le fait que l'engagement ne tient pas seulement à la perception d'utilité. Elle invite à s'interroger notamment sur les conditions avérées pédagogiques et organisationnelles — à l'entrée et en cours de formation — susceptibles de renforcer chez le sujet son sentiment d'autodétermination, en particulier sur la marge d'autonomie qui lui est accordée dans la gestion de son processus de formation.

7 IMAGE DE SOI ET ENGAGEMENT

La troisième dimension de la valeur perçue de l'activité — l'importance — renvoie à un thème particulièrement étudié en formation d'adultes, celui du lien entre engagement en formation et image de soi de l'apprenant. L'image de soi du sujet joue un rôle important dans la dynamique d'engagement en formation, à de multiples niveaux. Ainsi par exemple, le *sentiment d'efficacité personnelle* touche directement à une dimension de l'image de soi de l'apprenant, à savoir sa perception de sa propre capacité à réussir la tâche proposée. Une autre approche traitant de l'image de soi concerne ce qu'on appelle les *orientations de buts* de l'apprenant. Les travaux sur le sujet montrent par exemple (*cf.* Pintrich et Schunk, 2002, pour une synthèse de ces travaux) que les sujets avant tout préoccupés d'éviter de donner une image négative d'eux-mêmes à autrui dans le processus de formation tendront à être moins engagés que ceux qui sont centrés sur l'accomplissement d'une image positive et moins encore, que ceux qui sont davantage centrés sur leur progression dans l'apprentissage plutôt que sur leur image de soi.

Cependant, dans le champ de la formation d'adultes la question du lien entre image de soi et engagement en formation a été le plus traitée sous l'angle des *dynamiques identitaires* (pour une synthèse de ces travaux, voir Barbier *et al.*, 2006 ; Bourgeois, 2006*a* ; Kaddouri, 2006). En bref, la thèse principale qui se dégage des travaux menés sur le sujet depuis une quinzaine d'années peut être formulée comme suit : le degré et le mode d'engagement du sujet dans l'activité de formation sont étroitement liés au sens que le sujet donne à sa formation par rapport à sa dynamique identitaire en cours. Le concept de dynamique identitaire repose sur une conception de l'identité vue avant tout comme une configuration d'images de soi multiples en tension. Ces travaux ont tout particulièrement examiné les tensions repérables autour de deux axes qui se croisent : tensions entre image de soi vu par soi et vu par les autres (par exemple, l'image que j'ai de moi tel que je voudrais être et l'image que je pense que les autres ont de moi tels qu'ils voudraient que je sois) et tensions entre l'image de soi tel qu'on est, d'une part, et tel qu'on voudrait ou devrait être, d'autre part. Selon le modèle proposé, l'engagement du sujet en formation sera d'autant plus fort qu'il perçoit cette formation comme un moyen efficace de réguler les tensions auxquelles il est confronté dans sa vie à ce moment-là. Par exemple, s'engager dans une formation en alphabétisation pour un adulte illettré pourra être perçu par lui comme un moyen de réduire la tension entre l'image actuelle que lui et d'autres ont de lui comme une personne largement dépendante de son entourage pour la conduite de sa vie et l'image idéale de lui qu'il vise (et/ou que d'autres attendent de lui) comme personne autonome dans la conduite de sa vie. À l'inverse, le sujet tendra à résister de façon plus ou moins forte à la formation si celle-ci est perçue comme un obstacle à sa quête identitaire. Par exemple, une personne issue de l'immigration qui cherche à préserver son identité en tant que membre de sa communauté d'origine aura tendance à résister à une formation en français langue étrangère dans la mesure où une telle formation sera perçue comme contre-productive dans sa quête identitaire. Certains de ces travaux (*cf.* Bourgeois, 2006*b*, 2006*c* pour une synthèse) ont notamment montré qu'une dynamique centrée sur l'évitement d'une image négative de soi était moins favorable à l'engagement (et ce, même si la formation est perçue comme un moyen efficace d'éviter cette image négative) qu'une dynamique centrée sur l'accomplissement d'une image positive de soi. Ils ont aussi montré qu'une tension entre image de soi tel qu'on est et image de soi tel qu'on voudrait être est plus favorable à l'engagement qu'une tension entre image de soi tel qu'on est et tel qu'on pense qu'on devrait être. Nos propres recherches — de type compréhensif et qualitatif — ont cependant montré que ces distinctions entre les types d'images de soi en tension sont moins aisément repérables qu'il n'y paraît dans les travaux de type expérimental à partir desquels elles ont été élaborées. Elles offrent néanmoins un cadre heuristique particulièrement stimulant pour penser les liens entre image de soi et engagement.

Pour les pratiques, cette approche théorique permet de mieux comprendre des sources parfois importantes de blocages, qui ne peuvent être expliqués autrement, ni par la perception d'utilité de la formation, ni par la motivation intrinsèque ou le sentiment d'autodétermination. Certes, *a priori*, le formateur a bien sûr peu accès à ce qui se joue dans la dynamique identitaire de l'apprenant et il est de toute façon très mal placé pour y interférer volontairement d'une quelconque manière. Toutefois, plusieurs voies esquissées par ailleurs (Bourgeois, 2000, 2006*a*) permettent de créer les conditions qui suscitent chez l'apprenant, à l'entrée et en cours de formation, la capacité d'être lui-même plus lucide sur la dynamique identitaire qui se joue chez lui en rapport à son engagement dans la formation et dès lors d'identifier les obstacles, mais également les ressources, possibles qu'elle comporte pour son engagement.

8 COÛTS DE LA FORMATION ET ENGAGEMENT

Des quatre dimensions de la valeur perçue mises en évidence par Eccles et Wigfield, celle des coûts a donné lieu aux résultats empiriques les plus mitigés quant à ses liens avec l'engagement. D'un côté, comme le sens commun le suggère, le coût perçu de la formation — financier, mais également en temps, en fatigue, en déplacements, en difficultés d'organisation de la vie quotidienne, le cas échéant, en désapprobation ou non-soutien de l'entourage, etc. — est généralement perçu comme un obstacle à l'engagement en formation. Toutes choses étant égales par ailleurs, le sujet aura tendance à préférer s'engager dans la formation qu'il perçoit comme la moins coûteuse pour lui, tout particulièrement en termes de renoncement à d'autres engagements également prioritaires pour lui. C'est également cette thèse qui est reprise dans le modèle de Cross évoqué plus haut, qui souligne le rôle des obstacles, y compris les coûts en tous genres, à l'accessibilité de la formation comme facteurs jouant un rôle en aval de la dynamique d'entrée en formation. Mais des arguments plaident également pour l'hypothèse inverse : plus la formation représente un coût important pour le sujet et plus celui-ci consent effectivement à ce coût, plus il va s'y engager et persister dans son engagement. La théorie de la dissonance cognitive peut permettre de comprendre un tel phénomène, en soulignant les effets de rationalisation ex post, consécutifs à l'adoption d'un choix coûteux (ce qui est cher ne peut qu'être bon).

Pour les pratiques de formation, cette question du coût perçu est très importante, surtout si l'on considère que le sujet est le plus souvent engagé dans des processus d'arbitrage entre plusieurs priorités concurrentes et que la question des coûts peut dès lors faire une différence décisive pour l'engagement. Mais elle invite aussi à ne pas voir le coût uniquement comme un obstacle à l'engagement, mais également, à certaines conditions, comme un facteur plutôt favorable.

9 SENTIMENT D'EFFICACITÉ PERSONNELLE ET MÉMOIRE AUTOBIOGRAPHIQUE

Comme son nom l'indique, selon le paradigme de l'*expectancy-value*, l'espérance de réussite joue également un rôle considérable dans la dynamique motivationnelle du sujet en formation à côté de la valeur perçue de l'activité dans ses différentes dimensions. Une des composantes centrales de l'*expectancy* (au côté de la perception de la difficulté de la tâche et du degré de soutien apporté par l'environnement) est le sentiment d'efficacité personnelle (*self-efficacy*), largement discuté par ailleurs dans cet ouvrage : plus le sujet a confiance dans sa capacité à réussir la tâche, plus il s'y engagera. Selon Bandura (2003), le sentiment d'efficacité personnelle trouve sa source dans quatre facteurs importants : les expériences antérieures de réussite et d'échec dans le type de tâche concerné, la persuasion verbale (les feedbacks reçus dans le passé de la part de personnes significatives), les expériences vicariantes (comparaison sociale et modelage) la comparaison sociale et les états physiologiques et émotionnels (voir Galand, 2006, pour une synthèse). Des quatre, il apparaît que le premier joue un rôle particulièrement déterminant :

un parcours antérieur de réussite dans un certain type de tâche augmentera *a priori* le sentiment d'efficacité personnelle du sujet confronté à une nouvelle tâche du même type, alors qu'un parcours d'échec produira l'effet inverse. Ce constat rencontre évidemment dans une large mesure le sens commun. Or, à la frontière de la psychologie des émotions et de la psychologie de l'éducation, une ligne de recherche particulièrement stimulante s'est développée et éclaire d'un jour nouveau cette relation qui apparaît si évidente de prime abord (Vanlede *et al.*, 2006), avec des implications particulièrement importantes pour les pratiques de formation. Ces travaux se sont développés à partir du postulat que si les expériences antérieures d'échec ou de réussite sont susceptibles d'affecter le sentiment d'efficacité, c'est parce que le sujet, confronté à la tâche présente, réactive le souvenir de ces expériences antérieures vécues et que le souvenir, avec les émotions auxquelles il est associé, va agir sur le sentiment d'efficacité dans la situation présente. Or la recherche montre que l'effet de cette mémoire autobiographique sur le sentiment d'efficacité sera très différent, voire opposé, selon la manière dont le souvenir est activé dans la situation présente. En bref, il apparaît que si le souvenir d'échecs antérieurs émerge comme un souvenir général et diffus (« j'ai toujours été nul dans ce domaine »), il va effectivement, comme le laisse penser le sens commun, nuire au sentiment d'efficacité. Par contre, si le souvenir d'échec est évoqué de façon très spécifique et précise (on se remémore une expérience en particulier, comment elle s'est déroulée, dans quelles circonstances, avec quelles émotions et pensées précises associées, etc.), il aura un effet significativement plus positif sur le sentiment d'efficacité. Cette observation, et d'autres plus détaillées réalisées dans le cadre de ce programme de recherche, ouvrent des pistes prometteuses pour la formation, en vue de rompre la spirale d'échec si souvent observée en formation (expérience d'échec, diminution du sentiment d'efficacité personnelle, nouvelle expérience d'échec, etc.). Elle encourage des pratiques qui visent à inciter les apprenants avec un parcours antérieur d'échec dans le domaine à spécifier autant que possible les souvenirs évoqués par la situation présente de formation. L'hypothèse explicative avancée par les chercheurs est qu'une telle démarche fournit au sujet davantage de ressources cognitives et émotionnelles pour affronter la nouvelle tâche.

10 CONCLUSION

Ce très rapide tour d'horizon d'un certain nombre de recherches sur l'engagement en formation montre la pertinence de la problématique de l'engagement pour la formation. Plus particulièrement, il attire l'attention sur le fait, d'une part, que la notion de motivation doit être appréhendée comme un construit aux dimensions multiples. Ce survol était centré avant tout sur deux types de représentation que le sujet se construit en situation, qui jouent un rôle direct essentiel dans son engagement, tant au sens de son entrée en formation que de son implication dans le cours de la formation : la représentation de la valeur pour lui de la formation dans ses différentes dimensions, et la représentation de ses chances de réussite. Même si l'espace nous manquait ici pour le mettre davantage en évidence, il ne faut pas perdre de vue que ces représentations sont toujours construites par le sujet en situation, dans l'interaction entre des caractéristiques qui sont propres au sujet (individuelles ou sociales) et des caractéristiques propres à l'environnement de formation (pédagogique et organisationnel). L'apport principal des travaux évoqués ici pour les pratiques n'est pas tant de donner des réponses à la question « comment motiver ses apprenants », mais plutôt d'éclairer des leviers potentiels sur lesquels les formateurs peuvent agir pour influencer des représentations de l'apprenant dont on sait qu'elles favorisent son engagement, tout en gardant à l'esprit que l'impact sur ces représentations est toujours conditionné par un certains nombre de facteurs liés au sujet lui-même. Enfin, ce survol a également permis de montrer la grande pertinence pour le champ spécifique de la formation d'adultes d'apports conceptuels et théoriques pourtant élaborés, pour la plupart, dans le cadre de travaux portant largement sur des contextes scolaires.

Chapitre 13

MOTIVATION ET PRATIQUE SPORTIVE[1]

1. Par Philippe C. Brunel, Yves Chantal et Sandrine Schiano-Lomoriello.

La motivation représente aujourd'hui l'un des concepts les plus étudiés en psychologie sociale. Parmi toutes les définitions que nous pouvons retrouver dans la littérature, toutes soulignent le fait que la motivation représente un construit hypothétique, non une entité matérielle, et que l'on observe simplement la manifestation comportementale de ce construit. De ce fait, sur la base de ces observations, nous sommes en mesure d'inférer le degré, l'état de motivation d'un individu. Parmi les nombreuses définitions générales de ce concept, celle proposée par deux spécialistes francophones, Robert Vallerand et Edgar Thill, semble être la plus opérationnelle :

> « Le concept de motivation représente le construit hypothétique utilisé afin de décrire les forces internes et/ou externes produisant le déclenchement, la direction, l'intensité et la persistance du comportement » (Vallerand et Thill, 1993).

Dans ce cadre très général du concept de motivation, l'identification des raisons personnelles de participation durable à une activité, c'est-à-dire ce qui pousse l'individu à accomplir une tâche, est depuis longtemps au centre des préoccupations des entraîneurs et des éducateurs. Comme le souligne Thill (1989), « cette connaissance des motifs incitatifs conditionne l'élaboration de stratégies de motivation en rendant possible la création d'environnements favorables à leur satisfaction ».

Deci et Ryan (1985 ; Ryan et Deci, 2000) ont développé la théorie de l'autodétermination pour expliquer comment la perception de la source du comportement produit influence le niveau de motivation des individus. Les auteurs proposent que l'activité doive être initiée par la volonté du sujet lui-même pour être autodéterminée. Ainsi, une activité librement choisie, c'est-à-dire « approuvée » par le soi, permet au sujet de percevoir un locus interne de causalité (De Charms, 1968 ; Heider, 1958) et donc d'être intrinsèquement motivé. Ainsi, un athlète s'investit dans son sport pour le plaisir et la satisfaction qu'il en retire. Cependant, en dépit de leur intentionnalité, certaines actions peuvent être ou non « approuvées » par le soi mais dépendre de sources externes de contrôle. Dans ce cas, le sujet se sent moins autonome, perçoit un locus externe de causalité et peut être caractérisé comme extrinsèquement motivé. Un athlète s'engage alors dans un sport pour ce qu'il va pouvoir en retirer (*e.g.* une reconnaissance sociale). Cependant, définir tous les comportements extrinsèquement motivés comme issus de la perception d'un locus externe de causalité ne permet pas de prendre en compte l'ensemble des comportements (Ryan et Deci, 2000 ; Vallerand et coll., chapitre 3). En effet, considérons deux athlètes qui participent à la même activité sportive, l'un pour les trophées qu'il pourrait gagner et l'autre parce qu'il considère que cette activité est importante pour son hygiène de vie. Dans les deux cas leur motif de participation est extrinsèque. Cependant, le second apparaît plus autodéterminé que le premier dans la mesure où il valorise l'activité qu'il pratique. Deci et Ryan (1985, 2000) suggèrent que la motivation extrinsèque est un construit multidimensionnel variant en fonction du degré d'autodétermination. Ils proposent que ces différentes régulations motivationnelles soient ordonnées sur un continuum d'autodétermination. Quatre formes de motivation extrinsèques sont ainsi proposées. De la moins autodéterminée à la plus autodéterminée, on retrouve : la régulation externe, la régulation introjectée, la régulation identifiée et la régulation intégrée (voir chapitre 3). La TAD représente aujourd'hui une des théories majeures dans le domaine du sport et de l'exercice. En effet, si la connaissance de la motivation et de ses antécédents représente un facteur important dans la réalisation de performances sportives, c'est avant tout parce que le comportement que va adopter l'athlète en dépendra. Il semble donc important de mettre en rapport les différentes formes de motivation des individus et leurs comportements. Par exemple, elle permet d'expliquer non seulement l'engagement dans une activité (*e.g.*, persistance ou abandon), l'intensité avec laquelle l'individu s'engage (*e.g.*, auto-handicap), les performances mais également les comportements prosociaux (*e.g.*, fair-play).

1 MOTIVATION AUTODÉTERMINÉE ET PERSISTANCE

Selon la TAD, les conséquences de la motivation seraient d'autant plus positives que la motivation de l'individu est autodéterminée. Cela signifie que la motivation intrinsèque et la régulation identifiée conduisent l'individu à ressentir des émotions positives lors de la pratique et à continuer à s'investir. En revanche, les formes de motivation extrinsèque faiblement autodéterminée (*i.e.*, régulations extrinsèque et introjectée) conduisent généralement les sportifs à adopter des comportements inadaptés (*e.g.*, agressivité, voir *infra*), voire abandonner s'ils ne parviennent pas à concrétiser leurs espérances. La compréhension de ces différents comportements est à chercher dans les antécédents de la motivation des sportifs. Selon, la théorie de l'évaluation cognitive (TEC, Deci et Ryan, 1980, 1985), une théorie composante de la TAD, la perception de l'environnement social est cruciale. Ainsi, lorsque l'environnement permet à l'individu de se sentir compétent ou autonome dans son activité alors il développera une motivation intrinsèque. En revanche, dans le cas contraire, il manifestera une motivation extrinsèque. À cet égard, Vallerand (1997, 2007, ce volume) montre comment la perception des facteurs sociaux en termes de compétence, d'autonomie et d'appartenance sociale influence la motivation des athlètes et donc leur comportement. Lors d'une étude sur trois cent trente-cinq handballeuses adolescentes, Sarrazin, Vallerand, Guillet, Pelletier et Cury (2002) montrent, à l'issue d'une étude longitudinale de vingt et un mois, que les athlètes qui abandonnent sont celles qui manifestent déjà un niveau faible de motivation autodéterminée en début d'étude. Cela provient du fait que l'environnement semble favoriser la performance à tout prix. En conséquence, les sportives se sentent moins autonomes et donc manifestent un plus faible niveau de motivation autodéterminée les poussant à vouloir abandonner. En revanche, dès lors que l'environnement favorise l'apprentissage ou encore la coopération, les athlètes se perçoivent comme plus compétentes, plus autonomes et véritablement socialement intégrées au groupe. De ce fait, elles manifestaient un niveau de motivation autodéterminée plus élevé les incitant à continuer. Lors de cette étude, si la perception des adolescentes relativement aux conditions dans lesquelles elles évoluent n'a pas changé au cours de l'année, leurs intentions initiales seront suivies d'actions dans ce sens, c'est-à-dire qu'elles abandonnent le hand-ball. De même, Pelletier, Fortier, Vallerand, Tuson et Brière (2001) rapportent des résultats comparables avec des nageurs universitaires. Ainsi, les sportifs qui persistent à l'issue de l'année sont ceux qui perçoivent, en début d'année, leur entraîneur comme supportant l'autonomie. De ce fait, ils manifestent les plus hauts degrés de motivation intrinsèque et de régulation identifiée. Parallèlement à ces études qui sont d'ordre corrélationnel, Spray, Wang, Biddle et Chatzisarantis (2007) ont expérimentalement induit un climat motivationnel particulier à travers un style de communication favorisant soit l'autonomie soit le contrôle. Les résultats montrent que ceux qui sont dans des conditions favorisant l'autonomie non seulement persistent davantage dans la tache proposée (*i.e.*, une tache de golf) mais en en outre obtiennent de meilleures performances que ceux qui sont dans une condition beaucoup plus contrôlante. Cependant, une des caractéristiques principales de l'activité sportive réside dans la production de performance de haut niveau et cela de façon répétée. Il peut s'en résulter une certaine pression sur les athlètes.

2 MOTIVATION AUTODÉTERMINÉE ET *BURNOUT*

Ainsi, lors d'une saison, les sportifs doivent faire face à de nombreuses échéances qui impliquent une pression pesante de l'entourage et génèrent un stress excessif. Il arrive que les athlètes soient psychologiquement épuisés. Selon Smith (1986), le *burnout* ou épuisement psychologique se définit comme « le désengagement psychologique, émotionnel et physique d'un sport apprécié et pratiqué de façon suivie auparavant et comme la conséquence d'un stress excessif qui agit sur l'athlète à la longue ». Cela se traduit par une réduction des performances produites et par une dévalorisation de l'activité (Raedeke et Smith, 2001). Dans ce cadre le niveau d'autodétermination peut avoir un rôle important dans la prévention du *burnout*. Ainsi, Lemyre, Roberts et Stray-Gundersen (2007) ont étudié cent quarante et un athlètes de haut niveau pratiquant des sports d'hivers en Norvège. Ils ont demandé aux sportifs de répondre à un questionnaire de motivation intrinsèque et extrinsèque au mois de septembre puis à des items relatifs aux symptômes de surentraînement ainsi qu'à un questionnaire mesurant le burnout au mois de mars, ce qui correspond à la fin de la saison. Les résultats montrent que plus les athlètes sont autodéterminés au début de la saison, moins ils perçoivent de symptômes de surentraînement et moins ils sont sujets à l'épuisement psychologique. Lemyre, Treasure et Roberts (2006) montrent également qu'une modification qualitative de la motivation (*i.e.*, de fortement autodéterminée à faiblement autodéterminée) représente un prédicteur important du burnout. Ainsi, plus la demande environnementale, c'est-à-dire la perception que les athlètes ont de leur environnement, est forte en faveur de la production de performance, ce qui favorise peu l'autodétermination (Brunel, Treasure, Chantal et Andrianarisoa, sous presse ; Brunel et Vallerand, 2008), plus les sportifs sont enclins à devenir des « sportifs à risque » (Cresswell et Eklund, 2007).

3 MOTIVATION AUTODÉTERMINÉE ET AUTO-HANDICAP

De même, le contexte sportif met en avant la compétence personnelle d'un sportif à travers l'évaluation des performances qu'il produit. Cependant, lorsque celles-ci sont rendues saillantes par des pressions sociales externes, les athlètes peuvent percevoir les situations comme menaçantes pour leur estime personnelle. À titre d'exemple comment le nageur Alain Bernard va-t-il gérer son nouveau statut de favori lors des jeux Olympiques ? Dès lors qu'un feedback de faible compétence apparaît, les individus peuvent s'engager dans une réduction volontaire d'effort afin de préserver une image favorable d'eux-mêmes. Cette stratégie peut être utilisée de la même façon qu'un athlète peut se prémunir des conséquences néfastes d'un échec prévisible en précisant qu'il ne s'agit pas d'un bon jour pour lui ou qu'il est blessé (Pyszczynski et Greenberg, 1986). De ce fait, ils ont la possibilité d'attribuer leurs échecs, non pas à un manque d'habileté, mais à un manque d'effort.

Berglas et Jones (1978) proposent le terme d'auto-handicap pour caractériser la création stratégique d'obstacles à la performance que mettent en œuvre les individus. Bien que l'engagement dans des stratégies d'auto-handicap augmente la probabilité d'obtenir une mauvaise performance, elles permettent néanmoins d'externaliser un mauvais résultat et ainsi de protéger l'estime personnelle. Selon Berglas et Jones, de telles stratégies sont définies comme « toute action ou choix d'un niveau de performance qui augmente la probabilité d'externaliser (ou d'excuser) l'échec et d'internaliser (ou d'accepter raisonnablement) le succès ». À travers la littérature, il est possible de relever une grande variété de stratégies d'auto-handicap utilisées par les individus telles que la consommation d'alcool (Berglas et Jones, 1978), le manque d'entraînement (Rhodewalt, Saltzman et Wittmer, 1984), la réduction d'effort (Pyszczynski et Greenberg, 1986), l'utilisation de conditions défavorables pour la réalisation d'une performance (Rhodewalt et Davison, 1986) ou encore la mise en avant de problèmes physiques (Smith, Snyder et Perkins, 1983 ; Snyder et Smith, 1982). D'une manière générale, lorsque les individus se montrent soucieux de leur apparence physique (Kolditz et Arkin, 1982), qu'ils anticipent une menace pour leur estime personnelle (Snyder et Smith, 1982) suite à une perception de compétence faible (Berglas et Jones, 1978), ils se placent des barrières à des fins d'autoprotection en cas d'échec et d'autovalorisation en cas de succès (Harris et Snyder, 1986 ; Snyder, 1990 ; Snyder, Smith, Augelli et Ingram, 1985 ; Thill, 1993 ; Tice, 1991). Cependant, l'adoption de telles stratégies n'est pas sans conséquences sur le niveau de motivation des sportifs. Ainsi, Brunel et Treasure (1998) montrent que plus les sportifs ont recours à l'auto-handicap, plus leur niveau de motivation est faiblement autodéterminé. Plus spécifiquement, lorsque l'environnement est perçu comme favorisant la performance, les athlètes ont tendance à se percevoir comme moins compétents. En conséquence, non seulement ils adoptent des stratégies d'auto-handicap mais en outre ils affichent un faible niveau de motivation autodéterminée.

4 MOTIVATION AUTODÉTERMINÉE ET COMPORTEMENT PROSOCIAL : LE CAS DU FAIR-PLAY

4.1 Généralités et définitions

Au courant de la dernière décennie, un nombre sans cesse croissant de commentateurs scientifiques ont souligné la nécessité d'investiguer le phénomène du fair-play de manière plus approfondie (*e.g.*, Morgan, Meier, et Schneider, 2001 ; Vallerand et Rousseau, 2001). Car si les appellations varient (on utilise en effet, et de manière presque interchangeable, les vocables « fair-play » et « esprit sportif »), il est paradoxal de constater l'extrême rareté des recherches consacrées à un phénomène qui, pourtant, s'inscrit au cœur même de toute pratique sportive, individuelle ou collective, récréative ou compétitive (Hyland, 2001). Ce paradoxe est d'autant plus criant du fait que le fair-play paraît indissociablement associé au caractère proprement interpersonnel du sport, de même que parce qu'il nous éclaire sur la nature des rapports que l'individu entretient avec les autres acteurs du domaine sportif (*e.g.*, adversaires, arbitres — Butcher et Schneider, 2001 ; Stornes, 2006).

Or, à l'instar de ce que l'on constate pour la plupart des concepts en psychologie sociale, la notion de fair-play renvoie à une multitude de conceptions. Il serait donc hasardeux de tenter ici de se prononcer en faveur d'une définition arrêtée et définitive. Toutefois, il convient de noter que bon nombre d'auteurs associent cette notion à l'acceptation ou au rejet, plus ou moins implicite, d'actes illicites en sport (*e.g.*, Bredemeier et Shields, 1993). En outre, le fair-play agirait, en quelque sorte, comme un baromètre de la propension des individus à tenter de contourner les règles d'un sport à seule fin de parvenir à la victoire. De manière plus simple, Vallerand et Losier (1994) associent cette notion au *comment* de la pratique sportive, c'est-à-dire aux orientations comportementales plus ou moins licites que l'individu déploiera lors de sa pratique ; orientations qui, par ailleurs, contribueront à mettre en exergue le caractère proprement inter-personnel de celle-ci.

Une étude attentive de la littérature scientifique consacrée au fair-play nous amène à faire trois constatations essentielles. Premièrement, parmi les travaux fondateurs de ce jeune courant de recherche en plein essor, on ne retrouve que trois conceptualisations reconnues du phénomène dont les deux premières consistent en des adaptations de modèles théoriques déjà existants, alors que l'autre représente plutôt un modèle original. Par leur nature même, ces modèles traitent principalement de la question des déterminants et des représentations et ont une teneur motivationnelle. Deuxièmement, un nombre important de travaux se sont consacrés à la question des conséquences. Parmi ces travaux, ont été notamment mises en exergue les relations que le fair-play entretient avec la question des conduites agressives. Enfin, troisièmement, des travaux plus récents ont tenté de démontrer le rôle médiateur du fair-play en situant les orientations comportementales qui le caractérisent dans un cadre d'analyse proprement motivationnel. Au demeurant, nous soulignerons l'utilité de la théorie de l'autodétermination (Deci et Ryan, 1985, 1991) relativement à cette analyse.

4.2 Approches théoriques du fair-play

La première approche théorique à être véritablement appliquée à la question du fair-play fut celle des apprentissages sociaux de Bandura (1986). Au regard de cette approche, il est proposé que ce serait principalement par l'observation de modèles que l'individu en viendrait à intégrer et donc, à faire siennes, les prescriptions comportementales et les attentes associées à sa pratique sportive. En d'autres termes, l'adoption de comportements plus ou moins licites ainsi que l'adhésion à des valeurs inhérentes au fair-play se feraient alors par le truchement de processus vicariants, l'individu observant non seulement les comportements d'autrui significatifs, mais aussi, les conséquences que subissent ces personnes qui lui servent de modèles. D'autres auteurs (*e.g.*, Shields et Bredemeier, 2001) se sont intéressés, quant à eux, à l'approche structuro-développementale de Haan (1983). Les tenants de cette seconde approche soulignent l'importance déterminante que revêtent les capacités de raisonnement moral de l'individu, telles que modelées par le processus de socialisation. Selon ce modèle, le recours à des conduites illicites (dont, notamment, l'agression), comme mode de résolution de situations conflictuelles, serait inversement corrélé au niveau de maturité morale atteint par l'individu.

Plus récemment, Vallerand et ses collaborateurs ont proposé un troisième modèle théorique du fair-play (Vallerand, 1991 ; Vallerand, Deshaies, Cuerrier, Brière et Pelletier, 1996, 2007) dénommé « approche psycho-sociale ». Afin d'étayer leur raisonnement, ces auteurs partent d'un postulat selon lequel les représentations et comportements rattachés à la notion de fair-play seraient, en majeure partie, appris et intégrés au fil des interactions sociales du sportif avec ses différents milieux d'évolution (*e.g.*, clubs, école, famille). Ainsi, du processus de socialisation de l'individu, émergeraient des consensus, plus ou moins tacites, sur ce que constituerait le fair-play en termes de comportements attendus et de prescriptions comportementales. En outre, en s'inscrivant dans un registre à consonance phénoménologique, Vallerand et ses collègues soulignent que les sportifs eux-mêmes seraient, en quelque sorte, les mieux placés pour nous livrer le contenu des représentations et des orientations comportementales usuellement associées au fair-play.

En se basant sur un travail d'enquête et de validation considérable, Vallerand et ses collègues (*e.g.*, Vallerand, Brière, Blanchard et Provencher, 1997) ont pu intégrer cinq orientations majeures au sein de leur modèle psycho-social. Pour eux, le fair-play s'exprime donc par une attitude généralisée de respect et de considération du sportif envers les règles et les officiels de son sport (*e.g.*, arbitres), envers les adversaires, envers les conventions sociales inhérentes à la pratique sportive (*e.g.*, culture et traditions sportives), et envers sa propre implication en tant que pratiquant (*i.e.*, un sportif digne de ce nom devrait en effet donner *tout ce qu'il a*). Une cinquième orientation vient contrebalancer cette conceptualisation multi-dimensionnelle. Elle consiste à souligner qu'un sportif peut démontrer, de manière plus ou moins récurrente, un état d'esprit négatif et contre-productif lors de sa pratique ; état d'esprit qui s'avère dès lors incompatible avec la notion même de fair-play (*e.g.*, se mettre en colère à la moindre erreur).

4.3 La question des déterminants : le rôle de la motivation autodéterminée

Une proposition centrale du modèle psycho-social veut que la motivation autodéterminée envers le sport constitue un déterminant capital des orientations de l'individu envers le fair-play (Vallerand *et al.*, 1997). Dans le cadre d'une étude menée auprès d'un échantillon de hockeyeurs de haut niveau, Vallerand et Losier (1994) sont ainsi parvenus à démontrer cette proposition en utilisant un devis longitudinal d'une durée de cinq mois. De manière plus spécifique, leurs résultats suggèrent qu'une motivation dite *autodéterminée* (*i.e.*, ayant pour dominantes expérientielles, des sentiments de choix et de plaisir) sera plus fortement porteuse du fair-play qu'une motivation peu autodéterminée (*i.e.*, sentiments dominants de contraintes internes et/ou externes). En comparaison aux athlètes peu autodéterminés, le sportif autodéterminé aurait donc tendance à afficher davantage de respect envers les règles, les officiels et les conventions sociales de son sport, ainsi qu'envers ses adversaires. En outre, le sportif autodéterminé aurait tendance à s'impliquer à fond dans sa pratique et serait peu enclin à développer une attitude négative envers celle-ci. Ces résultats ont par ailleurs été corroborés, plus récemment, par Chantal et Bernache-Assollant (2005) avec un devis longitudinal de douze mois.

Il convient de noter que l'étude des relations entre la motivation et le fair-play ne se limite pas, exclusivement, à la théorie de l'autodétermination de Deci et Ryan (1985, 1991). En effet, d'autres approches motivationnelles majeures ont également été exploitées en ce sens dont, notamment, celle des buts d'accomplissement (Ames, 1992 ; Nicholls, 1989) et des climats motivationnels. Globalement, les résultats de ces études suggèrent qu'une orientation vers la tâche (*i.e.*, le succès étant alors autoréférencé sur la base de sentiments de progression personnelle visant la maîtrise progressive d'un geste sportif) sera porteuse d'un plus fort niveau de fair-play (*e.g.*, Duda, Olson et Templin, 1991 ; Dunn et Causgrove Dunn, 1999) ; il irait de même pour les climats situationnels favorisant cette orientation (*e.g.*, Miller, Roberts et Ommundsen, 2005 ; Ommundsen, Roberts, Lemyre et Treasure, 2003).

Enfin, hormis la question de la motivation, certains auteurs ont par ailleurs souligné l'existence d'autres déterminants du fair-play. Toutefois, une discussion plus élaborée de ceux-ci dépasserait nettement le cadre de ce chapitre. Parmi ces autres déterminants, citons, notamment, les influences normatives exercées par des agents sociaux significatifs tels que les parents, les entraîneurs sportifs et les coéquipiers (*e.g.*, Gano-Overway, Guiverneau, Magyar, Waldron et Ewing, 2005 ; Shields, LaVoi, Bredemeier et Power, 2007). D'autre part, il appert que l'âge et le niveau de pratique (*e.g.*, professionnalisation de la pratique) seraient tous deux corrélés négativement au niveau général de fair-play démontré par le sportif (*e.g.*, Tsai et Fung, 2005 ; Visek et Watson, 2005).

4.4 La question des conséquences : le cas de l'agression

Si l'on en croit l'état de la recherche actuelle menée sur le fair-play, l'agression figure clairement en tête de liste des conséquences les plus documentées. De fait, une constatation majeure ressort de ces résultats : un individu qui présente de faibles orientations envers le fair-play sera davantage enclin à recourir à des conduites agressives, lors de compétitions sportives, qu'un athlète qui affiche un niveau de fair-play élevé, voire même modéré (*e.g.*, Boixados, Cruz, Torregrosa et Valiente, 2004 ; Dunn et Causgrove Dunn, 1999 ; Visek et Watson, 2005). Bien évidemment, d'autres conséquences ont été investiguées dont, notamment, l'utilisation de produits dopants (*e.g.*, Chantal, Soubranne et Brunel, sous presse), mais une présentation détaillée de celles-ci dépasserait le cadre de ce chapitre.

Récemment, Chantal et ses collaborateurs (Chantal, Robin, Vernat et Bernache-Assollant, 2005) ont souligné l'intérêt de resituer cette question des conduites agressives à l'intérieur d'une perspective proprement motivationnelle du fair-play tout en insistant sur cette importante distinction que bon nombre d'auteurs établissent entre, d'une part, l'*agression instrumentale* et, d'autre part, l'*agression hostile* (*e.g.*, Silva, 1983 ; Terry et Jackson, 1985). L'*agression instrumentale* intervient lorsque le but visé par le sportif est de nuire à l'adversaire, de manière stratégique, et dans l'esprit des règles qui régissent sa pratique, dans le seul but de contrecarrer la performance de celui-ci. Les placages autorisés dans des sports de contact tels que le rugby ou le hockey sur glace illustrent adéquatement cette forme d'agression. Pour sa part, l'*agression hostile* (souvent qualifiée de *réactive*) se produit le plus fréquemment suite à une provocation subie par le sportif. Le but de l'individu est alors de porter atteinte à l'intégrité physique ou morale de son adversaire qui est alors perçu, avant tout, comme un agent provocateur. Il ne s'agit donc plus ici de visées stratégiques mais, le plus souvent, du désir de vengeance d'un individu qui agit sous le coup de la colère (*e.g.*, bagarres).

4.5 Le fair-play comme variable médiatrice : un modèle motivationnel

En se basant sur cette distinction entre agression instrumentale et agression hostile, Chantal *et al.* (2005) ont émis l'idée que, par les liens étroits qu'elle entretient avec les orientations de fair-play, la motivation autodéterminée envers le sport pouvait représenter un déterminant important des tendances agressives d'un athlète. De manière plus spécifique, ces auteurs ont proposé un modèle motivationnel de l'agression dans lequel le fair-play joue un rôle central, celui de *variable médiatrice*. Le modèle de Chantal *et al.* (2005) peut se résumer sous la forme de trois propositions. Premièrement, il est postulé qu'une motivation autodéterminée envers le sport serait génératrice de plus fortes orientations de fair-play chez l'individu. Cette proposition est inspirée de travaux antérieurs menés non seulement dans le contexte sportif (Chantal et Bernache-Assollant, 2005 ; Vallerand et Losier, 1994), mais également dans des domaines de vie aussi variés que celui du comportement d'aide ou celui de la vie de couple (Chantal et Vallerand, 2000 ; Blais, Sabourin, Boucher et Vallerand, 1990). La deuxième proposition du modèle situe le fair-play en tant que variable médiatrice entre, d'une part, la motivation autodéterminée et, d'autre part, les tendances agressives observées chez l'individu. Autrement dit, la motivation envers le sport n'influencera pas directement le niveau d'agression ; elle agira plutôt, *distalement*, par l'effet facilitateur qu'elle exercera d'abord sur le niveau de fair-play de l'athlète. Enfin, la troisième proposition du modèle a trait à la distinction préalablement évoquée entre les formes d'agression instrumentale *versus* hostile. À ce niveau, le modèle prédit une relation positive entre le fair-play et l'agression instrumentale. En effet, il semble raisonnable de penser qu'un sportif qui respecte les règlements de son sport utilisera plus volontiers des moyens licites d'opposition à l'adversaire. En revanche, et à la lueur de travaux antérieurs (*e.g.*, Duda *et al.*, 1991 ; Dunn et Causgrove Dunn, 1999), le modèle prévoit une relation négative entre les orientations de fair-play de l'individu et sa propension à recourir à des formes d'agression hostile. Ainsi, le fait de démontrer un fort sentiment de respect envers l'adversaire (orientation inhérente à la notion de fair-play ; Vallerand *et al.* 1997) semble difficilement compatible avec des actions dont le but serait de menacer l'intégrité physique de celui-ci. Chantal *et al.* (2005) ont testé leur modèle motivationnel du fair-play et de l'agression en réalisant deux études complémentaires.

Dans le cadre d'une première étude, les auteurs ont donc mesuré les variables constituantes de leur modèle auprès d'un échantillon de cent deux étudiants en STAPS ; ceux-ci ayant pour pratique sportive principale le judo ou le rugby (en proportion à peu près égales). Les outils utilisés pour ces mesures (sélectionnés pour leurs qualités psychométriques avérées) furent les suivants : l'Échelle de motivation envers le sport de Brière et de ses collaborateurs (SMS — Brière, Blais, Vallerand et Pelletier, 1995), l'Échelle multi-dimensionnelle de l'esprit sportif (MSOS — Vallerand *et al.*, 1997), ainsi qu'une version française de l'Inventaire de l'agression sportive de Bredemeier (1975 — BAAGI, Bredemeier Athletic Aggression Inventory). Des analyses par régression multiple ont permis de confirmer les relations théoriques anticipées dans le modèle (figure 13.1).

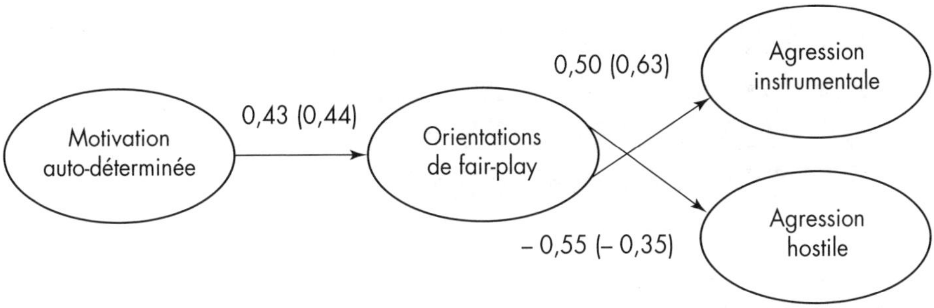

Figure 13.1

De manière plus spécifique, les résultats ont fait ressortir un coefficient significatif d'une valeur de 0,43 entre la motivation autodéterminée et la variable centrale de fair-play. Ce qui laisse suggérer que plus les participants du présent échantillon pratiquaient le judo et le rugby pour des raisons relatives à des sentiments de choix et de plaisir, plus ils avaient tendance à démontrer du respect envers les différents aspects de leur pratique sportive (*e.g.*, règlements, adversaires). Quant aux relations entre le fair-play et les tendances agressives observées, les analyses ont fait ressortir un coefficient significatif de 0,50 en ce qui concerne l'agression instrumentale, alors que ce lien était de – 0,55, pour ce qui est de l'agression hostile. Il semble donc que, pour le présent échantillon de sportifs, le fair-play ait agi en tant que facilitateur de comportements agressifs purement stratégiques et licites (*i.e.*, agression instrumentale), alors qu'au contraire, il aurait joué un rôle inhibiteur de comportements agressifs illicites et incontrôlés (*i.e*, agression hostile).

Par ailleurs, Chantal et ses collaborateurs (2005) ont réalisé une deuxième étude dont l'objectif était de corroborer plus avant les tendances observées lors de la première étude. Afin d'affiner la validité externe de leur démonstration, les auteurs ont recruté un échantillon différent, composé des sportifs confirmés pratiquant le soit rugby, le football ou le handball, en clubs, sur une base régulière. De plus, même si les mesures utilisées étaient les mêmes (*i.e.*, SMS, MSOS et BAAGI), les auteurs ont ici testé le modèle à l'aide d'une technique d'analyse par équations structurales (*i.e.*, EQS). Cette technique statistique permet une vérification plus rigoureuse des liens observés dans un modèle. Par exemple, elle permet de comparer le modèle théorique proposé à des modèles concurrents. Globalement, les résultats obtenus lors de cette seconde étude corroborent ceux découlant de l'étude 1 (voir figure 12.1, chiffres entre parenthèses). Il convient également de noter qu'un modèle concurrent plaçant la motivation autodéterminée comme variable médiatrice, et le fair-play comme variable distale, n'a pas été soutenu statistiquement par les analyses structurales.

5 LA MOTIVATION D'ACCOMPLISSEMENT : AVANCÉES CONCEPTUELLES DE LA THÉORIE DES BUTS D'ACCOMPLISSEMENT

Depuis de nombreuses années les intervenants du milieu sportif s'interrogent sur les comportements, parfois inadaptés, de leurs athlètes : pourquoi tel athlète s'investit dans sa pratique, recherche la progression dans son activité, fait des efforts importants et obtient de bons résultats alors que tel autre ne fournit aucun effort, se désengage de l'activité et obtient de moindres performances ?

Les chercheurs en psychologie présupposent que les explications à ces comportements peuvent être trouvées à partir du type de but motivationnel que l'athlète va adopter. Ainsi, ils émettent l'hypothèse selon laquelle l'athlète recherche un certain accomplissement dans sa pratique et c'est la nature de cette motivation à l'accomplissement qui va, en partie, déterminer ses comportements.

La motivation d'accomplissement analyse les conduites humaines tournées vers la démonstration de la compétence. Ce paradigme permet d'appréhender les réactions émotionnelles et les comportements des athlètes engagés dans des situations sociales au sein desquelles leurs compétences personnelles sont en jeu. La pertinence de ce modèle tient à la forte similarité entre situation sportive et situation d'accomplissement. Pour Heckausen (1974), une situation d'accomplissement se caractérise par un ensemble de conditions rassemblées : l'image de la compétence personnelle est en jeu, l'individu est responsable de son résultat, la réussite est incertaine et valorisée socialement. La plupart des situations sportives réunissent ces conditions.

Selon cette théorie, le but motivationnel poursuivi conduit le sportif à expérimenter des états psychologiques spécifiques et identifiables. Ces états contribuent à déterminer les émotions, les cognitions éprouvées lors de l'accomplissement ainsi que l'expression des conduites observables. Selon Pintrich (2000) le but motivationnel peut être assimilé à une construction cognitive interne, consciente et accessible, précisant ce que l'individu tente d'accomplir et les raisons qui le poussent à agir. Ce référent détermine la nature des projets individuels, la définition de la compétence et du succès et les critères d'évaluation de la performance. Le but servirait donc d'agent organisateur des cognitions et des affects et d'inducteur de comportement :

> « Notre recherche suggère que chaque but d'accomplissement déclenche un programme différent, avec des commandes, des règles de décision et d'inférence différentes provoquant des conséquences affectives, cognitives et comportementales propres. Chaque but, d'une certaine façon, crée et organise son propre monde — chacun évoquant des pensées et des émotions différentes — et déclenchant des comportements distincts » (Elliott et Dweck, 1988, p. 11).

Cette théorie a subi de nombreuses reformalisations. Ames (1992), Dweck (1986) et Nicholls (1984) postulent l'idée selon laquelle il existerait deux manières de manifester de la compétence traduisant deux tendances motivationnelles : (1) un but de performance lorsque le sportif démontre sa supériorité vis-à-vis de ses pairs (*e.g.*, but d'implication de l'ego ou but de performance) et (2) un but de maîtrise lorsque le sportif cherche à progresser dans son activité (*e.g.*, but d'implication dans la tâche ou but de maîtrise). Ce modèle bidimensionnel réside dans l'identification de deux formes de motivations sous-tendues par deux définitions de la compétence : la compétence normative (*i.e.*, le sportif définit sa compétence à travers un processus de comparaison sociale, il démontre sa supériorité aux autres) et la compétence autoréférencée (*i.e.*, le sportif définit sa compétence à partir d'un processus de comparaison temporelle, il démontre de la performance en comparant ses propres résultats dans le temps). Par la suite, les auteurs ont intégré les notions d'approche et d'évitement (McClelland, 1951), tel que cela avait été envisagé dans les premières formalisations de la théorie (pour une revue, voir Nicholls, 1984). Les buts de performance se sont déclinés en deux construits distincts (Cury *et al.*, 1999 ; Elliot, 1997 ; 1999) : 1) un but d'approche de la performance. Lorsqu'un sportif poursuit ce type d'orientation, il cherche à démontrer sa compétence en faisant la démonstration de sa supériorité sur les autres et 2) un but d'évitement de la performance. Lorsqu'un sportif poursuit ce type d'orientation motivationnelle, il va chercher à éviter de faire la preuve de son incompétence vis-à-vis des autres. La dernière reformalisation (Elliot et McGregor, 2001) intègre les notions d'approche et d'évitement au but de maîtrise. Le modèle actuel (*e. g.*, 2X2) présuppose donc l'existence de quatre buts d'accomplissement : un but d'approche de la maîtrise, un but d'évitement de la maîtrise, un but d'approche de la performance et un but d'évitement de la performance. *Le but d'approche de la maîtrise* rend compte d'un accomplissement individuel centré sur l'amélioration des compétences et la maîtrise de la tâche. L'individu établi sa compétence en manifestant des progrès personnels et/ou en maîtrisant la tâche à laquelle il est confronté. Le but d'évitement de la maîtrise rend compte d'un état d'implication dans lequel l'individu évite de se confronter à des situations non maîtrisables, synonymes de régressions potentielles. Les sportifs poursuivant un but d'approche de la performance sont centrés sur la démonstration d'une compétence normative ; l'individu démontre sa compétence en cherchant à réaliser des performances supérieures à celles de ses pairs. Le but d'évitement de la performance pousse le sportif à éviter la démonstration d'incompétence normative.

Le modèle 2 × 2 de la motivation des buts d'accomplissement est considéré comme l'élément central d'une conception plus globale et hiérarchique de la motivation d'accomplissement. Dans cette formalisation, les buts sont considérés comme des standards relativement spécifiques de compétence à atteindre (figure 1), structurellement situés de manière médiane, entre d'une part des antécédents dispositionnels et environnementaux, et d'autre part des conduites et des processus d'accomplissement spécifiques (Cury, 2004 ; Elliot, 1999). Les buts dépendent de dispositions psychologiques plus générales (*e.g.*, les motifs, les théories implicites, l'estime de soi), de la perception de la compétence personnelle spécifique au contexte d'accomplissement, et d'un environnement social particulier (*e.g.*, un entraînement, une compétition, une séance d'apprentissage). De plus, ils varient dans le temps en fonction des situations sociales auxquelles l'individu est confronté. Cette conceptualisation permet donc d'étendre la liste des antécédents potentiels de l'adoption des buts et d'envisager les processus de régulation comportementale dans une logique dynamique.

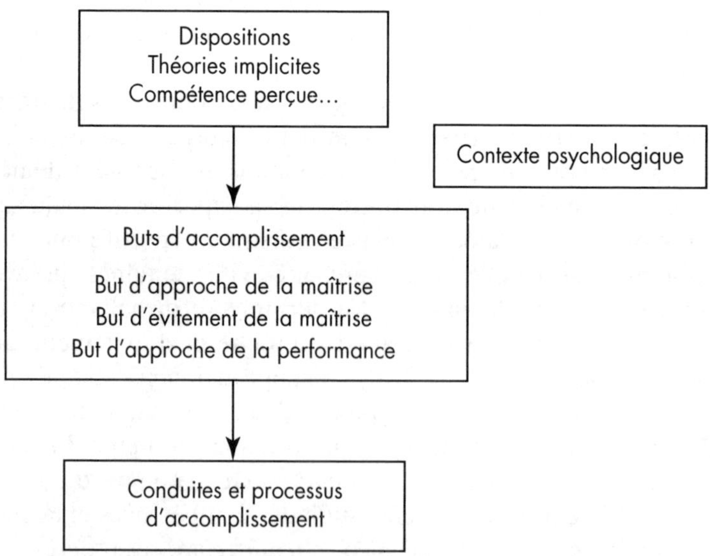

Figure 13.2
*Représentation hiérarchique de la motivation d'accomplissement (Schiano-Lomoriello, Cury et Da Fonséca, 2005*a*).*

Actuellement, la plupart des travaux cherchant à identifier les antécédents et les conséquences de l'adoption des buts se basent sur le modèle tridimensionnel des buts d'accomplissement.

Toutefois, un certain nombre de travaux dans les domaines académiques (Elliot et McGregor, 2001) ou dans les domaines de l'EPS (Schiano-Lomoriello, Cury, Da Fonséca, 2005*b*) ont identifié des antécédents identifiés comme particulièrement valides dans le modèle tridimensionnel : les théories implicites de l'habileté et la compétence perçue. Ainsi, en ligne avec les propositions antérieures de Dweck (1986), les études réalisées démontrent que les théories implicites de l'habileté peuvent être considérées comme des prédicteurs valides de l'adoption des buts. Ces théories implicites conduisent l'individu à définir l'intelligence et les conditions d'accès à la réussite de deux manières différentes : 1) le sportif peut définir son habileté en référence à une théorie de l'entité ; dans ce cas, l'habileté est considérée comme un trait fixe, non contrôlable et non améliorable, résultant d'un don naturel ; 2) le sportif peut définir l'intelligence en référence à une théorie incrémentielle ; dans ce cas l'habileté est conçue comme une qualité malléable, contrôlable et améliorable. Selon Dweck (1986, 1988), il semble que ces croyances aient un impact très puissant sur le comportement des individus confrontés à des situations d'accomplissement. De nombreuses études montrent que ces croyances influencent, par exemple, la persévérance, l'effort consenti, et la nature des attributions réalisées (*e.g.*, Cain et Dweck, 1995 ; Da Fonséca, Cury et Rufo, 2001*a* ; Da Fonséca, Rufo et Cury, 2001*b* ; Da Fonséca, Rufo et Cury, 2002 ; Da Fonséca, Cury, Bailly et Rufo, 2004 ; Dweck et Bempechat, 1983 ; Dweck, Chiu et Hong, 1995 ; Erdley, Cain, Loomis, Dumas-Hines et Dweck, 1997). Ainsi, les résultats ont montré que la croyance selon laquelle l'habileté est malléable, non fixe et améliorable devrait engendrer l'adoption d'un but d'approche de la maîtrise alors que la croyance selon laquelle l'habileté est fixe, non malléable et peu ou pas améliorable devrait faciliter l'adoption des buts d'approche ou d'évitement de la performance. Enfin, et de manière contre-intuitive, il semblerait que la croyance selon laquelle l'habileté est fixe et non améliorable, engendrerait l'adoption d'un but d'évitement de la maîtrise. Ce résultat peut s'expliquer par la définition même du but d'évitement de la maîtrise. En effet, le sportif évite les situations dans lesquelles il pense ne pas pouvoir progresser. Un sportif persuadé de la stabilité de sa compétence et de l'inefficacité de l'entraînement, va chercher à préserver son niveau afin de rester en adéquation avec ses croyances et de conserver une image stable de sa compétence.

D'autre part, la compétence perçue a été également identifiée comme un prédicteur valide de l'adoption des buts d'accomplissement. La compétence perçue est considérée comme « la pierre angulaire » de la motivation. Lorsque le sportif est confronté à une tâche, il va évaluer sa capacité à surmonter les exigences de cette dernière. Cette évaluation concerne le « jugement que porte une personne sur sa capacité d'organiser et d'utiliser les différentes activités à la réalisation de la tâche » et la « représentation du sujet sur sa propre habileté à résoudre le problème posé » (Famose, 1991, p. 108). En fonction de cette estimation, les conduites subséquentes peuvent être fort différentes (Bandura, 1977). En effet, si l'individu se sent efficace, il reste confiant et concentré sur la tâche, il réagit positivement aux difficultés rencontrées en les appréhendant comme des défis à surmonter, il recherche des solutions nouvelles, de l'aide, fait des efforts et persévère. À l'opposé, persuadé de ses médiocres compétences, le sujet ressent de l'anxiété, détourne fréquemment son attention de la tâche, considère les échecs momentanés comme des signes patents de son incompétence, diminue son investissement jusqu'à se désengager complètement de la tâche. Ainsi, il a été montré que la perception d'une haute compétence perçue dans la tâche engendrait l'adoption d'un but d'approche de la performance ou d'approche de la maîtrise, alors que la perception d'une basse compétence perçue amenait l'athlète à adopter des buts d'évitements de la maîtrise ou d'évitement de la performance. Dans une situation où la compétence est évaluée, la confiance en soi conditionne l'adoption de stratégies motivationnelles diamétralement opposées : lorsque l'individu pense réussir (*i.e.*, habileté perçue élevée), il s'oriente préférentiellement vers des buts d'approche — performance ou de la maîtrise. Il va chercher dans la situation le moyen de faire la preuve de sa compétence en obtenant une performance normativement élevée ou en cherchant à progresser ; lorsque l'individu pense échouer (*i.e.*, habileté perçue faible) il ressent une anxiété plus importante et s'oriente préférentiellement vers des buts d'évitement — performance ou des buts d'évitement — maîtrise ; il va chercher dans la situation à éviter de montrer son incompétence en diminuant l'effort investi (*i.e.*, but d'évitement — performance) ou il va considérer que cet investissement est inutile (*i.e.*, but d'évitement de maîtrise) car le but fixé est trop élevé.

Ainsi, un but d'approche de la performance serait engendré par une croyance de l'entité et une haute compétence perçue, un sportif poursuivant un but d'évitement de la performance croit en une habileté stable (*i.e.*, croyance de l'entité) et a une faible compétence perçue, un sportif poursuivant un but d'approche de la performance croit en une habileté malléable (*i.e.*, croyance incrémentielle) et a une haute habileté perçue, enfin l'adoption d'un but d'évitement de la maîtrise découle d'une croyance incrémentielle associée à une faible compétence perçue (figure 13.3).

Ces études ont également cherché à mettre en évidence les conséquences de l'adoption de ces buts. Ainsi, et conformément aux hypothèses développées sur la base du modèle tridimensionnel, l'adoption de chacun de ces buts va avoir des conséquences sur les émotions et les comportements du sportif. De manière plus précise, les sportifs poursuivant ces buts d'accomplissement ne vont pas ressentir le même niveau d'anxiété et développer le même intérêt pour leur pratique. Lorsqu'un sportif adopte un but d'approche de la maîtrise, il va trouver un plus grand intérêt dans sa pratique. Ce plus grand intérêt

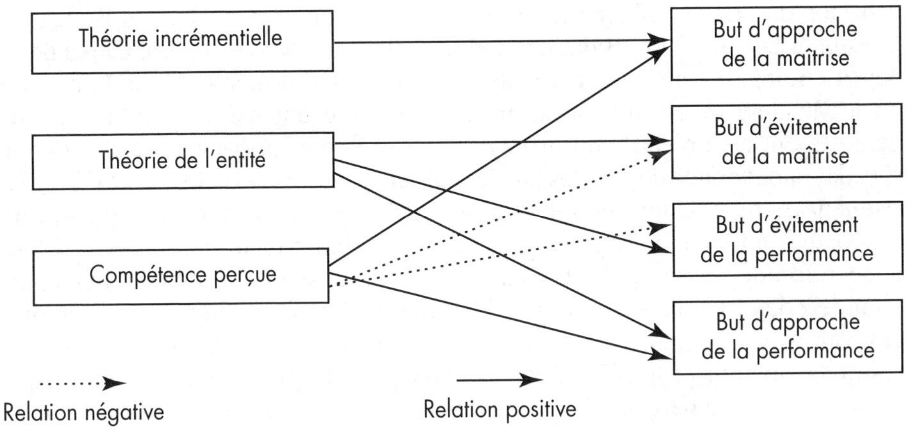

Figure 13.3
Présentation des antécédents identifiés des buts selon Schiano-Lomoriello, Cury et Da Fonséca, 2005b).

devrait lui permettre de s'investir davantage dans sa pratique et d'obtenir une meilleure performance. L'adoption d'un but d'évitement de la maîtrise engendre un fort niveau d'anxiété et celle-ci devrait être handicapante pour la performance. Le sportif poursuivant un but d'approche de la performance devrait ressentir un faible niveau d'anxiété mais il ne trouve pas un grand intérêt à sa pratique, toutefois, il devrait obtenir un haut niveau de performance. Enfin, le sportif adoptant un but d'évitement de la performance devrait ressentir un haut niveau d'anxiété et devrait accorder peu d'intérêt à son activité. Ce dernier devrait obtenir une faible performance.

6 CONCLUSIONS ET PISTES DE RECHERCHE

Ce chapitre avait pour but de traiter des principales conséquences associées à la motivation en sport. Globalement, nous avons pu constater que la littérature fait ressortir des liens positifs entre motivation autodéterminée, basée sur des sentiments dominants de choix et de plaisir, et des conséquences comportementales et psychologiques qui s'avèrent constructives pour la pratique sportive.

Ainsi, plus l'environnement social favorise le développement d'une motivation autodéterminée et plus les sportifs persisteront dans leur activité sans ressentir véritablement d'épuisement psychologique. Cependant, le contexte sportif correspond à un environnement social structuré en groupe et qui peut parfois paraître contrôlant, les sports d'équipe constituant les plus manifestes. Blanchard et Vallerand (1996) montrent que le style de l'entraîneur et la cohésion du groupe influencent la motivation en sport (*cf.* également Ballaguer, Crespo et Duda, 1996 ; Balaguer, Duda, Atienza et Mayo, 1998). Cependant, peu d'études se centrent sur l'analyse du groupe lui-même. Dans la mesure où les leaders jouent un rôle important, on peut émettre l'hypothèse qu'ils déterminent les objectifs du groupe. Ceux qui sont moins enclins à jouer ce rôle devraient donc adopter des buts congruents avec ceux du leader et de ce fait risquent de manifester une motivation faiblement autodéterminée puisqu'on les force à adopter un objectif qui ne correspond pas nécessairement à leur conception de l'activité. Ils risquent d'adopter des comportements inadaptés comme nous l'avons indiqué précédemment. Il semble intéressant d'étudier ces variations de motivation au cours d'une saison et ce en fonction des résultats obtenus. En effet, des résultats positifs pourraient modérer cette faible autonomie perçue tandis que des résultats négatifs seraient de nature à la renforcer.

Une autre conséquence importante de la motivation autodéterminée est concrétisée par les orientations de fair-play de l'individu. Ceci est d'autant plus vrai que le niveau de fair-play démontré par un sportif aurait une incidence directe sur la propension de celui-ci à recourir à des conduites agressives en sport. Nous croyons qu'une piste prometteuse, pour la recherche future, serait de s'attarder au rôle médiateur que semble jouer le fair-play à l'intérieur d'une analyse proprement motivationnelle de l'agression en sport.

De même il semble que les buts de maîtrise conduisent à la mise en place de comportements adaptés. Cependant, dans les résultats présentés, les buts de maîtrise ne sont appréhendés que dans leur dimension autoréférencée (*e.g.*, définition de la compétence en fonction des progrès réalisés), or Elliot et McGregor (2001) distinguent trois définitions de la compétence, une autoréférencée (*e.g.*, progression) une normative (*e.g.*, supériorité sur autrui) et une absolue (*e.g.*, maîtrise de l'activité). Ainsi, Cury, Elliot, Da Fonséca et Moller (2006) ont proposé un modèle cognitivo-social des buts d'accomplissement basé sur la définition absolue du but d'approche ou d'évitement de la maîtrise. De plus, d'autres investigations pourraient porter sur un élargissement des antécédents des buts d'accomplissement. La majorité des études effectuées se focalisent sur quelques antécédents, déjà identifiés dans les modèles antérieurs (*i.e.*, le modèle bidimensionnel puis tridimensionnel). Or il semblerait intéressant d'élargir la liste des antécédents à des variables de personnalité ou à des variables situationnelles ainsi que d'identifier les comportements, émotions et cognitions mis en œuvre lors de l'adoption des buts d'accomplissement.

Au terme de ce chapitre, il est possible de retenir deux points principaux. Premièrement, il semble aujourd'hui primordial de prendre en compte non seulement les objectifs personnels mais également l'environnement social dans lequel évoluent les individus. Deuxièmement, privilégier les études longitudinales par rapport aux études transversales permettra non seulement d'identifier les facteurs sociaux mais également de mieux comprendre comment ils interagissent pour influencer les variations motivationnelles qui elles-mêmes sous-tendent les modifications comportementales.

Chapitre 14

MOTIVATION, COMMUNICATION DES RISQUES ET CHANGEMENT D'ATTITUDE[1]

1. Par Thierry Meyer.

« Motivation et cognition sont des amants pas des ennemis ; les fruits de leur amour sont les jugements humains. »

(Arie W. Kruglanski, 2001, p. 42).

L'objectif de ce chapitre est d'introduire à la perspective de « cognition motivée ». L'interaction entre cognition et motivation est le point de vue adopté aujourd'hui par nombre des modèles qui rendent compte de comment chacun maintient, et parfois change, ses attitudes et ses comportements dans un domaine donné. Nous prendrons ici successivement le point de vue d'un agent rationnel qui traite l'information — point de vue désigné un temps comme la cognition *froide* — puis le point de vue d'un agent qui traite cette information de manière cognitivement *motivée*.

Pour la cognition motivée :

- nous ne traitons l'information de manière approfondie que si nous en avons et la capacité et la motivation ;
- les buts que nous poursuivons, et l'effort que nous consentons pour atteindre ces buts, changent non seulement nos évaluations et nos décisions mais aussi les processus selon lesquels nous évaluons et décidons.

La cognition motivée s'applique à des questions issues d'univers professionnels variés (santé publique, management, consommation, éducation, ingénierie, environnement, etc.). Nous prendrons pour point d'appui la communication des risques : comment est reçue une information sur le risque ? En quoi est-elle susceptible de changer nos connaissances, nos attitudes et nos comportements dans le domaine concerné ? L'approche de cognition motivée est susceptible de donner des pistes utiles à ceux qui ont en charge de concevoir des messages sur le risque ou de mettre en place des systèmes impliquant le risque.

Partons d'une situation concrète.

Après une journée de travail, Jeanne Louvois est en voiture. Avant de démarrer elle a mis en mode veille son téléphone portable dont elle use sans modération tant il est indispensable à son travail. Elle est maintenant sur la rocade sud de Grenoble que depuis longtemps elle a renoncé à apprécier à cette heure le coucher de soleil sur le massif de Chartreuse. Heureusement, ce café pris avant de partir, l'a remontée et elle est de plutôt de bonne humeur. Sous l'emprise de l'esprit d'escalier, elle pense à ce qu'elle aurait dû répondre à son chef de service lors de la dernière réunion sur le projet JPV. Sa passagère, Roberte, est somnolente. Comme d'habitude Jeanne écoute la radio locale. L'émission d'un quart d'heure porte sur la santé et l'on entend l'interview d'un médecin qui conclut ainsi : « Pour moi, l'exposition aux ondes électromagnétiques émises et notamment celle des téléphones portables est un problème de santé publique. Le mieux est d'abandonner le téléphone portable. »

Comment ce message est-il reçu ? Quelles traces laisse-t-il en mémoire ? Quelles conséquences peut-il avoir ? Est-il susceptible de changer la valeur que Jeanne Louvois attribue à son téléphone portable, voire ce qu'elle fera avec son téléphone portable ? Nous prendrons successivement le point de vue d'un agent rationnel puis le point de vue d'un agent cognitivement *motivé*.

1 PERSPECTIVE DE L'AGENT RATIONNEL COGNITIVEMENT LIMITÉ

Plaçons-nous dans un premier temps du côté d'un agent rationnel caractérisé par le fait qu'il possède un système cognitif aux propriétés délimitées.

1.1 Traitement de l'information

L'agent rationnel traite le message suivant une séquence complexe qui peut être décomposée en étapes. Celui-ci 1) porte attention au message, 2) comprend le message en faisant appel à sa mémoire, 3) stocke l'information en mémoire, 4) calcule l'utilité (ou la valeur) de l'information, 5) en tire les conséquences (change ou non ses attitudes sur les téléphones portables, s'informe sur la question des risques électromagnétiques, change son usage personnel, etc.). Selon une première approche cognitive, ces étapes sont aussi inéluctables que celles qui permettent à un ordinateur de procéder à des opérations automatiques commandées par un programme. Depuis les années 1960, la métaphore de l'ordinateur a largement contribué à la modélisation en psychologie cognitive, comme la psychologie a contribué aux idées sur l'intelligence artificielle. Cet agent rationnel aux ressources plus ou moins limitées est typiquement celui de l'approche cognitive telle qu'elle s'est disséminée dans tous les champs de la psychologie scientifique.

1.2 Traitement biaisé de l'information

Si l'on se place ici du point de vue normatif, l'agent rationnel est soumis à des biais, imputables largement à l'architecture de son système cognitif, reçue en héritage de l'histoire de l'espèce (perspective évolutionniste). Les biais peuvent concerner la recherche d'information, l'évaluation de l'information comme les réponses suscitées par cette information. Beaucoup de ces biais peuvent être renvoyés au fait que l'agent rationnel tend à s'appuyer de manière excessive sur l'information la plus facilement récupérable en mémoire (accessibilité) (Kahneman, 2003). Il se pourrait que cet agent rationnel donne un poids excessif à l'information négative (risque associé à l'usage au téléphone portable) par rapport à l'information positive (gains associés à la prévention des risques), à l'information concrète plutôt qu'abstraite, etc. L'image de l'« ordinateur fautif » a quelque temps prévalu dans les modèles proposés en cognition et cognition sociale (Fiske et Taylor, 1991 ; Nisbett et Ross, 1980). Cette tradition de recherche sur les biais cognitifs est loin d'être éteinte. Récemment Gilbert a mis l'accent sur la difficulté à juger de nos états émotionnels futurs et à mésestimer nos capacités d'adaptation à l'adversité (Gilbert, Pinel, Wilson, Blumberg et Wheatley, 2002).

1.3 Les ressources cognitives et l'affect

À la différence de l'ordinateur cependant, l'agent rationnel se fatigue, est facilement distrait, ou encore pleinement attentif. Autrement dit, il dispose de plus ou moins de ressources cognitives. On admettra donc que l'information peut être traitée à différents degrés de profondeur selon que cet agent dispose de plus ou moins de ressources cognitives : attention pleine ou exécution d'une autre tâche en même temps que la réception du message (ici la conduite), distractions en tout genre (son amie Roberte passagère de la voiture lui adresse la parole), pensées intrusives (ce qu'elle aurait dû dire à la réunion). Les effets de l'intelligence ou encore de dégénérescences neurologiques éventuelles dues à un traumatisme ou au vieillissement ont aussi été étudiés. Ces ressources appellent par ailleurs les connaissances conservées en mémoire (connaissances de la langue, connaissance du contexte de communication — une émission connue à la radio —, et bien sûr connaissance du domaine — effets sur la santé des ondes électromagnétiques—). Au-delà d'un stockage neutre de l'information, la mémoire renvoie aussi à des associations entre une entité (ici le téléphone portable) et sa valeur ; ce qu'on appelle couramment des attitudes (Fazio et Towles-Schwenden, 1999).

Les recherches sur la persuasion en psychologie sociale ont développé une pléthore de procédés pour observer les effets des ressources. Ainsi la consommation de caféine entraîne que les arguments d'un message sont traités avec plus de profondeur et mieux acceptés quand les personnes sont distraites

(Martin, Hamilton, McKimmie, Terry, et Martin, 2006), alors que la prise d'alcool diminue les ressources et oblige à un traitement superficiel de l'information (MacDonald, Zanna, et Fong, 1995). Une ligne de recherche particulièrement stimulante est celle qui relie l'affect et les ressources. Si l'on suit le modèle de l'affect comme ressource et comme information (Schwarz et Clore, 2003), l'humeur régule l'effort cognitif. Ainsi les individus sous l'emprise des affects négatifs (humeur triste plutôt que joyeuse) traitent l'information de manière plus approfondie que sous affect positif (Forgas, 2007).

Si les ressources cognitives dont il dispose sont suffisantes, l'agent rationnel sera en mesure de traiter en profondeur cette information. Non seulement le message sera compris, mais il suscitera des réponses (contre-argumentation, évaluation de la source du message, etc.). Les psychologues recueillent les idées ou des impressions vagues qui viennent à l'esprit en écoutant le message. Ces « réponses cognitives » permettent d'avoir une idée des efforts consentis pour traiter le message. Selon que les réponses vont dans le sens d'une adhésion ou d'un rejet du message on peut ainsi avoir une idée des changements d'attitude et de comportement suscités par le message. Et ce d'autant plus que la confiance dans les réponses ou dans les résultats du jugement est élevée (dimension métacognitive ; Meyer, 2000 ; Petty, Briñol et DeMaree, 2007). On dira ici que le message suscite une forte « élaboration » cognitive ou encore, selon les modèles, un traitement « systématique » ou « central » (Chaiken et Trope, 1999).

Admettons maintenant que les ressources soient limitées. En l'espèce, celles-ci sont bien limitées puisque Jeanne Louvois est en train de conduire, tout en en étant sous l'emprise de la pensée d'escalier (ce qu'elle aurait dû dire à la dernière réunion), et qu'elle est plutôt d'humeur positive. Des ressources limitées imposent de s'appuyer sur des règles simples, faciles à mettre en œuvre, comme par exemple « les médecins sont des experts », « la santé est importante », « les informations de la radio locale ne sont pas fiables », etc. L'acceptation ou le rejet du message est alors basée sur un examen superficiel qui n'appelle pas l'examen détaillé des arguments ou des options relatives au risque. On dira ici que le message suscite une faible élaboration cognitive. Avec l'expérience nous disposons de nombreuses règles (on parle d'heuristiques) qui nous permettent d'aller vite dans une décision sans examiner en profondeur l'information. Ces heuristiques sont d'autant plus utiles que les circonstances complexes de la vie, et spécialement la pression du temps, imposent de décider vite. L'agent rationnel n'a de fait pas la possibilité de procéder à un examen systématique de toutes les options, comme il ne possède qu'une information partielle sur ces options.

Aujourd'hui les modèles disponibles retiennent tous, sous ou une forme ou sous une autre, l'idée que l'information est traitée selon des degrés de profondeur variables en fonction des ressources cognitives disponibles (Crano et Prislin, 2006 ; Briñol et Petty, 2007). Au-delà de la persuasion, les modèles reconnaissent la balance entre un système intuitif (rapide, parallèle, automatique, associatif, peu flexible, émotionnel) et un système raisonné (lent, sériel, contrôlé, basé sur les règles, flexible, neutre ; Kahneman, 2003). On aura compris que le plus souvent, et par défaut le traitement simplifié (basé sur des règles simples ou heuristiques) l'emporte. Ne serait-ce que parce que les ressources cognitives sont biologiquement limitées, et qu'une grande partie de nos activités ne requiert que l'application de routines qui s'avèrent suffisantes pour prendre une décision acceptable sans conséquences pour notre bien-être et notre avenir. Aujourd'hui on admet que les heuristiques présentent cependant globalement une valeur adaptative (Gigerenzer et Todd, 1999)... sauf bien sûr si les circonstances nous tendent un piège, ou que d'autres utilisent habilement les heuristiques pour nous influencer (publicité par exemple).

On aura reconnu ici l'« avare cognitif » tel que le décrivaient les manuels de psychologie sociale de la fin du XXe siècle (Fiske et Taylor, 1991). Le point de vue de l'agent rationnel cognitivement limité est indéniablement intéressant. Il a suscité un programme de recherche extraordinairement riche, qui a fondé les bases d'une approche scientifique du raisonnement et de la décision, notamment dans des contextes naturels de prise de décision caractérisés par l'incertitude. La perspective de « rationalité limitée » développée par Herbert Simon, ou encore les travaux de Daniel Kahneman sur les jugements dans l'incertitude ont connu une reconnaissance exceptionnelle (prix Nobel respectivement en 1978 et 2002).

Le modèle de l'agent rationnel cognitivement limité est-il suffisant pour comprendre comment Jeanne Louvois reçoit ce message ? Le fait que le message met en cause son comportement (elle utilise fortement le téléphone portable) et met l'accent sur une menace (risque associé aux ondes électromagnétiques) sera-t-il sans conséquences sur la manière de recevoir le message ? Ne sera-t-elle pas tentée d'ignorer le message ou de s'engager dans des raisonnements auto-avantageux qui préservent ses habitudes ? À se limiter au point de vue cognitif étroit, les campagnes de communication en santé devraient avoir un succès avéré dès lors que l'on s'assure que l'individu possède bien les ressources cognitives nécessaires et que l'information est présentée selon un format qui n'encourage pas un traitement biaisé. Il n'en est rien, quand bien nombre de campagnes de prévention sont parfaitement mémorisées (on ne manque jamais de vérifier ce point).

2 PERSPECTIVE DE COGNITION MOTIVÉE

La perspective de « cognition motivée » implique donc de revenir à la motivation de l'agent rationnel. Le désir d'atteindre des buts particuliers peut contaminer nos évaluations et décisions. Plaçant la motivation comme antécédent, cette perspective met aussi l'accent sur les conséquences de la motivation en termes de stratégies cognitives employées face à l'incertitude et la décision (Molden et Higgins, 2005). De manière classique, la motivation concerne trois versants :

– un versant énergétique : la motivation implique une quantité d'énergie dépensée (activité cognitive ou physique) affectée à la poursuite d'un but particulier. Nous avons déjà évoqué le caractère plus ou moins limité des ressources nécessaires pour un traitement approfondi de l'information ;
– un versant cognitif : la motivation implique que l'énergie soit affectée au service de buts. Le but est conçu ici comme un schéma récupérable en mémoire et doté de contenus motivationnels ;
– un versant d'autorégulation : l'individu est plus ou moins capable de mettre en œuvre ou inhiber des buts, ou d'affecter de l'énergie à l'accomplissement de ses buts. On conçoit ainsi que des buts soient poursuivis de manière délibérée, et faisant l'objet d'ajustements raisonnés, alors que d'autres pourraient être poursuivis de manière non délibérée ou automatique, laissant peu de place à l'autorégulation consciente.

Une activité sera donc motivée si elle implique un ou des buts, auxquels l'individu affecte une ressource, et caractérisée par un degré d'autorégulation[1].

Une originalité de la cognition motivée est d'ordre méthodologique. La motivation peut d'un côté prendre sa source dans un contexte qui rend saillants certains buts qui deviennent ainsi plus facilement accessibles à la mémoire. Elle bénéficie ici des méthodes cognitives récentes qui permettent de valider l'effet d'un but du point de vue de l'expérience subjective, des comportements ou de la physiologie. De l'autre côté, elle renvoie à des différences interindividuelles : certains ont plus que d'autres un appétit chronique à poursuivre certains buts plutôt que d'autres. On s'appuie ici sur des échelles de personnalité et d'attitudes psychosociales (estime de soi, besoin de contrôle, etc.). Les validations seront donc autant expérimentales (manipulation d'un contexte assignant des buts, ou des ressources cognitives, ou des orientations de régulation), que de nature différentielle[2].

2.1 Implication personnelle

À suivre les modèles classiques consacrés à la persuasion basée sur les messages, le premier facteur qui module l'orientation des ressources sera le

1. Notons en passant que l'autorégulation est elle-même consommatrice de ressources (Gailliot et Baumeister, 2007).
2. Cette double approche repose sur le principe de l'opérationnisme multiple, tel que le même concept peut trouver une mosaïque de définitions opérationnelles. C'est la convergence de ces définitions qui valide le concept (Meyer, 2005).

fait que l'individu est plus ou moins impliqué dans l'objet du message. Le message concerne le récepteur du message. Ici Jeanne Louvois est impliquée comme utilisatrice abusive de téléphone portable. Elle a en mémoire des traces autobiographiques de son usage quotidien du téléphone, ou des circonstances récentes dans lesquelles elle l'a utilisé. Quelqu'un qui n'utiliserait pas de téléphone pourrait aussi être impliqué si ses proches utilisent le téléphone portable. Mais quelqu'un qui n'utilise jamais ou très peu le téléphone portable sera probablement moins motivé à traiter l'information. Il en ressort que le message sera traité avec un degré de profondeur d'autant plus élevé que l'on est impliqué, c'est-à-dire qu'une dimension du soi est pertinente et active au moment de la réception du message (Petty, Cacioppo, et Goldman, 1981 ; Johnson et Eagly, 1989). L'implication est ainsi un antécédent qui concerne la probabilité d'élaboration du message, autrement dit le versant énergétique de la motivation. Cette énergie est au service de buts particuliers.

2.2 Buts directionnels et non directionnels

Quels buts sont importants ? De nombreuses tentatives ont été faites pour proposer une typologie des buts. Nous ne retiendrons ici que les buts les plus couramment évoqués dans le domaine de la cognition motivée. Mettons de côté, la motivation primaire associée au métabolisme comme la faim la soif ou à la survie de l'espèce[1]. Pour le propos nous distinguerons, des buts non-directionnels et des buts directionnels (Kunda, 1990). Les *buts non directionnels* renseignent sur l'intensité de l'effort accompli pour traiter le message, ils n'affectent pas le sens de l'évaluation ou de la décision. Ce sens dépendra des données disponibles. Des *buts directionnels* orientent les décisions dans un sens particulier et prévisible qui est celui de la satisfaction du but.

2.2.1 Buts non directionnels

■ *Motivation à l'exactitude*

Tel que nous l'avons décrit, l'agent rationnel est déjà, au moins implicitement motivé : il affecte des ressources cognitives à un but particulier : l'examen de la validité du message. S'appuyer sur des faits avérés présente la meilleure garantie d'adaptation, à l'opposé de s'appuyer sur des faits peu fiables ou non valides. La typologie issue d'une analyse systématique de la littérature

1. Gardons cependant à l'esprit que ce type de motivation est couramment en interaction avec d'autres. Ainsi la sensation de soif, motivation primaire, peut ainsi contribuer à mieux apprécier une bouteille d'eau minérale, surtout si la marque de cette bouteille comporte des lettres communes avec celles de son propre nom (Brendl, Chattopadhyay, Pelham et Carvallo, 2005). La sensation de faim peut amener à préférer des aliments gras que l'on sait pourtant peu favorables à la santé comme les frites (Aikman et Crites, 2005).

sur les buts (Johnson et Eagly 1989 ; Eagly et Chaiken, 2005) avait ressorti une telle motivation basée sur des buts d'exactitude (angl. *accuracy*). Cette motivation à l'exactitude pourrait se rapprocher d'un besoin général de maîtrise basé sur l'examen réaliste d'une situation. Poursuivre un but d'exactitude est non directionnel dans le sens que le traitement de l'information est basé sur l'examen attentif et systématique des faits et n'oriente pas le sens du jugement dans une direction préconçue. C'est la motivation que l'on assigne (idéalement) au scientifique dont le rôle est de faire barrière aux illusions, et de renseigner des modèles basés sur des preuves.

Si Jeanne Louvois était motivée dans le sens de l'exactitude, et si elle en avait les capacités, elle se poserait donc la question : cette information est-elle fiable ? Les risques sont-ils avérés ? Les arguments sont-ils valables ? Ce médecin est-il digne de confiance ou s'agit-il d'un illuminé ? Quelle autre source d'information pourrait confirmer ces propos ? Etc. Bref elle orienterait son effort dans le sens de la validité jusqu'à ce qu'elle trouve une réponse suffisante. Le sens de la réponse n'est pas donné à l'avance mais dépendra de l'examen raisonné des faits.

■ *Motivation épistémique*

Nous sommes plus ou moins motivés à connaître. Le degré de profondeur avec laquelle nous traitons l'information est le résultat de la poursuite d'un but particulier. La « motivation épistémique » régule cette profondeur selon des seuils satisfaisant le niveau de connaissance souhaité (Kruglanski et Webster, 1996). Face à un contexte incertain, ceux qui présentent un fort degré de « clôture cognitive » désirent arriver plus rapidement à une conclusion. Ils préfèrent donc une réponse, n'importe quelle réponse, plutôt que l'incertitude et l'ambiguïté. Face à un univers incertain, ils sont tentés de conclure prématurément plutôt que d'accepter l'indécision. Dans le même sens, s'ils ont à faire un choix ils seront plus convaincus par le nombre d'arguments en faveur d'une option (qui permet d'arriver rapidement à une conclusion) plutôt que par la qualité des arguments (qui demande plus de temps d'examen). Le même type d'observation se retrouve dans des circonstances qui exacerbent ce besoin comme le fait de se trouver pressé par le temps, ou encore de devoir travailler dans le bruit. Dans un sens analogue, le « besoin de structure » (Neuberg et Newsom, 1993) postule que certains préfèrent des structures simples à des structures complexes, des univers familiers plutôt que nouveaux et organisent eux-mêmes les objets complexes dans des catégories plus simples. Ce type de cognition motivée prolonge des travaux plus anciens qui avaient observé le lien entre des stratégies fermées de traitement de l'information et des attitudes politiques (dogmatisme ; autoritarisme, etc. ; Deconchy et Dru, 2007 ; Jost, Glaser, Kruglanski et Sulloway, 2003).

Dans un autre registre, certains pourraient préférer un traitement approfondi plutôt que superficiel de l'information. Les recherches sur le « besoin de cognition » (Cacioppo et Petty, 1982), ont connu un succès considérable dans le domaine de la persuasion. Certaines personnes plus que d'autres auraient plaisir à s'occuper à des jeux d'esprit, à profiter des circonstances pour engager une réflexion. Ceux-là s'appuieront plus sur la qualité des arguments d'un message pour en juger la valeur plutôt que sur le caractère prestigieux de la source du message. À l'instar de Molden et Higgins (2005), nous poserons que ce besoin n'appelle pas une direction particulière. La réflexion peut s'engager sur des voies fantaisistes fort éloignées la recherche de la validité de l'information. Un féru d'astrologie et de numérologie peut parfaitement satisfaire un impératif besoin de cognition. Enfin, les préférences pour un mode de traitement de l'information se retrouvent avec l'Inventaire Rationnel-Expérientiel (REI). Certains préfèrent s'appuyer sur un examen approfondi de l'information plutôt que sur leur expérience personnelle notamment émotionnelle (De Stadelhofen, Rossier, Rigozzi, Zimmerman et Berthoud, 2004).

Pour revenir à Jeanne Louvois, on peut admettre que le contexte dans lequel elle se trouve (bruit, double tâche, pensées intrusives, humeur positive, etc.) la conduit à un fort besoin de clôture. Elle cherchera donc le moyen le plus rapide de conclure plutôt que de s'engager dans une exploration approfondie des arguments du médecin entendu à la radio qui ne fera qu'allonger le sentiment désagréable dans lequel le message la place.

2.2.2 Buts directionnels

Les buts directionnels orientent l'activité cognitive vers des conclusions en direction de la satisfaction de ces buts. Selon les circonstances, ils peuvent conduire à un traitement biaisé de l'information. La motivation défensive et la motivation d'impression (Johnson et Eagly, 1989 ; Eagly et Chaiken, 2005) présentent ces caractéristiques :

■ *Motivation défensive*

Nous ne sommes pas constamment orientés vers le changement et la nouveauté. Nous disposons, fort heureusement, de mécanismes qui préservent l'intégrité de ce qui est déjà acquis, à commencer par l'intégrité du soi. Une motivation défensive oriente le traitement de l'information vers la préservation de ce qui est acquis et s'oppose à la mise en cause des croyances, ici les croyances sur la santé. La composante de menace du message est ici particulièrement importante. Elle induit non seulement des efforts mais oriente les efforts dans un sens particulier : l'individu sélectionne activement l'information qui lui est favorable et produit si nécessaire des contre-arguments (élaboration défensive). Il cherche ici moins à connaître la validité de l'information (motivation d'exactitude) qu'à préserver son estime de soi ou son système de croyances. Dans une recherche devenue classique Liberman et Chaiken (1989) exposent des consommateurs à un message sur les dangers de l'abus de café. Les participants les plus impliqués (les gros consommateurs de café) traitent l'information de manière biaisée en valorisant les parties du message qui évoquent un faible risque, et dévalorisant les parties du message qui évoquent un fort risque. Ce type de stratégie pourrait se retrouver plus fréquemment chez les mêmes individus quel que soit le domaine considéré (Von Hippel, Lakin, et Shakarchi, 2005). Nombre d'observations montrent que nous avons tendance à traiter l'information menaçante de manière auto-avantageuse. L'appréciation des messages est souvent colorée par un biais d'optimisme quand chacun pense être moins exposé que les autres au danger, ou un biais adaptatif de pessimisme exagéré (Carroll, Sweeny et Shepperd, 2006 ; Verlhiac, Chappé et Meyer, 2007).

Les exemples de traitement défensif sont nombreux au point que la recherche actuelle dans le domaine de la communication des risques cherche principalement les moyens pour limiter ce traitement défensif en étudiant les mécanismes multiples de résistance à la persuasion. Les pistes sont nombreuses comme celle qui consiste à valoriser les participants en leur laissant la possibilité d'affirmer leur valeur. Ainsi les individus valorisés acceptent mieux les messages d'avertissement présents sur les paquets de cigarettes (Harris, Mayle, Mabbott et Napper, 2007). Le fait de valoriser les connaissances dans un domaine plutôt que de les mettre en question entraîne une plus grande acceptation d'un message (Terrade et Meyer, 2003). Il en est de même avec l'humeur positive ou le fait de ne pas menacer l'identité (par exemple chez des fumeurs ; Falomir, Mugny et Invernizzi, 2002). C'est évidemment un enjeu de santé publique important que de rendre possible une compréhension et une acceptation du message favorable à la santé, lequel est souvent rejeté par ceux qui sont les plus exposés au risque et donc les destinataires de ce message.

D'autres modèles suggèrent que la menace, et spécialement une menace sur la vie, suscite l'anxiété et entraîne des réponses spécifiques destinées à réguler l'affect. Selon le modèle du « management de la terreur » l'exposition à des menaces de mort suscite la défense exagérée des systèmes de croyances et une augmentation de l'estime de soi (Pyszczynski, Greenberg et Solomon, 1997). D'autres auteurs ont suggéré que dans certaines circonstances nous serions plus orientés vers une recherche de promotion, que vers une recherche de prévention (Higgins, 1998). Un focus de promotion est caractérisé par l'approche de situations plaisantes et la recherche de résultats positifs (buts d'accomplissement) alors qu'un focus de prévention (équivalent ici à la motivation défensive) est caractérisé par l'évitement de situations négatives (buts de sécurité et de prévention). Les individus motivés par la prévention seront particulièrement vigilants à maximiser l'absence de conséquences négatives. Ces individus qui seraient plus enclins à un « focus de prévention » seraient ainsi plus réceptifs à des messages qui mettraient l'accent sur des dimensions compatibles avec un schéma de prévention (argumentation basée sur l'absence de pertes plutôt que sur la présence de gains).

Pour revenir à notre exemple fictif, Jeanne Louvois a de multiples possibilités pour satisfaire une motivation défensive : dénigrer la source, renforcer ses convictions sur le caractère inoffensif du téléphone portable et des ondes électromagnétiques, considérer que le plaisir immédiat de téléphoner vaut bien un risque hypothétique à long terme, estimer que ce type de risque ne concerne que des gros utilisateurs (ce qu'elle n'est évidemment pas), etc. Bref, une information entendue incidemment à la radio a peu de chances de bousculer ses habitudes.

■ *Motivation d'impression*

Le lien social et plus spécialement la recherche d'approbation sociale est une part importante des motivations humaines (Baumeister et Leary, 1995 ; Leary, 2007). La réception du message pourrait ainsi être motivée par l'impression que l'on veut donner à autrui ? On pourrait imaginer que la réaction au message entendu à la radio soit due à l'impression que l'on veut donner à ses amis. Selon le contexte, il pourrait paraître ridicule d'avoir des préoccupations exagérées de santé, alors que dans d'autres les préoccupations de santé sont un thème récurrent de conversation. Ce motif d'affiliation sociale est cependant inégalement distribué. Certains plus que d'autres trouvent un bénéfice à se comporter en accord avec ce qui demandé par la situation courante (fort score de monitorage de soi) plutôt que de s'appuyer sur une norme intériorisée indépendamment de la demande sociale présente (faible score de monitorage de soi ; Gangestad et Snyder, 2000). Ainsi les messages qui seraient appuyés sur la présence de modèles (célébrités par exemple) remporteront plus l'adhésion des premiers que des seconds.

Jeanne Louvois préférera peut-être prendre avec sérieux, quand elle s'apercevra que sa passagère Roberte a une mine inquiète, elle qui est si soucieuse de sa santé. Après tout, Roberte est sa meilleure amie, et elle lui rend tellement de services qu'il serait désagréable d'engager un conflit pour une émission de radio.

3 SYNTHÈSE

Tentons une représentation imagée. La figure 14.1 illustre ces niveaux typiques de motivation, selon que le but est directionnel ou non. Les messages sur le risque sollicitent l'incertitude (probabilité plus ou moins forte d'un événement négatif), la menace (conséquences négatives sur l'intégrité psychique ou physique) et souvent les bénéfices associés à la prévention. Le contenu de ces messages, mais aussi un contexte particulier, peuvent solliciter différents types de buts. L'incertitude est ainsi associée à des motivations épistémiques peu directionnelles (motivation d'exactitude et motivations épistémiques), tandis que la menace sollicite plus des buts de protection (motivation défensive) et d'adhésion à des normes sociales (motivation d'impression).

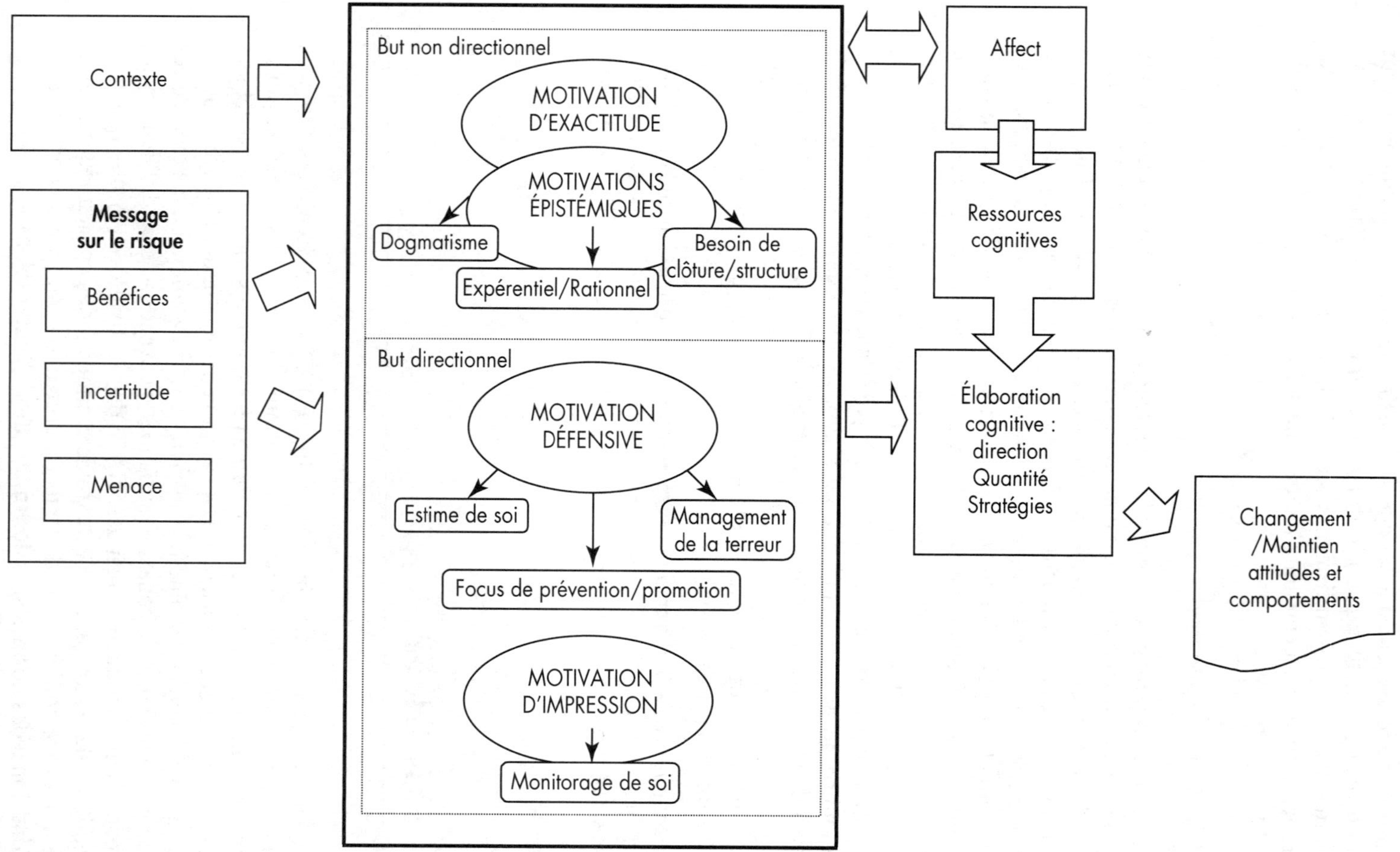

Figure 14.1
Représentation schématique de l'interaction entre motivations et ressources dans le cas de l'exposition à des messages sur le risque.

Le degré d'élaboration concerne la quantité, la qualité des réponses consécutives au message, comme les stratégies d'exploration de l'information. Plus l'élaboration ira dans le sens du message, plus les changements d'attitude et de comportement seront plausibles. L'élaboration dépend certes de la motivation mais aussi des ressources cognitives disponibles (fatigue, distraction, etc.), épuisables mais renouvelables. L'état affectif est une des sources importantes de ressources, comme la satisfaction des buts peut réguler l'affect (Erber et Erber, 2001). Cette illustration n'implique pas que les individus soient conscients de poursuivre tel ou tel but, ou d'adopter telle ou telle stratégie. Probablement certains aspects sont conscients (sentiment d'effort associé à l'élaboration) alors que d'autres n'impliquent pas de conscience, comme par exemple, le fait qu'un but peut être activé par le contexte (Legal, Meyer et Delouvée, 2007).

4 CONCLUSION : COGNITION MOTIVÉE ET CHANGEMENT D'ATTITUDE

La perspective de cognition motivée est indéniablement une part significative d'une « science de la motivation » (Shah et Gardner, 2008). La motivation est aujourd'hui entrée de plain-pied dans les modèles de prise de décision et de changement de comportement. Nous traitons l'information de manière approfondie si nous en avons les capacités et la motivation. De plus nous poursuivons des buts qui changent non seulement la quantité d'effort, mais les stratégies de recherche d'information et souvent orientent les décisions dans un sens fixé d'avance. Comme nous l'avons vu, les buts sont multiples, et les différences interindividuelles comme le contexte contribuent à la sélection de tel ou tel but. Nous n'avons que peu développé la composante affective mais elle intervient de manière importante, notamment en régulant les ressources cognitives disponibles et en sollicitant des buts particuliers. Pour autant, les individus, s'ils en ont la capacité et la motivation, sont en mesure de réguler leurs propres buts, d'apprendre des stratégies nouvelles, et évidemment de construire de nouvelles motivations.

À titre illustratif, nous nous sommes appuyés sur un domaine qui est un terrain privilégié de la cognition motivée, celui de la communication des risques. Dans ce domaine, les réponses observées sont souvent colorées par le désir de satisfaire des buts qui ne sont pas toujours la recherche de la validité de l'information. Jeanne Louvois est certes un agent rationnel aux capacités limitées, mais elle a à sa disposition un registre élargi selon lequel elle est capable de réguler de manière tactique et stratégique une information incidente qui l'informe que son comportement est à risque (ici utiliser un téléphone portable). C'est sa liberté que d'interpréter cette information au service de tel ou tel but. D'un autre point de vue, les psychologues inspirés par la cognition motivée tentent aujourd'hui dans tous les pays de développer des techniques de prévention tenant compte des connaissances mises à disposition par la recherche. L'aventure n'est pas assurée du succès, mais au moins a-t-elle l'avantage de se distancier des approches moralistes courantes dans ce type d'entreprise, et de se prêter explicitement à la critique.

On aura compris que la perspective de cognition motivée est un cadre général qui s'applique à tous les domaines dans lesquels l'incertitude et la décision sont impliquées. À chacun d'appliquer ces principes à tel ou tel domaine.

Chapitre 15

L'ENTRETIEN MOTIVATIONNEL[1]

1. Par Antonia Csillik.

1 DÉFINITION ET CONCEPTS CLEFS DE L'ENTRETIEN MOTIVATIONNEL

Émergeant à l'origine de l'expérience clinique de William Miller, psychologue et professeur émérite de l'université du Nouveau Mexique, l'entretien motivationnel a été présenté pour la première fois par cet auteur dans un article concernant le traitement des alcoolodépendants (Miller, 1983). Ses principes et les stratégies cliniques ont été ultérieurement développés par Miller et son collaborateur Stephen Rollnick, psychologue et professeur à l'université du Pays de Galles, en s'appuyant sur des études préalables montrant l'intérêt des interventions brèves.

Miller et Rollnick ont défini l'entretien motivationnel (2002) comme étant une méthode directive, centrée sur le client, faisant ressortir la motivation intrinsèque au changement, par l'exploration et la diminution de l'ambivalence. La notion de méthode directive, dans ce contexte, caractérise une orientation volontaire de l'entretien vers un objectif précis : la résolution de l'ambivalence, dans le but de faciliter le changement.

L'entretien motivationnel est centré sur le client, comme dans l'approche rogérienne, dont il est issu, ce qui signifie que le thérapeute aborde la personne dans son ensemble et ne se limite pas au comportement problématique ; le problème est donc abordé du point de vue de la personne concernée. En effet, la pensée et la pratique rogérienne ont profondément inspiré les auteurs de l'entretien motivationnel dans la conception de leur approche.

L'entretien motivationnel serait une adaptation de la méthode rogérienne aux problèmes motivationnels, et notamment aux addictions. L'entretien motivationnel commence là où l'approche rogérienne se montrait inefficace. En effet, l'approche rogérienne était déconseillée lorsque les clients n'étaient pas motivés ou quand ils s'y soumettaient par contrainte (Mucchielli, 1986), alors que l'entretien motivationnel a été conçu pour ces situations et c'est vraiment là qu'il se montre le plus efficace (Project MATCH Research Group, 1997*a*, 1997*b*). Les deux approches ne s'excluent pas, mais au contraire elles se complètent. La différence principale est qu'il s'agit dans le cas de l'entretien motivationnel d'une thérapie plus brève, focalisée sur un objectif précis.

Par ailleurs, c'est Rogers (1951) qui a introduit le terme « client », pour mettre en évidence le caractère actif du rôle de l'intéressé. Ce terme n'est pas idéal en français car il présente des connotations commerciales qu'il n'a pas en anglais. Ce terme a été toutefois gardé dans l'entretien motivationnel et dans sa traduction française également, afin de garder l'étendue des champs professionnels qu'il recouvre en anglais.

Ce terme a le mérite d'évoquer les notions d'indépendance et d'initiative qui sont caractéristiques de la personne dans son rôle de client. Il représente, en conséquence, un progrès sur le terme de « patient », trop évocateur de passivité et de pathologie, et sur celui de « sujet », trop impersonnel pour marquer l'originalité d'une relation dans laquelle la personne choisit de se faire aider mais n'abandonne pas sa liberté ni sa responsabilité de résolution de ses difficultés. La notion d'intervenant (*counselor*) a également été gardée dans l'entretien motivationnel pour désigner la personne censée apporter de l'aide, ce qui permet de désigner globalement de nombreux professionnels de la relation d'aide.

Comme son nom l'indique, l'objectif principal de l'entretien motivationnel est de faire ressortir la motivation intrinsèque au changement vis-à-vis d'un comportement problématique. De ce point de vue, il s'oppose aux stratégies qui cherchent à imposer un changement par des moyens extérieurs, et qui renforcent ainsi la motivation extrinsèque.

En effet, un changement de comportement durable semble survenir lorsque la personne le rattache à ses propres valeurs, à quelque chose d'important pour elle. Pour favoriser la motivation intrinsèque dans l'entretien motivationnel, il s'agit de créer un contexte sécurisant, d'acceptation et de renforcement, permettant au client de s'engager dans l'exploration personnelle de ses valeurs et de ses ressources propres, en ressentant les décisions de changement comme venant de lui. Cela lui permettra de mettre son état actuel, qui peut être douloureux en relation avec ses attentes et ses désirs, avec ses valeurs souvent oubliées et bloquées par le découragement et l'ambivalence face au changement.

Miller et Rollnick proposent une nouvelle conceptualisation de la motivation et notamment de la motivation au traitement et au changement thérapeutique. Selon ces auteurs, la motivation est « la probabilité qu'une personne entre dans une stratégie de changement spécifique, qu'elle adhère à celle-ci et qu'elle la poursuive » (Miller et Rollnick, 2002). L'originalité de leur nouvelle conception de la motivation réside dans le constat que cette motivation est non seulement influencée par le contexte interpersonnel, mais qu'en réalité elle surgit de cette interaction. Donc, la motivation n'est plus considérée comme un état interne ou comme un trait personnel, dont l'existence est sous-entendue et exigée pour toute prise en charge. Ceci produit un changement dans la perspective et dans la conception du rôle de l'intervenant, qui se doit d'être plus actif dans l'exploration et l'augmentation de la motivation, d'en faire une tâche à part entière dans ses activités thérapeutiques.

Ces auteurs (Miller et Rollnick, 2002) affirment que les intervenants sont loin d'être des spectateurs du processus de changement des patients. Au contraire, les intervenants peuvent influencer de manière significative la motivation de ceux-ci. Ils considèrent que les personnes sont toujours motivées pour quelque chose. La question à se poser n'est pas : « Pourquoi cette personne n'est pas motivée, mais par quoi pourrait-elle être motivée ? » Il s'agit d'explorer la situation de la personne et l'importance qu'elle attribue aux différents facteurs impliqués dans son changement. En effet, les personnes ont des valeurs et des attentes différentes, dont il est important de tenir compte dans le traitement.

La motivation peut varier, selon ces auteurs, dans ses buts comme dans ses moyens. En effet, on peut rencontrer chez la même personne des types et des degrés différents de motivation selon le comportement considéré. De là découle l'intérêt de l'évaluation de la motivation pour chaque comportement spécifique et d'une prise en charge personnalisée, centrée sur les intérêts de la personne.

Ces mêmes auteurs (Miller et Rollnick, 2002) ont conceptualisé la motivation au changement en termes de disposition au changement, et ont mis en évidence trois composantes principales de cette forme de motivation, étroitement liées : l'importance du changement, la confiance de la personne en sa capacité à réaliser ce changement et enfin la priorité de ce changement. En effet, une personne peut être prête à modifier un comportement, en plus d'y être disposée, mais ne pas s'en sentir capable. De même une autre personne pourrait bien être capable mais ne pas avoir envie ou ne pas se sentir prête à le faire.

La résistance est un autre concept auquel les auteurs de l'entretien motivationnel ont donné une nouvelle définition. Selon ces auteurs, la résistance est un comportement observable du client survenant dans le cadre thérapeutique et qui représente un signal important de dissonance dans le processus thérapeutique. Les réponses résistantes sont considérées normales chez certains patients durant l'intervention, et notamment ceux qui sont en obligation de soin. Ce qui est important dans l'entretien motivationnel est la manière de l'intervenant de répondre à cette résistance, le style relationnel de ce dernier, qui va influencer la suite des entretiens.

L'ambivalence est considérée par ces auteurs comme un fait normal qui fait obstacle à la prise de décision. Dans ce cas, la personne est partagée entre le désir de changer en raison des conséquences négatives de son comportement et l'envie de maintenir ce comportement en raison des avantages qu'il procure. L'ambivalence est donc explorée dans l'entretien motivationnel par l'intervenant, qui permet au client de l'exprimer librement, sans jugement. Ceci peut aider la personne à prendre conscience de son état et de le modifier par la suite.

2 STYLE D'INTERVENTION ET PRINCIPES GÉNÉRAUX DE L'ENTRETIEN MOTIVATIONNEL

Le style de l'entretien motivationnel l'emporte sur les techniques utilisées. L'intervenant pratique une écoute active, il accepte la personne de façon inconditionnelle et la relation avec le client est de type partenariale. Celui-ci est considéré comme l'expert de sa situation et le principal responsable de son changement. Ce style collaboratif est considéré comme une composante principale de l'entretien motivationnel. L'intervenant évite une relation inégale avec le client et cherche à être en phase avec ses aspirations. L'objectif du clinicien, dans cette approche, est d'accompagner et d'aider la personne dans son cheminement vers un changement qu'elle choisit, qu'elle souhaite, et qui est en accord avec ses aspirations et ses valeurs. En plus du style collaboratif, l'intervenant cherche à mettre à jour la motivation au changement de son client et la faire émerger, plutôt que de l'imposer. L'évocation, un autre principe définitoire de l'entretien motivationnel consiste donc à trouver la motivation intrinsèque au changement dans l'esprit même de la personne.

Enfin, dans l'entretien motivationnel, la responsabilité du changement est laissée à la personne, l'intervenant respectant ainsi son autonomie. En effet, Foote *et al.* (1999) ont ainsi trouvé que des patients dépendants des opiacés ou de la cocaïne et bénéficiant de l'entretien motivationnel percevaient que leur prise en charge soutenait mieux leur autonomie que ceux ayant eu une prise en charge traditionnelle. Leur adhésion au traitement était aussi significativement meilleure.

Miller et Rollnick (2002) ont identifié quatre principes généraux d'intervention dans l'entretien motivationnel, en plus de son esprit de base décrit précédemment.

2.1 Exprimer de l'empathie

Le style d'intervention empathique est l'une des attitudes de base de l'entretien motivationnel. Ces auteurs (Miller et Rollnick, 2002) ont repris le cadre et la définition donnée par Rogers à ce concept, qui a accordé à l'empathie une place centrale dans son approche. Selon Rogers (1959) « l'empathie consiste à percevoir le cadre de référence interne d'une personne avec précision et avec ses composantes et significations émotionnelles de façon à les ressentir comme si l'on était cette personne ». Ce principe implique celui de l'acceptation : l'intervenant cherche à comprendre les sentiments et les perspectives de la personne sans les juger, ni les critiquer. Il cherche ensuite à répondre aux points de vue de la personne en les considérant comme compréhensibles et valides, tout au moins dans le mode de pensée de la personne. Ce style de communication empathique avec une écoute pleine de respect pour la personne et le désir de la comprendre est donc définitoire pour le processus de l'entretien motivationnel.

2.2 Développer les divergences

L'entretien motivationnel est conçu pour aider les personnes à sortir de l'immobilité, à quitter leur ambivalence pour adopter un nouveau comportement plus positif. Le deuxième principe de l'entretien motivationnel est, selon ses auteurs, de créer et puis d'amplifier une divergence entre le comportement actuel de la personne et la situation souhaitée, entre ce que la personne est et ce qu'elle voudrait être. Dans l'entretien motivationnel, la divergence à un rapport avec l'importance du changement. Cette divergence est développée et amplifiée jusqu'à ce qu'elle incite la personne à changer son état actuel. Cela implique d'abord d'identifier et de clarifier les buts et valeurs de la personne avec lesquelles le comportement est en conflit.

2.3 Contourner la résistance

Dans l'entretien motivationnel, il est conseillé d'éviter de se retrouver dans un débat avec la personne aidée. L'intervenant cherche à éviter sa résistance ou la recadrer pour créer une impulsion en direction du changement. Il invite donc la personne à prendre en considération de nouvelles informations et lui offre la possibilité de choisir parmi plusieurs options, tout en soutenant ainsi son autonomie et sa liberté de choix. Le travail avec la résistance consiste à amener la personne à s'impliquer activement dans le processus de résolution de ses problèmes. La résistance peut être également un signal pour l'intervenant qu'il se doit de modifier son attitude ou la stratégie utilisée, qui ne correspondent pas au client.

2.4 Renforcer le sentiment d'efficacité personnelle

Un quatrième principe important s'appuie sur le concept d'efficacité personnelle de Bandura (1977, 2002). Le sentiment d'efficacité personnelle est un élément clé dans l'entretien motivationnel (Miller et Rollnick, 2002). En effet, même si la personne perçoit l'importance du changement de son comportement, si elle ne se sent pas capable de le faire, elle risque de ne pas entreprendre le changement. Un des objectifs importants de l'entretien motivationnel est d'augmenter la confiance du client dans ses capacités à dépasser les obstacles et à réussir dans le processus de changement. En plus de ce principe général, gardé tout au long des entretiens, il existe des stratégies spécifiques utilisées pour renforcer le sentiment d'efficacité personnelle. Ainsi, l'intervenant peut poser des questions favorisant la production par la personne d'un discours évoquant la possibilité de changer. Il peut également examiner les réussites antérieures du client, en particulier celles dont celui-ci est satisfait, et explorer avec lui les raisons de ces succès et les ressources et compétences mises ainsi en évidence. Les échecs passés peuvent être recadrés en termes d'essais et d'expériences acquises. La technique du brainstorming peut aussi être utilisée pour trouver avec le client de nouvelles idées sur la façon de modifier la situation actuelle.

3 SOURCES THÉORIQUES DE L'ENTRETIEN MOTIVATIONNEL

Miller (1999) a décrit initialement l'entretien motivationnel comme étant basé sur des principes de psychologie sociale expérimentale, et notamment sur les théories de la dissonance cognitive, de réactance psychologique et de perception de soi. L'entretien motivationnel s'est étroitement aligné sur le modèle transthéorique de Prochaska et DiClemente (1982). Récemment, Miller (2006) fait référence à d'autres théories qui pourraient être explorées et intégrées dans la conception de l'entretien motivationnel et de son efficacité et notamment à la théorie de l'autodétermination.

3.1 La théorie de la réactance psychologique

Miller et Rollnick font également référence au concept de réactance psychologique de Brehm (1966) dans la formalisation de leur approche. Cette théorie de Brehm prédit une augmentation du degré d'attraction d'un comportement si la personne perçoit que sa liberté est réduite ou menacée. Il s'agit d'un état particulier de motivation orientée vers le rétablissement de cette liberté perdue virtuellement ou réellement. Ce phénomène a été observé avec les stratégies d'intervention confrontantes : il y a un effet à court terme sur le comportement de dépendance mais cet effet persiste peu à long terme (Miller, Benefield et Tonigan, 1993). La force de la réactance psychologique varie en fonction de l'importance du comportement menacé. Plus l'importance du comportement est grande, plus la réactance est importante.

3.2 La théorie de la perception de soi

Cette théorie de Bem (1967) postule que les personnes infèrent leurs attitudes en observant leur propre comportement. Selon Bem, les personnes n'auraient pas une compréhension immédiate de leurs états internes, elles ne sauraient pas immédiatement ce qu'elles ressentent et feraient donc des inférences à partir des informations dont elles disposent. Bem (1967) a également émis l'hypothèse qu'une personne en vient à croire quelque chose, même si cela ne correspond pas au départ à ses valeurs fondamentales, simplement en s'écoutant le dire. Selon cet auteur, en s'écoutant parler, la personne découvre ce en quoi elle croit (Miller et Rollnick, 2002). C'est surtout cet aspect de sa théorie qui est utilisé dans l'entretien motivationnel.

3.3 La théorie de la dissonance cognitive

Miller (1999) affirme s'être inspiré du concept de dissonance cognitive de Festinger, concept qui l'a ensuite mené à celui de divergence. La théorie de la dissonance cognitive (Festinger, 1957) soutient qu'une personne tend à réduire la dissonance possible entre les différents éléments cognitifs présents. Selon Festinger, lorsqu'une personne a des cognitions qui ne s'accordent pas, elle va essayer de réduire ce désaccord, en modifiant l'une de ses cognitions pour obtenir un meilleur ajustement avec les autres.

Cette dissonance cognitive s'associe à des états correspondant à un certain niveau de tension ou d'activation. La dissonance peut donc être considérée un état de motivation susceptible d'initier la dynamique cognitive en vue de sa réduction (Festinger, 1957).

3.4 Le modèle transthéorique

L'approche transthéorique est un modèle intégratif tridimensionnel de changement intentionnel de comportement. Il y a souvent des confusions entre l'entretien motivationnel et le modèle transthéorique de Prochaska et DiClemente (1982), en raison du fait qu'ils ont été créés à la même période, et qu'ils se sont développés ensemble. Il s'agit donc de deux modèles complémentaires mais cependant différents, qui se complètent réciproquement.

En effet, en 1982, Prochaska et DiClemente, en réalisant une analyse empirique avec des patients ayant un problème de tabagisme et venus consulter, ont mis en évidence l'existence de cinq stades de changement traversés par les personnes lors d'un processus de changement de comportement. Plusieurs recherches soutiennent le modèle des stades de changement (Prochaska, DiClemente et Norcross, 1992). Ces stades ont été évalués sur des patients en consultation, aussi bien que sur des patients qui ne consultent pas.

La pré-réflexion est le stade de changement le plus précoce où les personnes ne sont pas conscientes de leur comportement problématique. Elles se montrent défensives en ce qui concerne leur problème et résistantes au changement. Au deuxième stade, celui de la réflexion, la personne reconnaît qu'elle a un problème et commence à penser sérieusement à le modifier durant les six prochains mois.

Au stade de préparation les personnes ont l'intention de changer leur comportement dans les trente prochains jours et ont réalisé une tentative de changement durant l'année passée. Le quatrième stade, celui de l'action, se caractérise par les modifications importantes que les personnes ont commencé à mettre en place dans leur mode de vie au cours des six derniers mois. Pour les comportements addictifs, ceci implique l'arrêt du comportement problématique, donc l'abstinence totale d'un certain produit.

Le stade de maintien est le stade final du processus de changement. Durant ce stade, la personne fait des efforts pour consolider les changements réalisés durant le stade de l'action et elle lutte pour éviter la rechute. Le maintien du changement et l'évitement de la rechute sont donc les caractéristiques de ce stade. Le modèle transthéorique le conçoit comme une étape très importante qui peut durer de six mois à toute la vie (Prochaska, DiClemente et Norcross, 1992). En plus des stades de changement, la composante la plus connue du modèle transthéorique, il existe deux autres composantes de cette approche : les processus et les niveaux de changement.

DiClemente et Velasquez (2002) ont proposé une adaptation du modèle des stades de changement à l'entretien motivationnel. Des stratégies spécifiques de l'entretien motivationnel sont ainsi proposées pour chaque stade de changement. De surcroît, dans le cadre de l'entretien motivationnel, ces stades sont présentés et expliqués aux clients, ce qui permet d'entamer une discussion sur les anciennes tentatives de changement effectuées par la personne, sur les difficultés qu'elle a pu rencontrer et sur les méthodes qu'elle a utilisées à un stade précis.

3.5 La théorie de l'autodétermination

La théorie de l'autodétermination est une métathéorie de la personnalité et du changement de comportement, orientée empiriquement (Deci, 1980 ; Deci et Ryan, 2004). L'originalité de cette théorie réside dans le fait qu'elle offre une perspective intégrative de points de vue apparemment opposés.

Si la théorie de l'autodétermination conçoit la tendance à l'intégration comme un aspect fondamental de la vie humaine, elle suggère aussi que celle-ci ne peut pas être considérée comme allant de soi. Cette tendance vers la réalisation représente seulement un des aspects fondamentaux, l'autre étant constitué des environnements sociaux. Il existe, selon cette théorie, des facteurs sociaux contextuels qui soutiennent cette tendance innée, mais aussi d'autres facteurs qui gênent et qui s'opposent à ce processus fondamental de la nature humaine.

La théorie de l'autodétermination est actuellement (Miller, 2006), l'une des principales théories utilisées pour expliquer l'efficacité de l'entretien motivationnel. En effet, ces deux approches se complètent réciproquement et il existe de nombreux points les reliant. L'entretien motivationnel rejoint la théorie de l'autodétermination dans la perspective humaniste du changement, considérant les êtres humains comme ayant une tendance innée à l'actualisation et à l'intégration. La théorie de l'autodétermination partage avec l'entretien motivationnel l'hypothèse que les personnes ont des tendances innées et créatives naturelles destinées à développer un sens plus élaboré et unifié du soi (Deci et Ryan, 2004).

La théorie de l'autodétermination fournit une base explicative aux facteurs intervenant dans ce processus naturel d'intégration, facteurs favorisés dans l'entretien motivationnel par les attitudes et les stratégies utilisées, et une base pour comprendre le processus de changement thérapeutique propre à l'entretien motivationnel. Cette théorie spécifie les conditions qui favorisent ou entretiennent les formes plus autonomes de motivation ou qui dérangent l'autonomie et l'autorégulation.

4 MODALITÉS PRATIQUES : STRATÉGIES DE L'ENTRETIEN MOTIVATIONNEL

L'entretien motivationnel est conçu en deux phases ayant des objectifs différents. La première vise à faire ressortir la motivation intrinsèque au changement, à résoudre l'ambivalence face au changement et à renforcer l'importance et la confiance dans le changement. La deuxième a comme objectif de consolider la décision de changement, de commencer les actions nécessaires à son accomplissement et de développer un plan pour les accomplir.

4.1 Première phase : construire la motivation

Dans la première phase, cinq techniques principales sont utilisées. Les quatre premières sont des techniques dérivées de l'approche rogérienne, quoique dans l'entretien motivationnel elles soient utilisées dans un but particulier :

celui d'aider la personne à explorer son ambivalence et de clarifier les raisons qu'elle a de changer. Ces quatre méthodes sont synthétisées dans l'acronyme OuVER : questions ouvertes, valoriser, écoute réflective et résumé. La cinquième méthode consiste à faire ressortir le discours-changement. Elle est plus directive et plus spécifique à l'entretien motivationnel, intégrant et guidant l'utilisation des quatre autres méthodes.

4.1.1 Les questions ouvertes

Dans la première phase de l'entretien motivationnel, il est important de créer une ambiance de confiance et d'acceptation. À ce stade, le client doit être celui qui parle le plus, alors que l'intervenant l'écoute attentivement et l'encourage à s'exprimer. Une méthode utilisée dans ce but est de poser des questions ouvertes, c'est-à-dire des questions qui invitent la personne à l'élaboration.

4.1.2 L'écoute réflective

La réponse-reflet est l'une des compétences les plus importantes nécessaires dans l'entretien motivationnel. Miller et Rollnick (1991, 2002) ont repris la définition et le cadre du reflet donnés par des auteurs précédents, et notamment par Rogers. Dans l'entretien motivationnel, le reflet est un processus directif et sélectif. C'est le discours-changement qui est sélectionné préférentiellement. L'intervenant décidera donc ce qu'il va refléter, ce sur quoi il va mettre l'accent et ce qu'il va ignorer. L'essence de l'écoute réflective est qu'à travers cela l'intervenant reçoit un feed-back : il s'assure qu'il a bien compris le message du client et en même temps encourage le client à continuer l'exploration du contenu reflété. Les reflets de l'intervenant vont plus loin que la simple répétition de ce que le client a dit, il essaie d'anticiper la phrase suivante. C'est d'ailleurs la raison pour laquelle ce type de reflet a été nommé « prolonger la phrase ».

4.1.3 La valorisation

La valorisation est, dans l'entretien motivationnel, une manière de renforcer l'élaboration directe par le client et de construire l'alliance thérapeutique. Cela peut être fait sous la forme de compliments, de remerciements ou de compréhension. L'essentiel est de remarquer et de valoriser les efforts et les ressources du client. Cela ressemble au renforcement positif utilisé dans les thérapies comportementales, mais cette valorisation est plus qu'un renforcement, il s'agit d'une valorisation de la personne elle-même et non seulement de son comportement. Ce type d'intervention peut encourager le client à revenir aux séances suivantes et à poursuivre ainsi son changement.

4.1.4 Le résumé

Les résumés sont une autre forme d'intervention utilisée assez tôt dans l'entretien motivationnel, puis durant tout son déroulement. Ce type de résumé régulier relie et renforce ce que le client a dit, lui montre que l'intervenant a écouté attentivement et le prépare à élaborer davantage ses propos. Cela permet aussi à la personne d'entendre pour la troisième fois son propre discours-changement. Il existe trois types de résumés utilisés dans l'entretien motivationnel. Le premier est le résumé de cumul qui a comme but de rapprocher les discours-changement du client pour l'inviter à aller plus loin. Le résumé de lien associe ce que la personne vient de dire à des éléments d'un discours antérieur, parfois d'une séance précédente. Il a comme but d'encourager le client à réfléchir aux relations existant entre deux ou plusieurs sujets abordés précédemment. Le troisième type, le résumé de transition, est utilisé au terme d'un entretien, ou pour passer de la première phase de l'entretien motivationnel à la seconde.

4.1.5 Susciter le discours-changement

Le « discours-changement » désigne les propos du client qui vont dans le sens du type de changement désiré et qui reflètent donc son intention de changer. Il s'agit d'une cinquième méthode de l'entretien motivationnel qui est, à l'inverse des autres, intentionnellement et consciemment directive. Le principe fondamental de l'entretien motivationnel est de faire en sorte que le client exprime lui-même les arguments en faveur du changement.

Dans la deuxième édition de leur livre, Miller et Rollnick (2002) ont remplacé le terme de « déclarations d'automotivation », présent dans la première édition, par celui de « discours-changement », qui leur a paru plus adapté. Les mêmes quatre sous-catégories ont été retenues, incluant les dimensions cognitives, émotionnelles et comportementales de l'engagement dans le changement : les inconvénients de la situation actuelle, les avantages du changement, l'optimisme concernant le changement (qui reflète le sentiment d'efficacité du client) et enfin l'intention de changer.

Plusieurs études effectuées à ce sujet n'ont pas trouvé la relation attendue entre le discours-changement et les comportements effectifs (Miller, Benefield et Tonigan, 1993 ; Miller, Yahne et Tonigan, 2003). Certaines modifications sont apparues récemment, à la suite des analyses psycholinguistiques de sessions d'entretien motivationnel (Amrhein, Miller, Yahne, Palmer et Fulcher, 2003).

Le discours-changement est donc composé de trois types de récits du client : le « discours préparatoire », incluant le désir de changer, la capacité, les raisons et les besoins du changement. Ces auteurs ont estimé nécessaire de différencier le discours préparatoire de « l'engagement » et des « premiers pas ».

En contrepoint du discours-changement, on a le « discours de maintien » et le « discours de résistance ». Le discours de maintien désigne un discours s'opposant au changement, qui est composé de propos exprimant l'incapacité de changer, le désir, les raisons et le besoin de maintenir la situation actuelle et l'engagement dans le *statu quo*. Le discours de résistance désigne les interruptions, les désaccords avec l'intervenant, le fait de ne pas tenir compte de ses paroles ou de changer de sujet lorsque celui-ci concerne le changement.

4.2 Seconde phase : consolider l'engagement dans le changement

La seconde phase de l'entretien motivationnel vise à renforcer l'engagement face au changement. La question qui se pose à cette étape est celle de la synchronisation entre les nouvelles techniques et le stade de changement du client. Une façon d'engager la deuxième phase consiste à résumer la situation actuelle du client. Le but du résumé est de rassembler un maximum de raisons de la part du client pour changer et de préparer le passage à l'engagement.

4.2.1 Négocier un plan de changement

Le développement de ce type de plan est un processus de prise de décisions et de négociations entre l'intervenant et le client, qui impliquent plusieurs étapes : fixer des objectifs, prendre en considération les différentes options de changement, construire un plan et obtenir un engagement.

Un premier pas dans le déclenchement du changement est de clarifier les objectifs du client. Un principe important, dans l'approche de l'entretien motivationnel, consiste à utiliser les ressources de la personne et le soutien social dont elle dispose. Il s'agit d'impliquer directement la personne et d'évaluer les stratégies de changement possibles, en se servant de ses idées. Les propos précédents mènent à une négociation du plan de changement. Après avoir défini les objectifs et avoir trouvé des options de changement, il s'agit de formaliser un plan d'action clair. Dans l'idéal, c'est le client qui devrait exprimer ce plan. Dressé en collaboration avec le client, le plan comprend souvent les éléments suivants (Miller et Rollnick, 2002) :

- les raisons les plus importantes du changement ;
- les principaux objectifs ;
- les étapes du changement ;
- les relations d'aide : d'autres personnes pouvant l'aider à effectuer le changement ;
- les obstacles possibles au changement et les façons de faire face à ces obstacles ;
- les résultats qui peuvent confirmer que le plan fonctionne.

4.2.2 *Obtenir un engagement*

À ce stade, l'intervenant recherche l'approbation du plan par le client et son accord pour le mettre en œuvre. La finalité est de parvenir à un plan clair, d'obtenir la décision verbale du client de suivre ce plan et de renforcer cette décision.

5 DOMAINES D'APPLICATION ET EFFICACITÉ DE L'ENTRETIEN MOTIVATIONNEL

Fondamentalement, l'entretien motivationnel est conçu pour mettre en place un changement. La conception originelle de l'entretien motivationnel était celle d'une préparation à un traitement, afin d'augmenter la motivation et l'adhésion à ce traitement. Actuellement, à la suite des recherches expérimentales ayant montré son efficacité, l'entretien motivationnel est reconnu comme une approche thérapeutique à part entière. En effet, lorsque les personnes ont seulement besoin de passer de l'ambivalence à l'engagement, le changement se déroule ensuite spontanément et l'entretien motivationnel peut alors suffire. Parfois, certaines personnes ont besoin de plus d'aide afin d'effectuer un changement de comportement. Dans ce cas, d'autres méthodes peuvent prendre la suite de l'entretien motivationnel.

Les adaptations de l'entretien motivationnel sont des techniques plus simples, conformes à l'esprit de l'entretien motivationnel, qui peuvent être utilisées sans entraînement prolongé à la pratique et à la méthode complète de l'entretien motivationnel.

L'entretien motivationnel est conseillé surtout, ainsi que son nom l'indique, en cas de problèmes liés à la motivation, dans les questions relatives au changement pour lesquelles la personne n'est pas clairement déterminée et volontaire, ou bien reste ambivalente. L'intérêt de l'entretien motivationnel a été évalué au moyen de nombreuses études, la plupart contrôlées et randomisées. Plusieurs méta-analyses recensant les effets de l'entretien motivationnel existent à cette date. La plupart ont évalué l'efficacité des adaptations de l'entretien motivationnel.

Ainsi, Noonan et Moyers (1997) ont effectué une méta-analyse portant sur onze études des adaptations de l'entretien motivationnel dont neuf pour l'abus d'alcool et deux pour la consommation de drogues. Parmi ces études, neuf plaident en faveur de l'efficacité de l'entretien motivationnel.

Trente études contrôlées ont rempli les critères d'inclusion d'une autre méta-analyse effectuée par Burke et ses collaborateurs (Burke *et al.*, 2003) concernant l'efficacité des adaptations de l'entretien motivationnel (deux sessions d'environ 99 minutes au total). Quinze études concernaient les problèmes liés à l'alcool, cinq sur la toxicomanie, deux sur le comportement à risque HIV, quatre sur les régimes et une étude l'adhésion au traitement et les troubles du comportement alimentaire (TCA). Ces adaptations, comparées à des conditions sans traitement et/ou placebo pour des problèmes impliquant l'alcool, les drogues, le régime et l'exercice physique, ont eu des effets positifs significatifs. Les adaptations de l'entretien motivationnel appliquées à la consommation d'alcool ont fait preuve d'un impact clinique important, avec un taux d'amélioration de 51 % et une réduction de 56 % de la consommation d'alcool. Ces effets se sont maintenus quatre ans après le traitement. Les adaptations ont fait preuve d'une efficacité équivalente à d'autres traitements mais les effets ont été obtenus sur une durée considérablement moins longue. Une autre méta-analyse a été effectuée par Rubak et ses collaborateurs (Rubak, Sandboek, Lauritzen et Christensen, 2005). Soixante-douze études contrôlées et randomisées ont été incluses. Des effets positifs de l'entretien motivationnel ont été trouvés dans 74 % des études (53/72). Aucune de ces publications n'a mentionné des effets négatifs de cette approche.

La méta-analyse la plus importante et faisant preuve d'une grande qualité méthodologique (Hattema, Miller et Steele, 2004), regroupe soixante-douze études utilisant l'entretien motivationnel comme méthode d'intervention principale. Dans ces études, l'entretien motivationnel a été utilisé pour des problèmes liés à l'alcool (trente et une études), pour l'abus de drogues (quatorze études), pour le tabagisme (six études), pour le risque d'infection HIV (cinq études), pour la compliance au traitement (cinq études), pour la purification de l'eau (quatre études), pour l'exercice physique et les régimes (quatre études), et pour le jeu pathologique, les TCA et les relations interpersonnelles (une étude). Trente-huit recherches parmi celles incluses ont donné une taille d'effet favorable à l'entretien motivationnel ($p < 0{,}05$).

La qualité et les résultats de ces méta-analyses plaident en faveur de l'efficacité de l'entretien motivationnel pour plusieurs types différents de comportements et notamment dans le secteur pour lequel il a été conçu à l'origine : la modification de la consommation d'alcool.

Au sein des pays membres de la francophonie, l'entretien motivationnel devient de plus en plus connu et plusieurs centres utilisent cette approche de façon systématique. Il existe une association de diffusion de l'entretien motivationnel : l'Association francophone de diffusion de l'entretien motivationnel (AFDEM) qui a été créée en 2003 par un groupe de professionnels de la santé (France, Suisse, Belgique, Canada). L'AFDEM propose des formations et des groupes de supervision à la pratique de l'entretien motivationnel, afin de maintenir une qualité et une rigueur respectueuses de l'esprit qui le sous-tend.

Chapitre 16

VERS UNE APPROCHE INTÉGRATIVE DES THÉORIES DE LA MOTIVATION[1]

1. Par Fabien Fenouillet.

1 INTRODUCTION

Pour Deci et Ryan (2002 ; *cf.* Vallerand, Carbonneau et Lafrenière, chapitre 3), la motivation repose sur trois besoins psychologiques : le besoin de compétence, d'autonomie et de relations sociales. Maslow (1943 ; *cf.* Maugeri, chapitre 10) considère qu'il en existe cinq qu'il ordonne selon une hiérarchie qui va des besoins physiologiques jusqu'à l'auto-actualisation. Murray (1938) pour sa part en propose vingt dont le fameux besoin d'accomplissement qui se trouve au cœur de la théorie motivationnelle d'Atkinson (1964). Cependant différents auteurs estiment que la motivation repose sur d'autres bases. Pyszczynski *et al.* (1997) préfèrent parler d'un instinct de préservation qui serait à l'origine de toutes les motivations biologiques mais aussi de celles liées à l'expansion du soi. Pour leur part Dweck et Leggett (1988 ; Cosnefroy, chapitre 5) postulent que les individus poursuivent avant tout des buts de performance ou des buts d'apprentissage. Latham et Locke (2007 ; Cosnefroy, chapitre 5) parlent aussi de buts mais ne s'intéressent pas à leurs contenus, préférant s'attarder sur leurs caractéristiques en montrant, aux travers de plusieurs centaines d'études, que la difficulté ou la précision des objectifs peuvent expliquer à elles seules la motivation.

D'autres théories motivationnelles présentent des singularités qui éclairent une facette intrigante de la motivation humaine. La théorie de la dissonance cognitive de Festinger (1957) indique que si des croyances ou des connaissances sont contradictoires chez un même individu, ce dernier va en éprouver un inconfort qui va le motiver à les rendre plus consonantes. Pour Brehm (1966) le fait d'éliminer ou simplement de menacer la liberté d'action d'un individu provoque une motivation appelée « réactance psychologique ». Cette motivation dirige le comportement de l'individu vers le rétablissement de cette liberté perdue virtuellement ou réellement.

Par ailleurs il existe des conceptions théoriques qui ne se réclament pas spécialement du champ de la motivation et qui pourtant s'avèrent utiles et pertinentes pour la définir ou l'expliquer. L'une des théories emblématiques à ce niveau est sans doute la théorie du sentiment d'efficacité personnelle de Bandura (2003 ; chapitre 2).

En examinant les différents chapitres du livre publié en français en 2003 sous le titre *Auto-efficacité : le sentiment d'efficacité personnelle*, il apparaît que l'auteur ne présente pas sa théorie comme une théorie motivationnelle. Le chapitre 4 de son livre est même assez éclairant puisque l'auteur propose sa vision de la motivation en la considérant comme un médiateur du sentiment d'efficacité personnelle dans le processus qui permet à l'individu de produire les effets qu'il recherche.

Ces quelques exemples montrent qu'il est devenu très difficile actuellement non seulement, d'avoir une vision d'ensemble des théories motivationnelles, mais aussi et surtout de concevoir la motivation comme une entité construite sur un socle commun. Existe-t-il une ou plusieurs formes de motivation ? Si oui quelles sont-elles ? Si non sur quoi peut-on fonder l'unité qui permettrait de faire un lien entre des conceptions, qui peuvent par ailleurs ne pas appartenir à cet espace conceptuel que cherche à baliser plus ou moins le concept de motivation ?

Pour répondre à ces questions, différents auteurs ont proposé des catégorisations. L'une d'entre elles, celle de Campbell *et al.* (1970), propose de regrouper les théories motivationnelles en deux catégories : les théories de processus et les théories de contenu. Dans la première se trouvent les modèles pour qui la motivation peut se comprendre comme l'interaction d'un certain nombre de variables significatives. Les théories de la deuxième catégorie tentent pour leur part d'identifier ce qui, dans l'environnement ou chez l'individu, est à même d'énergiser ou de soutenir le comportement. Même si les auteurs reconnaissent que ces deux catégories ne sont pas totalement étanches, ce type de classification permet d'avoir une approche plus globale du champ de la motivation.

Depuis les années soixante-dix, de nombreuses théories motivationnelles se sont complexifiées intégrant des aspects stratégiques ou volitionnels, d'autres sont apparues en montrant l'intérêt de prendre en compte certains états auparavant ignorés (comme le *flux* qui caractérise un état final, chapitre 6), tout ceci rendant très difficile l'utilisation d'un tel système de classification.

Là où, dans les années soixante-dix, il n'y avait dans les modèles procéduraux que trois ou quatre facteurs, les modèles de ce type en utilisent maintenant plusieurs dizaines (voir par exemple Kuhl, 1987 ; Heckhausen, 1986 ; Rhodewalt et Vohs, 2005 ; Eccles, 2005).

De plus de très nombreux modèles procéduraux peuvent comporter une partie « contenus » (Rhodewalt et Vohs, 2005) et combiner les concepts de plusieurs théories (Eccles, 2005).

L'approche qui va être proposée ici est quelque peu différente. Elle part du postulat qu'au-delà des nuances, il est possible de faire des rapprochements entre les théories motivationnelles sur la base des concepts soit qu'elles utilisent, soit qui présentent des fortes ressemblances entre eux. Il est donc envisageable de définir des sortes de « catégories conceptuelles » qui caractérisent une famille de concepts motivationnels tandis que d'autres « concepts théoriques » sont si singuliers qu'ils ne peuvent être séparés non seulement du modèle motivationnel qui les porte mais aussi et surtout de la motivation en tant que telle.

En procédant ainsi, la limite qu'imposerait une méthode de classification supposant des catégories « relativement » étanches au niveau des modèles, peut être dépassée car ce sont, en quelque sorte, leurs constituants (les concepts) qui sont pris en compte.

Certaines théories s'appuient principalement sur un concept, d'autres peuvent en articuler plusieurs sans que cela ne remette en cause cette approche qui pourra être utilisée dans un second temps pour « reconstituer » l'originalité de chaque théorie au travers des regroupements conceptuels qui auront été définis.

Le modèle part d'un premier postulat consistant à dire que les « catégories conceptuelles » et les « concepts théoriques » liés à une théorie spécifique peuvent être regroupés au sein de plusieurs ensembles qui servent ainsi de véritables « clefs » de lecture. Un deuxième postulat pose que ces ensembles peuvent être articulés en fonction d'un certain ordre : les concepts d'un ensemble en impliquent d'autres ou alors ne peuvent se produire avant ceux d'un autre ensemble. Par exemple, les besoins physiologiques se produisent avant les drives, de même que les besoins psychologiques sont présents avant les motifs qu'ils engendrent. Dans le même ordre d'idées, le choix n'a de sens que si des motifs ou des besoins lui préexistent.

Chaque regroupement d'un ensemble de concepts devient ainsi une étape qui occupe une place déterminée dans une collection plus large. Autrement dit, ce modèle cherche à cartographier une sorte de processus psychique tel que semble le faire apparaître l'ensemble des théories motivationnelles mises bout à bout, et donne au tout, la motivation (ou plutôt la *conation* comme nous le verrons plus loin), une certaine cohérence.

Ce modèle n'a cependant pas pour objectif de se substituer aux théories motivationnelles qui sont utilisées pour décrire, prévoir et comprendre les phénomènes issus directement de faits concrets. L'objectif ici est plutôt de tenter de prendre la vue la plus large possible afin d'embrasser d'une manière ou d'une autre toutes les théories motivationnelles et ceci pour présenter en une unité cohérente toute la richesse explicative que recouvre ce « construit hypothétique » comme disent Vallerand et Thill (1993), que nous appelons aujourd'hui *la motivation.*

Dans les lignes suivantes, pour aider le lecteur à replacer chacun des ensembles conceptuels dans le cadre du modèle présenté ici, les titres des paragraphes des sept prochaines parties feront référence à la figure 16.1.

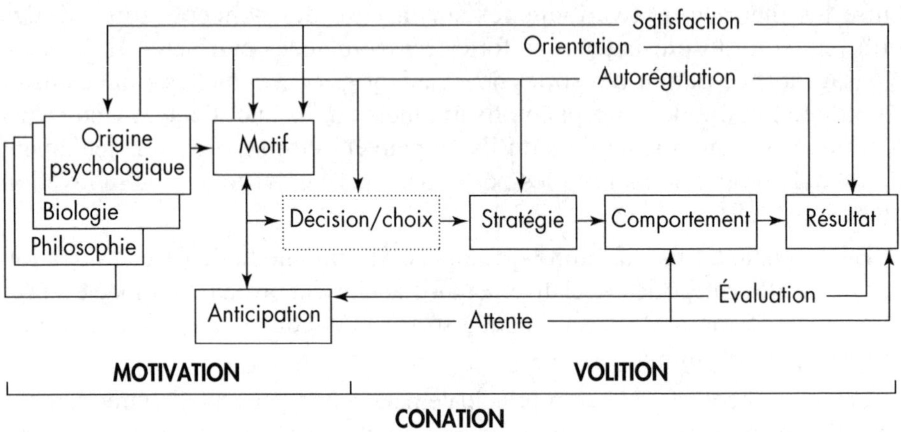

Figure 16.1
Modèle intégratif de la motivation.

2 LES SEPT CLEFS DE LA MOTIVATION

2.1 Origine psychologique

Dans un ouvrage synthétique, Bernard Weiner (1992) estime que « le but de la psychologie motivationnelle est de développer un langage, un système explicatif, une représentation, ou encore ce qui s'appelle communément une théorie, applicable à de multiples domaines comportementaux et à même d'expliquer *pourquoi* le comportement est initié, soutenu, dirigé et plus encore » (traduction libre).

Pourquoi agissons-nous ? Cette question n'a pas attendu l'avènement de la psychologie pour obtenir une réponse. Là, comme ailleurs, ce sont les philosophes qui s'en sont emparés les premiers. S'il n'est pas question de retracer ici les différentes approches philosophiques tant le propos est vaste, il reste que certaines conceptions philosophiques laissent encore aujourd'hui une empreinte indélébile au travers des approches originales qu'elles ont chacune proposées, approches qui constituent le soubassement de celles des psychologues du XXe siècle.

Ainsi, la réponse apportée par le rationalisme de Socrate et de Platon est une étape incontournable dans cette quête des origines de l'action humaine.

Pour eux, la raison de l'action est le produit de l'intellect et de la volonté.

Platon estimait que l'âme humaine est composée de deux parties : une partie rationnelle et une autre passionnelle (*pathos* en grec). La passion était perçue à cette époque comme quelque chose qui survient à l'intérieur de l'individu et qui le pousse à l'action. C'est la raison qui permettait à l'être humain de ne pas être dominé par ses passions. Sans elle, l'homme n'aurait pas été différent de l'animal, qui n'a d'autre choix que de les subir, réagissant passivement, sans possibilité d'imposer des décisions personnelles (cette même idée est à l'origine du concept d'agentivité de Bandura, chapitre 2). Agir de façon rationnelle ne suppose pas pour autant le faire de la meilleure façon qui soit, mais simplement d'être capable de juger du bien-fondé de ses actes au travers de ses connaissances où encore en considérant une argumentation tenant compte de certaines valeurs (comme le bien ou le beau).

Il est important de retenir que c'est cette aptitude à fonder ses actes sur sa raison qui était, pour le rationalisme, la principale différence entre l'homme et l'animal.

Cette distinction va dominer les conceptions philosophiques jusqu'à la publication du livre *The Origin of Species* par Charles Darwin en 1859. Cette distinction, d'un point de vue motivationnel, est capitale car les conceptions philosophiques qui se sont succédées au cours de l'histoire avaient invariablement conclu que le comportement animal restait soumis à des forces qui faisaient de ce dernier une sorte de marionnette. Différents concepts applicables à l'animal se sont donc développés sans qu'il soit pensable qu'un jour ils puissent être utilisés pour expliquer le comportement de l'homme.

Le concept de réflexe est l'un de ces concepts qui s'est développé en étudiant exclusivement, du moins dans un premier temps, les actions de l'animal. Ce dernier a permis de comprendre comment certaines forces peuvent agir directement sur la musculature de l'organisme. Ces arcs réflexes déclenchés par des forces internes ou externes, ne laissent aucune marge de manœuvre à l'animal qui ne peut donc avoir de libre choix, ou encore être considéré comme l'agent de son propre comportement. Par contre, l'homme peut fonder ses propres choix ce qui en fait un être agentique (Bandura, chapitre 2). Il est à noter que dans cette perspective cette liberté implique que les choix de l'être humain ne sont ni déterminés ni prédictibles.

En créant une filiation entre l'homme et l'animal, les travaux de Darwin ont rendue possible l'étude scientifique du comportement humain, admettant en filigrane qu'il est soumis au même déterminisme et donc aux mêmes explications que celles qui prévalent pour l'animal.

Accepter l'idée du déterminisme pour comprendre l'action humaine revient à dire que le libre choix dont croit jouir l'être humain n'est qu'une illusion. Ainsi, les causes véritablement à l'origine de notre action ne seraient pas à chercher dans le raisonnement que nous tenons pour l'argumenter mais dans cette organisation biologique que nous avons en commun avec l'animal. C'est parce qu'elles pouvaient tenir ce type de raisonnement, impensable avant les travaux de Darwin, que les premières théories motivationnelles ont formulé leurs hypothèses en partant du corps de l'être humain et non plus de l'esprit, comme l'aurait voulu le dualisme de Platon.

Par rapport aux réflexions philosophiques une théorie scientifique ne doit pas seulement permettre de comprendre, elle doit aussi être capable de prédire.

Dans cette entreprise, le déterminisme s'est révélé être un outil intellectuel d'une grande efficacité dans d'innombrables disciplines qualifiées de scientifiques. Appliqué au comportement humain comme à d'autres domaines, il suppose invariablement de connaître les causes pour prédire les effets. Indépendamment du principe, il faut également être en mesure de caractériser ces causes afin de comprendre la nature des effets causaux.

Par exemple, avant de pouvoir dire que la tension est la résultante d'une multiplication entre l'intensité et la résistance, il faut savoir que l'électricité existe. À ce niveau, les concepts utilisés pour expliquer le comportement animal se sont révélés d'une grande utilité.

Historiquement, le premier en ligne directe avec les travaux de Darwin, est celui « d'instinct ». William James (1890), contrairement à Darwin (pour qui les instincts sont composés de réflexes), estimait que ces derniers étaient orientés vers des objectifs. Après une étude sur ses propres enfants, il en a listé une quinzaine comme le jeu ou l'amour. Par la suite, McDougall (1908) en a proposé douze présentant un faible recouvrement avec la liste de James. Cette faible correspondance entre les deux listes était liée au manque de précision du concept à cette époque, faiblesse qui a permis à certains auteurs de proposer des listes composées de plusieurs milliers d'instincts (Bernard, 1924).

Le concept d'instinct a donc perdu toute crédibilité scientifique, du moins en ce qui concerne l'explication du comportement humain car il a retrouvé par la suite ses lettres de noblesse en expliquant celui de l'animal. Si nous parlons encore actuellement d'instinct maternel pour expliquer l'action d'une mère dans certaines circonstances, ce concept a été principalement repris ensuite par les éthologues et autres zoologistes avec une définition d'une très grande précision, cette fois, levant toute ambiguïté sur son utilisation, mais excluant également son application à l'homme.

L'inconscient freudien n'est pas totalement étranger au concept d'instinct, même si les différentes traductions françaises utilisent le terme de pulsion (en anglais, il semble que ce soit le terme d'instinct qui ait été retenu mais ce choix fait polémique) pour parler de l'origine de cette « énergie psychique » qui anime l'individu pour la psychanalyse.

Pour Freud (1949), ce sont bien les pulsions qui constituent « la cause ultime de toute activité ». Cependant, ces pulsions, d'origine somatique, agissent en arrière-plan de la conscience. Pour la psychanalyse, l'être humain ne peut donc accéder directement aux pulsions qui le motivent car elles restent inconscientes. Pour autant, la psychanalyse livre une nomenclature détaillée de ces causes ultimes permettant d'expliquer pourquoi l'individu adopte tel ou tel comportement ou encore produit lapsus et rêve. La plus célèbre d'entre elles, la pulsion sexuelle ou « *libido* », permet même d'interpréter certains comportements qui, sans elle, n'auraient pas d'explication rationnelle.

Au final, de très nombreuses théories motivationnelles ont préféré utiliser le concept de besoin pour expliquer l'origine du comportement d'un point de vue psychologique. À la lecture de différentes théories motivationnelles, il est nécessaire de proposer ici une distinction entre deux acceptions majeures de ce même terme.

La première conception fait référence aux besoins physiologiques primaires. La satisfaction de ces besoins est directement vitale pour l'organisme.

Il s'agit par exemple de la faim ou de la soif. Le concept de « besoin » est ici clairement associé à celui de « carence », autrement dit l'apparition du besoin est concomitante à celle d'un déficit. La fonction biologique du besoin apparaît très clairement en ce qu'elle oriente l'organisme afin que ce dernier résorbe cette carence.

Dans l'acception précédente, la sexualité ne peut être considérée comme un besoin car elle n'est pas à strictement parler indispensable à la survie de l'individu. Par contre, la fonction sexuelle, si chère à la psychanalyse, est indispensable à la survie de l'espèce. Il reste que, par ailleurs, la sexualité possède les mêmes caractéristiques que les autres besoins. Une des possibilités pour inclure la sexualité dans certaines nomenclatures a été de dire que divers besoins basiques sont nécessaires à la survie de l'individu mais en fonction d'une échelle temporelle qui peut varier en termes de minutes, de jours, d'années ou même de décennies.

Certains auteurs parlent par exemple du besoin d'appartenance (Pitman et Zeigler, 2007). Ce besoin pourrait apparaître comme non indispensable à la survie de l'individu. Or il est évident que, les premiers temps, l'enfant ne peut survivre sans assistance. De nombreuses théories motivationnelles se sont donc basées sur cette deuxième acception du concept de besoin pour établir une liste plus ou moins étendue. Murray (1938) parle de « besoins secondaires » ou « psychogéniques » qui dériveraient ou seraient dépendants des « besoins primaires ». Deci et Ryan (2002) préfèrent parler de « besoins psychologiques », désignation qui permet effectivement de les différencier clairement des besoins biologiques.

Au-delà des nuances sémantiques, l'instinct, les pulsions inconscientes ou les différentes formes de besoins présentent de nombreux points communs. Premièrement, ces concepts partent du principe que la motivation est un phénomène à la fois d'origine interne et biologique. Comme nous avons pu le voir, ce double positionnement n'est pas lié au hasard mais à un long cheminement philosophico-scientifique qui date de l'Antiquité.

Deuxièmement, ces trois concepts ont cherché à expliquer ce qui se cache derrière les causes apparentes, au-delà des explications rationnelles que les êtres humains avancent pour expliquer leurs comportements.

Autrement dit, ces concepts ne peuvent être expliqués par d'autres processus psychologiques plus profonds. Ils se conçoivent eux-mêmes comme étant l'origine du comportement d'un point de vue psychologique. Cependant, cette origine psychologique n'est pas pour autant l'origine absolue puisque, comme nous avons pu le voir dans le premier point, le « psychologique » est conçu comme une émanation du « biologique ». Certains modèles psychologiques se sont donc efforcés d'intégrer une explication biologique de la motivation.

L'hédonisme a été et reste encore une source majeure d'inspiration pour les chercheurs qui se placent dans cette perspective d'intégration du « psychologique » et du « biologique ». Selon cette conception que Weiner (1992) rattache au philosophe Jeremy Bentham (1779-1948), la vie de l'être humain est gouvernée par la recherche permanente du plaisir et de l'évitement de la douleur ou du déplaisir. Appliqué aux besoins ou aux pulsions inconscientes, l'hédonisme permet de comprendre pourquoi une sensation de plaisir se produit lors de la satisfaction des besoins biologiques et à l'inverse pourquoi une tension désagréable accompagne une carence.

Un deuxième concept, celui « d'homéostasie », issu des travaux du physiologiste français Claude Bernard, a permis dans la première moitié du XXe siècle de donner un soubassement biologique à l'origine psychologique de la motivation.

Selon Cannon (1939), l'organisme est animé par des processus physiologiques qui veillent au maintien d'un équilibre dans l'organisme.

Par exemple, lorsque le taux d'oxygène baisse dans le sang suite à un effort physique, et que le dioxyde de carbone augmente, la respiration se fait plus rapide et plus profonde pour permettre une oxygénation supplémentaire. Cet état, pendant lequel l'organisme recherche son état normal, est conçu comme un rééquilibrage lié à l'action de processus homéostatiques. Ce principe permet de comprendre qu'un état de privation produit une rupture de l'homéostasie qui est associée à une sensation désagréable tandis que le retour à l'équilibre est conçu comme quelque chose de plaisant (Freud parle du principe de « nirvana » comme d'un état de bonheur absolu où l'organisme ne connaît aucune tension).

Au milieu du XXe siècle, différentes études montreront que l'homéostasie ne peut à elle seule expliquer l'origine biologique de la motivation (*cf.* Fenouillet, 2003*a* pour une revue). Depuis, avec l'évolution des sciences et des technologies il est devenu possible d'aller au plus profond du cerveau. Les recherches dans ce domaine sont principalement celles des neurosciences. Rolls (2005), dans un livre sur ce thème, montre au travers de nombreuses études, que de multiples circuits neurologiques ont été mis à jour aux cours des dernières décennies dans ce domaine. Le principe qui sous-tend ces recherches reste cependant le même.

Pour Rolls, « l'utilisation de récompenses et de punitions pour guider ou pour déterminer notre comportement est en soi un bon mécanisme pour un système construit génétiquement dans lequel certains gènes augmentent ainsi leur chance de survie au travers de la spécification d'objectifs comportementaux ». Cependant, si cette entreprise connaît un indéniable succès d'un point de vue neurologique, il est encore difficile de rattacher ces travaux à un niveau purement psychologique permettant de rendre compte de toute la complexité du comportement humain ainsi que le font actuellement les théories purement psychologiques.

La jonction entre le « psychologique » et le « somatique » n'est donc pas encore suffisamment claire pour établir toutes les bases neurologiques des comportements humains.

L'origine psychologique de la motivation, telle qu'elle a été établie par les modèles purement psychologiques, semble être encore actuellement d'actualité. Le fait de placer l'origine de la motivation au niveau psychologique ne veut pas dire, pour autant, que celle-ci ne puisse être expliquée par d'autres processus plus profonds. Cependant, ce type d'explication ne serait plus d'ordre psychologique et donc dépasserait le cadre du modèle proposé ici.

2.2 Motif

Comme nous avons pu le voir précédemment pour de nombreuses théories, comprendre la motivation suppose d'en connaître la source. D'autres modèles, généralement d'inspiration cognitive, ont adopté une démarche différente consistant à caractériser ce que nous appellerons ici, un ensemble de « motifs ». Le choix de ce terme vient du fait que ces modèles cherchent à déterminer l'origine directe du comportement en fonction d'une finalité sans pour autant nécessairement rechercher l'origine « absolue » de la motivation dont la question est reléguée au second plan. Ils permettent notamment d'expliquer des phénomènes qu'il est plus ou moins difficile de rattacher, du moins pour le moment, au substrat biologique comme cherchent systématiquement à le faire les théories de l'ensemble précédent.

Pour Nuttin (1991) « les motifs (en anglais, *motives*) sont les concrétisations des besoins : ils constituent la composante dynamique et directionnelle de l'acte concret. Le terme motivations (au pluriel), ou une motivation spécifique, est souvent employé dans le même sens que motif(s) ».

Les concepts qui entrent dans ce deuxième ensemble sous l'étiquette de « motifs » n'ont pas l'ambition de représenter la source ultime de la motivation, et impliquent donc, explicitement ou implicitement, qu'il existe d'autres concepts psychologiques sous-jacents qui peuvent les expliquer.

Par exemple, le concept de *drive* repose sur des besoins biologiques, de même que la motivation intrinsèque ou les motivations extrinsèques sont sous-tendues par trois besoins psychologiques distincts dans la théorie de l'autodétermination (chapitre 3).

Cette différenciation entre « origine psychologique » et « motifs » permet à ces derniers de s'affranchir du carcan biologique et de l'origine interne de la motivation.

En fonction des concepts considérés, ce ne sont pas toujours des facteurs internes qui expliquent l'émergence des motifs ou ce qui est en mesure de les créer ou encore de les provoquer.

De nombreux concepts motivationnels supposent que les facteurs contextuels, sociologiques ou encore culturels doivent nécessairement entrer en ligne de compte pour expliquer les motifs de l'action ou du comportement. Certains concepts réintroduisent ainsi l'idée d'un dualisme entre le corps et l'esprit si cher au rationalisme de Platon.

Les théories cognitives de la motivation analysent le raisonnement que l'individu est susceptible de tenir et en infèrent des concepts qui sont d'une remarquable pertinence pour comprendre certains faits expérimentaux.

Par exemple Dweck et Leggett (1988 ; Cosnefroy, chapitre 7) montrent, au travers de différentes expériences, que le but poursuivi par l'élève dans une situation scolaire ne le conduit pas à tenir les mêmes raisonnements lorsqu'il est confronté à l'échec. Le raisonnement que tient l'élève peut le conduire à remettre en cause ses capacités et ainsi totalement le démotiver ou au contraire le pousser à persister malgré les échecs.

Si les motifs constituent un ensemble beaucoup moins homogène que le précédent ils permettent eux aussi d'expliquer et de comprendre l'orientation du comportement ainsi que la satisfaction qui est attendue de cette orientation. Certains motifs bénéficient d'une très grande audience et sont utilisés dans de nombreuses théories alors que d'autres sont pratiquement confidentiels, confinés aux écrits d'un seul auteur.

Deux motifs de poids, le « but » et la « valeur », sont invoqués pour expliciter la motivation dans de très nombreux modèles. Les recherches sur les buts bénéficient d'une très longue tradition puisque Tolman (1925) dans un article provocateur pour l'époque, écrit que le comportement du rat dans un labyrinthe est orienté vers un but (*goal seeking)* dans le sens où toutes ses activités persistent tant qu'il n'a pas atteint la nourriture.

Fishbach et Ferguson (2007) définissent le *but* (Cosnefroy, chapitre 5) comme une représentation cognitive d'un état final susceptible d'avoir un impact sur les évaluations, les émotions et le comportement. Pour ces mêmes auteurs, deux axes de recherche seraient à distinguer.

Le premier, l'axe structural, part du principe que le but est une représentation cognitive en mémoire. L'existence de but sous forme de structure mnémonique permet de comprendre et d'expliquer de nombreux phénomènes, comme le fait que les buts puissent être activés par *priming* et rester actifs sans que l'individu en ait conscience (Chartrand et Bargh, 1996). Cette conception des buts sous cet aspect mnémonique permet également de saisir l'impact motivationnel que peuvent avoir les stéréotypes ou les attitudes (Bargh, 2006) sur le comportement de l'individu.

Le deuxième axe de recherche concerne le contenu des buts, c'est-à-dire la représentation de l'état final en tant que tel. Dans cette acception, les buts contiennent des informations sur cet état final et permettent aux individus de déterminer les moyens (plan, stratégie, objets) à mettre en œuvre pour les atteindre (Latham et Locke, 2007).

La *valeur* (Bourgeois, chapitre 12 ; François, chapitre 11) est également un concept d'une importance centrale pour de nombreuses théories motivationnelles. Ce concept a la remarquable propriété d'être couramment utilisé dans de nombreuses sciences sociales notamment en sociologie ou en philosophie qui lui consacre une branche complète au travers de la compréhension des valeurs morales et éthiques. C'est sans doute pour éviter cette confusion que Lewin (1935) a préféré inventer le concept de *valence* qui, pour les psychologues, permet d'avoir un synonyme précis et opérationnel de cette notion. Lewin (1935) estime que la valence d'un objet vient du fait qu'il est un moyen direct ou indirect de satisfaire un besoin. La valence est donc un état temporaire qui dépend des besoins d'un individu à un moment donné.

Au milieu du XXe siècle les théories motivationnelles dites de « l'expectation-valeur » vont estimer que le choix que l'individu est susceptible de produire dépend notamment de la valeur qu'il accorde à celui des objectifs qu'il poursuit parmi tous ceux qu'il serait susceptible de choisir à un moment donné (comme le fait de manger, de sortir, de regarder la télévision ; Weiner, 1992).

Pour de nombreuses théories motivationnelles, la valeur de l'objectif poursuivi est donc cruciale pour comprendre la motivation. Higgins (2007) estime qu'au-delà de la définition de ce qu'est la valeur, il est tout aussi important de prendre en compte d'où elle vient (*where does value come from ?*). Il pense que cinq possibilités sont envisageables à ce niveau : la valeur en tant que satisfaction d'un besoin ; la valeur en tant que croyance partagée de ce qui est désirable ; la valeur dans sa relation personnelle à un état final ; la valeur comme inférence évaluative et la valeur en tant qu'expérience. Pour Higgins (2006), la valeur est une expérience motivationnelle qui a une force et une direction.

Bien que les concepts de valeur et de but permettent de faire référence à de très nombreuses théories motivationnelles, il existe une abondance de motifs susceptibles d'expliquer ou de comprendre les résultats singuliers de certaines études et qui sont à ce titre d'une remarque pertinence. Il serait trop long de tous les citer ici, c'est pour cette raison que nous nous contenterons de quelques exemples.

La « dissonance cognitive » de Festinger (1957) est un concept qui s'appuie sur des faits expérimentaux d'une telle solidité qu'il constitue un paradigme incontournable de la psychologie moderne. Ce concept permet d'expliquer que lorsque les croyances d'un individu sont l'objet d'une contradiction, cette dernière devient le motif d'un ensemble de traitements et de comportements visant à la réduire.

La théorie de l'équité est assez proche de la dissonance cognitive, non seulement d'un point de vue théorique, mais aussi expérimental. Il s'agit, là aussi, d'expliquer de nombreux faits expérimentaux issus, cette fois, plus spécifiquement, du monde du travail. Pour Adams (1963), le travailleur va en permanence comparer les différentes conditions de son emploi avec celles d'autres individus. Cette comparaison peut aboutir au constat d'une différence de traitement. Si une telle conclusion est inférée, elle va générer une source de tension que l'individu va chercher à réduire en fonction des possibilités que lui offre la situation.

Dans le contexte professionnel, il existe également de nombreuses conceptions théoriques qui permettent de faire des pronostics sur les orientations professionnelles des individus. Indépendamment de toute théorie, les inventaires d'intérêts professionnels partent de l'idée simple mais opérationnelle, que l'intérêt manifeste des individus pour tel ou tel type de métier est à même d'expliquer leurs choix professionnels. La typologie mise au point par Holland (1985) est une des théorisations les plus achevées dans ce domaine (chapitre 9).

Ces quelques exemples nous permettent de constater qu'il n'existe malheureusement pas « encore » actuellement de théorie capable de résumer en un tout cohérent l'infinité des motifs que l'individu est susceptible d'invoquer pour expliquer ces « raisons » qui le poussent à agir dans une situation donnée.

Au-delà des théories, il existe une multitude d'enquêtes qui peuvent se révéler d'une remarquable pertinence pour comprendre les « motivations » dans un contexte particulier.

Par exemple, une typologie des « mauvais payeurs » (Ça dérange, 2007) effectuée par un organisme de recouvrement bancaire se révèle précieuse pour comprendre les motifs des individus ou des organismes qui ne s'acquittent pas de leurs dettes. En effet, cette étude, dont on imagine l'intérêt pratique et opérationnel, montre que 40 % des « mauvais payeurs » retardent sciemment leurs paiements. Sept motifs de non-paiement sont ainsi identifiés. Par exemple, dans la catégorie des « spécialistes » sont répertoriés ceux qui pratiquent une véritable stratégie de non-paiement où tout est bon pour conserver une trésorerie maximum. Dans le même ordre d'idées, se trouvent les fameuses enquêtes dites de « motivation », effectuées avant ou après des élections, qui permettent de comprendre pourquoi les électeurs font tel ou tel choix. Ces différentes études sont rarement produites par des spécialistes de la motivation, et pourtant elles permettent de révéler avec une grande acuité, dans certains cas, des motifs susceptibles d'expliquer le comportement des individus. De même l'enquête de Carré (2001) sur les motifs d'engagement en formation permet d'aboutir à une analyse similaire.

Si nous faisons abstraction des caractéristiques psychométriques inhérentes à la validation de tout questionnaire en psychologie, les items des enquêtes de sociologie, ou issus d'études de marchés peuvent finalement être assez proches de ceux qui sont mis au point dans le cadre de différentes théories motivationnelles.

Le questionnaire de motivation de Vallerand, Blais, Brière et Pelletier (1989) ou celui de l'orientation des buts scolaires de Midgley *et al.* (1998), pour ne prendre que ces deux exemples, analysent les motifs que les élèves sont susceptibles d'avancer pour effectuer différentes activités scolaires ou universitaires. La différence entre ces deux questionnaires et par exemple, des enquêtes sociologiques de « motivation » à la sortie des urnes, se trouve dans l'interprétation de ces items qui renvoient, dans le cadre des théories motivationnelles, à des conceptions psychologiques de la motivation plus consistantes que ne le laisserait apparaître une simple analyse de contenu issue d'une enquête d'opinion. De plus, ces enquêtes de motivation ne cherchent pas à établir la réalité du lien qui existe entre un motif et un comportement donné comme le font les théories motivationnelles. Il peut, par exemple, exister une distorsion entre les opinions avouées à la sortie des urnes et celles qui poussent à mettre dans l'urne un bulletin d'un parti considéré comme extrémiste par ailleurs.

2.3 Anticipation

Les théories cognitives de la motivation, en s'intéressant aux représentations mentales de l'être humain, ont, dès le début, montré que non seulement celles-ci permettent d'imaginer l'avenir mais aussi que cette « imagination » peut avoir un impact non négligeable sur le comportement actuel. Par rapport aux premières théories motivationnelles basées sur les besoins ou aux conceptions philosophiques relativement anciennes pour lesquelles la question de la motivation est centrée sur la question du « pourquoi », cette réponse en termes d'anticipation pourrait paraître, aux yeux du néophyte en matière de théories motivationnelles, très surprenante.

Les travaux dans ce domaine remontent à Tolman (1932) pour qui dans un contexte donné (*setting*) l'animal apprend que ce qui va se produire est fonction du comportement qu'il adopte. Ainsi dans le même contexte, l'animal est en mesure de savoir s'il va ou non recevoir une récompense en fonction de sa réponse. Cette anticipation de la récompense va le conduire à adopter certains comportements qu'il n'aurait pas produits sans cette anticipation. L'étude de Blodgett (1929) sur l'apprentissage incident montre que si, dans un premier temps, un rat est placé dans un labyrinthe sans récompense, ses performances se révèlent, en termes d'erreurs de parcours, moins bonnes que celle d'un autre animal placé dans les mêmes conditions mais récompensé.

Cependant, si, dans un second temps, une récompense est placée dans le même labyrinthe, il apparaît que ses performances augmentent beaucoup plus vite que celle d'un animal qui n'aurait pas profité de ce premier temps sans récompense. Autrement dit, lorsqu'un animal est placé dans un labyrinthe sans pour autant être « incité » à en apprendre le parcours, l'apprentissage s'opère malgré tout : c'est un apprentissage incident. L'anticipation d'une récompense en début de parcours modifie les performances observées et montre que sans la valeur incitative de la récompense il est impossible d'observer un certain niveau de performance. C'est sans doute sur l'observation des performances que les modèles motivationnels qui intègrent, sous un nom ou sous un autre, cette notion d'anticipation du résultat, se sont révélés à la fois les plus fructueux et les plus prédictifs.

Dans ce domaine, les travaux de Lewin (1935) ont également été d'une importance considérable pour de très nombreux modèles. Dans le cadre de la théorie de la « valence résultante » (*resultant valence theory*), Lewin va développer le concept de « niveau d'aspiration ». Ce dernier se définit comme le niveau de performance qu'un individu s'efforce d'atteindre sur une tâche qui lui est familière. Les différentes recherches dans ce domaine vont montrer que l'expectation de résultat, autrement dit la performance que l'individu s'attend à atteindre, a une incidence directe sur son niveau d'aspiration. Ce concept « d'expectation » (Cosnefroy, chapitre 5 ; Bourgeois, chapitre 12 ; François, chapitre 11) a été directement utilisé sous forme de variable dans les théories d'Atkinson (1964) et dans celle de Vroom (1964).

L'anticipation du résultat joue également un rôle de première importance dans la théorie de la résignation apprise. Pour Maier et Seligman (1976), les phénomènes regroupés sous le terme de « résignation apprise » définissent un état dans lequel l'organisme a appris que ses résultats ne sont pas contrôlables par ses réponses ce qui induit chez lui une passivité face aux événements aversifs qui peuvent advenir (Gosling, chapitre 4). Par la suite, Abramson, Seligman et Teasdale (1978) ont proposé un modèle attributif de la résignation qui permet de prendre en compte les inférences des individus sur l'absence de contrôle. En effet, cette prédiction en matière d'échec ou de réussite se fonde sur un certain nombre de traitements cognitifs qui peuvent conduire l'individu à se démotiver. Weiner (2005) propose à ce niveau un modèle plus élaboré qui permet d'estimer l'impact des attributions dans de nombreux domaines (Gosling, chapitre 4).

Au travers du sentiment d'efficacité personnelle, Bandura (2003) estime qu'avant d'envisager le résultat, l'individu s'interroge d'abord sur la possibilité de produire tel ou tel comportement. Pour cet auteur, ce sentiment, cette impression d'être en mesure de faire quelque chose permet d'expliquer la réussite et l'échec de nombreuses entreprises humaines (chapitre 2).

2.4 Choix

Dans de nombreuses études sur « l'expectation-valeur » (Atkinson, 1964), le but de l'expérimentateur était de prédire les choix du sujet. Les modèles issus de ces recherches établissaient des équations permettant de prédire ces choix à partir d'une relation entre différentes variables capables de mesurer l'expectation et la valeur du résultat (Weiner, 1992). D'un certain point de vue, ces modèles auraient presque pu être rapprochés du rationalisme de Platon. Mais, il s'agissait d'un choix très limité. Dans la mesure où il était possible de déterminer non seulement les variables impliquées dans ce choix mais aussi leurs poids respectifs, ces théories partaient du postulat que le comportement ne pouvait être librement déterminé par l'individu.

La principale différence avec les théories qui estiment que la motivation repose sur des bases biologiques, était donc au niveau de l'utilisation de stimuli externes là où les théories de l'expectation-valeur font des inférences sur d'hypothétiques processus internes.

Pour les théories motivationnelles basées sur les besoins ou les instincts, l'organisme réagit « mécaniquement », c'est-à-dire passivement aux stimuli internes et externes. Lorsqu'un besoin ou un instinct est activé c'est lui qui, en quelque sorte, pilote le comportement de l'individu. Le cognitivisme n'a pas fondamentalement changé la donne à ce niveau, se contentant d'utiliser des variables internes en lieu et place de certaines variables externes. Cependant, cette « internalisation » des variables n'a pas été sans poser de nombreux problèmes de mesure. Là où les behavioristes pouvaient finement mesurer la faim (durée de jeûne) ainsi que sa satisfaction (quantité de nourriture), cet exercice s'est révélé plus délicat pour le besoin d'accomplissement qui reste entaché d'une polémique sur son appréciation (McClelland, 1953) ou encore la valence des rémunérations qui semble dépendre d'un grand nombre de facteurs (Frances, 1995).

Pour faire un choix, l'individu semble tenir compte d'une multitude de variables parmi lesquelles celles liées à la motivation ont certes une place centrale mais qui n'est pas toujours aussi déterminante que le laissent croire les théories motivationnelles.

Par exemple, Kahneman et Tversky (1979) ont mis en évidence la présence d'inconsistances dans des choix par ailleurs totalement équivalents. À la lumière de différents résultats expérimentaux sur la prise de risque, il apparaît que le calcul que font les sujets n'est pas seulement dépendant des coûts et des bénéfices d'une opération mais aussi d'une attraction non linéaire entre (comme pourrait le prévoir un calcul purement mathématique) les gains et l'aversion des pertes (Kahneman et Tversky, 1984). Indépendamment de l'intérêt des alternatives parmi lesquelles l'individu doit choisir, le nombre de ces alternatives a en lui-même un impact sur le comportement. Iyengar et Lepper (2000) montrent que les individus sont davantage attirés par un présentoir qui expose une large gamme de produits, mais qu'ils vont plus facilement acheter sur celui qui présente le moins de choix. Les résultats de Botti et Iyengar (2004) vont même à l'encontre de ceux prédits par la théorie de l'autodétermination de Deci et Ryan (2002) puisque ces auteurs montrent que lorsque les alternatives sont toutes jugées décevantes les individus qui choisissent, jugent leurs choix significativement moins satisfaisants que ceux qui n'ont pas eu de choix à faire. Le choix n'a donc pas toujours comme impact d'augmenter la motivation de l'individu.

Ces différents résultats ne remettent pas fondamentalement en cause le rôle du choix mais montrent que les motivations à elles seules ne peuvent l'expliquer.

Il semble donc nécessaire, actuellement, de prendre en compte une variable d'ajustement permettant d'expliquer les traitements spécifiques effectués par l'individu lorsqu'il doit traiter des informations afin de déterminer le « meilleur » choix possible.

Au regard des théories motivationnelles, le choix reste un concept frontière qui n'est intégré que dans très peu de théories motivationnelles. Il faut remarquer, à ce niveau, que si la théorie de Deci et Ryan (2002) fait du choix personnel un élément « déterminant » de la motivation, ce dernier est lié à un besoin, ce qui ne fait pas de la théorie de l'autodétermination une théorie du libre choix. Cette perspective n'est sans doute pas étrangère au statut « sulfureux » que peut avoir la liberté dans des théories scientifiques qui cherchent à prédire le comportement humain.

Nuttin (1991) résume clairement ce point délicat et propose en quelque sorte d'emprunter une troisième voie. « Dans notre opinion, il est préférable, en psychologie, de ne pas parler d'actes libres, parce que ce terme est entaché de signification philosophique en rapport avec le déterminisme. En effet, le déterminisme, pour autant qu'il soit plus qu'une affirmation de l'influence de divers facteurs, des déterminants comme la psychologie les appelle, sur le comportement, est lui aussi une théorie philosophique… Au niveau des faits, on constate que tout acte subit l'influence de facteurs multiples. Il n'existe aucun acte constatable qui échappe à cette règle. Mais il y a lieu de parler de différentes sortes d'élaborations des facteurs qui influencent les actes humains […] En plus des facteurs externes que l'expérimentateur fait agir sur lui, le sujet est ainsi capable de se représenter, c'est-à-dire de se rendre présents à l'esprit, plusieurs facteurs et positions de buts qui échappent, au moins partiellement, à la manipulation externe. Ainsi, il peut se poser comme but d'échouer à l'épreuve parce qu'il désire en finir avec ses études. C'est en fonction de toutes ces données, personnellement perçues, que le sujet évalue chacun des facteurs qu'on fait agir sur lui […] L'élaboration est personnalisée en ce sens que la conception de soi, les opinions, les buts et standards que le sujet s'est donnés y jouent un rôle ».

Historiquement, le choix est également lié à la volonté, ce qui explique l'ostracisme dont ce concept a été frappé jusque dans les années 1980 comme l'expliquent Halisch et Kuhl (1987).

Pour Kuhl (1987) « le concept de volition a été écarté car lesté du poids d'un contentieux lié à l'exercice de la libre volonté au risque d'une régression infinie[1] que comporte le fait de postuler l'existence d'un "homuncule" contrôlant la représentation des tendances à l'action, etc. Pour éviter ces problèmes, les psychologues de la motivation ont adopté une théorie à un niveau prenant en compte la force de la tendance à l'action comme fonction de deux catégories de variables, nommées valeur du résultat attendu de l'action et expectation qu'un certain niveau de performance produise le résultat » (traduction libre).

Depuis, différentes théories ont montré que si la motivation joue un rôle important dans la réalisation de tâches complexes, différentes stratégies concourent également au maintien de l'action au travers des processus d'autorégulation (Zimmerman, 2002). Ces processus d'autorégulation qui admettent implicitement ou explicitement l'exercice d'une volonté de la part de l'individu à faire persister l'action, sont cités dans le cadre de nombreuses théories motivationnelles comme celle de Bandura (2003) ou encore celle de Deci et Ryan (2002).

Ces processus d'autorégulation peuvent être conscients ou totalement automatisés et donc non conscients (Gollwitzer et Schaal, 1998). De même, il existe un certain nombre de processus automatiques qui traitent l'information à un niveau infra-conscient et donc sur lesquels l'individu n'a pas la possibilité de faire de choix n'ayant pas conscience de leur existence (Bargh, 2006). C'est à ce niveau, celui de la conscience des choix, que s'interrogent les études neurologiques sur la prise de décision. Dans l'une d'entre elles, Bechara, Damasio, Tranel et Damasio (1997) montrent, en jouant sur la fréquence des récompenses et des punitions, que les sujets expriment des préférences avant d'en avoir pris conscience. Le plus surprenant à ce niveau est sans doute l'expérience de Libet, Gleason, Wright, et Pearl (1983) qui montrent qu'il est possible de déceler, grâce aux EEG (électro-encéphalographie), l'activation d'une initiation de l'action, avant de déceler l'activité neurologique liée à la décision de cette même action. Autrement dit, la décision de l'action viendrait après l'initiation de l'action. Pour Gomes (2007), ce type de résultat n'est surprenant que dans le cadre d'une interprétation dualiste du comportement, si, au contraire, nous considérons que l'esprit et le corps ne font qu'un, il n'y a pas lieu de voir l'esprit ou l'action de manière séparée, différentes étapes d'un même traitement pouvant activer différentes zones du cerveau.

1. Si un homuncule contrôle le comportement de l'être humain, alors qui contrôle cet homuncule ? La réponse à cette question est impossible à moins d'une régression infinie.

Au vu de ces différentes conceptions, il semble donc possible de dire que si le choix est possible dans le cadre de certaines activités (généralement contrôlées), il est également envisageable que dans d'autres, son exercice puisse être une illusion surtout quand l'action est automatisée (certains diraient par abus de langage « réflexe »). Cependant, même quand il est absent, c'est cette présence attendue qui en fait un élément incontournable dans le cadre d'une conception globale qui va des origines psychologiques du comportement jusqu'à son résultat, comme c'est le cas dans le modèle que nous présentons ici. Nous verrons, par la suite, que le fait d'inclure le choix au cœur de ce processus, permet de rattacher et de situer certains phénomènes que différents auteurs confondent avec la motivation (comme l'engagement ou l'examen des coûts et des bénéfices par exemple).

2.5 Stratégie

Pour de nombreuses théories motivationnelles, une explication, voire une extrapolation sur la nature profonde des forces qui animent l'être humain est suffisante (Maslow, 1943 ; Murray, 1938). Cependant, d'autres ont eu l'ambition d'expliquer ou de prédire différents résultats et niveaux de performance. Pour être en mesure de formuler de telles prédictions, la seule étude des forces motivationnelles est le plus souvent insuffisante. Pour y parvenir, il est nécessaire de tenir compte de processus médiateurs. À ce niveau, les théories motivationnelles ont mis en avant la place prépondérante que peuvent avoir les stratégies que les individus utilisent spontanément pour atteindre un certain niveau de performance et ce particulièrement lorsqu'ils sont motivés. Dans de très nombreuses activités, le simple fait de produire un effort important et durable est insuffisant si l'individu n'utilise pas une stratégie adaptée.

Différentes recherches montrent que la motivation intrinsèque stimule la créativité, l'élaboration ou la profondeur de traitement des informations conduisant à un meilleur apprentissage (Grolnick et Ryan, 1987).

Dans le cadre de l'assignation d'objectif (Latham et Locke, 2007 ; Cosnefroy, chapitre 5), Bavelas et Lee (1979) montrent ainsi que pour augmenter leurs performances, les sujets, sur une tâche d'estimation de résultats d'additions, augmentent la quantité des additions effectuées au détriment de la qualité de leurs résultats, c'est-à-dire de la proportion du nombre de réponses correctes. En effet dans cette étude les sujets doivent résoudre le maximum d'additions dans un minimum de temps et une des stratégies pour y parvenir est de répondre le plus vite possible quitte à faire une erreur afin de passer tout de suite à une autre opération sans perdre de temps. Autrement dit, ils se rattrapent sur la quantité au détriment de la qualité pour parvenir à augmenter leurs performances.

Locke *et al.* (1984) ont proposé une tâche dite de *brainstorming* où des sujets doivent imaginer le plus d'utilisations possibles d'un objet. Un premier groupe de sujets était informé de trois stratégies efficaces pour ce type de tâche, un deuxième groupe était informé de l'utilisation d'une stratégie moins efficace que celles proposées au groupe précédent, enfin le dernier groupe était un groupe contrôle. Les résultats ont montré que les sujets avec les stratégies efficaces ont de meilleures performances (la variable compétence étant neutralisée) que le groupe avec la stratégie peu efficace ou les sujets contrôles et ce, même quand un but est introduit pour augmenter la motivation.

Comme nous allons le voir ensemble dans les paragraphes suivants, la théorie de Dweck et Leggett (1988), en termes de but d'apprentissage et de but de performance, s'est révélée d'une pertinence remarquable pour comprendre l'intrication stratégie/motivation.

De même, dans le cadre d'une autre théorie des buts, l'assignation d'un objectif (Latham et Locke, 2007) donné trop tôt dans une tâche complexe conduit à une sous-performance alors que sur une tâche simple ou sur laquelle l'individu a de multiples compétences stratégiques, la même assignation peut avoir des effets opposés.

Pour Latham et Locke (2007), l'orientation vers la performance conduit l'individu à utiliser immédiatement les stratégies disponibles telles qu'elles sont stockées en mémoire et ce afin de les mettre immédiatement en œuvre.

À l'inverse, le but d'apprentissage amène l'individu à être beaucoup plus créatif, à rechercher des heuristiques, et cette activité s'avère particulièrement fructueuse quand il n'existe pas de stratégie immédiatement accessible comme c'est le cas pour un objectif complexe avec nombre d'inconnues. Conformément à cette hypothèse, Drach-Zahavy et Erez (2002) montrent que lors de la résolution d'une tâche complexe, les individus qui ont pour cible de trouver la meilleure stratégie obtiennent de meilleures performances que les sujets qui ont un objectif de performance ou encore que ceux qui ont pour but de faire de leur mieux.

Ces résultats sont à rapprocher de ceux qui ont été obtenus dans le cadre des apprentissages scolaires. Fenouillet (2003*b* ; Cosnefroy et Fenouillet, chapitre 7) montre dans une série d'expériences que l'action de la motivation sur la mémoire et donc sur les performances scolaires, est médiatisée par les stratégies que le sujet met en œuvre. Il montre que la motivation n'a aucune action sur la mémoire si le sujet ne peut pas mettre en place de stratégie. De plus, en partant des théories de l'expertise et de la mémoire encyclopédique (Lieury, 2005 ; Ericsson *et al.*, 1993) qui postulent que plus le sujet a de connaissances plus celles-ci sont organisées, Fenouillet et Lieury (1996) montrent que seuls les sujets avec un niveau de connaissances avéré sur un domaine peuvent augmenter significativement leurs performances lorsqu'ils sont motivés. Autrement dit, si un apprenant n'a pas de connaissance préalable dans un domaine, l'action de la motivation ne peut se traduire par une augmentation de son apprentissage et donc de ses performances.

L'impact des stratégies sur les résultats ne s'arrête pas là, comme le montrent les stratégies cognitives dites de *coping* (littéralement « faire face » en anglais). Le pessimisme défensif est une stratégie cognitive de *coping* qui implique de s'attendre à une performance particulièrement catastrophique afin d'envisager le pire des résultats possibles (Norem et Cantor, 1986*b*). Ce type d'attente désastreuse s'observe chez des individus qui peuvent par ailleurs avoir un bon, voire un excellent niveau, ce qui fait dire à Norem et Cantor (1986*b*) que ces derniers se servent de l'anxiété générée par une telle perspective d'échec pour se motiver à faire de leur mieux afin de l'éviter. De plus, le fait d'envisager une perspective aussi désastreuse peut s'avérer utile pour amortir l'impact sur l'estime de soi si par malheur le désastre advenait réellement (Norem et Cantor, 1986a).

Cette protection de l'estime de soi se retrouve également dans la mise en place des stratégies de l'auto-handicap (Jones et Berglas, 1978). Ces stratégies ont pu être observées dans de multiples situations mais le principe reste toujours le même. Le sujet se crée un obstacle qui l'empêche de donner le plein potentiel de ses moyens (comme le fait d'être saoul la veille d'un examen), ainsi l'échec, qui ne manque généralement pas d'arriver, n'est pas attribué aux caractéristiques de l'individu (son intelligence par exemple). Ce type de stratégie se trouve plus fréquemment mis en place par les individus qui ont une conception fixiste de l'intelligence (Dweck, 1999).

D'un point de vue motivationnel, les recherches postulent la présence de deux motivations à même d'expliquer la mise en place des stratégies cognitives de *coping* : l'estime de soi et la perception de compétence (Mello-Goldner et Wurf, 1997 ; Tice et Baumeister, 1990).

D'autres résultats (Elliot et Church, 2003) montrent que le besoin d'accomplissement (McClelland *et al.*, 1953) n'est pas corrélé au pessimisme défensif et ce contrairement à la peur de l'échec (Atkinson, 1964), au but d'évitement de la performance et au but d'approche de la performance (Elliot, 1999) qui, tous, montrent des relations significatives avec cette stratégie de « coping ». Les individus qui poursuivent des stratégies d'auto-handicap obtiennent des corrélations négatives avec le besoin d'accomplissement et le but d'apprentissage et des corrélations positives avec la peur de l'échec.

Ces différents résultats ne sont que quelques-uns des nombreux exemples qui, ensemble, montrent l'intrication qui existe maintenant entre l'étude des différentes formes de motivation et leurs implications en termes stratégiques, intrications qui se traduisent ensuite dans des résultats de natures diverses et variées.

Cette partie ne serait pas tout à fait complète sans mentionner au moins rapidement les travaux sur l'autorégulation. Différentes études montrent que, si le déclenchement et l'orientation dans l'action sont indéniablement liés à la motivation, le fait de persister face à des obstacles variés est lié aux différentes stratégies dites d'autorégulation que l'individu met en place pour soutenir l'effort (Corno, 2004).

Pour Zimmerman (2002), l'apprenant efficace est proactif dans ses efforts d'apprentissage. Le fait d'en connaître les limites et les faiblesses lui permet en fonction des buts qu'il poursuit de s'ajuster en permanence. Pour parvenir à s'adapter aux demandes de l'activité, l'apprenant met en place différentes stratégies comme le *monitoring* (recherche d'informations lui permettant de savoir s'il progresse), la sélection des stratégies d'apprentissage qui s'avèrent les plus efficaces ou une gestion éclairée du temps (Zimmerman, 2002).

La régulation de l'apprentissage porte également sur les stratégies que met en place l'apprenant pour gérer ses propres motivations. Le fait, par exemple, de chercher à résoudre certains problèmes inhérents à la pratique de l'activité peut, au travers du sentiment d'efficacité personnelle (Bandura, 2003 ; chapitre 2) avoir un impact sur la satisfaction, donc sur l'intérêt pour l'activité et, par voie de conséquence, sur la motivation de l'individu.

Nous comprenons, maintenant, pourquoi de nombreuses recherches qui interrogent le rôle que peuvent avoir les stratégies sur les performances, ont été initiées à partir de différentes théories motivationnelles.

2.6 Comportement

Pour les théories béhavioristes, l'observation du comportement était une fin en soi. Les différents indicateurs de performance n'avaient de sens qu'au regard du comportement de l'organisme. C'est sans doute l'une des raisons qui a poussé Hull (1943) à estimer que le *drive* avait une fonction énergétique mais pas directionnelle. Dans le cadre des théories cognitivistes de la motivation, le comportement est un moyen, pas une fin. Il n'a donc de sens que par rapport aux finalités que l'individu poursuit. En fonction de cette finalité, le fait de faire une certaine action pourra être considéré comme un signe de motivation.

La persistance et l'intensité du comportement, deux phénomènes qui caractérisent tout comportement motivé, doivent également être réinterprétées à l'aune de cette finalité. En effet, dans certains cas, le fait de ne rien faire peut tout aussi bien caractériser un comportement motivé pour peu que le résultat souhaité par l'individu se produise précisément parce qu'il s'abstient d'agir. Dans cette perspective, la force de la motivation ne peut donc pas toujours être inférée de l'intensité du comportement. Ce dernier ne devant être considéré que comme la partie émergée de l'iceberg, sa compréhension et son interprétation doivent nécessairement tenir compte d'une vision plus globale intégrant sa finalité. Ce dernier aspect semble particulièrement évident quand on considère les stratégies de l'auto-handicap où l'individu peut être amené à déployer des comportements d'une grande intensité et d'une persistance non moins importante précisément parce qu'il n'est pas motivé par le résultat que pourrait par ailleurs mesurer le psychologue s'il n'intègre pas cette compréhension fine des finalités de l'action.

Ce point de vue rejoint celui de Nuttin (1991) :

> « On peut parler [...] de comportement dans un double sens : au sens restreint, on désigne surtout l'action que le sujet exerce sur une situation (la réaction à un stimulus dans le modèle béhavioriste) [...] dans un sens plus large, le terme « comportement » réfère à l'ensemble des fonctions et processus psychologiques. »

Ainsi, même si cet ensemble que nous utilisons sous le terme « comportement » fait bien référence à une action possible que le sujet peut ou non exercer, celle-ci doit être interprétée d'une manière beaucoup globale afin d'intégrer le sens de l'action du sujet, de son commencement jusqu'à sa finalité, pour être compréhensible.

2.7 Résultat

Le résultat peut être considéré à au moins deux niveaux.

Le premier est celui du sujet. La motivation suppose une direction du comportement, c'est-à-dire une orientation vers certains types de résultats qui donnent littéralement le sens de l'action ou du comportement.

Le second est lié à la façon dont sont pris en compte les résultats dans les études sur la motivation.

Les recherches sur la motivation ont comme particularité de pouvoir prendre en considération à peu près n'importe quel type de résultat. Si nous comparons avec d'autres recherches centrées sur l'intelligence ou la mémoire à titre d'exemple, celles-ci doivent d'une manière ou d'une autre se rapporter à des résultats qui permettent de mesurer la mémoire ou l'intelligence. Les travaux sur la motivation peuvent aussi s'appuyer sur des résultats qui par ailleurs appartiennent clairement au champ de la mémoire ou de l'intelligence. Il n'est pas rare à ce titre de voir que les études sur la motivation se servent de tâches de raisonnement ou de rappel pour étayer leurs analyses. Ce type de constat peut conduire à deux développements opposés.

Le premier est de dire qu'il n'existe pas de résultat possible, mesurant le comportement d'une manière ou d'une autre, qui ne soit sous-tendu par une forme de motivation.

Le deuxième consiste à s'interroger sur la validité de la motivation pour expliquer à peu près tout et n'importe quoi.

Les théoriciens de l'intelligence et de la mémoire, pour ne parler que de ces deux exemples, ont tendance bien entendu à insister sur le « n'importe quoi », préférant des théories de l'intelligence pour expliquer des résultats qui pour eux sont entièrement attribuables à l'objet de leur étude. Il n'existe bien évidemment pas de bonne ou de mauvaise approche mais cela permet de mettre en relief la multiplicité des variables qu'il est possible de prendre en compte dans le cadre des théories motivationnelles ainsi que la pluralité des interprétations possibles sur un même résultat.

Se poser une question en termes de motivation, c'est déjà faire l'hypothèse qu'une théorie motivationnelle est en mesure d'apporter une réponse. Dans certains cas, d'autres théories que celles liées à la motivation peuvent être en mesure d'apporter des réponses plus pertinentes ou d'appréhender l'apparition de certains phénomènes.

Par exemple, les théories de la mémoire permettent de moduler l'impact de la motivation sur les performances mnémoniques (Fenouillet, 2003*b*). De plus, le fait d'anticiper un résultat donné a également pour effet de faire croire que c'est ce résultat-là que recherche l'individu. Or, à ce niveau, les études motivationnelles ont pu montrer que la finalité du comportement pouvait ne transparaître que sur certaines mesures et rester sans effet sur d'autres.

Par exemple, une des grandes originalités de la première recherche de Deci (1971) sur la motivation intrinsèque a été de mesurer le temps dit de « libre choix » sur une tâche de résolution de problèmes dont les performances n'ont pas été prises en compte par ailleurs. La finalité de la motivation intrinsèque est de prendre du plaisir lors de la réalisation de l'activité. Plaisir qui se traduit par l'augmentation du temps que consent à passer l'individu sur l'activité et qui resterait invisible si le chercheur ne prenait en compte que les performances. Dans une optique similaire, Vroom (1964) estime que la motivation de l'individu pour atteindre un certain niveau de performance est fonction de l'instrumentalité, c'est-à-dire de l'utilité pour lui d'atteindre un tel niveau. Par exemple, si un ouvrier estime que l'augmentation de sa cadence de travail n'aura pas d'impact sur son salaire, alors l'instrumentalité sera nulle ainsi que la motivation pour atteindre un tel résultat. Agir sur la motivation d'un ouvrier dans ce cas consistera donc à reconnaître qu'une augmentation de cadence octroie une augmentation de salaire.

La prise en compte de certains résultats n'est possible que dans le cadre des théories qui leur accordent une certaine importance et donc qui considèrent que la motivation est en mesure de les influencer.

Par exemple, la persistance d'une activité en libre choix n'est possible qu'à la condition de la présence de certains types de motivations (intérêt, curiosité, etc. ; Blanchard, chapitre 9) qui, elles-mêmes, supposent un contexte favorable à leur expression (possibilité d'autodétermination, but d'apprentissage, etc.). Cela revient donc à dire que, pour s'interroger sur la motivation, il faut presque commencer par la fin, c'est-à-dire par savoir quels résultats sont visés (ou sont à éviter) afin ensuite d'envisager quelles sont les théories qui permettent le mieux de les conceptualiser et donc de les générer (ou l'inverse).

Par exemple, certaines théories expliquent très clairement comment augmenter des performances mais dans le même temps cette augmentation peut s'accompagner d'autres résultats (stress, diminution du temps de libre choix, etc.) qui peuvent s'avérer gênants à long terme.

Au-delà de cette considération sur la pluralité des résultats possibles et leurs duplicités interprétatives, certains restent spécifiques à la motivation. Un exemple emblématique, à ce niveau, est le « flux » ou *flow* (Csikszentmihalyi *et al.*, 1989 ; Csikszentmihalyi *et al.*, 2005 ; Lecomte ; chapitre 6) qui, en tant qu'expérience optimale, est générée par la présence d'une ou plusieurs formes de motivation. Comme le dit Lecomte dans le cadre d'une différence entre « *flow* » et « motivation intrinsèque », « le flux est un état résultant d'une action, tandis que la motivation est à l'origine de l'action ».

Autre exemple, deux phénomènes troublants et opposés sont considérés (peut-être à tort) comme entièrement attribuables à la motivation. Le premier, « la facilitation sociale », est utilisé pour montrer que les performances d'un individu en présence de tiers sont supérieures à celles qu'il obtient lorsqu'il est seul. Diverses théories motivationnelles sont utilisées pour expliquer la facilitation sociale (*cf.* Fenouillet, 2003*a* pour une revue).

Le deuxième, « la flânerie sociale », est exactement l'inverse du premier : la présence d'autres individus diminue les performances individuelles. Il est à noter que les études sur la flânerie sociale se distinguent de celles sur la facilitation sociale au niveau du mode de comparaison. Les études sur la flânerie sociale comparent les performances collectives aux performances de l'individu seul en co-action avec d'autres. Dans les études sur la facilitation sociale, les expérimentateurs comparent les performances de l'individu seul à celles de l'individu en groupe. Là encore, il existe diverses théories motivationnelles pour expliquer ces résultats.

3 DE LA MOTIVATION À LA CONATION EN PASSANT PAR LA VOLITION

Si les recherches, ainsi que les concepts issus de théories motivationnelles, peuvent se retrouver dans chacun des ensembles conceptuels du modèle proposé ici, il est possible de regrouper ces ensembles au sein de deux grandes catégories.

Les trois premiers ensembles de la partie gauche du schéma du modèle (origine psychologique, motif, anticipation) permettent d'expliquer la direction, l'initiative et l'intensité d'un comportement finalisé (figure 16.2).

Les décisions ou les stratégies qui sont mises en place le sont sur la base d'une ou plusieurs « motivations » issues de ces ensembles. Il est possible de dire que ces ensembles permettent avant tout d'expliquer la motivation de l'individu (figure 16.2).

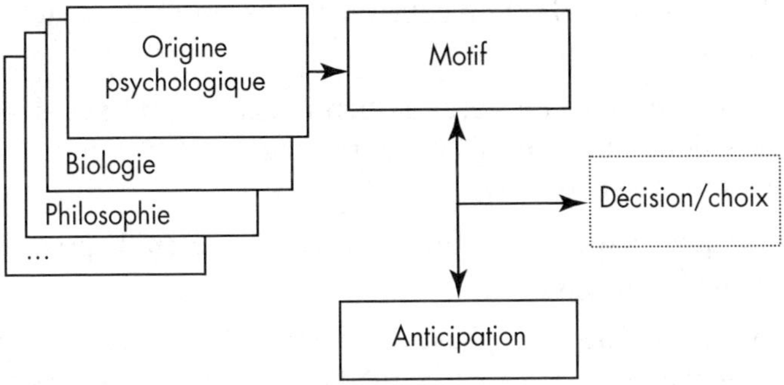

Figure 16.2
Partie motivationnelle du modèle intégratif.

Les trois ensembles qui se trouvent sur l'extrémité droite (stratégie, comportement, résultats) expliquent comment, une fois initié, un comportement, une action, une activité peut persister.

Contrairement aux modèles purement motivationnels, il ne s'agit pas ici d'expliquer ce qu'est la motivation même si elle reste un élément indispensable (figure 16.3).

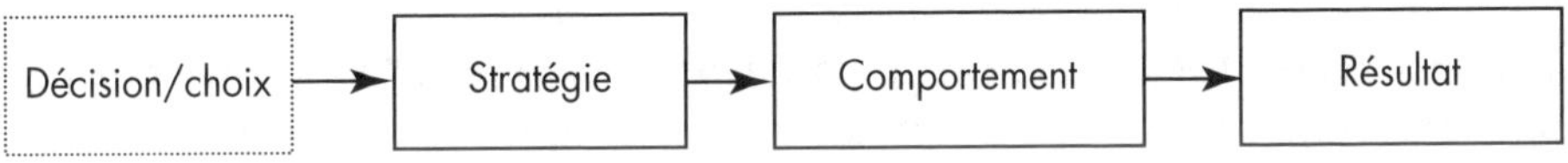

Figure 16.3
Partie volitionnelle du modèle intégratif.

Passée l'initiation de l'activité, la motivation peut être modifiée en cours d'action notamment en agissant sur les intentions ou sur les buts comme c'est le cas dans le modèle du contrôle de l'action de Kuhl (1987). Nous parlons donc ici plutôt de volition. « La volition est un acte par lequel la volonté se détermine à quelque chose. Autrement dit, elle désigne l'aboutissement d'un processus par lequel l'être humain use de la volonté. C'est l'événement par lequel l'individu « se met en mesure d'agir » en vue d'un résultat, interne ou externe. En langage courant, on pourrait l'assimiler à la formulation d'un choix » (Encyclopédie en ligne wikipedia, 2008). Pour Heckhausen et Heckhausen (2008) « des processus de régulation indépendants déterminent quelles tendances motivationnelles vont être implémentées, en fonction de quelles opportunités et de quelles manières. Ces processus sont appelés volition » (traduction libre).

S'il existe des théories davantage centrées sur la volition (Zimmerman, 2002 ; Kuhl, 1987 ; Heckhausen, 1986), de nombreuses théories motivationnelles intègrent une partie plus volitionnelle comme c'est le cas pour la théorie des buts (Dweck et Leggett, 1988) ou celle du sentiment d'efficacité personnelle (Bandura, 2003).

Reste un ensemble avec un statut particulier, celui qui traite des processus décisionnels et donc du choix. Dans notre modèle, il se trouve à l'interface entre la motivation et la volition.

Il faut noter que les théories volitionnelles considèrent la prise de décision comme partie intégrante de la volition.

Par exemple, le modèle des « phases d'action » d'Heckhausen (1986) intègre une phase pré-décisionnelle où les souhaits et les différents buts sont mis en délibéré et une phase post-décisionnelle une fois que le but est choisi.

D'un autre côté, les théories motivationnelles intègrent rarement le choix, elles font comme si le fait d'être motivé était suffisant pour comprendre l'action ou le comportement individuel.

Le problème que le libre choix soulève, comme nous avons pu le voir plus haut, n'est sans doute pas étranger à cet ostracisme. Paradoxalement, cependant, différentes théories intègrent la liberté de choix comme c'est le cas pour les théories de l'autodétermination (Deci et Ryan, 2002 ; Vallerand, Carbonneau et Lafrenière, chapitre 3) ou celle de la réactance (Brehm, 1966). Cependant, dans les deux cas il s'agit de « forces » qui sont présentes avant la prise de décision proprement dite.

Kahneman et Tversky (1984) proposent de tenir compte du traitement mental des informations par le consommateur pour expliquer certaines anomalies par rapport aux prédictions fondées sur des raisonnements purement mathématiques en termes de coûts et de bénéfices (sur lesquels s'appuyaient par ailleurs les premiers modèles motivationnels de l'expectation-valeur).

De même, certains modèles qui traitent spécifiquement de l'altruisme et donc de ce qui pousse l'individu à prendre la décision d'agir dans certaines circonstances, utilisent également l'analyse des coûts-bénéfices (Dovidio et Penner, 2004). Les motivations qui peuvent être de tout ordre (émotion, gloire, argent par exemple) sont regroupées en deux catégories, celles des coûts et des bénéfices, pour être additionnées. C'est en fonction de cette somme résultante que l'individu décide d'apporter de l'aide à une personne dans le besoin (Dovidio *et al.* 1990).

Pour Dunning (2004), la compréhension des motivations sous-jacentes à la cognition sociale ne permet de comprendre que le *software*. Il manque quelque chose qui permettrait de saisir pourquoi l'individu en vient à utiliser ces différents *softwares*. C'est pour cette raison, qu'il postule de manière provocante, en attendant mieux, la présence d'un « homuncule qui scrute attentivement le monde social, appuie sur le bouton "exécute" quand c'est le moment d'analyser le comportement de soi et des autres, qui contrôle les programmes de l'ordinateur social lorsqu'il traite les routines de niveau inférieur [...]

plusieurs décennies de recherches en sciences sociales révèlent que cet exécutant ou « homuncule » opère radicalement comme un agent libre ».

Doit-on voir dans cette brève traduction les prémices d'une prise de conscience pour les chercheurs en sciences sociales qu'après la motivation et la volition, la question de l'interface entre les deux doit encore être correctement posée avant qu'il soit possible d'y répondre ? Nous pouvons espérer, vu le dynamisme exponentiel de ce secteur de recherche ces dix dernières années, que nous aurons bientôt des questions émergentes dans cet interstice.

La motivation et la volition permettent ensemble de comprendre toutes les composantes qui vont de l'origine jusqu'à l'aboutissement de l'action.

Dans cette même perspective globale, Reuchlin (1990) utilise le terme de « conation » pour réunir l'ensemble des observations, des concepts et des théories portant sur le choix et l'orientation des conduites (Carré, 1998).

Tout comme le concept de motivation, celui de conation permet de répondre à la question du « pourquoi » du comportement, mais aussi à toutes celles relatives à l'engagement, aux différentes stratégies mises en place pour soutenir et passer à l'action.

Pour Huitt (1999), la conation fait référence à la connexion des connaissances et des affects au comportement, de façon à les associer aux perspectives du « pourquoi ». « L'adjectif conatif (du latin *conatus* : effort, élan ; essai, entreprise) indique ce qui a rapport à la conation, c'est-à-dire à un effort, une tendance, une volonté, une impulsion dirigée vers un passage à l'action » (encyclopédie en ligne Wikipédia, 2008).

La conation semble donc être le terme le plus approprié pour faire référence à toutes les composantes du modèle présenté ici.

4 PRÉSENTATION SYNTHÉTIQUE

Le modèle intégratif de la motivation (figure 16.1) permet de se représenter d'un seul coup d'œil toutes les composantes qui entrent en jeu pour expliquer la motivation ainsi que ses implications volitionnelles. En considérant cette dynamique, il est possible de dire que la motivation humaine est un construit psychologique composé d'étapes, créé par des facteurs internes et/ou externes à l'organisme, qui peut ou non avoir pour effet de conduire l'individu à prendre certaines décisions, à mettre en place certaines stratégies et ce afin d'aboutir à un ou plusieurs résultats consciemment anticipés ou non.

Comme nous avons pu le voir lors de la présentation des différentes composantes de ce modèle, il existe de nombreuses théories constituées de concepts encore plus nombreux qui peuvent en fonction des cas se retrouver dans un ou plusieurs ensembles.

Les tableaux 16.1, 16.2 et 16.3 permettent de retrouver les concepts utilisés dans différentes théories, ils n'ont pas l'ambition d'être exhaustifs ni de faire des propositions indiscutables, mais simplement d'illustrer l'utilisation des différents ensembles à des fins de classification ; le lecteur pouvant par la suite intégrer d'autres théories dont il a connaissance en utilisant le même système ou remettre en cause la place d'un concept qui pour lui n'est pas situé au bon endroit.

Tableau 16.1
Origine psychologique et motifs.[1]

Origine psychologique		Motif	
Catégories conceptuelles	***Concepts théoriques***	***Catégories conceptuelles***	***Concepts théoriques***
Besoins biologiques (1) (5) (6)	Faim Soif Air Évitement dommages Maintien température Défécation Miction Récupération Sommeil Activité	Valeurs (22) (23) (40)	Valence (8) (11) Instrumentalité (11) Valeur subjective de la tâche (25)

1. Pour faciliter la relation qui peut exister entre les concepts et les théories, ceux-ci ont été numérotés afin de pouvoir plus facilement y faire référence : 1) Maslow (1943) ; 2) Deci et Ryan (2002) ; 3) Murray (1938) ; 4) Atkinson (1964) ; 5) Hull (1954) ; 6) Pyszczynski *et al.* (1997) ; 7) Freud (1946) ; 8) Lewin (1935) ; 9) Latham et Locke (2007) ; 10) Elliot et McGregor (2001) ; 11) Vroom (1964) ; 12) Festinger (1957) ; 13) Brehm (1966) ; 14) Adams (1963) ; 15) Kuhl (1987) ; 16) Heckhausen (1986) ; 17) Izard (1991) ; 18) Leary et Baumeister (2000) ; 19) Ajzen et Fishbein (1980) ; 20) Holland (1985) ; 21) Schiefele (1991) ; 22) Schwartz et Bilsky (1990) ; 23) Higgins (2006) ; 24) Herzberg (1971) ; 25) Eccles (2005) ; 26) Bargh (2006) ; 27) Rhodewalt et Vohs (2005) ; 28) Kanfer et Ackerman (2005) ; 29) Miner (1993) ; 30) Kruglanski et Webster (1996) ; 31) Neuberg et Newsom (1993) ; 32) Pittman et Pittman (1980) ; 33) Cacioppo et Petty (1982) ; 34) Carré (2001) ; 35) Weiner (2006) ; 36) Berlyne (1960) ; 37) Alderfer (1972) ; 38) Mowrer (1947) ; 39) McClelland (1955) ; 40) Carver et Scheier (1982) ; 41) Nuttin (1991) ; 42) Joule et Beauvois (2002) ; 43) Lewin, Dembo, Festinger et Sears (1944) ; 44) Bandura (2003) ; 45) Weiner (2005) ; 46) Maier et Seligman (1976) ; 47) Abramson, Seligman et Teasdale (1978) ; 48) Nicholls (1984) ; 49) Elliot et Dweck (2005) ; 50) Oettingen et Hagenah (2005) ; 51) Kintsch (1980) ; 52) Tobias (1994) ; 53) Porter, Steers, Mowday, et Boulian (1974) ; 54) Meyer et Allen (1991) ; 55) Staw (1981) ; 56) Tinto (1993) ; 57) Taylor (1974) ; 58) Dowling et Staelin (1994) ; 59) Mischel et Ayduk (2002) ; 60) Depaulo et Fish (1980) ; 61) Kahneman et Tversky (1984) ; 62) Norem et Cantor (1986b) ; 63) Jones et Berglas (1978) ; 64) Baumeister (1984) ; 65) Wine (1971) ; 66) Ellis et Knaus. (1977) ; 67) Zimmerman (2002) ; 68) Fenouillet (2003b) ; 69) Csikszentmihalyi, Abuhamdeb, Nakamura (2005) ; 70) Sheldon (2002) ; 71) Vallerand et Blanchard (1998) ; 72) Baumeister (1997) ; 73) Baumeister (1984) ; 74) Triplett (1897) ; 75) Ringelmann (1913).

Tableau 16.1 *(suite)*
Origine psychologique et motifs. [1]

<table>
<tr><th colspan="2">Origine psychologique</th><th colspan="2">Motif</th></tr>
<tr><th>Catégories conceptuelles</th><th>Concepts théoriques</th><th>Catégories conceptuelles</th><th>Concepts théoriques</th></tr>
<tr><td rowspan="15">Besoins psychologiques</td><td rowspan="15">Sécurité (1) (3)
Appartenance (1)
Estime (1)
Réalisation de soi (1)
Autonomie (2)
Compétence (2)
Relation sociale (2) (37) (18)
Domination (3)
Accomplissement (3) (4) (39)
Plaisir sensuel (3)
Affiliation (3)
Soin (3)
Regard sur soi (3)
Ordre (3)
Compréhension (3)
Clôture (30)
Structure (31)
Cognition (33)
Existence (37)
Croissance (37)</td><td>Buts (41)</td><td>Assignation (9)
Hiérarchique (40)
Évitement performance (10)
Approche apprentissage (10)
Évitement apprentissage (10)
Approche performance (10)
Auto-motivation (26)
Projet (34) (41)
Concordance (70)</td></tr>
<tr><td rowspan="2">Intérêts</td><td>Professionnels (20) (28)</td></tr>
<tr><td>Intrinsèque (2) (21) (51) (52)</td></tr>
<tr><td colspan="2">Estime de soi (7) (6) (18) (27)</td></tr>
<tr><td colspan="2">Dissonance (12)</td></tr>
<tr><td colspan="2">Réactance (13)</td></tr>
<tr><td rowspan="2">Drive</td><td>Primaire (5)</td></tr>
<tr><td>Secondaire (38)</td></tr>
<tr><td colspan="2">Équité (14)</td></tr>
<tr><td colspan="2">Émotion (17) (35)</td></tr>
<tr><td colspan="2">Incitation (5)</td></tr>
<tr><td colspan="2">Intention (15) (16) (19)</td></tr>
<tr><td colspan="2">Traits de personnalité (28) (29)</td></tr>
<tr><td colspan="2">Contrôlabilité (32) (45) (46)</td></tr>
<tr><td colspan="2">Curiosité (36)</td></tr>
<tr><td>Instincts</td><td>Préservation de soi (6)</td><td rowspan="2">Motifs (34)</td><td rowspan="2">Intrinsèque (2) (34)
Extrinsèque (2) (34)
Amotivation (2)
Contextualisé (71)
Hygiène (24)
Satisfaction (24) (37)
Compétence (48) (49)</td></tr>
<tr><td>Pulsions inconscientes (7)</td><td>Libido (7)
Éros (7)
Thanatos (7)</td></tr>
</table>

Tableau 16.2
Anticipation et choix/décision.

Anticipation		Choix/décision	
Catégories conceptuelles	**Concepts théoriques**	**Catégories conceptuelles**	**Concepts théoriques**
Attente	Expectation (4) (11) (15) (25) (40) (43) SEP (44) Stabilité (45) (47)	Engagement	Phase d'action (16) Soumission librement consentie (42) Organisationnel (53) Affectif (54) Normatif (54) Continuité (54) Escalade (55) Académique (56)
		Décision	Prise de risque (57) (58) Volonté (59) Procrastination (66)
Aspiration (43)		Coût-bénéfice	Altruisme (60) Évaluation située (61)
Fantaisie (50)			

Tableau 16.3
Stratégies et résultats.

Stratégie		Résultat	
Catégories conceptuelles	**Concepts théoriques**	**Catégories conceptuelles**	**Concepts théoriques**
Stratégie (9)	Autorégulation (67) Mnémonique (68)	Non spécifique	Récompense Punition Performance Bien-être (70) (69) Affect Achat Abandon Échec Exclusion Résignation (46) (47) Apprentissage (62) (63) (64) (67) (68) (5) Altruisme (60) Temps de libre choix (2)

Tableau 16.3 *(suite)*
Stratégies et résultats.

Stratégie		Résultat	
Catégories conceptuelles	***Concepts théoriques***	***Catégories conceptuelles***	***Concepts théoriques***
Coping	Pessimisme défensif (62) Auto-handicap (63) Monitoring explicite (64) Distraction (65)	Spécifique	Flow (69) Flânerie — sociale (75) Facilitation — sociale (74) Contre-performance (73) Autodestruction (72)

5 POUR CONCLURE

La partie précédente permet de faire apparaître au grand jour ce que le lecteur soupçonnait déjà avant de lire ces quelques lignes : la motivation est un phénomène extraordinairement complexe. Cependant, cette complexité n'est peut-être pas là où nous croyons la voir, elle se trouve peut-être uniquement dans la représentation que nous en avons. C'est pour cette raison que nous terminerons sur une métaphore qui, nous l'espérons, aura une vertu simplificatrice.

Imaginons un instant que la motivation soit une plante. Une plante ne peut pousser que s'il y a une graine. Cette graine peut donc être appelée « cause » de la motivation. Pour pousser, une graine a besoin d'un contexte particulier. Elle a besoin de lumière, d'humidité, d'une terre spécifique qui, elle-même, doit contenir un dosage bien précis en sels minéraux et autres nutriments. Au final, il est donc possible de dire qu'il existe une multitude de « causes » qui permettent à la « plante motivation » de pousser. Ces différentes « causes » vont expliquer pourquoi cette plante pousse sur certains terrains et pas sur d'autres, pourquoi sur un sol de type A elle est nettement plus belle que sur un sol de type B. La plante pourra même présenter certaines caractéristiques dans des terres spéciales et pas dans d'autres, celles-ci étant liées à l'interaction entre les propriétés de la graine et les caractéristiques de ces terrains. Cependant, la nature du sol n'est pas suffisante pour expliquer pourquoi cette plante pousse à un endroit plutôt qu'à un autre. Il faut aussi comprendre comment la graine est arrivée à cet endroit précis et donc remonter non pas seulement à la genèse de cette graine mais aussi dire en quoi cette genèse explique la présence de cette graine à cet endroit-là et à ce moment-là.

Cette métaphore nous permet d'illustrer que la motivation n'est pas le fruit d'une seule « cause » mais de plusieurs. Chaque théorie motivationnelle n'a pas l'ambition d'expliquer tous les facteurs qui concourent à expliquer la motivation d'un comportement. Elle fait une sorte de pari sur le poids de chaque facteur, montrant toute l'importance de celui ou ceux qu'elle prend en considération dans ce « processus » qui permet à la motivation de croître pour finalement aboutir à une finalité. Pour certaines théories, c'est la nature de la graine qui explique tout, pour d'autres, sans forcement nier l'importance de la graine, c'est la nature du terrain, la luminosité, la chaleur, bref mille et une choses qui ensemble ou séparément expliquent pourquoi une plante est si belle à cet endroit et n'arrive même pas à survivre deux mètres plus loin. Au final, il semble bien que toutes aient raison. Même la meilleure graine ne peut pas pousser dans un sol aride et parfois il suffit de changer un seul paramètre, de rajouter un peu d'engrais au bon endroit et au bon moment pour obtenir des résultats qui dépassent l'imagination.

BIBLIOGRAPHIE

ABRAMSON L.Y., SELIGMAN M.E.P., TEASDALE J. (1978). « Learned helplessness in humans : Critique and reformulation », *Journal of Abnormal Psychology*, 87, 49-74.

ADAMS J.S. (1963). « Toward an understanding of inequity », *Journal of Abnormal and Social Psychology*, 67, 422-436.

ADAMS P. (1965). « Inequity in social exchange », in L. Berkowitz, *Advances in Experimental Social Psychology*, New York, Academic Press, vol. 2, 267-300.

AIKMAN S.N., CRITES S.L. JR. (2005). « Hash browns for breakfast, baked potatoes for dinner : Changes in food attitudes as a function of motivation and context », *European Journal of Social Psychology, 35,* 181-198.

AJZEN I., FISHBEIN M. (1980). *Understanding Attitudes and Predicting Social Behavior*, Englewood Cliffs, NJ, Prentice-Hall Inc.

ALBARRACÍN D., JOHNSON B.T., ZANNA M.P. (éd.). (2005). *The Handbook of Attitudes*. Mahwah, NJ, Lawrence Erlbaum Associates.

ALDERFER C.P. (1972). *Existence, Relatedness, and Growth*. New York, Free Press, American Vocational Association.

ALLAND A. JR. (1972). *The Human Imperative*. New York, Columbia Univ. Press

AMABILE T.M., DEJONG W., LEPPER M.R. (1976). « Effects of externally imposed deadlines on subsequent intrinsic motivation », *Journal of Personality and Social Psychology*, 34, 92-98.

AMES C. (1992*a*). « Achievement goals, motivational climate, and motivational processes », in G.C. Roberts (éd.), *Motivation in Sport and Exercise* (161-176). Champaign, IL, Human Kinetics.

AMES C. (1992*b*). « Classrooms : goals, structures, and student motivation », *Journal of Educational Psychology*, 84, 261-271.

AMRHEIN P.C., MILLER W.R., YAHNE C.E., PALMER M., FULCHER L. (2003).

Journal of Consulting and Clinical Psychology, 71, 862-878.

ANDERMAN E., GRIESINGER T., WESTERFIELD G. (1998). « Motivation and cheating during early adolescence », *Journal of Educational Psychology*, 90, 84-93.

ANDERSON C.A., SLUSHER M.P. (1986). « Relocating motivational effects : a synthesis of cognitive and motivational effects on attributions for success and failure », *Social Cognition*, *4*, n° 3, 270-292.

ANGEVILLE H., BELLENGER J. (1989). « Réflexions sur une expérience de formation au conseil en orientation », *L'Orientation scolaire et professionnelle*, 18, 2, 111-125.

ANGYAL A. (1941). *Foundations for a Science of Personality*. New York, The Commonwealth Fund.

ARGYRIS C. (1974). *Participation et organisation*. Paris, Dunod.

ASCH S.E. (1952). *Social Psychology*. New York, Prentice Hall.

ASSOR A., ROTH G., DECI E.L. (2004). « The emotional costs of parents' conditional regard : A self-determination theory analysis », *Journal of Personality, 72,* 47-88.

ATKINSON J.W. (1964). *An Introduction to Motivation*. Princeton, Van Nostrand.

ATKINSON J.W. (1974). « The mainsprings of achievement-oriented activité », in J. Atkinson, J. Raynor (éd.), *Motivation and Achievement* (13-41). Washington, Winston and Sons.

ATKINSON J.W. (1983). *Personality, Motivation, and Action : Selected Papers*. New York, Praeger.

AUBRET F. (1989*a*). « Motivation, activité, besoin de réussite et peur de l'échec chez les jeunes de 14 à 20 ans », *L'Orientation scolaire et professionnelle*, 18, 3, 263-265.

AUBRET F. (1989*b*). *Motivation, activité, besoin de réussite et peur de l'échec chez les jeunes de 14 à 20 ans. Manuel d'accompagnement du QMA*. Issy-les-Moulineaux, Établissement d'applications psychotechniques.

AUBRET F., BERNAUD J.-L. (1996). « Comment évaluer la motivation à la réussite professionnelle ? », *Psychologie et Psychométrie, 17* (2), 5-22.

AUBRET F., BLANCHARD S., VOLVEY C. (1998). « Évaluer la motivation : réflexions sur les principaux outils actuellement disponibles en France », *Questions d'orientation*, 1, 57-70.

AUBRET J., BLANCHARD S. (2005). *Pratique du bilan personnalisé*. Paris, Dunod.

AUBRET J., DEMOUGE-OLIVIER N. (2002). « Du conseil de carrière à l'accompagnement centré sur la personne », *Psychologie du travail et des organisations,* 8, 2, 111-136.

AUBRET J.H., GILBERT P., PIGEYRE F. (2005), *Management des compétences,* Paris, Dunod.

AUSTIN J.H. (1978). *Chase, Chance, and Creativity : The Lucky Art of Novelty*. New York, Columbia Univ. Press

AUSTIN J.H., VANCOUVER J. (1996). « Goal constructs in psychology : structure, process, and content », *Psychological Bulletin*, 120, n° 3, 338-375.

AYADI N. (2007). *The Determinants and Routes of Consumer Decision in Risky Decision*, thèse de doctorat, université des sciences sociales, Toulouse-I.

BAGOZZI R.P., BERGAMI M., LEONE L. (2003). « Hierarchical representation of motives in goal setting », *Journal of Applied Psychology*, 88, 915-933.

BALDWIN C., BALDWIN A., SAMEROFF A., SEIFER R. (1989). *The Role of Family Interaction in the Prediction of Adolescent Competence*, présenté à Bienn.

Meet. Soc. Res. Child Dev., Kansas City, MO.

BALTES M.M. (1996). *The Many Faces of Dependency in Old Age*. New York, Cambridge Univ. Press.

BANAJI M.R., PRENTICE D.A. (1994). « The self in social contexts », in M.R. Rosenzweig L.W. Porter (éd.), *Annual Review of Psychology*, 45, 297-352. Palo Alto, CA, Annual Reviews, Inc.

BANDURA A. (1973). *Aggression : A Social Learning Analysis*. Englewood Cliffs, NJ, Prentice- Hall.

BANDURA A. (1977). « Self-efficacy : Toward a unifying theory of behaviour change », *Psychological Review* ; 84, 191-215.

BANDURA A. (1982). « The psychology of chance encounters and life paths », *Am. Psychol.* 37, 747-55.

BANDURA A. (1986). *Social Foundation of Thought and Action : A Social Cognitive Theory*. Englewood Cliffs, NJ, Prentice-Hall.

BANDURA A. (1991*a*). « Social cognitive theory of moral thought and action », in *Handbook of Moral Behavior and Development*, W.M. Kurtines, J.L. Gewirtz (éd.), 1, 45-103, Hillsdale, NJ, Erlbaum

BANDURA A. (1991*b*). « Self-regulation of motivation through anticipatory and self-reactive mechanisms », in *Perspectives on Motivation : Nebraska Symposium on Motivation*. RA Dienstbier (éd.), 38, 69-164, Lincoln, Univ. Nebraska Press.

BANDURA A. (1993). « Perceived self-efficacy in cognitive development and functioning », *Educ. Psychol.* 28, 117-148.

BANDURA A. (1997). *Self-Efficacy : The Exercise of Control*. New York, Freeman.

BANDURA A. (1998). « Exploration of fortuitous determinants of life paths » *Psychol. Inq.* 9, 95-99.

BANDURA A. (1999*a*). « Social cognitive theory of personality », in L.A. Pervin, O.P. John (éd.), *Handbook of Personality. Theory and Research* (154-195). New York, The Guilford Press.

BANDURA A. (1999*b*). « Moral disengagement in the perpetration of inhumanities », *Pers. Soc. Psychol. Rev.* (*Special issue on Evil and Violence*) 3, 193-209.

BANDURA A. (2000). « Exercise of human agency through collective efficacy », *Curr. Dir. Psychol. Sci.* 9, 75-78.

BANDURA A. (2003). *Auto-efficacité. Le sentiment d'efficacité personnelle*. Bruxelles, De Boeck.

BANDURA A. (éd.) (1995). *Self-Efficacy in Changing Societies*. New York, Cambridge Univ. Press.

BANDURA A., BARBARANELLI C., CAPRARA G.V., PASTORELLI C., REGALIA C. (2000*b*). « Sociocognitive Self-Regulatory Mechanisms Governing Transgressive Behavior », J. *Pers. Soc. Psychol.* Sous presse.

BANDURA A., BARBARANELLI C., CAPRARA G.V., PASTORELLI C. (1996*a*). « Multifaceted impact of self-efficacy beliefs on academic functioning », *Child Dev.* 67, 1206-1222.

BANDURA A., BARBARANELLI C., CAPRARA G.V., PASTORELLI C. (1996*b*). « Mechanisms of moral disengagement in the exercise of moral agency », J. *Pers. Soc. Psychol.* 71, 364-374

BANDURA A., PASTORELLI C., BARBARANELLI C., CAPRARA G.V. (1999). « Self-efficacy pathways to childhood depression » J. *Pers. Soc. Psychol.* 76, 258-269.

BANDURA A., BARBARANELLI C., CAPRARA G.V., PASTORELLI C. (2000*a*). « Self-efficacy beliefs as shapers of children's aspirations and career trajectories » *Child Dev.*

BARANIK L., BARRON K., FINNEY S. (2007). « Measuring goal orientation in a work domain : construct validity evidence for the 2 × 2 framework », *Educational and Psychological Measurement*, 67, 697-718.

BARBIER J.-M. (2000). « Sémantique de l'action et sémantique d'intelligibilité de l'action », in B. Maggi (éd.), *Manière de penser, manières d'agir en éducation et en formation*, Paris, PUF, 89-104.

BARBIER J.-M., BOURGEOIS E., DE VILLERS G., KADDOURI M. (ÉD.) (2006). *Constructions identitaires et mobilisation des sujets en formation.* Paris, L'Harmattan.

BARGH J.A. (2005). « Bypassing the will : Toward demystifying the nonconscious control of social behavior », in R. Hassin, J. Uleman, J. Bargh (éd.), *The New Unconscious* (37-58). New York, Oxford University Press.

BARGH J.A. (2006). « What have we been priming all these years ? On the development, mechanisms, and ecology of nonconscious social behavior », *European Journal of Social Psychology*, 36, 147-168.

BAR-TAL D., FRIEZE I.H. (1976). « Attributions of success and failure for actors and observers », *Journal of Research in Personality*, *10*, 256-265.

BASS B.M. (1990). *Bass and Stogdill's Handbook of Leadership*, New York, The Free Press.

BASS B.M., AVOLIO B.J. (1994). *Improving Organizational Effectiveness Through Transformational Leadership*. Londres, Sage.

BAUDELOT C., GOLLAC M. (2003). *Travailler pour être heureux ? Le bonheur et le travail en France*, Paris, Fayard.

BAUDOUIN N., BLANCHARD S., SONCARRIEU T. (2004). « L'entretien de conseil en orientation : présentation de trois types d'entretien », *Psychologie du travail et des organisations*, 10, 293-306.

BAUMEISTER R.F. (1984). « Choking under pressure : Self-consciousness and paradoxical effects of incentives on skillful performance », *Journal of Personality and Social Psychology*, 46, 610-620.

BAUMEISTER R.F. (1997). « Esteem threat, self-regulatory breakdown, and emotional distress as factors in self-defeating behavior », *Review of General Psychology*, 1, 145-174.

BAUMEISTER R.F. (1998). « The self », in D.T. Gilbert, S. Fiske, G. Lindzey (éd.), *The Handbook of Social Psychology* (vol. 1, 4e éd., 680-740). Boston, McGraw-Hill.

BAUMEISTER R.F., LEARY M.R. (1995). « The need to belong : Desire for interpersonal attachments as a fundamental human motivation », *Psychological Bulletin, 117*, 497-529.

BAVELAS J., LEE E.S. (1978). « Effects of goal level on performance : A tradeoff of quantity and quality », *Canadian Journal of Psychology*, 32, 219-240.

BEAUVOIS J.-L. (1984). *La Psychologie quotidienne.* Paris, PUF.

BEAUVOIS J.-L., LE POULTIER F. (1986). « Norme d'internalité et pouvoir social en psychologie quotidienne », *Psychologie française*, *31*, 100-108.

BEAUVOIS J.-L., JOULE R.-V. (2002). *Petit Traité de manipulation à l'usage des honnêtes gens*. Grenoble, Presses universitaires de Grenoble.

BECHARA A., DAMASIO H., TRANEL D., DAMASIO A.R. (1997). « Deciding advantageously before knowing the advantageous strategy », *Science*, 275, 1293-1295.

BÉLANGER L. (1986). « La culture organisationnelle », in N. Coté, H. Abravanel, J. Jacques, L. Bélanger (éd.), *Individus, groupes et organisation* (372-389). Chicoutimi, Gaétan Morin Éditeur.

BEM D.J. (1967). « Self-perception : An alternative interpretation of cognitive dissonance phenomena », *Psychological Review*, 74, 183-200.

BERGLAS S., JONES E.E. (1978). « Drug choice as self-handicapping in response to noncontingent success », *Journal of Personality and Social Psychology*, 36, 405-417.

BERLYNE D.E. (1960). *Conflict, Arousal, and Curiosity.* New York, McGraw Hill.

BERNARD L.L. (1924) *Instinct : A Study in Social Psychology.* New York, Holt.

BLAIS M.-R., BRIÈRE N.-M., LACHANCE L., RIDDLE A.S., VALLERAND R.-J. (1993). « L'inventaire des motivations au travail de Blais » *Revue québécoise de psychologie*, *14*, 185-215.

BLAIS M.-R., SABOURIN S., BOUCHER C., VALLERAND R.-J. (1990). « Toward a motivational model of couple happiness », *Journal of Personality and Social Psychology*, *59*, 1021-1031.

BLAIS M.-R., VALLERAND R.-J., GAGNON A., BRIÈRE N.-M., PELLETIER L.-G. (1990). « Significance, structure, and gender differences in life domains of college students », *Sex Roles, 22*, 199-212.

BLAIS M.-R., VALLERAND R.-J., PELLETIER L.-G., BRIÈRE N.-M. (1994). *Construction et validation de l'Inventaire des motivations interpersonnelles*. Manuscrit non publié, université du Québec à Montréal.

BLANCHARD C., MASK L., VALLERAND R.-J., DE LA SABLONNIÈRE R., PROVENCHER P. (2007). « Reciprocal relationships between contextual and situational motivation in a sports setting », *Psychology of Sport et Exercise*, *8*, 854-873.

BLANCHARD S. (2007). « L'évaluation dans le cadre du conseil en orientation professionnelle : l'exemple de la démarche de bilan de compétences », in V. Bedin et A. Jorro (coord.), *L'Évaluation-conseil en éducation et formation. Les Dossiers des Sciences de l'éducation*, 18, 61-70.

BLANCHARD S., SONTAG J.-C., LESKOW S. (1999). « L'utilisation d'épreuves conatives dans le cadre du bilan de compétences », *L'Orientation scolaire et professionnelle*, 28, 2, 275-297.

BLANCHARD S., VOLVEY C., HOMPS F., PRIEUR A. (1995). « Une technique d'explicitation des intérêts : l'entretien ADVP », *L'Orientation scolaire et professionnelle*, 24, 4, 425-442.

BLANCHARD S., VRIGNAUD P., LALLEMAND N., DOSNON O., WACH M. (1997). « Validation de l'échelle de motivation en éducation auprès de lycéens français », *L'Orientation scolaire et professionnelle*, 26, 1, 33-56.

BLODGETT H.C. (1929). « The effect of the introduction of reward upon the maze performance of rats », *Univ. Cal. Publ. Psychol*, 4, 117.

BOEKAERTS M. (1993). « Being concerned with well-being and with learning », *Educational Psychologist*, 28, 149-167.

BOEKAERTS M., DE KONING E., VEDDER P. (2006). « Goal-directed behaviour and contextual factors in the classroom : an innovative approach to the study of multiple goals », *Educational Psychologist*, 41, 33-51.

BOGGIANO A.K., RUBLE D.N. (1979). « Competence and the overjustification effect : A developmental study », *Journal of Personality and Social Psychology*, 37, 1462-1468.

BOIXADOS M., CRUZ J., TORREGROSA M., VALIENTE L. (2004). « Relationships Among Motivational Climate, Satisfaction, Perceived Ability, and Fair Play Attitudes in Young Soccer Players », *Journal of Applied Sport Psychology*, *16*, 301-317.

BOLTANSKI L., CHIAPELLO E. (1999). *Le Nouvel Esprit du capitalisme*. Paris, Gallimard.

BOTTI S., IYENGAR S.S. (2004). « The Psychological Pleasure and Pain of Choosing : When People Prefer Choosing at the Cost of Subsequent Outcome Satisfaction », *Journal of Personality and Social Psychology*, 87 (3), 312-326

BOURGEOIS E. (2000) « Le sens de l'engagement en formation », in J.-M. Barbier, O. Galatanu (éd.), *Formation, sens, signification*, Paris, PUF, 87-106.

BOURGEOIS E. (2004). « Projet et engagement dans la formation professionnelle continue : l'instrumentalité en question. Perspective théorique », in M. Vandamme (éd.), *Formation continue universitaire et parcours professionnel, Cahier de la section des sciences de l'éducation*, n° 102, université de Genève, FAPSE, 167-188.

BOURGEOIS E. (2006*a*). « La motivation à apprendre », in E. Bourgeois, G. Chapelle (éd.), *Apprendre et faire apprendre*, Paris, PUF, 229-246.

BOURGEOIS E. (2006*b*). « Tensions identitaires et engagement en formation », in J.-M. Barbier, E. Bourgeois, G. de Villers, M. Kaddouri (éd.), *Constructions identitaires et mobilisation des sujets en formation*, Paris, L'Harmattan, 65-120.

BOURGEOIS E. (2006*c*). « L'image de soi dans l'engagement en formation », in E. Bourgeois, G. Chapelle (éd.). *Apprendre et faire apprendre*, Paris, PUF, 271-284.

BOURGEOIS E. (à paraître). « La fonction motivationnelle de l'événement biographique pour l'engagement en formation », in J.-M. Baudouin, E. Bourgeois (éd.). *Dispositifs de formation et dynamiques d'engagement en formation des adultes*. Bruxelles, De Boeck.

BRADLEY G.W. (1978). « Self-serving biases in the attribution process : a reexamination of the fact or fiction question », *Journal of Personality and Social Psychology*, *36*, n° 1, 56-71.

BRANDTSTÄDTER J. (1992). « Personal control over development : implications of self-efficacy », in *Self-Efficacy : Thought Control of Action*, ed. R Schwarzer, 127-145. Washington, DC, Hemisphere.

BRATMAN M.E. (1999). *Faces of Intention : Selected Essays on Intention and Agency*. New York, Cambridge Univ. Press

BREDEMEIER B.J. (1975). « The assessment of reactive and instrumental athletic aggression », in D.M. Landers (éd.), *Psychology of Sport and Motor Behavior*, II (71-83). State College, PA, Penn State HPER series.

BREDEMEIER B.J., SHIELDS D.L. (1993). « Moral psychology in the context of sport », in R.N. Singer, M. Murphey, K.L. Tennant (éd.), *Handbook of Research on Sport Psychology* (587-599). New York, Macmillan.

BREHM J.W. (1966). *A Theory of Psychological Reactance*. New York, Academic Press.

BRENDL C.M., CHATTOPADHYAY A., BRETT W., PELHAM B.W., CARVALLO M. (2005). « Name Letter Branding : Valence Transfers when Product Specific Needs are Active », *Journal of Consumer Research*, 32, 405-415

BRIÈRE N.M., VALLERAND R.J., BLAIS M.R., PELLETIER L.G. (1995). « Développement et validation d'une mesure de motivation intrinsèque, extrinsèque et d'amotivation en contexte sportif : l'Échelle de motivation dans les sports (EMS) », *International Journal of Sport Psychology, 26,* 465-489.

BROWN J., WEINER B. (1984). « Affective consequences of ability versus effort ascriptions : controversies, resolutions and quandaries », *Journal of Educational Psychology, 76*, n° 1, 146-158.

BRUNEL P.C., TREASURE D.C. (1998). « Antecedent of amotivation : Influence of motivational climate, self-esteem and self- handicapping strategies », *Journal of Sport and Exercise Psychology, 20, S26.*

BRUNEL P.C., TREASURE D.C., CHANTAL Y., ANDRIANARISOA J. (sous presse). « Influence of goal orientations on situational motivation in sport : The mediating role of contextual motivation », *Scandinavian Journal of Medicine and Science in Sport.*

BRUNEL P.C., VALLERAND R.J. (2008). « On The Relative Role of Personal and Social Factors in the Prediction of Situational Motivation in Sport », *Scandinavian Journal of Medicine and Science in Sport.*

BUNGE M. (1977). « Emergence and the mind », *Neuroscience* 2, 501-509.

BURKE B.L., ARKOWITZ H., MENCHOLA M. (2003). « The efficacy of motivational interviewing : A meta-analysis of controlled clinical trials », *Journal of Consulting & Clinical Psychology,* 71 (5), 843-861.

BURNS T.R., DIETZ T. (2000). « Human agency and evolutionary processes : institutional dynamics and social revolution », in *Agency in Social Theory,* B. Wittrock (éd.). Thousand Oaks, CA, Sage. In press

BUSS A.R. (1979). « On the relationship between causes and reasons », *Journal of Personality and Social Psychology, 37*, n° 9, 1458-1461.

BUSS D.M., SCHMITT D.P. (1993). « Sexual strategies theory : an evolutionary perspective on human mating », *Psychol. Rev.*, 100, 204-232.

BUSSEY K., BANDURA A. (1999). « Social cognitive theory of gender development and differentiation », *Psychol. Rev.*, 106, 676-713.

BUTCHER D., CLARKE M. (2002). « Organizational politics : the cornerstone for organizational democracy », *Organizational Dynamics*, 31, 1, 35-46.

BUTCHER R., SCHNEIDER A. (2001). « Fair play as respect for the game », in W.J. Morgan, K.V. Meier, A.J. Schneider (éd.), *Ethics in Sport* (21-48). Champaign, IL, Human Kinetics.

CACIOPPO J.X., PETTY R. E. (1982). « The need for cognition », *Journal of Personality and Social Psychology,* 42, 116-131.

ÇADÉRANGE (2007). « Typologie des mauvais payeurs », consulté le 22 nov. 2007 à *http://www. agoravox.fr/print_article.php3 ?id_article=31944.*

CAIN K.M., DWECK C. (1995). « The relation between motivational patterns and achievement cognitions through the elementary school years », *Merrill Palmer Quarterly*, 41, 25-52.

CAMBON L. (2006*a*). « Désirabilité sociale et utilité sociale, deux dimensions de la valeur communiquée par les adjectifs de personnalité », *Revue internationale de psychologie sociale*, 19 (3, 4), 125-151.

CAMBON L. (2006*b*). « La fonction évaluative de la personnologie, vers la mise en place de deux dimensions de la valeur : la désirabilité et l'utilité sociale », *Psychologie française*. 51, 285-305.

CAMPBELL J.P., DUNNETTE M.D., LAWLER E.E., WEICK K.E. (1970). *Managerial Behavior, Performance, and Effectiveness*, New York, McGraw-Hill.

CARLSON RA. (1997). *Experienced Cognition*. Mahwah, NJ, Erlbaum.

CARRÉ P. (dir.) (1998). « Motivation et engagement en formation », *Éducation permanente,* 136.

CARRÉ P. (1998). « Motivation, engagement, "conation" : les aspects dynamiques du rapport à la formation », *Éducation permanente*, 136, 7-14.

CARRÉ P. (1999). « Motivation et rapport à la formation », in P. Carré, P. Caspard (dir.), *Traité des sciences et des techniques de la formation* (267-287). Paris, Dunod.

CARRÉ P. (2001). *De la motivation à la formation*. Paris, L'Harmattan.

CARRÉ P. (2004). « Bandura : une psychologie pour le XXIe siècle ? », *Savoirs, revue internationale de recherches en éducation et formation des adultes,* hors série, 9-50.

CARROLL P.J., SWEENY K., SHEPPERD J.A. (2006). « Forsaking optimism », Review of General Psychology, 10, 56-73.

CARVER C.S., SCHEIER M.F. (1982). « Control Theory : A Useful Conceptual Framework for Personality-Social, Clinical, and Health Psychology », *Psychological Bulletin*, 92, 111-135.

CARVER C.S., SCHEIER M. (1995). *On the Self-Regulation of Behavior.* Cambridge, Angleterre, Cambridge University Press.

CHAIKEN S., LIBERMAN A., EAGLY A.H. (1989). « Heuristic and systematic information processing within and beyond the persuasion context », in J.S. Uleman, J.A. Bargh (éd.), *Unintended Thought* (212-252). New York, Guilford.

CHAIKEN S., TROPE Y. (éd.) (**date ???**). *Dual-Process Theories in Social Psychology.* New York, Guilford Press.

CHANTAL Y., BERNACHE-ASSOLLANT I. (2003). « A prospective analysis of self-determined sport motivation and sportspersonship orientations », *Athletic Insight*, *51*, Retrieved April 27, 2007, from *http://www.athleticinsight.com/Vol51ss4/Sportspersonship.htm.*

CHANTAL Y., ROBIN P., VERNAT J.-P., BERNACHE-ASSOLLANT I. (2005). « Motivation, sportspersonship, and athletic aggression : A mediational analysis », *Psychology of Sport and Exercise*, 6, 233-249.

CHANTAL Y., SOUBRANNE R., BRUNEL P.C. (sous presse). « Exploring the social image of anabolic steroids users through motivation, sportspersonship orientations, and aggression », *Scandinavian Journal of Medicine and Science in Sports*.

CHANTAL Y., VALLERAND R.J. (2000). « Construction et validation de l'Échelle de motivation envers l'action bénévole – EMAB », *Society and Leisure*, *23* (2), 477-508.

CHAPPÉ J., VERLHIAC J.-F., MEYER T. (2007). « Optimisme et pessimisme comparatifs consécutifs à l'exposition à plusieurs messages menaçants », *Revue européenne de psychologie appliquée, 57*.

CHARLES A., CHETAIL F., DELORD S., LALLEMAND S., MATHEY S., POSTAL V. (2006) (éd.). *Actes de la journée scientifique, mémoire et vieillissement cognitif.* Université Victor Segalin, Bordeaux-II.

CHARTRAND T.L., BARGH J.A. (1996). « Automatic activation of impression formation and memorization goals : Nonconscious goal priming produces effects of explicit task instructions »,

Journal of Personality and Social Psychology, 71, 464-478.

COMALLI P.E. JR, WAPNER S., WERNER H. (1962). « Interference effects of Stroop color-word test inchildhood, adulthood, and aging », *The Journal of Genetic Psychology*, 100, 47-53.

CONROY D., ELLIOT A., HOFER S. (2003). « A 2 × 2 achievement goals questionnaire for sport : evidence for factorial invariance, temporal stability, and external validity », *Journal of Sport and Exercise Psychology,* 25, 456-476.

CORIAT B., WEINSTEIN O. (1995). *Les Nouvelles Théories de l'entreprise*, Paris, Le Livre de poche.

CORNO L. (2004*a*). « Introduction to the Special Issue Work Habit and Work Styles : Volition in education », *Teachers College Record*, 106, 1669-1694.

CORNO L. (2004*b*). « Work habits and work styles : volition in education », *Teachers College Record*, 106, 1669-1694.

CORNO L., KANFER R. (1993). « The role of volition in learning and performance », in L. Darling-Hammond (éd.), *Review of research in Education* (vol. 19, 3-43). Washington, DC, American Educational Research Association.

COSNEFROY L. (2004). « Apprendre, faire mieux que les autres, éviter l'échec : l'influence de l'orientation des buts sur les apprentissages scolaires », *Revue française de pédagogie*, 147, 107-128.

COSNEFROY L. (2007*a*). « Les sens multiples de l'intérêt pour une discipline », *Revue française de pédagogie, 159*, 93-102.

COSNEFROY L. (2007*b*). « Le sentiment de compétence, un déterminant essentiel de l'intérêt pour les disciplines scolaires », *L'Orientation scolaire et professionnel*, 36, 357-378.

COSNEFROY L. (2008). « Irritation : a key emotion in homework », *Journal of Cognitive Affective Learning*, 4, 1-12.

COURTNEY S. (1991). *Why Adults Learn : Toward a Theory of Participation in Adult Education.* New York, Routledge.

COUTROT Th. (1999). *Critique de l'organisation du travail*, Paris, La Découverte.

COVINGTON M. (2000). « Goal, theory, motivation, and school achievement : an integrative review », *Annual Review of Psychology*, 51, 171-200.

COVINGTON M.V., OMELICH C.L. (1979*a*). « Effort : the double-edge sword in school achievement », *Journal of Educational Psychology, 71*, n° 2, 169-182.

COVINGTON M.V., OMELICH C.L. (1979*b*). « It's best to be able and virtuous too : student and teacher evaluative responses to successful effort », *Journal of Educational Psychology, 71*, n° 5, 688-700.

COVINGTON M.V., OMELICH C.L. (1984). « Controversies or consistencies ? A reply to Brown and Weiner », *Journal of Educational Psychology, 76*, n° 1, 159-168.

COVINGTON M., OMELICH C. (1985). « Ability and effort valuation among failure-avoiding and failure-accepting students », *Journal of Educational Psychology*, 77, 446-459.

COVINGTON M.V., SPRATT M.F., OMELICH C.L. (1980). « Is effort enough or does diligence count too ? Student and teacher reactions to effort stability in failure », *Journal of Educational Psychology, 72*, 717-729.

CRANO W.D., PRISLIN R. (2006). « Attitudes and persuasion », *Annual Review of Psychology, 57*, 345-374.

CRESSWELL S.L., EKLUND R.C. (2007). « Athletes burnout : A longitudinal qualitative study », *The Sport Psychologist,* 21.

CROSS K.P. (1982). *Adults as Learners.* San Francisco, Jossey-Bass.

CSIKSZENTMIHALYI M. (1990). « Literacy and Intrinsic Motivation », *Daedalus*, 119 (2), 115-140.

CSIKSZENTMIHALYI M. (1999). « If we are so rich, why aren't we happy ? », *American psychologist*, 54 (10), 821-827.

CSIKSZENTMIHALYI M. (2004). *Vivre, la psychologie du bonheur.* Paris, Robert Laffont.

CSIKSZENTMIHALYI M. (2005). *Mieux vivre en maîtrisant votre énergie psychique.* Paris, Robert Laffont.

CSIKSZENTMIHALYI M., LEFEVRE J. (1989). « Optimal experience in work and leisure », *Journal of personality and social psychology*, 56 (5). 815-822.

CSIKSZENTMIHALYI M., PATTON J.-D. (1997). « Le bonheur, l'expérience optimale et les valeurs spirituelles : une étude empirique auprès d'adolescents », *Revue québécoise de psychologie*, 18 (2), 167-190.

CSIKSZENTMIHALYI M., ABUHAMDEB S., NAKAMURA J. (2005) « Flow », in Elliot A.J., Dweck C.S., *Handbook of Competence and Motivation*, 598-608, New York, Londres, The Guilford Press.

CURY F. (2004). « Évolution conceptuelle de la théorie des buts d'accomplissement dans le domaine du sport », *L'Année psychologique*, 104, 295-330.

CURY F., ELLIOT A., DA FONSÉCA D., MOLLER A. (2006). « An approach – avoidance elaboration of the social-cognitive model of achievement motivation », *Journal of Personality and Social Psychology,* vol. 90, 4, 666-679.

CURY F., LAURENT E., DE TONNAC A., SOT V. (1999). « An underexplored aspect of achievement goal theory in sport : Development and predictive value of the AAASQ », in V. Hosek, P. Tlinger, L. Bilek (éd.), *Xth European Congress of Sport Psycholgy Proceedings* (153-155). Prague, Czechb, FEPSAC.

CURY F., SARRAZIN P. (dir.) (2001) *Théories de la motivation et pratiques sportives.* Paris, PUF.

CURY F., ELLIOT A., DA FONSECA D., MOLLER A. (2006). « The social-cognitive model of achievement motivation and the 2 × 2 achievement goal framework », *Journal of Personality and Social Psychology*, 90, n° 4, 666-679.

DA FONSÉCA D., CURY F., BAILLY D., RUFO M. (2004). « Théories implicites de l'intelligence et buts d'accomplissement scolaire », *Annales médico-psychologiques*, 162, 703-710.

DA FONSÉCA D., CURY F., RUFO M. (2001). « Predictive value of the implicit theories of sport ability in achievement goals », in A. Papaioannou, M. Goudas, Y. Theodorakis (éd.), *Xth World Congress of Sport Psychology Proceedings*, (vol. 3, 34-36). Skiathos, Greece, ISSP.

DA FONSÉCA D., RUFO M., CURY F. (2001). « Motivations et difficultés scolaires : mise à l'épreuve du modèle de l'accomplissement sur les conduites d'inadaptation scolaire », *Journal de thérapie comportementale et cognitive*, 11-23.

DA FONSÉCA D., RUFO M., CURY F. (2002). « Croyances et apprentissages : rôle des théories implicites de l'intelligence », *Journal de thérapie comportementale et cognitive*, 12-18.

DAMASIO A.R. (1995). *L'Erreur de Descartes.* Paris, Odile Jacob (trad. fr.).

DARNON C., BUTERA F. (2004). « Buts d'accomplissement, stratégies d'étude et motivation intrinsèque : Présentation d'un domaine de recherche et validation française de l'échelle d'Elliot et MacGregor », *Année psychologique, 105*, 105-131.

DAVIDSON D. (1971). « Agency », in *Agent, Action, and Reason*, R. Binkley, R. Bronaugh, A. Marras (éd.), 3-37. Univ. Toronto Press

DE LEVAL M. (2008). *Échelle synoptique des trois temps pour dépressifs et autres*. Paris, Eurotests Éditions.

DE STADELHOFEN F.M., ROSSIER J., RIGOZZI C., ZIMMERMAN G., BERTHOUD S. (2004). « Validation d'une version française de l'inventaire rationnel-expérientiel (REI) et application au tabagisme », *Revue internationale de psychologie sociale, 17*, 77-102.

DEAUX K., EMSWILLER T. (1974). « Explanation of sucessful performance on sex-linked tasks : what is skill for the male is luck for the female », *Journal of Personality and Social Psychology, 29*, 80-85.

DECHARMS R. (1968). *Personal Causation : The Internal Affective Determinants of Behaviour.* New York, Academic Press.

DECI E.L. (1971). « Effects of externally mediated rewards on intrinsic motivation », *Journal of Personality and Social Psychology, 18*, 105-115.

DECI E.L. (1972*a*). « Effects of contingent and non-contingent rewards and controls on intrinsic motivation », *Organizational Behavior and Human Performance, 8*, 217-229.

DECI E.L. (1972*b*). « Intrinsic motivation, extrinsic reinforcement, and inequity », *Journal of Personality and Social Psychology, 22*, 113-120.

DECI E.L. (1975). *Intrinsic motivation.* New York, Plenum.

DECI E.L. (1980). *The Psychology of Self-Determination.* Lexington, Mass., dc Health.

DECI E.L., BETLEY G., KAHLE J., ABRAMS L., PORAC J. (1981). « When trying to win : Competition and intrinsic motivation », *Personality and Social Psychology Bulletin, 7*, 79-83.

DECI E.L., CASIO W.F. (1972). « Changes in intrinsic motivation as a function of negative feedback and threats », communication présentée à la Eastern Psychological Association, Boston.

DECI E.L., KOESTNER R., RYAN R.M. (1999). « A meta-analytic review of experiments examining the effects of extrinsic rewards on intrinsic motivation », *Psychological Bulletin, 125*, 627-668.

DECI E.L., RYAN R.M. (1980*a*). « The empirical exploration of intrinsic motivation processes », in L. Berkowitz (éd.), *Advances in Experimental Social Psychology* (vol. 13, 3980). New York, Academic Press.

DECI E.L., RYAN R.M. (1980*b*). « Self-determination theory : When mind mediates behavior », *Journal of Mind and Behavior*, 1, 33-43.

DECI E.L., RYAN R.M. (1985*a*). *Intrinsic Motivation and Self-Determination in Human Behavior*, New York, Plenum Press.

DECI E.L., RYAN R.M. (1985*b*). « The General Causality Orientations Scale : Self-determination in personality », *Journal of Research in Personality, 19*, 109-134.

DECI E.L., RYAN R.M. (1987). « The support of autonomy and the control of behavior », *Journal of Personality and Social Psychology*, 53, 1024-1037.

DECI E.L., RYAN R.M. (1991). « A motivational approach to self : Integration in personality », in R. Dienstbier (éd.), *Nebraska Symposium on Motivation : Perspectives on Motivation* (vol. 38, 237-288). Lincoln, University of Nebraska Press.

DECI E.L., RYAN R.M. (2000). « The "what" and "why" of goal pursuits : human needs and the self-determination of behavior », *Psychological Inquiry, 11*, 227-68.

DECI E.L., RYAN R.M. (2002). *Handbook of Self-Determination Research*. USA, The University of Rochester Press.

DECI E.L., RYAN R.M. (2004). « Overview of Self-Determination Theory : An Organismic Dialectic Perspective », *Handbook of Self-Determination Research*, 3-33.

DECI E.L., RYAN R.M., WILLIAMS G.C. (1996). « Need satisfaction and the self-regulation of learning », *Learning and Individual Differences*, 8, 165-183.

DECI E.L., SCHWARTZ A.J., SHEINMAN L., RYAN R.M. (1981). « An instrument to assess adults' orientations toward control versus autonomy with children : Reflections on intrinsic motivation and perceived competence », *Journal of Educational Psychology, 73,* 642-650.

DECI E.L., VALLERAND R.J., PELLETIER L.G., RYAN R.M. (1991). « Motivation and education : The self-determination perspective », *Educational Psychologist, 26*, 325-346.

DECONCHY J.-P., DRU V. (2007). *L'Autoritarisme*. Grenoble, Presses universitaires de Grenoble.

DEJOURS C. (1998). *Souffrance en France : la banalisation de l'injustice sociale*. Paris, Le Seuil.

DELANNOY C. (1997). *La Motivation*, Paris, Hachette.

DELARUE D., GOSLING P. (1997). « Les attributions de la réussite et de l'échec : une question de biais ou de normes ? », communication acceptée au congrès national de la SFP, Nice, 22-24 mai 1997.

DELORY-MOMBERGER C. (2000). *Les Histoires de vie. De l'invention de soi au projet de formation*. Paris, Anthropos.

DEMOUGE N. (2006). *L'Orientation des adultes et la carrière professionnelle. Analyse d'entretiens biographiques d'adultes entrant en formation continue à l'Université*. Thèse de doctorat de psychologie. Institut national d'étude du travail et d'orientation professionnelle.

DEPAULO B.M., FISH J.D. (1980) « The Costs of Asking for Help », *Basic and Applied Social Psychology*, 7, 23-35.

DESCHAMPS J.-C. (1996). « Les théories de l'attribution », in J.-C. Deschamps, J.-L. Beauvois, *Des attitudes aux attributions. Sur la construction de la réalité sociale.* Grenoble, Presses universitaires de Grenoble.

DESCHAVANNE E., TAVOILLOT P.-H. (2007). *Philosophie des âges de la vie,* Paris, Grasset.

DESMAREZ P. (1986). *La Sociologie industrielle aux États-Unis*, Paris, Armand Colin.

DESSAINT M.P., BOISVERT D. (1991). « Motivations des personnes âgées de 55 ans et plus à suivre des cours à distance », *Journal of Distance Education/Revue de l'enseignement à distance,* vol. VI, 2. 25-38, université de Montréal.

DIAMOND M.C. (1988). *Enriching Heredity*. New York, Free Press.

DICLEMENTE C.C., VELASQUEZ M.M. (2002). « Motivational Interviewing and the Stages of Change », in Miller W.R., Rollnick S. et coll. (2002).

Motivational Interviewing : Preparing People for Change (2e éd, 201-217). New York, The Guilford Press.

DOBZHANSKY T. (1972). « Genetics and the diversity of behavior », *Am. Psychol.* 27, 523-530.

DOISE W. (1993). *Logiques sociales dans le raisonnement.* Lausanne, Delachaux et Niestlé.

DOMINICÉ P. (1990). *L'Histoire de vie comme processus de formation.* Paris, L'Harmattan.

DONAHUE E., MIQUELON P., VALOIS P., GOULET C., BUIST A., VALLERAND R.J. (2006). « A motivational model of performance-enhancing substance use in elite athletes », *Journal of Sport et Exercise Psychology, 28*, 502-511.

DOVIDIO J.F., ALLEN J.L., SCHROEDER D.A. (1990). « Specificity of empathy-induced helping : Evidence for altruistic motivation », *Journal of Personality and Social Psychology*, 59, 249-260.

DOVIDIO J.F., PENNER L.A. (2004) « Helping and Altruism », in Brewer M.B., Hewstone M., *Emotion and Motivation*, 245-280, Londres, Blackwell Publishing.

DRACH-ZAHAVY A., EREZ M. (2002). « Challenge versus threat effects on the goal-performance relationship », *Organizational Behavior and Human Decision Processes*, 88, 667-682.

DUBOIS N (1994). *La Norme d'internalité et le libéralisme.* Grenoble, Presses universitaires de Grenoble.

DUDA J.L., OLSON L.K., TEMPLIN T.J. (1991). « The relationship of task and ego orientations to sportsmanship attitudes and the perceived legitimacy of injurious acts », *Research Quarterly for Exercise and Sport*, 62, 79-87.

DULAC T. (2005). « De la formation à l'évaluation du contrat psychologique : revue de la littérature et perspectives de recherche », in N. DELOBBE, O. HERRBACH, D. LACAZE, K., MIGNONAC (éd.), *Comportement organisationnel*, vol. 1 : *Contrat psychologique, émotions au travail, socialisation organisationnelle* (69-109). Bruxelles, De Boeck.

DUNN G.H., CAUSGROVE DUNN J. (1999). « Goal orientations, perceptions of aggression, and sportspersonship in elite male youth ice hockey players », *The Sport Psychologist, 13*, 183-200.

DUNNING D. (2004). « On the motives underlying social cognition », in Brewer M.B., HEWSTONE M., *Emotion and Motivation*, 137-164, Londres, Blackwell Publishing.

DWECK C.S. (1986). « Motivational processes affecting learning », *American psychologist*, 41, 1040-1048.

DWECK C.S. (1999). *Self-Theories : Their Role in Motivation, Personality, and Development.* Philadelphia, PA, The Psychology Press.

DWECK C., CHIU C., HONG Y. (1995). « Implicit theories : Elaboration and extension of the model », *Psychological Inquiries*, 6, 322-333.

DWECK C.S., BEMPECHAT J. (1983). « Chlidrens'theories of intelligence : consequences from learning », in S. Paris, G. Olsen et H. Stenvenson (éd.), *Learning and Motivation in the Classroom* (239-256). Hillsdale (NJ), Lawrence Erlbaum Associates.

DWECK C.S., LEGGETT E. (1988). « A social-cognitive approach to motivation and personality », *Psychological Review*, 95, n° 2, 256-273.

EAGLY A.H., CHAIKEN S. (2005). « Attitude research in the 21th century : The current state of knowledge », in D. Albarracin, B.T. Johnson, M.P. Zanna (éd.), *The Handbook of Attitudes and Attitude Change* (743-767). Mahwah, NJ, Erlbaum.

EARLEY P.C. (1993). « East meets West meets Mideast : Further explorations of collectivistic and individualistic work groups » *Acad. Manage. J.* 36, 319-348.

EARLEY P.C. (1994). « Self or group ? Cultural effects of training on self-efficacy and performance », *Admin. Sci. Q.*, 39, 89-117.

ECCLES J.S. (2005). « Subjective task value and the Eccles et al. model of achievement related choices », in Elliot A.J., Dweck C.S., *Handbook of Competence and Motivation*, 598-608, New York, London, The Guilford Press.

ECCLES J.S., WIGFIELD A. (2002). « Motivational beliefs, values and goals », *Annual Review of Psychology*, 53, 109-132.

EHRENBERG A. (1998), *La Fatigue d'être soi. Dépression et société*. Paris, Odile Jacob.

EISENBERG L. (1995). « The social construction of the human brain », *Am. J. Psychiatry* 152, 1563-1575.

EISENBERGER R., CAMERON J. (1996). « Detrimental effects of rewards : Reality or myth ? », *American Psychologist, 51*, 1153-1166.

ELDER G.H., ARDELT M. (1992). *Families Adapting to Economic Pressure : Some Consequences for Parents and Adolescents*. Presented at Soc. Res. Adolesc., Washington, DC

ELLIOT A.J. (1997). « Integrating the "classic" and "contemporary" approaches to achievement motivation : A hierarchical model of approach and avoidance achievement motivation », in M.L. Maehr, P.R. Pintrich (éd.), *Advances in Motivation and Achievement* (vol. 10, 143-179).Greenwich (CT), JAI Press Inc.

ELLIOT A.J. (1999). « Approach and avoidance motivation and achievement goals », *Educational Psychologist*, 34, n° 3, 169-189.

ELLIOT A.J. (2006). « The hierarchical model of approach-avoidance motivation », *Motivation and Emotion*, 30, 11-116.

ELLIOT A.J., CHURCH M.A. (2003). « A motivational analysis of defensive pessimism and self-handicapping », *Journal of Personality*, 71, 369-396.

ELLIOT A.J., CURY F., FRYER J., HUGUET P. (2006). « Achievement goals, self-handicapping, and performance attainment : a mediational analysis », *Journal of Sport and Exercise Psychology*, 28, 344-361.

ELLIOT A.J., DWECK C. (1988). « Goals : an approach to motivation and achievement », *Journal of Personality and Social Psychology*, 54, n° 1, 5-12.

ELLIOT A.J., DWECK C. (2005*a*). « Competence and motivation : competence as the core of achievement motivation », in A. Elliot, C. Dweck (éd.), *Handbook of Competence* (3-12).

ELLIOT A.J., DWECK C.S. (dir.) (2005*b*). *Handbook of Competence and Motivation,* New York, Guilford Press.

ELLIOT A.J., HARACKIEWICZ J. (1996). « Approach and avoidance achievement goals and intrinsic motivation : a mediational analysis », *Journal of Personality and Social Psychology*, 70, n° 3, 501-519.

ELLIOT A.J., MC GREGOR H.A. (2001). « A 2 × 2 achievement goal framework », *Journal of Personality and Social Psychology*, 80, 501-519.

ELLIOT A.J., REIS H. (2003). « Attachment and exploration in adulthood », *Journal of Personality and Social Psychology*, 85, n° 2, 317-331.

ELLIS A.J., KNAUS W.J. (1977). *Overcoming Procrastination*. New York, Institute for Rational Living.

EMMONS R.A. (2005). « Striving for the sacred : personal goals, life meaning and religion », *Journal of Social Issues*, 61, n° 4, 731-745.

EMMONS R.A. (1995). « Levels and domains in personality : An introduction », *Journal of Personality, 63*, 341-364.

ERBER M.W., ERBER R. (2001). « The role of motivated social cognition in the regulation of affective states », in J.P. Forgas (éd.), *Handbook of Affect and Social Cognition* (275-290). Mahwah, NJ, Lawrence Erlbaum.

ERDLEY C.A., CAIN K.M., LOOMIS C.C., DUMAS-HINES F., DWECK C. (1997). « Relations among children's social goals, implicit theories, and responses to social failure », *Developmental Psychology*, 33, 263-272.

ERICSSON K.A., KRAMPE R.T., TESH-RÖMER C. (1993). « The role of deliberate practice in the acquisition of expert performance », *Psychological review*, 100, 363-406.

EWING M.E. (2005). « Achievement goal perspectives, perceptions of the motivational climate, and sportspersonship : individual and team effects », *Psychology of Sport and Exercise*, 6, 215-232.

FALOMIR J.M., MUGNY G., INVERNIZZI F. (2002). « Influence d'experts sur l'intention d'arrêter de fumer : contrainte persuasive et enjeux identitaires », *Psychologie française, 47*, 4, 61-71.

FAMOSE J.-P. (1991). « Rôle des représentations cognitives de la difficulté de la tâche et de l'habileté du sujet dans l'apprentissage moteur et la motivation à apprendre », in J.-P. Famose, P. Fleurance, Y. Touchard (éd.), *Apprentissage moteur, rôle des représentations* (97-118). Paris, Armand Colin.

FAUCONNET P. (1928). *La Responsabilité.* Paris, Alcan.

FAUSTO-STERLING A. (1992). *Myths of Gender : Biological Theories About Women and Men*, 2e éd. New York, Basic Books.

FAYOL H. (1916) « Administration industrielle et générale. Prévoyance, organisation, commandement, coordination et contrôle », *Bulletin de la Société de l'industrie minérale*, Paris, Dunod, 1918, 1979.

FEATHER N.T. (éd.) (1982). *Expectations and Actions : Expectancy-Value Models in Psychology.* Hillsdale, NJ, Erlbaum.

FEATHER N.T. (1992). « An attributional and value analysis of deservingness in success and failure situations », *British Journal of Social Psychology, 31*, 125-145.

FEATHER N.T., SIMON J.G. (1971). « Attribution of reponsability and valence of success and failure in relation to initial confidence and task performances », *Journal of Personality and Social Psychology, 18*, 173-188.

FEERTCHAK H. (1996). *Les Motivations et les Valeurs en psycho-sociologie*, Paris, A. Colin.

FEICK D., RHODEWALT F. (1997). « The double-edged sword of self-handicapping : discounting, augmentation, and the protection of enhancement of self-esteem », *Motivation and Emotion*, 21, 147-163.

FENOUILLET F. (2003*a*). *La Motivation.* Paris, Dunod.

FENOUILLET F. (2003*b*). *Motivation, mémoire et pédagogie*. Paris. L'Harmattan.

FENOUILLET F., LIEURY A. (1996). « Faut-il secouer ou dorloter les élèves ? Apprentissage en fonction de la motivation induite par l'ego et du niveau de mémoire encyclopédique en géographie », *Revue de psychologie de l'éducation*, 1, 99-124.

FERNANDEZ-BALLESTEROS R., DEZ-NICOLAS J., CAPRARA G.V., BARBARANELLI C., BANDURA A. (2002). « Determinants and structural relation of personal efficacy to collective efficacy », 51, 107-125.

FESTINGER L. (1957). *A Theory of Cognitive Dissonance*. Evanston, IL, Row, Perterson & Company.

FESTINGER L., RIECKEN H., SCHACHTER S. (1956). *When Prophecy Fails*. Minneapolis, University of Minneapolis Press.

FIEDLER F.E. (1965). « Un modèle de l'efficience du commandement », *Bulletin du CERP*, 14, 3, 179-202.

FINCHAM F., JASPARS J. (1980), « Attribution of responsability : from manas scientist to man as lawyer », in L. Berkowitz (éd.), *Advances in Experimental Social Psychology, 13*. New-York, Academic Press.

FISHBACH A., FERGUSON M.J. (2007). « The goal construct in social psychology », in Kruglanski A.W., Higgins E.T. (éd.), *Social Psychology : Handbook of Basic Principle*. New York, The Guilford Press.

FISHER C.D. (1978). « The effects of personal control, competence, and extrinsic reward systems on intrinsic motivation », *Organizational Behavior and Human Performance*, 21, 273-288.

FISKE S.T., TAYLOR S.E. (1991). *Social Cognition* (2e éd.). New York, McGraw-Hill.

FLAHAULT F. (2006). *« Be yourself ». Au-delà de la conception occidentale de l'individu*. Paris, Mille et Une Nuits.

FOND-HARMANT L. (1996). *La Reprise d'études universitaires : logiques institutionnelles et restructurations existentielles*. Paris, L'Harmattan.

FOOTE J., DELUCA A., MAGURA S., WARNER A., GRAND A., ROSENBLUM A., STAHL S. (1999). « A group motivation treatment for chemical dependency », *Journal of Substance Abuse Treatment*, 17, 181-192.

FORD M.E. (1992). *Motivating Humans : Goals, Emotions, and Personal Agency Beliefs*. Londres, Sage.

FOREST F. (1981). « Anthropologie et santé au travail, ou le cheminement empirique vers le vieillissement différentiel et l'aliénation », *Anthropologie et Société,* 5, 2, 59-69.

FOREST F., FOREST-STREIT U. (1980). « Le concept de vieillissement differential et son utilisation dans les etudes de santé au travail », *Physical Anthropology,* 1, 2, 46-51.

FORGAS J.P. (2006). « When sad is better than happy : negative affect can improve the quality and effectiveness of persuasive messages and social influence strategies », *Journal of Experimental Social Psychology, 34,* 513-528.

FORNER Y. (1992*a*). « L'évaluation de la motivation à la réussite scolaire. Présentation du questionnaire de motivation pour les situations de formation (QMF) », *L'Orientation scolaire et professionnelle*, 21, 2, 215-218.

FORNER Y. (1992*b*). *La Motivation à la réussite dans les situations de formation. QMF. Manuel*. Paris, Éditions et Applications psychologiques.

FORTIER M.S., VALLERAND R.J., BRIÈRE N.M., PROVENCHER P.J. (1995*a*). « Competitive and recreational sport structures and gender : A test of their relationship with sport motivation », *International Journal of Sport Psychology, 26*, 24-39.

FOUAD N., SMITH P., ZAO K. (2002). « Across academic domains : extensions of the social-cognitive career model », *Journal of Counseling Psychology*, 49, 164-171.

FRANCÈS R. (1987). « La motivation au travail », in Lévy-Leboyer C., Sperandio J.-C., *Traité de psychologie du travail*, Paris, PUF, 347-377.

FRANCÈS R. (1995). *Motivation et efficience au travail*. Liège, Mardaga.

FRANÇOIS P.-H. (1996). « Vers le management du sens ? », *Psychologie du travail et des organisations*, 2, 3, 49-58.

FRANÇOIS P.-H. (2002). « Représentation des compétences et autoformation, une approche sociale cognitive », in P. Carré, A. Moisan (éd.), *La Formation autodirigée, Aspects psychologiques et pédagogiques* (33-67). Paris, L'Harmattan.

FRANÇOIS P.-H. (2003). « Représentations sociales des compétences : leur place dans un modèle de motivation », in N. Delobbe, G. Karnas, C. Vandenberghe (éd.), *Evaluation et développement des compétences au travail*, Actes du 12e congrès de psychologie du travail et des organisations, AIPTLF (vol. 1, 29-37). Louvain-la-Neuve, UCL Presses Universitaires de Louvain.

FRANÇOIS P.-H. (2004*a*). « Fondements sociaux de la pensée et de l'action chez Bandura », *Savoirs. De l'apprentissage social au sentiment d'efficacité personnelle*, hors série, 51-58.

FRANÇOIS P.-H. (2004*b*). « La norme de motivation intrinsèque », Actes du colloque « Normes sociales et processus cognitifs », organisé par l'équipe SACO, Poitiers 18-20 juin 2003. 75-78.

FRANÇOIS P.-H. (2005). « Sentiment d'efficacité personnelle et évaluation des motivations. Mise en perspective par les représentations sociales des compétences », Actes du colloque international AFPA/INOIP/AIPTLF, « L'approche psychologique du travail. Ses apports dans les champs de l'orientation, de la formation et des ressources humaines ». Lille, 17 et 18 novembre 2005. 35-38.

FRANÇOIS P.-H. (2006). « Normativité sociale de la motivation intrinsèque au travail », communication au 14e congrès de l'Association internationale de psychologie du travail de langue française. Hammamet, 7-10 juillet. Éditions de l'AIPTLF, Lille, 140-145, 2008.

FRANÇOIS P.-H. (2007). « Valorizzazione sociale della motivazione intrinseca », *Risorsa Uomo*, 13, 4, 501-516.

FRANÇOIS P.-H. (2008). « Ancrage dans la désirabilité et l'utilité des motivations au travail intrinsèque et autodéterminée », Actes du 15e congrès de l'Association internationale de psychologie du travail de langue française.

FRANÇOIS P.-H., AÏSSANI Y. (2002). « Représentations sociales des compétences et processus d'autorégulation des conduites », in C. Garnier, W. Doise (éd.), *Les Représentations sociales : balisage du domaine d'études* (157-186). Montréal, Éditions Nouvelles.

FRANÇOIS P.-H., DÉZIRI N., LESIEUR S., LOUCHE C. (À paraître). « La motivation et son ancrage utilitaire/désirable dans l'évaluation », *Psychologie du travail et des organisations*.

FREUD S. (1946). *Abrégé de psychanalyse*, Paris, PUF.

FRIEDMANN G., REYNAUD J.-D. (1958). « Psycho-sociologie de l'entreprise », in Gurvitch G., *Traité de sociologie*. Paris, PUF, 459-478.

FRISCH-GAUTHIER J. (1964). « Moral et satisfaction au travail », in Friedmann G., Naville P., *Traité de sociologie du travail*, 1974, t. II, 132-157.

FRYER J., ELLIOT A. (2007). « Stability and change in achievement goals », *Journal of Educational Psychology*, 99, n° 4, 700-714.

GAGNÉ M., DECI L. (2005). « Self-determination theory and work motivation », *Journal of Organizational Behavior*, 26, 331-362.

GAILLIOT M.T., BAUMEISTER R.F. (2007). « The physiology of willpower : Linking blood glucose to self-control », *Personality and Social Psychology Review, 11*, 303-327.

GALAND B. (2006). « Avoir confiance en soi », in E. Bourgeois, G. Chapelle (éd.), *Apprendre et faire apprendre*, Paris, PUF, 247-260.

GALAND B., BOURGEOIS E. (dir.) (2006). *(Se) motiver à apprendre.* Paris, PUF.

GANGESTAD S.W., SNYDER M. (2000). « Self-monitoring : Appraisal and reappraisal », *Psychological Bulletin, 126,* 530-555.

GANO-OVERWAY L.A., GUIVERNEAU M., MAGYAR T.M., WALDRON J.J., GECAS V. (1991). « The self-concept as a basic theory of motivation. In J. A. Howard & P. L. Callero, The self-society dynamic », *Cognition, Emotion and Action* (171-187). Cambridge, Cambridge University Press.

GELPE D. (1999). « Sous le terme d'insertion professionnelle, une réalité multiple », *Éducation Permanente*, supplément AFPA, 121-129.

GELPE D. (2001). « Motivation en formation de sujets sans emploi et aspirations professionnelles », *Bulletin de psychologie*, 453, 251-260.

GELPE D. (2004). « Hiérarchie emploi /formation dans les stratégies d'insertion de sujets au chômage », in A. Lancry, C. Lemoine (éd.), *La Personne et ses rapports au travail* (231-237). Paris, L'Harmattan.

GELPE D. (2007). « Les sources perçues de régulation des conduites en formation professionnelle : le modèle de l'auto-détermination revisité », communication au 8e colloque international de psychologie sociale appliquée, Besançon.

GELPE D., DESBUQUOIS J. (2008). « Un conseil psychologique contextualisé en orientation professionnelle des adultes : processus subjectifs et démarche d'objectivation », *Pratiques psychologiques*, 14, 199-212.

GIDDENS A. (1984). *The Constitution of Society : Outline of the Theory of Structuration*. Cambridge, Polity /Berkeley, Univ. California Press

GIGERENZER G., TODD P.M., ABC RESEARCH GROUP (1999). *Simple Heuristics that Make Us Smart*. Oxford, Oxford University Press.

GILBERT D.T., PINEL E.C., WILSON T.D., BLUMBERG S.J., WHEATLEY T.P. (2002). « Durability bias in affective forecasting », in Gilovich T., Griffin D., Kahneman D. (éd.), *Heuristics and Biases : The Psychology of Intuitive Judgment* (292-312). Cambridge, Cambridge University Press.

GOETZ T., PRECKEL T., PEKRUN R., HALL N. (2007). « Emotional experiences during test taking : does cognitive ability make a difference ? », *Learning and Individual Differences, 17*, 3-16.

GOGUELIN P. (1989). *Le Management psychologique des organisations*, t. I et II. Paris, ESF.

GOLLWITZER P.M., SCHAAL B. (1998). « Metacognition in Action : The Importance of Implementation Intentions », *Personality & Social Psychology Review*, 2 (2), 124-136.

GOMES G. (2007). « Free Will, the Self, and the Brain », *Behavioral Sciences and the Law*, 25, 221-234.

GOSLING P. (1992). *Qui est responsable de l'échec scolaire ?* Paris, PUF.

GOSLING P., DENIZEAU M., OBERLÉ D. (2006). « Denial of responsibility : a new mode of dissonance reduction »,

Journal of Personality and Social Psychology, 90 (5), 722-733.

GOULD S.J. (1987). *An Urchin in the Storm.* New York, Norton.

GREEN C.D., VERVAEKE J. (1996). « What kind of explanation, if any, is a connectionist net ? », in *Problems of Theoretical Psychology,* C.W. Tolman, F. Cherry, R. van Hezewijk, I. Lubek (éd.), 201-208. North York, Ont., Captus.

GREENBERG J. (1990), « Organizational Justice : Yesterday, today and tomorrow », *Journal of Management,* 16, 2, 399-432.

GREEN-DEMERS I., PELLETIER L.G., MÉNARD S. (1997). « The impact of behavioral difficulty on the saliency of the association between self-determined motivation and environmental behaviors », *Canadian Journal of Behavioural Science, 29,* 157-166.

GREENWOOD J.D. (1992). « Against eliminative materialism : from folk psychology to volkerpsychologie », *Philos. Psychol.* 5, 349-367.

GROLNICK W.S., RYAN R.M. (1987). « Autonomy in children's learning : An experimental and individual difference investigation », *Journal of Personality and Social Psychology,* 52, 890-898.

GROLNICK W.S., RYAN R.M. (1989). « Parent styles associated with children's self-regulation and competence in school », *Journal of Educational Psychology, 81,* 143-154.

GROUZET F.M.E., VALLERAND R.J., THILL E.E., PROVENCHER P.J. (2004). « From environmental factors to outcomes : A test of motivational causal sequence », *Motivation and Emotion, 28,* 331-346.

GRUÈRE J.-P. (2005). « Introduction », in N. Aubert, J.-P. Gruère, J. Jabes, H. Laroche, S. Michel (éd.), *Management. Aspects humains et organisationnels* (9-42). Paris, PUF.

GUAY F. (2005). « Motivations underlying career decision-making activities : The Career Decision-Making autonomy Scale (CDMAS) », *Journal of Career Assessment,* 13, 77-97.

GUAY F., MAGEAU G., VALLERAND R.J. (2003). « On the hierarchical structure of self-determined motivation : A test of top-down and bottom-up effects », *Personality and Social Psychology Bulletin, 29,* 992-1004.

GUAY F., VALLERAND R.J., BLANCHARD C. (2000). « On the assessment of the situational intrinsic and extrinsic motivation : The Situational Motivation Scale (SIMS) », *Motivation and Emotion, 24,* 175-213.

GUICHARD J., HUTEAU M. (2006). *Psychologie de l'orientation* (2e éd.). Paris, Dunod.

HAAN N. (1983). « An interactional morality of everyday life », in N. Haan, R. Bellah, P. Rabinow, W. Sullivan (éd.), *Social Science as Moral Inquiry* (218-250). New York, Columbia University Press.

HACKMAN J.R., OLDHAM G.R. (1975). « Development of the Job Diagnostic Survey », *Journal of Applied Psychology,* 60, 159-170.

HACKMAN J.R., OLDHAM G.R. (1976). « Motivation through the design of work : test of a theory », *Organizational Behavior and Human Performance,* 16, 250-279.

HALISCH F., KUHL J. (1987) *Motivation, Intention, and Volition.* Berlin, Springer-Verlag.

HAMBURG D.A. (1992). *Today's Children : Creating a Future for a Generation in Crisis.* New York, Times Books

HAMILTON V.L. (1978). « Who is responsible ? Toward a social psychology of responsibility attribution », *Social Psychology, 41*, 316-328.

HAMILTON V.L. (1980). « Intuitive psychologist or intuitive lawyer ? Alternative models of the attribution processes », *Journal of Personality and Social Psychology, 39*, n° 5, 767-772.

HARACKIEWICZ J.M., BARRON K.E., CARTER S.M., ELLIOT A.J. (2000). « Short-term and long-term consequences of achievement goals : predicting interest and performance over time », *Journal of Educational Psychology, 92*, 2, 316-330.

HARACKIEWICZ J., BARRON K., TAUER J., ELLIOT A. (2002). « Predicting success in college : a longitudinal study of achievement goals and ability measures as predictors of interest and performance from freshman year through graduation », *Journal of Educational Psychology*, 94, n° 3, 562-575.

HARLOW H.F. (1958). « The nature of love », *American Psychologist, 81*, 143-154.

HARRÉ R. (1983). *Personal Being : A Theory for Individual Psychology.* Oxford, Blackwell.

HARRÉ R., GILLET G. (1994). *The Discursive Mind.* Thousand Oaks, CA, Sage.

HARRIS R.N., SNYDER C.R. (1986). « The role of uncertain self-esteem in self-handicapping », *Journal of Personality and Social Psychology,* 51, 451-458.

HARRIS P.R., MAYLE K, MABBOTT L., NAPPER L. (2007). « Self-affirmation reduces smokers´ defensiveness to graphic on-pack cigarette warning labels », *Health Psychology, 26*, 437-446.

HART H.L.A., HONORE A.M. (1959). *Causation in the Law.* Oxford, Clarendon Press.

HARVEY J.H., ARKIN R., GLEASON J.M., JOHNSTON S. (1974). « Effect of expected and observed outcome of an action on the differential causal attribution of actor and observer », *Journal of Personality, 42*, 62-77.

HATTEMA J.E., MILLER W.R., STEELE J.M. (2004). « A Meta-Analysis of Motivational Interviewing Techniques in the Treatment of Alcohol Use Disorders », *Alcoholism-Clinical and Experimental Research*, 28, 74A.

HAVET I. (2002). *Le récit de vie comme mode d'approche du parcours personnel, social et professionnel.* Thèse de doctorat de psychologie. Institut national d'étude du travail et d'orientation professionnelle.

HECKHAUSEN H. (1974). *Leistung und Chancengleichheit*, Gottingen, Hogrefe.

HECKHAUSEN H. (1986). « Why some time out might benefit achievement motivation research », in J.H.L. van den Bercken, T.C.M. Bergen, E.E.J. De Bruyn (éd.), *Achievement and Task Motivation* (7-39). Lisse, Pays-Bas, Swets & Zeitlinger.

HECKHAUSEN J., HECKHAUSEN H. (2008) *Motivation and Action.* Cambridge University Press.

HEIDER F. (1944). « Social perception and phenomenal causality », *Psychological Review, 51*, 358-384.

HEIDER F. (1958). *The Psychology of Interpersonal Relations*, New York, Wiley.

HENEMAN III H.G., GREENBERGER D.B., ANONYUO C. (1989). « Attributions and exchanges : the effects of interpersonal factors on the diagnosis of employee performance », *Academy of Management Journal*, vol. 32, n° 2, 466-476.

HERZBERG F. (1978). *Le Travail et la nature de l'homme* - entreprise moderne d'édition, 1re éd., 1971.

HEWSTONE M., GALE L., PURKHARDT N. (1990). « Intergroup attributions for success and failure : group-serving bias and group-serving causal schemata », *Cahiers de psychologie cognitive*, *10*, 23-44.

HIGGINS E.T. (1998). « Promotion and prevention : Regulatory focus as a motivational principle », in M.P. Zanna (éd.), *Advances in Experimental Social Psychology* (vol. 30, 1-46). San Diego, CA, Academic Press.

HIGGINS E.T. (2006). « Value From Hedonic Experience and Engagement », *Psychological Review*, 113, 439-460.

HIGGINS E.T. (2007). « Value », in Kruglanski A.W., Higgins E.T. (éd.), *Social Psychology : Handbook of Basic Principle*. New York, The Guilford Press.

HIGGINS E.T., KRUGLANSKI A.W. (dir.) (2000). *Motivational Science*. Philadelphia, Psychology Press.

HIROTO D., SELIGMAN M. E. (1975). « Generality of learned helplessness in man », *Journal of Personality and Social Psychology*, 31, 311-327.

HODGINS H.S., DECI E.L. (1999). *Generosity toward others : The influence of causality orientations on attributions*, manuscrit non publié, Skidmore College. Social predicaments. *Journal of Personality and Social Psychology*, 71, 300-314.

HODGINS H.S., LIEBESKIND E., SCHWARTZ W. (1996). « Getting out of hot water : Facework in social predicaments », *Journal of Personality and Social Psychology*, 71, 300-314.

HOLDEN G. (1991). « The relationship of selfefficacy appraisals to subsequent healthrelated outcomes : a meta-analysis », *Social work in healthcare*, 16, 53-93.

HOLDEN G., MONCHER M.S., SCHINKE S.P., BARKER K.M. (1990). « Self-efficacy of children and adolescents : a meta-analysis », *Psychol. Rep.*, 66, 1044-1046.

HOLLAND (1966). *The Psychologie of Vocational Choice, A Theory of Personnality Types and Model Environments*. Walthman-Mass, Toronto, Londres, Blaisdell.

HOUSE R.J. (1971). « A path-goal theory of leadership effectiveness », *Administrative Science Quarterly*, 16, 321-338.

HUITT W. (1999). « Conation as an important factor of mind », *Educational Psychology Interactive*. Valdosta, GA, Valdosta State University.

HULL C.L. (1943). *Principles of Behavior*, New York, Appleton-Century-Crofts.

HURN J., KNEEBONE I., CROPLEY M. (2006). « Goal setting as an outcome measure : a systematic review », *Clinical Rehabilitation*, 20, 756-772.

HUTEAU M. (1995). *Manuel de psychologie différentielle*. Paris, Dunod.

INSTITUT MANPOWER (2006). *Le Travail, les Français y croient-ils encore ?*, Paris, Éditions d'Organisation.

IYENGAR S., LEPPER M. (2000). « When choice is demotivating : Can one desire too much of a good thing ? », *Journal of Personality and Social Psychology*, 79, 995-1006.

IZARD C.E. (1991). *The Psychology of Emotions*. New York, Plenum Press.

JAMES W. (1890). *The Principles of Psychology* (2 vol.). New York, Holt.

JELLISON J.M., GREEN J. (1981). « A self-presentation approach to the fundamental attribution error : the norm of internality », *Journal of Personality and Social Psychology*, *40*, 643-649.

JONES E., BERGLAS S. (1978). « Control of attributions about the self through self-handicapping strategies : the appeal of alcohol and the role of underachievement », *Personality and Social Psychology Bulletin*, 4, 200-206.

JONES E.E., DAVIS K.E. (1965). « From Acts to disposition : theattribution process in person perception », in L. Berkowitz (éd.), *Advances in Experimental Social Psychology*, 2. New York, Academic Press.

JONES E.E., MCGILLIS D. (1976). « Correspondant inferences and the atribution cube : a comparative reappraisal », in J.H. Harvey, W. Ickes, R.F. Kidd (éd.), *New Directions in Attribution Research*, vol 1. Hillsdale, NJ, Erlbaum.

JONES E.E., NISBETT R.E. (1972). « The actor and the observer : divergent perceptions of the causes of behavior », in E.E. Jones, D.E. Kanouse, H.H. Kelley, R.E. Nisbett, S. Valins, B. Weiner (éd.), *Attribution : Perceiving the Causes of the Behavior.* Morristown, NJ, General Learning Press.

JOST J.T., GLASER J., KRUGLANSKI A.W., SULLOWAY F. (2003). « Political conservatism as motivated social cognition », *Psychological Bulletin*, 129, 339-375.

JOULE R.-V., BEAUVOIS J.-L. (2002). *Petit Traité de manipulation à l'usage des honnêtes gens*, Éditions Presses Universitaires de Grenoble.

JUVONEN J., MURDOCK T.B. (1993). « How to promote social approval : effects of audience and achievement outcome on publicly communicated attributions », *Journal of Educational Psychology, 85*, n° 2, 365-376.

KADDOURI M. (2006). « Dynamiques identitaires et rapports à la formation », in J.-M. Barbier, E. Bourgeois, G. de Villers et M. Kaddouri (éd.), *Constructions identitaires et mobilisation des sujets en formation*, Paris, L'Harmattan, 121-145.

KAHNEMAN D. (2003). « A perspective on judgment and choice : Mapping bounded rationality », American *Psychologist, 58,* 697-720.

KAHNEMAN D., TVERSKY A. (1984). « Choices, Values, and Frames », *American Psychologist*, 39, 341-350.

KAHNEMAN D., TVERSKY A. (1979). « Prospect theory : An analysis of decision under risk », *Econometrica*, 47, 263-291.

KANFER R. (1990). « Motivation Theory and Industrial and organization Psychology », in M.D. Dunnette, Hough (éd.). *Handbook of Industrial and organizational Psychology,* vol. 1, Palo Alto, Consulting Psychologist Press, 1990.

KANFER R., ACKERMAN P.L. (2005) « Work competence : A person-oriented perspective », in Elliot A.J., Dweck C.S., *Handbook of Competence and Motivation*, 598-608, New York, Londres, The Guilford Press.

KAROLY P. (1999). « A goal systems-self regulatory perspective on personality, psychopathology and change », *Review of General Psychology*, 3, n° 4, 264-291.

KARPIK L. (1966). « Attentes et satisfactions au travail », *Sociologie du travail,* n° 4, 389-416.

KENNEDY C. (1999). *Toutes les théories du management*. Paris, Maxima.

KEOHANE R.O. (1993). « Sovereignty, interdependence and international institutions », in *Ideas and Ideals : Essays on Politics in Honor of Stanley Hoffman*, L. Miller, M. Smith (éd.), 91-107. Boulder, CO, Westview.

KEOHANE R.O., NYE J.S. (1977). *Power and Interdependence : World Politics in Transition*. Boston, Little, Brown.

KERR S. (1977). « Substitutes for leadership : some implications for organizational design », *Organization an Administrative Sciences*, 8, 135-146.

KERR S., JERMIER J. (1978). « Substitutes for leadership : their meaning and measurement », *Organizational Behavior and Human Performance*, 22, 374-403.

KIESLER C.A. (1971). *The Psychology of Commitment : Experiments Linking Behaviour to Belief*. New York, Academic Press.

KIM U., TRIANDIS H.C., CHOI S., YOON G. (éd.) (1994). *Individualism and Collectivism : Theory, Method, and Applications*. Thousand Oaks, CA, Sage.

KLEIN D.C., SELIGMAN M.E.P. (1976). « Reversal of performance deficits in learned helplessness, depression, and the attribution of failure », *Journal of Abnormal Psychology*, 85, 11-26.

KNEE C.R., ZUCKERMAN M. (1996). « Causality orientations and the disappearance of the self-serving bias » *Journal of Research in Personality, 30*, 76-87.

KNEE C.R., ZUCKERMAN M. (1998). « A nondefensive personality : Autonomy and control as moderators of defensive coping and self-handicapping », *Journal of Research in Personality*, 32, 115-130.

KOESTNER R., LOSIER G.F., VALLERAND R.J., CARDUCCI D. (1996). « Identified and introjected forms of political internalization : Extending self-determination theory », *Journal of Personality and Social Psychology*, 70, 1025-1036.

KOLB B., WHISHAW I.Q. (1998). « Brain plasticity and behavior », *Annu. Rev. Psychol.*, 49, 43-64

KOLDITZ T.A., ARKIN R.M. (1982). « An impression management interpretation of self-handicapping strategy », *Journal of Personality and Social Psychology*, 43, 492-502.

KRANTZ D.L. (1998). « Taming chance : social science and everyday narratives », *Psychol. Inq.*, 9, 87-94.

KRUGLANSKI A.W. (2001). « Motivation and Social Cognition : Enemies or a Love Story ? », *International Journal of Psychology and Psychological Therapy, 1*, 33-45.

KRUGLANSKI A.W., FRIEDMAN I., ZEEVI G. (1971). « The effects of extrinsic incentive on some qualitative aspects of task performance », *Journal of personality, 52*, 233-248.

KRUGLANSKI A.W., WEBSTER D.M. (1996). « Motivated closing of the mind : "Seizing" and "freezing" », *Psychological Review*, 103, 263-283.

KUHL J. (1987). « Action control : The maintenance of motivational states », in Halisch F., Kuhl J., *Motivation, Intention, and Volition*. Berlin, Springer-Verlag.

KUNDA Z. (1990). « The case for motivated inference », *Psychological Bulletin*, 108, 480-498.

LAPLANTE J.-C., MOTEL P., DALMARD S., GAUTHIER S. (2001). *Bilan de compétences 2000 : L'appréciation des cadres*. Paris, ANPE/APEC.

LARSON R.W. (2000). « Toward a psychology of positive youth development », *American Psychologist*, 55 (1), 170-183.

LATHAM G. (2004). « The motivational benefits of goal-setting », *Academy of Management Executive*, 18, n° 4, 126-129.

LATHAM G., LOCKE E. (2007). « New developments in and directions for goal-setting research », *European Psychologist*, 12, 290-300.

LATHAM G., PINDER C. (2005). « Work motivation theory and research at the dawn of the twenty-first century », *Annual Review of Psychology*, 56, 485-516.

LAVIGNE G., HAUW N., VALLERAND R.J., BRUNEL P., BLANCHARD C.B., CADORETTE I., ANGOT C. (sous presse). « On the dynamic Process of change in contextual (or General) motivation toward exercise and physical activity : The contributing role of situational (or state) motivation », *Psychology of Sport et Exercise*.

LAVIGNE G., VALLERAND R. J., MIQUELON P. (2007). « A motivational model of persistence in education », *European Journal of Psychology of Education, 22*. 351-369.

LEARY M.R. (2007). « Motivational and emotional aspects of the self », *Annual Review of Psychology, 58,* 317-344.

LEARY M.R., BAUMEISTER R.F. (2000). « The nature and function of self-esteem : Sociometer theory », in M.P. Zanna (éd.), *Advances in Experimental Social Psychology* (vol. 32, 1-62). New York, Academic Press.

LECOMTE J. (2007). *Donner un sens à sa vie*, Paris, Odile Jacob.

LÉCUYER B.-P. (1994). « Deux relectures des expériences Hawthorne : problèmes d'histoire et d'épistémologie », in Bouilloud J.-Ph., Lécuyer B.-P., *L'Invention de la gestion. Histoire et pratiques*, Paris, L'Harmattan.

LEGAL J.-B, MEYER T., DELOUVÉE S. (2007). « Compatibility of primes and conscious behavioral goals : the case of a motor task », *Current Research in Social Psychology, 12*, 80-90.

LEGAULT L., GREEN-DEMERS I., PELLETIER L. (2006). « Why do high school students lack motivation in the classroom ? Toward an understanding of academic amotivation and the role of social support », *Journal of Educational Psychology*, 98, 567-582.

LEMAIRE P., BHERER L. (2005) *Psychologie du vieillissement. Une perspective cognitive.* Bruxelles, De Boeck.

LEMOINE C. (2004). « Un modèle pour la personne : l'auto-emprise », in C. Pellois, J. Vivier, J. Aubret, J.-P. Boutinet (éd.). *Bilan de compétences et mutations : l'accompagnement de la personne*. Berne, Peter Lang, 258-274.

LEMYRE P.N., ROBERTS G.C., STRAY-GUNDERSEN J. (2007). « Motivation, overtraining, and burnout : Can self-determined motivation predict overtraining and burnout in elite athletes ? », *European Journal of Sport Science*, 7, 115-126

LEMYRE P.N., TREASURE D.C., ROBERTS G.C. (2006). « Influence of Variability in Motivation and Affect on Elite Athlete Burnout Susceptibility », *Journal of Sport and Exercise Psychology*, 28.

LENS W., BOUFFARD L., VANSTEENKISTE M. (2006). « À quoi sert d'apprendre ? », in E. Bourgeois, G. Chapelle (éd.), *Apprendre et faire apprendre*, Paris, PUF, 261-269.

LENT R.W. (2008). « Une conception sociale cognitive de l'orientation scolaire et professionnelle : considérations théoriques et pratiques », *L'Orientation scolaire et professionnelle*, 37, 57-90.

LEPPER M.R. GREENE D., NISBETT R.E. (1973). « Undermining children's intrinsic interest with extrinsic rewards : A test of the "overjustification" hypothesis », *Journal of Personnality and Social Psychology, 28*, 129-137.

LEPPER M.R. GREENE D., NISBETT R.E. (1975). « Turning play into work : Effects of adult surveillance and extrinsic rewards on children's intrinsic motivation », *Journal of Personality and Social Psychology, 31*, 479-486.

LEPPER M.R., HENDERLONG CORPUS J., IYENGAR S.S. (2005). « Intrinsic and extrinsic motivational orientations in the classroom : Age differences and academic correlates », *Journal of Educational Psychology*, 97, 184-196.

LEVIN H.M. (2006). « Worker democracy and worker productivity », *Social Justice Research*, 19, 1, 109-121.

LEVY D. (2000). « Djerassi sees shift in reproductive roles », *Stanford Rep.*, 32, 1.

LEVY S.R., DWECK C.S. (1998). « Trait- versus processed-focused social judgment », *Social Cognition*, 16, 1, 151-172.

LÉVY-LEBOYER C. (1984). *La Crise des motivations*. Paris, PUF.

LÉVY-LEBOYER C. (1992). *Le Bilan de compétences*. Paris, Éditions d'Organisation.

LÉVY-LEBOYER C. (1998). *La Motivation dans l'entreprise. Modèles et Stratégies*. Paris, Éditions d'Organisation.

LÉVY-LEBOYER C. (2001). *La Motivation dans l'entreprise. Modèles et stratégies*. Paris, Editions d'Organisation.

LÉVY-LEBOYER C. (2007) *Re-motiver au travail*. Paris, Eyrolles.

LEWIN K. (1935). *A Dynamic Theory of Personality*. New York, McGraw-Hill.

LEWIN K. (1936). *Principles of Topological Psychology*. New York, Mac Graw Hill.

LEWIN K. (1938). *The Conceptual Representation and the Measurement of Psychological Forces*. Durham, NC, Duke University Press.

LEWIN K., DEMBO T., FESTINGER L., SEARS P.S. (1944). « Level of aspiration », in J. MCV. HUNT (éd.), *Personality and the Behavioral Disorders* (vol. 1). New York, Ronald Press.

LHOTELLIER A. (2001). *Tenir conseil. Délibérer pour agir*. Paris, Seli Arslan.

LIBET B., GLEASON C.A., WRIGHT E.W. JR., PEARL D.K. (1983). « Time of conscious intention to act inrelation to onset of cerebral activity (readiness-potential) », *Brain*, 106, 623-642.

LIEURY A. (2005). *Psychologie de la mémoire : Histoire, théories, expériences*. Dunod, Paris.

LIEURY A., FENOUILLET F. (1996) *Motivations et réussite scolaire*. Paris, Dunod.

LOCKE E.A. (1968). « Toward a theory of task-motivation and incentives », *Organisational Behavior and Human Performance*, 3, 157-189.

LOCKE E.A. (1997). « The motivation to work : what we know », in M.L. Maehr, P.R. Pintrich (éd.), *Advances in Motivation and Achievement* (vol. 10, 375-412). Grennwich, CT, JAI Press.

LOCKE E.A., FREDERICK E., LEE C., BOBKO P. (1984). « Effect of self-efficacy, goal, and task strategies on task performances », *Journal of Applied Psychology*, 69, 241-251.

LOCKE E.A., LATHAM G. (1990). *A Theory of Goal-Setting and Task Performance*. Englewood Cliffs, NJ, Prentice-Hall.

LOCKE E.A., LATHAM G. (2002). « Building a practically useful theory of goal setting and task motivation : a 35-year odyssey », *American Psychologist*, 57, n° 9, 705-717.

LOCKE E.A., LATHAM G. (2006). « New directions in goal-setting theory », *Current Directions in Psychological Science*, 15, n° 5, 265-268.

LOCKE E.A., SMITH K., EREZ M., CHAH D., SCHAFFER A. (1994). « The effects of intraindividual goal conflict on performance », *Journal of Management*, 20, 67-91.

LOSIER G.F., KOESTNER R. (1999). « Intrinsic versus identified regulation in distinct political campaigns : The consequences of following politics for pleasure versus personal meaningfulness », *Personality and Social Psychology Bulletin*, 25, 287-298.

LOUART P. (1997). « Motivation », in Simon et Joffre, *Encyclopédie de gestion*, Paris, Economica, t. II, 2094-2107.

LOUCHE C. (2007). *Introduction à la psychologie du travail et des organisations*. Paris, Armand Colin.

LOVELAND K.K., OLLEY J.G. (1979). « The effect of external reward on interest and quality of task performance in children of high and low intrisic motivation », *Child Development, 50*, 1207-1210.

MACDONALD T.K., ZANNA M.P., FONG G.T. (1995). « Decision-making in altered states : The effects of alcohol on attitudes toward drinking and driving », *Journal of Personality and Social Psychology, 68*, 973-985

MACIVER I.M. (1942). *Social Causation.* New-York, Harper Torchbooks.

MADDUX J.E. (1995). *Self-Efficacy, Adaptation, and Adjustment : Theory, Research, and Application.* New York, Plenum.

MAGEAU G.A., VALLERAND R.J. (2003). « The coach-athlete relationship : A motivational model », *Journal of Sports Sciences*, *21,* 883-904 (invited paper).

MAIER S.F., SELIGMAN M.E.P. (1976). « Learned helplessness : theory and evidence », *Journal of experimental Psychology : General*, 105, 3-36.

MARKUS H.R., KITAYAMA S. (2003). « Models of agency : sociocultural diversity in the construction of action », *Nebraska Symposium on Motivation*, 49, 1-57.

MARTIN A., MARSH H., WILLIAMSON A., DUBUS R. (2003). « Self-handicapping, defensive pessimism, and goal orientation : a qualitative study of university students », *Journal of Educational Psychology*, 95, 617-628.

MARTIN P.Y., HAMILTON V.E., MC KIMMIE B.M., TERRY D.J., MARTIN R. (2006). « Effects of caffeine on persuasion and attitude change : The role of secondary tasks in manipulating systematic message processing », *European Journal of Social Psychology*, 37, 320-338.

MARTINKO M.J., GARDNER W.L. (1987). « The leader/member attribution process », *Academy of Management Review*, 12, 235-249.

MASLOW A.H. (1972). *Vers une psychologie de l'être*. Paris, Fayard.

MASLOW A.H. (1943), « A theory of human motivation », *The Psychological Review*, 50, 4, 370-396.

MASLOW A.H. (1955). « Deficiency motivation and growth motivation », in M.R. Jones (éd.), *Nebraska Symposium on Motivation* (vol. 3, 1-30). Lincoln, University of Nebraska Press.

MASLOW A.H. (2004). *L'Accomplissement de soi. De la motivation à la plénitude*. Paris, Eyrolles.

MASLOW A.H. (2008). *Devenir le meilleur de soi-même*. Paris, Eyrolles.

MASSIMI F., CSIKSZENTMIHALYI M., CARLI M. (1987). « The monitoring of optimal experience », *The Journal of Nervous and Mental Disease*, 175 (9), 545-549.

MASTEN A.S., BEST K.M., GARMEZY N. (1990). « Resilience and development : contributions from the study of children who overcome adversity », *Dev. Psychopathol.*, 2, 425-444.

MATHIEU J.E., GILSON L.L., RUDDY T.M. (2006). « Empowerment and team effectiveness : an empirical test of an integrated model », *Journal of Applied Psychology*, 91, 1, 97-108.

MATSUI T., ONGLATCO M.L. (1991). « Instrumentality, expressiveness, and self-efficacy in career activities among

Japanese working women », J. *Vocat. Behav.*, 41, 79-88.

MATSUMOTO D., KUDOH T., TAKEUCHI S. (1996). « Changing patterns of individualism and collectivism in the United States and Japan », *Cult. Psychol.*, 2, 77-107.

MAUGERI S. (2004). *Théories de la motivation au travail.* Paris, Dunod.

MCALLISTER H.A. (1996). « Self-serving bias in the classroom : who shows it ? Who knows it ? », *Journal of Educational Psychology, 88*, n° 1, 123-131.

MCCANN E., GARCIA T. (1999). « Maintening motivation and regulating emotion : measuring individual differences in academic volitional strategies », *Learning and Individual Differences,* 11, 259-279.

MCCLELLAND D.C. (1951). *Personality.* Chicago, Dryden.

MCCLELLAND D.C. (1955). *Studies in Motivation.* Appleton-Century Crofts.

MCCLELLAND D.C., ATKINSON J.W., CLARK R.A., LOWELL E.L. (1953). *The Achievement Motive.* New York, Appleton-Century-Crofts.

MCDOUGALL W. (1908) *An Introduction to Social Psychology.* London, Methuen.

MCGREGOR D. (1960). *The Human Side of Enterprise*, New York, McGraw-Hill Book Company.

MCGREGOR D. (1963). *La Dimension humaine des entreprises.* Paris, Gauthier-Villars.

MCINERNEY D.M., VAN ETTEN S. (dir.) (2004). *Big Theories Revisited.* Greenwich, Information Age Publishing.

MELLO-GOLDNER D., WURF E. (1997). « The self in self-handicapping : Differential effects of public and private internal audiences », *Current Psychology : Developmental, Learning, Personality, Social*, 15, 319-331.

MENON S.T. (2001). « Employee empowerment : an integrative psychological approach », *Applied Psychology : An International Review*, 50, 153-180.

MEYER J.P., ALLEN N.J. (1991). « A Three Component Conceptualization of Organizational Commitment », *Human Resource Management Review*, 1, 1, 61-89.

MEYER J.P., BECKER T.E., VANDENBERGHE C. (2004). « Employee commitment and motivation : a conceptual analysis and integrative model », *Journal of Applied Psychology*, 89, 6, 991-1007.

MEYER J.P., HERSCOVITCH L. (2001). « Commitment in the workplace : toward a general model », *Human Resource Management Review*, 11, 299-326.

MEYER J.P., STANLEY D., HERSCOVITCH L., TOPOLNYTSKY L. (2002). « Affective, continuance and normative commitment to the organization : a meta-analysis of antecedents, correlates and consequences », *Journal of Vocational Behavior*, 61, 20-52.

MEYER T. (2000). « Le modèle de traitement heuristique-systématique de l'information : motivations multiples et régulation du jugement en cognition sociale », *L'Année psychologique, 100*, 527-563.

MEYER T. (2002). « Des variables observées aux variables manipulées : un cas particulier de l'opérationnisme multiple ou convergent », *Bulletin de psychologie*, n° spécial : *La mesure en psychologie* (dir. A. Flieller), 55, 583-592.

MICHEL S. (1998) *Peut-on gérer les motivations.* Paris, PUF.

MICHEL S. (1991). « Motivation et implication professionnelles », in M. de Coster et *al.*, *Traité de sociologie du travail*, Paris, Bruxelles, De Boeck Université, 403-421.

MIDDLETON J.A., TOLUK Z. (1999). « First steps in the development of an adaptive theory of motivation », *Educational Psychologist*, 34, 99-112.

MIDGLEY M. (1978). *Beast and Man : The Roots of Human Nature*. Ithaca, NY, Cornell Univ. Press.

MIDGLEY A., KAPLAN A., MIDDLETON M., MAEHR M.L., URDAN T., ANDERMAN L.H., ANDERMAN E., ROESER R. (1998). « The Development and Validation of Scales Assessing Students' Achievement Goal Orientations », *Contemporary educational psychology*, 23, 113-131.

MIDGLEY C., KAPLAN A., MIDDLETON M. (2001). « Performance-approach goals : good for what, for whom, under what circumstances, and at what cost ? », *Journal of Educational Psychology*, 93, n° 1, 77-86.

MILGRAM S. (1994). *La Soumission à l'autorité*. Paris, Calman-Lévy.

MILLER B.W., ROBERTS G.C., OMMUNDSEN Y. (2005). « Effect of perceived motivational climate on moral functioning, team moral atmosphere perceptions, and the legitimacy of intentionally injurious acts among competitive youth football players », *Psychology of Sport and Exercise*, *6*, 461-477.

MILLER D.T., ROSS M. (1975). « Self serving bias in the attribution of causality : fact or fiction ? », *Psychological Bulletin*, *82*, 213-225.

MILLER W.R., ROLLNICK *S.* (1991). *Motivational Interviewing : Preparing people to change addictive behaviour.* New York, The Guilford Press.

MILLER W.R. (1983). « Motivational Interviewing with Problem Drinkers », *Behavioural Psychotherapy*, 11, 147-172.

MILLER W.R. (1999). *Toward a Theory of Motivational Interviewing Reprinted with Permission from the Motivational Interviewing Newsletter.* Updates, Education and Training (MINUET), 2-4.

MILLER W.R. (2006). *State of the Art and Science of Motivational Interviewing Reprinted with Permission from the Motivational Interviewing Newsletter.* Updates, Education and Training (MINUET), vol. 13, 2-4.

MILLER W.R., BENEFIELD R.G., TONIGAN J.S. (1993). « Enhancing motivation for change in problem drinking : A controlled comparison of two therapist styles », *Journal of Consulting and Clinical Psychology*, 61 (3), 455-461.

MILLER W.R., ROLLNICK S. ET COLL. (2002). *Motivational Interviewing : Preparing People for Change* (2e éd.). New York, The Guilford Press.

MILLER W.R., YAHNE C.E., TONIGAN J.S. (2003). *Journal of Consulting and Clinical Psychology*, 71, 754-763.

MINER J.B. (1993). *Role Motivation Theories*. Londres, Routledge.

MINER J.B. (2003). « The rated importance, scientific validity, and practical usefulness of organzational behavior theories : a quantitative review », *Academy of Management Learning and Education*, 2, 250-268.

MINTZBERG H. (1983). « Why America needs, but cannot have corporate democracy », *Organizational Dynamics*, printemps, 5-20.

MIQUELON P., VALLERAND R.J. (2006). « Goal motives, well-being, and physical health : Happiness and self realization as psychological resources under challenge », *Motivation & Emotion*, 30, 259-272.

MISCHEL W., AYDUK O. (2002). « Self-Regulation in a Cognitive-Affective Personality System : Attentional Control in the Service of the Self », *Self & Identity*, 1, 113-120.

MISERANDINO M. (1996). « Children who do well in school : Individual differences in perceived competence and autonomy in above average children », *Journal of Educational Psychology, 88*, 203-214.

MOERK E.L. (1995). « Acquisition and transmission of pacifist mentalities in Sweden », *Peace Confl. : J. Peace Psychol.*, 1, 291-307.

MOLDEN D.C., HIGGINS E.T. (2005). « Motivated Thinking », in K. Holyoak, B. Morrison (éd.) *Handbook of Thinking and Reasoning* (295-320). New York, Cambridge University Press.

MONTEIL J.-M, BAVENT, LACASSAGNE M-F. (1986). « Attribution et mobilisation d'une appartenance idéologique : un effet polydoxique », *Psychologie française*, *31*, 115-121.

MORGAN W.J., MEIER K.V., SCHNEIDER A.J. (éd.) (2001). *Ethics in Sport*. Champaign, IL, Human Kinetics.

MORRISON E.W., ROBINSON S.L. (1997). « When employees feel betrayed : A model of how psychological contract violation develops », *Academy of Management Review*, 22, 226-256.

MOSCOVICI S. (1961). *La Psychanalyse, son Image, son Public* (2e éd., 1976). Paris, PUF.

MOSCOVICI S. (1983). « Social representations and social explications : from "naive" scientist to scientist », in M. Hewstone, *Attribution Theory : Social and Functional Extensions*. Oxford, Basic Blackwell Publisher.

MOSSHOLDER K.W. (1980). « Effects of externally mediated goal setting on intrinsic motivation : A laboratory experiment », *Journal of Applied Psychology, 65*, 202-210.

MOWRER O.H. (1947). « On the dual nature of learning : A reinterpretation of "conditioning" and "problem-solving" », *Harvard Educational Review, 17*, 102-148.

MUCCHIELLI A. (1986). *L'Identité*, Paris, PUF.

MUCCHIELLI A. (2000). *Les Motivations*, Paris, PUF.

MUCCHIELLI R. (1986). *L'Entretien de face à face dans la relation d'aide*. Paris, ESF.

MUGNY G., CARUGATI F. (1985). *L'Intelligence au pluriel*. Fribourg, DelVal.

MULTON K.D., BROWN S.D., LENT R.W. (1991). « Relation of self-efficacy beliefs to academic outcomes : a meta-analytic investigation », J. *Couns. Psychol.*, 38, 30-38.

MURRAY H.A. (1938). *Explorations in Personality*. New York, Oxford University Press.

NAGEL E. (1961). *The Structure of Science*. New York, Harcourt, Brace and World.

NEIDER L.L., SCHRIESHEIM C.A. (1988). « Making leadership effective : a three stage model », *Journal of Management Development*, 7, 5, 10-20.

NEUBERG S.L., NEWSOM J.T. (1993) « Personal need for structure : Individual differences in the desire for simpler structure », *Journal of Personality and Social Psychology*, 65, 113-131.

NICHOLLS J.G. (1984). « Achievement motivation : conceptions of ability, subjective experience, task choice, and performance », *Psychological Review*, 91, n° 3, 328-346.

NICHOLLS J.G. (1989). *The Competitive Ethos and Democratic Education*. Cambridge, MA, Harvard University Press.

NISBETT R.E., ROSS L. (1980). *Human Inference : Strategies and Shortcomings of Social Judgment*. Englewood Cliffs, NJ, Prentice-Hall Inc.

NISBETT R.E., PENG K., CHOI I., NORENZAYAN A. (2001). « Culture and systems of thought : holistic versus analytic cognition », *Psychological Review*, 108, 291-310.

NOONAN W.C., MOYERS T.B. (1997). « Motivational interviewing : a review », *Journal of Substance Misuse*, 2, 8-16.

NOREM J., CANTOR N. (1986*a*). « Anticipatory and post hoc cushioning strategies : Optimism and defensive pessimism in "risky" situations », *Cognitive Therapy and Research*, 10, 347-362.

NOREM J., CANTOR N. (1986*b*). « Defensive pessimism : Harnessing anxiety as motivation », *Journal of Personality and Social Psychology*, 51, 1208-1217.

NOTA L., SORESI S., FERRARI L. (2008). « Premier principe : je crois en moi… parce que c'est dans mon intérêt », *L'Orientation scolaire et professionnelle*, 37, 113-134.

NTOUMANIS N., BLAYMIRES G. (2003). « Contextual and situational motivation in education : A test of the specificity hypothesis », *European Physical Education Review, 9,* 5-21.

NUTTIN J. (1985). *Théorie de la motivation humaine. Du besoin au projet d'action.* Paris, PUF, 3e éd. 1991.

O'CONNOR B.P., VALLERAND R.J. (1990). « Religious motivation in the elderly : A French-Canadian replication and an extension ». *Journal of Social Psychology*, 130, 53-59.

OETTINGEN G., HAGENAH M. (2005). « Fantasies and self-regulation of competence », in Elliot A.J., Dweck C.S., *Handbook of Competence and Motivation,* New York, Guilford Publications.

OMMUNDSEN Y., ROBERTS G.C., LEMYRE P.N., TREASURE D.(2003). « Perceived motivational climate in male youth soccer : relations to social-moral functioning, sportspersonship and team norm perceptions », *Psychology of Sport and Exercise*, *4*, 397-413.

OTIS N., GROUZET F.M.E., PELLETIER L.G. (2005). « Latent motivation change in an academic setting : A 3-year longitudinal study », *Journal of Educational Psychology*, 97, 170-183.

OUBRAYRIE-ROUSSEL N., ROUSSEL P. (2002). « Le soi et la motivation », in J. Allouche, P. Louart (dir.), *Encyclopédie des ressources humaines*. Paris, Economica.

PAGES R. (1968). « La signification des conduites esthétiques comme régulateurs d'art et d'action », *Science de l'art*, 5, 21-28.

PASTEUR L. (1854). *Inaugural lecture*. Lille, université de Lille.

PEKRUN R., GOETZ T., TITZ W., PERRY R. (2002). « Academic emotions in student's self-regulated learning and achievement : a program of quantitative and qualitative research », *Educational Psychologist*, 37, 91-106.

PELLETIER L.G., FORTIER M.S., VALLERAND R.J., TUSON K.M., BRIÈRE N.M., BLAIS M.R. (1995). « Toward a new measure of intrinsic motivation, extrinsic motivation, and amotivation in sports : The Sport Motivation Scale (SMS) », *Journal of Sport et Exercise Psychology, 17*, 35-53.

PELLETIER L.G., FORTIER M.S., VALLERAND R.J., BRIÈRE N.M. (2001). « Associations between perceived autonomy support, forms of self regulation, and persistence : A prospective study », *Motivation and Emotion, 25,* 279-306.

PELLETIER L.G., TUSON K.M., HADDAD N.K. (1997). « Client Motivation for Therapy Scale : A measure of intrinsic motivation, extrinsic motivation and amotivation for therapy », *Journal of Personality Assessment, 68,* 414-435.

PELLETIER L., VALLERAND R.J. (1993). « Une perspective humaniste de la motivation : les théories de la compétence et de l'auto-détermination », in R.J. Vallerand, E.E. Thill (éd.), *Introduction à la psychologie de la motivation* (p. 233-281). Paris, Vigot.

PELLETIER L.G., VALLERAND R.J. (1996). « Supervisors'beliefs and subordinates' intrinsic motivation : A behavioral confirmation analysis », *Journal of Personality and Social Psychology, 71*, 331-340.

PETERSON L.R., PETERSON M.J. (1959). « Short term retention of individual verbal items », *Journal of Experimental Psychology*, 58, 193-198.

PETTY R.E., BRIÑOL P. (2007). « Mécanismes psychologiques de la persuasion », *Diogène, 217,* 58-78.

PETTY R.E., CACIOPPO J.T., GOLDMAN R. (1981). « Personal involvement as a determinant of argument- based persuasion », *Journal of Personality and Social Psychology, 41,* 847-855.

PHILIPPE F.L., VALLERAND R.J. (sous presse). « Actual environments do affect motivation and psychological adjustment : A test of self-determination in a natural setting », *Motivation and Emotion.*

PIAGET J. (1971). *Biology and Knowledge.* Chicago, University of Chicago Press.

PICOCHE J. (2002). *Dictionnaire étymologique du français*. Paris, Le Robert /VUEF.

PILLON TH., VATIN F. (2003). *Traité de sociologie du travail*. Toulouse, Octares Éditions.

PINDER C.C. (1984). *Work Motivation /Theory Issues and Applications*, Glenview, Illinois, Scott, Foresman.

PINTRICH P.R. (1999). « Taking control of research on volitional control : challenges for future theory and research » *Learning and Individual Differences*, 11, 335-355.

PINTRICH P.R. (2000). « An achievement goal theory perspective on issues in motivation terminology, theory, and research », *Contemporary Educational Psychology*, 25, 92-104.

PINTRICH P.R., SCHUNK D.H. (éd.) (2002). *Motivation in Education : Theory, Research and Applications.* Upper Saddle River, Merrill, Prentice Hall.

PITTMAN T.S., PITTMAN N.L. (1980). « Deprivation of control and the attribution process », *Journal of Personality and Social Psychology*, 39, 377-389.

PITTMAN T.S., ZEIGLER K.R. (2007). « Basic human needs », in Kruglanski A.W., Higgins E.T. (éd.), *Social Psychology : Handbook of Basic Principle.* New York, The Guilford Press.

PLANE J.-M. (2000). *Théories des organisations*. Paris, Dunod, coll. « Les Topos ».

PLANT R., RYAN R.M. (1985). « Intrinsic motivation and the effects of self-consciousness, self-awareness, and ego-involvement : An investigation of internally controlling styles », *Journal of Personality, 53*, 435-449.

PORTER L.W. (1961). « A Study of perceived need satisfactions in bottom and middle management jobs », *Journal of Applied Psychology*, vol. 45, n° 1, 1-10.

PORTER L.W., STEER R., MOWDAY R. (1974) « Organizational commitment, job satisfaction and turnover among psychiatric technicians », *Journal of Applied Psychology*, 59, 603-609.

POUGET M. (1998). *Taylor et le Taylorisme*, Paris, PUF.

PROCHASKA J.O., DICLEMENTE C.C. (1982). « Transtheoretical therapy : Toward a more integrative model of change »,

Psychotherapy Theory, Research and Practice, 19, 276-288.

PROCHASKA J.O., DICLEMENTE C.C., NORCROSS J.C. (1992). « In search of how people change : application to the addictives behaviors », *American Psychologist*, 47, 1102-1114.

PROJECT MATCH RESEARCH GROUP (1997*a*). « Matching alcoholism treatments to client heterogeneity : Project MATCH post treatment drinking outcomes », *Journal of Studies on Alcohol*, 58, 7-29.

PROJECT MATCH RESEARCH GROUP (1998*b*). « Matching alcoholism treatments to client heterogeneity : Treatment main effects and matching effects during treatment », *Journal of Studies on Alcohol*, 59, 631-639.

PY J., SOMAT A. (1991). « Normativité, conformité et clairvoyance : leurs effets sur le jugement évaluatif dans un contexte scolaire », in J.-L. Beauvois, R.-V. Joule, J.-M. Monteil, *Perspectives cognitives et conduites sociales III*. Cousset, DelVal.

PYSZCZYNSKI T., GREENBERG J. (1983). « Determinant of reduction of intented effort as strategy for coping with anticipated failure », *Journal of Research in Personality*, 17, 412-422.

PYSZCZYNSKI T., GREENBERG J., SOLOMON S. (1997). « Why Do We Need What We Need ? A Terror Management Perspective on the Roots of Human Social Motivation », *Psychological Inquiry, 8*, 1-20.

RAEDEKE T.D., SMITH A.L. (2001). « Development and Preliminary Validation of an Athlete Burnout Measure », *Journal of Sport and Exercise Psychology*, 23.

RATELLE C.F., BALDWIN M., VALLERAND R.J. (2005). « On the cued activation of situational motivation », *Journal of Experimental Social Psychology, 41*, 482-487.

RATELLE C.F., VALLERAND R.J., CHANTAL Y., PROVENCHER P.J. (2004). « Cognitive adaptation and mental health : A motivational analysis », *European Journal of Social Psychology, 34,* 459-476.

REEVE J. (2005) *Understanding Motivation and Emotion.* Hoboken, John Wiley and Sons.

REGAN D.T., TOTTEN J. (1975). « Empathy and attributions : turning observers into actors », *Journal of Personality and Social Psychology, 32*, 850-856.

REUCHLIN M. (1990). *Les Différences individuelles dans le développement conatif de l'enfant*. Paris, PUF.

REUCHLIN M. (1991). *Les Différences individuelles à l'école*. Paris, PUF.

RHODEWALT F., DAVISON J. (1986). « Self-handicapping and subsequent performance : Role of outcome valence and attributional certainty », *Basic and Applied Social Psychology*, 7, 307-323.

RHODEWALT F., SALTZMAN A.T., WITTMER J. (1984). « Self-handicapping among competitive athletes : the role of practice in self-esteem protection », *Basic and Applied Psychology,* 5, 197-209.

RHODEWALT F., VOHS K.D. (2005). « Defensive strategies, motivation, and the self : a self-regulatory process view », in Elliot A.J., Dweck C.S., *Handbook of Competence and Motivation*, 598-608, New York, Londres, The Guilford Press.

RICHALET J.-P. (2006). *Médecine de l'alpinisme et du sport.* Paris, Masson.

RINGELMANN M. (1913). « Recherches sur les moteurs animés : Travail de l'homme », *Annales de l'Institut national Agronomique,* 2e série, t. XII, 1-40.

ROGERS C.R. (1951). *Client-Centered Therapy, its Current Practice, Implications, and Theory.* Boston, Houghton Mifflin.

ROGERS C.R. (1959). « A theory of therapy, personality and interpersonal relationship as developped in the client-centered framework », In J.S. Koch (éd.), *Psychology : A Study of Science*, vol. 3 : *Formulations of the Person in the Social Context* (184-256). New York, McGraw-Hill.

ROGERS C.R. (1963). « The actualizing tendency in relation to "motives" and to consciousness », in M.R. Jones (éd.), *Nebraska Symposium on Motivation* (vol. 11, 1-24). Lincolin, NE, University of Nebraska Press.

ROTH G., ASSOR A., KANAT-MAYMON Y., KAPLAN H. (2007). « Autonomous motivation for teaching : How self-determined teaching may lead to self-determined learning », *Journal of Educational Psychology, 99*, 761-774.

ROTH S., KUBAL L., (1975). « Effects of noncontingent reinforcement on tasks of differing importance : Facilitation and learned helplessness », *Journal of Personality and Social Psychology*, 32, 680-691

ROTTER J.B. (1954). *Social Learning and Clinical Psychology.* Englewood Cliffs, NJ, Prentice Hall.

ROTTSCHAEFER W.A. (1985). « Evading conceptual self-annihilation : some implications of Albert Bandura's theory of the self-system for the status of psychology », *New Ideas Psychol.*, 2, 223-230.

ROTTSCHAEFER W.A. (1991). « Some philosophical implications of Bandura's social cognitive theory of human agency », *Am. Psychol.*, 46, 153-155.

ROUSSEAU D.M. (2001). « Schema, promise and mutuality : The building blocks of the psychological contract », *Journal of Occupational and Organizational Psychology*, 74, 511-541.

ROUSSEL P. (1996). *Rémunération, motivation et satisfaction au travail.* Paris, Economica.

ROY D. (2006). *Un sociologue à l'usine.* Paris, La Découverte.

RUBAK S., SANDBOEK A., LAURITZEN T., CHRISTENSEN B. (2005). « Motivational interviewing : a systematic review and meta-analysis », *British Journal of General Practice*, 55, 305-312.

RUTTER M. (1990). « Psychosocial resilience and protective mechanisms », in *Risk and Protective Factors in the Development of Psychopathology*, J. Rolf, A.S. Masten, D. Cicchetti, K.H. Neuchterlein, S. Weintraub (éd.), 181-214. New York, Cambridge Univ. Press.

RYAN R.M. (1995). « Psychological needs and the facilitation of integrative processes », *Journal of Personality, 63,* 397-427.

RYAN R.M., CONNELL J.P. (1989). « Perceived locus of causality and internalization : Examining reasons for acting in two domains », *Journal of Personality and Social Psychology, 57,* 749-761.

RYAN R.M., DECI E.L. (2000). « Self-determination theory and the facilitation of intrinsic motivation, social development and well-being », *American Psychologist, 55*, 68-78.

RYAN R.M., MIMS W., KOESTNER R. (1983). « Relation of reward contingency and interpersonal context to intrinsic motivation : review and test using cognitive evaluation theory », *Journal of Personality and Social Psychology*, 45, 736-750.

RYAN R.M., RIGBY S., KING K. (1993). « Two types of religious internalization and their relations to religious orientations and mental health », *Journal of Personality and Social Psychology, 65*, 586-596.

SADRI G., ROBERTSON I.T. (1993). « Self-efficacy and work-related behavior : a rewiew and meta-analysis », *Applied Psychology : An International Review*, 42, 139-152.

SANDAY P.R. (1981). « The socio-cultural context of rape : a cross-cultural study », J. *Soc. Issues*, 37, 5-27.

SARRAZIN P., FAMOSE J.-P. (2005). « Plus c'est difficile et mieux je réussis ! Étude des liens entre les buts fixés, l'efficacité personnelle et la performance scolaire », *Bulletin de Psychologie*, 58, n° 475, 107-111.

SARRAZIN P., TESSIER D., TROUILLOUD D. (2006). « Climat motivationnel instauré par l'enseignant et implication des élèves en classe : l'état des recherches », *Revue française de pédagogie*, 157, 147-177.

TESSIER D., SARRAZIN P., TROUILLOUD D. (2007). « Climat motivationnel instauré par l'enseignant et implication des élèves en classe », *Revue française de pédagogie*, 157, 147-177.

SARRAZIN P., VALLERAND R.J., GUILLET E., PELLETIER L.G., CURY F. (2002). « Motivation and dropout in female handballers : A 21-month prospective study », *European Journal of Social Psychology, 32*, 395-418.

SCHEIN E.H. (1985). *Organizational Culture and Leadership*. San Francisco, Jossey-Bass Publishers.

SCHERMERHORN J.R. JR., HUNT J.G., OSBORN R.N., DE BILLY C. (2006). *Comportement humain et organisation*. Saint-Laurent, Éditions du Renouveau Pédagogique Inc.

SCHIANO-LOMORIELLO S., CURY F., DA FONSECA D. (2005*a*). « Développement et validation du questionnaire d'approche et d'évitement en éducation physique et sportive (QAE-EPS) », *Revue européenne de psychologie appliquée*, 55, 85-98.

SCHIANO-LOMORIELLO S., CURY F., DA FONSECA D. (2005*b*). « L'approche tridimensionnelle envisagée comme modèle d'analyse de l'accomplissement du sportif », *Bulletin de psychologie*, 58, 57-61.

SCHOOLER C. (1990). « Individualism and the historical and social-structural determinants of people's concerns over self-directedness and efficacy », in *Self-Directedness : Cause and Effects Throughout the Life Course*, J. Rodin, C. Schooler, K.W. Schaie (éd.), p. 19-58. Hillsdale, NJ, Erlbaum.

SCHWARTZ S.H., BILSKY W. (1990). « Toward a theory of the universal content and structure of values : Extensions and cross-cultural replications », *Journal of Personality and Social Psychology*, 58, 878-891.

SCHWARZ N., CLORE G.L. (2003). « Mood as information : 20 years later », *Psychological Inquiry, 14*, 296-303.

SCHWARZ S. (1992). « Universals in the content and structure of values : theory and empirical tests in 20 countries », in M. Zanna (éd.), *Advances in Experimental Social Psychology*, 25 (1-65), New York, Academic Press.

SCHWARZER R. (éd.) (1992). *Self-Efficacy : Thought Control of Action*. Washington, DC, Hemisphere.

SEIJTS G., LATHAM G. (2005). « Learning *versus* performance goals : when should each be used ? », *Academy of Management Executive*, 19, n° 1, 124-131.

SHAH J., GARDNER W.L. (dir.) (2008). *Handbook of Motivation Science*. New York, Guilford Press.

SHELDON K., KASSER T. (2001). « Getting older, getting better ? Personal strivings and psychological maturity across the life span », *Developmental Psychology, 37*, 491-501.

SHELDON K.M., TURBAN D.B., BROWN K.G., BARRICK M.R., JUDGE T.A. (2003). « Applying self-determination theory to organizational research », *Research in Personnel and Human Resources Management*, 22-, 357-393.

SHELDON M.S. (2002). « The self-concordance model of healthy goal striving : when personal goals correctly represent the person », in Deci EL., Rya R.M., *Handbook of Self-Determination Research*. The University of Rochester Press.

SHERIF M. (1935). « A study of some social factors in perception », *Archives of Psychology*, 27, 187.

SHIELDS D.L., BREDEMEIER B.L. (2001). « Moral development and behavior in sport », in R.N. Singer, H.A. Hausenblas, C.M. Janelle (éd.), *Handbook of Sport Psychology* (2e éd., p. 585-603). New York, John Wiley & Sons.

SHIELDS D.L., LAVOI N. M, BREDEMEIER B.L., POWER F.C. (2007). « Predictors of poor sportspersonship in youth sports : Personal attitudes and social influences », *Journal of Sport & Exercise Psychology*, *29*, 747-762.

SIEVERS B. (1990). « La motivation : un ersatz de significations », in Chanlat J.-F. (dir.), *L'Individu dans l'organisation*. Presses de l'Université de Laval, Éditions Eska, 337-361.

SILVA J.M. (1983). « The perceived legitimacy of rule violating behavior in sport », *Journal of Sport Psychology*, *5*, 438-448.

SIMS H.P. JR, LORENZI P. (1992). *The New Leadership Paradigm*. Newbury Park, Sage Publications.

SINGHAL A., ROGERS E.M. (1999). *Entertainment-Education : A Communication Strategy for Social Change*. Mahwah, NJ, Erlbaum.

SPERRY R.W. (1993). « The impact and promise of the cognitive revolution », *Am. Psychol.*, 48, 878-885, 61.

SKINNER B.F. (1953). *Science and Human Behavior*. New York, Macmillan.

SKINNER E.A. (1996). « A guide to constructs of control », *Journal of Personality and Social Psychology*, 71, 3, 549-570.

SMITH P.C., KENDALL L.M., HULIN C.L. (1969). *Mesurement of Satisfaction in Work and Retirement*. Chicago, Rand McNally.

SMITH P.B., PETERSON M.F. (1988). *Leadership, Organizations and Culture*. Londres, Sage.

SMITH R. (1986). « Toward a cognitive-affective model of athletic burnout », *Journal of Sport Psychology*, 8, 36-50.

SMITH T.W., SNYDER C.R., PERKINS S.C. (1983). « The self-serving function of hypocondriacal complaints : Physical symptoms as self-handicapping strategies », *Journal of Personality and Social Psychology*, 44, 787-797.

SMITH P.B., BOND M.H. (1993). *Social Psychology across Cultures*. Londres, Sage.

SNYDER C.R. (1990). « Self-handicapping processes and sequelae : On the taking of the psychological dice », in R.L. Higgins, C.R. Snyder, S.C. Berglas (éd.), *Self-Handicapping : The Paradox that Isn't* (107-145). New-York, Plenum Press.

SNYDER C.R., SMITH T.W. (1982). « Symptoms as self-handicapping strategies : The virtue of old wines in new bottle », in G. Wery, H.L. Mirels (éd.), *Integration of Clinical and Social Psychology* (104-127). New-York, Oxford University Press.

SNYDER C.R., SMITH T.W., AUGELLI R.W., INGRAM R.E. (1985). « On the self-serving function of social anxiety : Shyness as self-handicapping strategy », *Journal of Personality and Social Psychology*, 48, 970-980.

STAJKOVIC A.D., LUTHANS F. (1998). « Self-efficacy and work-related performance : a meta-analysis », *Psychol. Bull.* 124, 240.

STAW B.M. (1981). « The Escalation of Commitment to a Course of Action », *Academy of Management Review*, 6, 577-587.

STORNES T. (2006). « Review of Fair Play : The Ethics of Sport », *Discourse & Society*, *17*, 270-271.

SUPER D.E. (1959). « Les techniques du conseil et l'analyse des interviews », *Bulletin de psychologie*, XII/10, 162, 524-537.

SURBER C.F. (1981). « Necessary versus sufficient causal schemata : attributions for achievement in difficult and easy tasks », *Journal of Experimental Social Psychology*, *17*, 569-586.

TAÏEB D. (2005). « Utilisation du Strong en bilan de compétences », in P. Vrignaud, J.-L. Bernaud (éd.). *L'Évaluation des intérêts professionnels* (238-244). Sprimont, Mardaga.

TAYLOR D.M., JAGGI V. (1974). « Ethnocentrism and causal attribution in a South Indian context », *Journal of Cross-cultural Psychology*, *5*, 162-170.

TAYLOR J.W. (1974). « The role of risk in consumer behavior », *Journal of Marketing*, 38, 2, 54-60.

TAYLOR S.E., BROWN J.D. (1988). « Illusion and well-being : A social psychological perspective on mental health », *Psychological Bulletin*, *103*, 193-210.

TERRADE F., MEYER T. (2003). « Autoévaluation des connaissances sur le risque (SIDA) et traitement défensif de l'information », *Cahiers internationaux de psychologie sociale*, *59*, 40-53.

TERRY P.C., JACKSON J.J. (1985). « The determinants and control of violence in sport », *Quest*, *37*, 27-37.

TESSER A., STAPEL D.A., WOOD J.V. (2002). *Self and Motivation.* Washington, American Psychological Association.

TETLOCK P.E. (1980). « Explaining teacher explanations of pupil performance : a self presentation interpretation », *Social Psychology Quarterly*, *43*, n° 3, 283-290.

TETLOCK P.E., LEVI A. (1982). « Attribution bias : on the inconclusiveness of the cognition-motivation debate », *Journal of Experimental Social Psychology*, *18*, 68-88.

THIÉTART R.-A. (1982). *Le Management.* Paris, PUF, coll. « Que sais-je ? », n° 1860.

THILL E.E. (1993*a*). « Conceptions différenciées et non differenciées de l'effort et de la compétence en fonction de l'âge : Conséquences sur les affects et les stratégies d'auto-handicap », *International Journal of Sport Psychology*, 26, 81-97.

THILL E.E. (1993*b*). « Les théories de l'expectation et de la valeur », in R.J. Vallerand, E.E. Thill (éd.), *Introduction à la psychologie de la motivation* (361-399). Laval, Éditions Études Vivantes.

THILL E.E. (1999). *Compétence et effort : structuration, effets et valorisation de l'image de compétence*. Paris, PUF.

THOMAS P., HAZIF-THOMAS C. (2006). « La démotivation chez le sujet âgé », *La Revue francophone de gériatrie et de gérontologie*, vol. XIII, n° 123, 116-121.

TICE D.M. (1991). « Esteem protection or enhancement ? Self-handicapping motives and attributions differ by trait self-esteem », *Journal of Personality and Social Psychology*, 60, 711-725.

TICE D.M., BAUMEISTER R. (1990). « Self-esteem, self-handicapping, and self-presentation : The strategy of inadequate practice », *Journal of Personality*, 58, 443-464.

TINTO V. (1993). *Leaving College : Rethinking the Causes and Cures of Student Attrition*, 2e éd., Chicago, University of Chicago Press.

TOLMAN E.C. (1925). « Purpose and cognition : The determiners of animal learning », *Psychological Review*, 32, 285-297.

TOLMAN E.C. (1932). *Purposive Behaviour in Animals and Men*. New York, Appleton-Century-Crofts.

TOWSEND P. (1979). *Powerty in the United Kindom : A Survey of Household Ressources and Standard of Living*. Harmonsworth, Penguin Books.

TRIPLETT N. (1897). « The dynamogenic factors in pace making and competition », *American Journal of Psychology*, 9, 507-533.

TSAI E., FUNG L. (2005). « Sportspersonship in Youth Basketball and Volleyball Players », Athletic Insight, 7, Retrieved February 2, 2007, from *http://www.athleticinsight.com/Vol51 ss4 /Sportspersonship.htm.*

URDAN T. (2004). « Predictors of academic self-handicapping and achievement : examining achievement goals, classroom goal structures, and culture », *Journal of Educational Psychology*, 96, 251-264.

URDAN T., MIDGLEY C. (2001). « Academic self-handicapping : what we know, what more there is to learn », *Educational Psychology Review*, 13, 115-138.

USHER E.L., PAJARES F. (2006). « Sources of academic and self-regulatory efficacy beliefs of entering middle school students », *Contemporary Educational Psychology*, 31, 125-141.

VALLÉE B., FRANÇOIS P.-H. (à paraître). « Pour un autre regard sur la motivation autodéterminée », *Carriérologie*.

VALLERAND R.-J. (1983). « The effect of differential amounts of positive verbal feedback on the intrinsic motivation of male hockey players » *Journal of Sport Psychology*, *5*, 100-107.

VALLERAND R.-J. (1991). « Une analyse psycho-sociale de l'esprit sportif », in J. Bilard, M. Durand (éd.), *Sport et psychologie* (289-299). Montpellier, France, Revue EPS.

VALLERAND R.-J. (1993). « La motivation intrinsèque et extrinsèque en contexte naturel : implications pour les secteurs de l'éducation, du travail, des relations interpersonnelles et des loisirs », in R. Vallerand, Thill E. (éd.), *Introduction à la psychologie de la motivation*. Paris, Vigot, 533-581.

VALLERAND R.-J. (1997). « Toward a hierarchical model of intrinsic and extrinsic motivation », in M. Zanna (éd.), *Advances in Experimental Social Psychology* (271-360). New-York, Academic Press.

VALLERAND R.J. (2000). « Deci and Ryan's self-determination theory : A view from the hierarchical model of intrinsic and extrinsic motivation », *Psychological Inquiry*, *11*, 312-318.

VALLERAND R.J. (2001). « A hierarchical model of intrinsic and extrinsic motivation in sport and exercise », in G. Roberts (éd.), *Advances in Motivation in Sport and Exercise* (263-319). Champaign, IL, Human Kinetics.

VALLERAND R.-J. (2007*a*). « A Hierarchical Model of Intrinsic and Extrinsic Motivation for sport and physical activity », in M.S.D. Hagger, N.L.D. Chatzisarantis (éd.), *Self-Determination Theory in Exercise and Sport* (255-279). Champaign, IL, Human Kinetics.

VALLERAND R.J. (2007*b*). « Intrinsic and extrinsic motivation in sport and physical activity : A review and a look at the future », in G. Tenenbaum, E. Eklund (éd.), *Handbook of Sport Psychology* (3e éd., 59-83). New York, John Wiley.

VALLERAND R.J., BLAIS M.R., BRIÈRE N.M., PELLETIER L.G. (1989). « Construction et validation de l'Échelle de motivation en éducation (EME) », *Revue canadienne des sciences du comportement, 21*, 323-349.

VALLERAND R.-J., BISSONNETTE R. (1992). « Intrinsic, extrinsic, and amotivational styles as predictors of behavior : A prospective study », *Journal of Personality*, 60, 599-620.

VALLERAND R.J., BLANCHARD C. (1998). « Motivation et éducation permanente : Contributions du modèle hiérarchique de la motivation intrinsèque et extrinsèque », *Éducation permanente, 136*, 15-36.

VALLERAND R.-J., BRIÈRE N.M., BLANCHARD C., PROVENCHER P. (1997). « Development and validation of the multidimensional sportspersonship orientations scale », *Journal of Sport & Exercise Psychology, 19*, 197-206.

VALLERAND R.J., CHANTAL Y., GUAY F., BRUNEL P. (2008). *On the influence of motivational orientations on situational motivation : A test of the top-down specificity hypothesis.* Manuscript submitted for publication.

VALLERAND R.-J., DESHAIES P., CUERRIER J.-P., BRIÈRE N.M., PELLETIER L.G. (1996). « Toward a multidimensional definition of sportsmanship », *Journal of Applied Sport Psychology, 8*, 123-135.

VALLERAND R.-J., DESHAIES P., CUERRIER J.-P., BRIÈRE N.M., PELLETIER L.G. (2007). « Toward a multidimensional definition of sportsmanship », in D. Smith, M. Bar-Eli (éd.), *Essential Readings in Sport and Exercise Psychology* (433-438). Champaign, IL, US, Human Kinetics.

VALLERAND R.J., FORTIER M., GUAY F. (1997). « Self-determination and persistence in a real-life setting : Toward a motivational model of high school dropout », *Journal of Personality and Social Psychology, 72*, 1161-1176.

VALLERAND R.J., GAUVIN L., HALLIWELL W.R. (1986*a*). « Effects of zero-sum competition on children's intrinsic motivation and perceived competence », *Journal of Social Psychology, 126*, 465-472.

VALLERAND R.J., GAUVIN L., HALLIWELL W.R. (1986*b*). « Negative effects of competition on children's intrinsic motivation », *Journal of Social Psychology, 126*, 649-657.

VALLERAND R.J., GUAY F., MAGEAU G., BLANCHARD C.M., CADORETTE I. (2008). *Self-regulatory processes in human behavior : A test of the Hierarchical Model of Intrinsic and Extrinsic Motivation.* Manuscrit soumis pour publication.

VALLERAND R.J., GROUZET F.M.E. (2001). « Pour un modèle hiérarchique de la motivation intrinsèque et extrinsèque dans les pratiques sportives et l'activité physique », in F. Cury, P. Sarrazin, J.-P. Famose (éds), *Théories de la motivation et pratiques sportives : états de la recherche* (57-95). Paris, PUF.

VALLERAND R.-J., LOSIER G.F. (1994*a*). « Self-determined motivation and sportsmanship orientations : An assessment of their temporal relationship », *Journal of Sport & Exercise Psychology, 16*, 229-245.

VALLERAND R.J., LOSIER G.F. (1994*b*). « Le soi en psychologie sociale : perspectives classiques et contemporaines », in R.J. Vallerand (1994), *Les Fonde-*

ments de la psychologie sociale. Montréal, Paris, Casablanca, Gaétan Morin Éditeur.

VALLERAND R.J., MIQUELON P. (sous presse). « Le modèle hiérarchique : Une analyse intégrative des déterminants et conséquences de la motivation intrinsèque et extrinsèque », in R.-V. Joule (éd.), *Bilans et perspectives en psychologie sociale.* Grenoble, Presses de l'Université de Grenoble.

VALLERAND R.J., PELLETIER L.G., BLAIS M.R., BRIÈRE N.M., SENÉCAL C.B., VALLIÈRES E.F. (1992). « The Academic Motivation Scale : A measure of intrinsic, extrinsic, and amotivation in education », *Educational and Psychological Measurement*, 52, 1003-1017.

VALLERAND R.J., O'CONNOR B.P. (1991). « Construction et validation de l'échelle de motivation pour les personnes âgées », *Journal international de psychologie*, 26 (2), 219-240.

VALLERAND R.J., PELLETIER L.G., BLAIS M.R., BRIÈRE N.M., SENÉCAL C.B., VALLIÈRES E.F. (1993). « On the assessment of intrinsic, extrinsic, and amotivation in education : Evidence on the concurrent and construct validity of the Academic Motivation Scale », *Educational and Psychological Measurement, 53*, 159-172.

VALLERAND R.-J., RATELLE C.F. (2002). « Intrinsic and extrinsic motivation : A hierarchical model », in E.L. Deci, R.M. Ryan (éd.), *The Motivation and Self-Determination of Behavior : Theoretical and Applied Issues.* Rochester, NY, University of Rochester Press.

VALLERAND R.-J., REID G. (1984). « On the causal effects of perceived competence on intrinsic motivation : A test of cognitive evaluation theory », *Journal of Sport Psychology, 6*, 94-102.

VALLERAND R.-J., REID G. (1988). « On the relative effects of positive and negative verbal feedback on males and females' intrinsic motivation », *Revue canadienne des sciences du comportement, 20*, 239-250.

VALLERAND R.J., ROUSSEAU F.L. (2001). « Intrinsic and extrinsic motivation in sport and exercise : A review using the hierarchical model of intrinsic and extrinsic motivation », in R. Singer, H. Hausenblas, C. Janelle (éd.), *Handbook of Sport Psychology*, 2e éd., 389-416. New York, John Wiley et Sons.

VALLERAND R.J., SENÉCAL C.B. (1992). « Une analyse motivationnelle de l'abandon des études », Apprentissage *et socialisation*, *15*, 49-62.

VALLERAND R.J., THILL E. (dir.) (1993). *Introduction à la psychologie de la motivation.* Laval, Vigot.

VAN DER PLIGT J. (1981). « Actor's and observer's explanations : divergent perspectives or divergent evaluations ? », in C. Antaki (éd.), *The Psychology of Ordinary Explanations of Social Behavior.* Londres, Academic Press, 97-118.

VAN DYCK C., FRESE M., BAER M., SONNENTAG S. (2005). « Organizational error management culture an dits impact on performance : a two-study replication », *Journal of Applied Psychology*, 90, 6, 1228-1240.

VANDEWALLE D. (2001). « Why wanting to look successful doesn't always lead to success », *Organizational Dynamics*, 30, n° 2, 162-171.

VANLEDE M., PHILIPPOT P., GALAND B. (2006). « Croire en soi : le rôle de la mémoire autobiographique dans la construction du sentiment d'efficacité », in B. Galand, E. Bourgeois (éd.), *(Se) Motiver à apprendre*, Paris, PUF, 51-61.

VANSTEENKISTE M., SIMONS J., LENS W., SHELDON K., DECI E. (2004). « Motivating Learning, Performance, and Persistence : The Synergistic Effects of Intrinsic Goal Contents and Autonomy-Supportive Contexts », *Journal of Personality and Social Psychology*, vol. 87 (2), 246-260.

VATIN F. (1990). *Organisation du travail et économie des entreprises*. F.W. Taylor, J. Amar, E. Belot, J.-M. Lahy, H. Le Chatelier. Paris, Éditions d'Organisation.

VIAU R. (1994). *La Motivation en contexte scolaire*. Bruxelles, De Boeck.

VISEK A., WATSON J. (2005). « Ice Hockey Players' Legitimacy of Aggression and Professionalization of Attitudes », *The Sport Psychologist*, *19*, 178-192.

VON HIPPEL W., LAKIN J.L., SHAKARCHI R.J. (2005). « Individual Differences in Motivated Social Cognition : The Case of Self-Serving Information Processing », *Personality and Social Psychology Bulletin, 31,* 1347-1357

VOUILLOT F., BLANCHARD S., MARRO C., STEINBRUCKNER M.-L. (2004). « La division sexuée de l'orientation et du travail : une question théorique et une question de pratiques », *Psychologie du travail et des organisations*, 10, 277-291.

VRIGNAUD P., BERNAUD J.-L. (2005). *L'Évaluation des intérêts professionnels*. Sprimont, Mardaga.

VROOM V.H. (1964). *Work and Motivation*. New York, Wiley.

WEBER M. (2003). *L'Éthique protestante et l'esprit du capitalisme*, Paris, Gallimard.

WEINER B. (1980). « A cognitive (attribution)-emotion-action model of motivated behavior : an analysis of judgements of help giving », *Journal of Personality and Social Psychology*, 39, 186-200.

WEINER B. (1992). *Human Motivation : Metaphors, Theories, and Research*. Thousand Oaks, CA, US, Sage Publications, Inc.

WEINER B. (1996). *Judgments of Responsibility. A Fundation for a Theory of Social Conduct*. New York, The Guilford Press

WEINER B. (2005). « Motivation from an attributional perspective and the social psychology of perceived competence », in Elliot A.J., Dweck C.S., *Handbook of Competence and Motivation,* New York, Guilford Publications.

WEINER B. (2006). *Social Motivation, Justice, and the Moral Emotions : An Attributional Approach*. Mahwah, NJ, Londres, Lawrence Erlbaum Associates Publishers.

WEINER B., BROWN J. (1984). « All's Well that Ends », *Journal of Educational Psychology*, *76*, n° 1, 169-171.

WEINER B., FRIEZE I., KUKLA A., REED L., REST S., ROSENBAUM R.M. (1972). « Percieving the causes of success and failure », in E.E. Jones, D.E. Kanouse, H.H. Kelley, R.E. Nisbett, S. Valins, B. Weiner (éd.), *Attribution : Perceiving the Causes of the Behavior*, Morristown, NJ, General Learning Press, 95-120.

WEISS D.J., DAWIS R.V., ENGALND G.W., LOFQUIST L.H. (1967 et 1977). « Manual for the Minesota Satisfaction Questionnaire », *Minnesota Studies in Vocational Rehabilitation XXII*, Université du Minnesota.

WERNER H. (1948). *Comparative Psychology of Mental Development*. New York, International University Press.

WHEELER D., JANIS L. (1980). *A Practical Guide for Making Decision*. New York, The Free Press.

WHITE R.W. (1959). « Motivation reconsidered : The concept of competence », *Psychological Review, 66*, 297-333.

WIGFIELD A., ECCLES J. (2002). « The development of competence beliefs, expectancies for success and achievement values from childhood through adolescence », in A. Wigfield, J. Eccles, *Development of Achievement Motivation*, San Diego, Academic Press, 91-145.

WIKIPEDIA (2008) retrouvé le 1er avril 2008 à *http://fr.wikipedia.org/wiki/.*

WILSON E.O. (1998). *Consilience : The Unity of Knowledge*. New York, Knopf.

WINE J. (1971). « Test anxiety and direction of attention », *Psychological Bulletin*, 76, 92-104.

WOLTERS C. (1998). « Self-regulated learning and college students'regulation of motivation », *Journal of Educational Psychology, 90*, 224-235.

WOLTERS C. (1999). « The relation between high school students'motivational regulation and their use of learning strategies, effort and classroom performance », *Learning and Individual Differences*, 11, 281-299.

WOLTERS C. (2003*a*). « Regulation of motivation : evaluating an underemphasized aspect of self-regulated learning », *Educational Psychologist, 38*, 189-205.

WOLTERS C. (2003*b*). « Understanding procrastination from a self-regulated learning perspective », *Journal of Educational Psychology*, 95, 179-187.

YAMAGISHI T. (1988). « The provision of a sanctioning system in the United States and Japan », *Soc. Psychol. Q.* 51, 265-271.

YUKL G.Y. (1971). « Toward a behavioral theory of leadership », *Organizational Behavior and Human Performance*, 6, 414-440.

ZARIFIAN P. (2001). *Le Modèle de la compétence*, Paris, Éditions Liaisons.

ZÉPHIR O., FRANÇOIS P.-H., (2005). « Représentations des comportements antisociaux au travail », in A. Battistelli, M. Depolo, F. Fraccaroli (éd.), *La Qualité de la vie au travail dans les années 2000*, Actes du 13e congrès de psychologie du travail et des organisations (CD-rom, 1394-1402). Bologne, CLUELB.

ZIMBARDO P.G. (1995). « The psychology of evil : a situationist perspective on recruiting good people to engage in anti-social acts », *Res. Soc. Psychol. (Japn. J.)*, 11, 125-133

ZIMMERMAN B.J. (1990). « Self-regulating academic learning and achievement : the emergence of a social cognitive perspective », *Educ. Psychol. Rev.*, 2, 173-201.

ZIMMERMAN B.J. (2000). « Self-efficacy : an essential motive to learn », *Contemporary Educational Psychology, 25*, 82-91.

ZIMMERMAN B.J. (2001). « Theories of self-regulated learning and academic achievement : an overview and analysis », in B. Zimmerman, D. Schunk (éd.), *Self-Regulated Learning and Academic Achievement : Theoretical Perspectives* (1-37), Mahwah, NJ, Lawrence Erlbaum.

ZIMMERMAN B.J. (2002). « Becoming a Self-Regulated Learner : An Overview », *Theory Into Practice*, 41 (2), 64-67.

ZIMMERMAN B.J., KITSANTAS A. (2007). « Reliability and Validity of Self-Efficacy : for Learning Form (SELF) Scores of College Students », *Journal of Psychology*, 215, 157-163

ZIMMERMAN B.J., MARTINEZ-PONS M. (1986). « Development of a structured interview for assessing student use of self-regulated learning strategies », *American Educational Research Journal*, 23, 614-628.

ZIMMERMAN B.J., MARTINEZ-PONS M. (1988). « Construct validation of a strategy model of student self-regulated learning », *Journal of Educational Psychology*, 80, 284-290.

ZUCKERMAN M. (1979). « Attribution of success and failure revisited, or : the motivation bias is alive and well in attribution theory », *Journal of Personality*, *47*, 245-287.

ZUCKERMAN M. (1999). *Vulnerability to Psychopathology. A Biopsychosocial Model*. Washington : American Psychological Association, 255-317.

ZUCKERMAN M., PORAC J., LATHIN D., SMITH R., DECI E.L. (1978). « On the importance of self-determination for intrinsically motivated behavior », *Personality and Social Psychology Bulletin, 4*, 443-446.

INDEX DES NOTIONS

C

D

INDEX DES AUTEURS

G

H

M

S

TABLE DES MATIÈRES

Deuxième partie

Enjeux pour les pratiques

51583 - (I) - (1,8) - OSB 80° - TYP - JME

Achevé d'imprimer sur les presses de
SNEL Grafics sa
Z.I. des Hauts-Sarts - Zone 3
Rue Fond des Fourches 21 – B-4041 Vottem (Herstal)
Tél +32 (0)4 344 65 60 - Fax +32 (0)4 286 99 61
novembre 2008 – 46350

Dépôt légal : décembre 2008

Imprimé en Belgique